David Michie
Instant Karma

DAVID MICHIE

INSTANT KARMA

DER TAG, AN DEM ES GESCHAH
Ein Lama Tashi Roman

Aus dem Englischen von Astrid Ogbeiwi

Aquamarin Verlag

Titel der englischen Originalausgabe:
Instant Karma © 2021 David Michie. Original English language edition
published by Conch Books 97 Barker Rd., Subaco, WA6008, Australia.
Arranged via Licensor's Agent: DropCap Inc.
All rights reserved.

Deutsche Ausgabe:
1. Auflage 2023
© Aquamarin Verlag
Voglherd 1, 85567 Grafing
www.aquamarin-verlag.de

Übersetzung aus dem Englischen: Astrid Ogbeiwi
Lektorat: Annerose Sieck
Umschlaggestaltung: Annette Wagner

ISBN: 978-3-89427-928-8
Druck: Finidr

Hommage

Voll herzlicher Dankbarkeit für meine geliebten Gurus:
Les Sheehy, außerordentliche Quelle der Inspiration und Weisheit;
Geshe Acharya Thubten Loden, unvergleichlicher Meister
und Verkörperung des Dharmas;
Zasep Tulku Rinpoche, edler Vajra Acharya und Yogi.

Guru ist Buddha, Guru ist Dharma, Guru ist Sangha,
Guru ist die Quelle alles Glückes.
Ich verneige mich vor allen Gurus,
bringe meine Gaben dar und nehme Zuflucht bei ihnen.

Möge dieses Buch Wogen der Inspiration von meinen eigenen Gurus
zu den Herzen und Gedanken zahlloser Lebewesen tragen.

Mögen alle Wesen glücklich sein
und die wahren Ursachen des Glücks besitzen.
Mögen alle Wesen frei sein von Leid
und von den wahren Ursachen des Leids.
Mögen alle Wesen niemals das Glück verlieren, das ohne Leiden ist,
die große Freude der Befreiung im Nirvana.
Mögen sich alle Wesen in Frieden und Gleichmut befinden
und ihr Geist frei sein von Anhaftungen und Abneigungen
sowie frei von Gleichgültigkeit.

Alle Wahrheit durchläuft drei Stufen.
Zuerst wird sie verspottet.
Dann wird sie heftig bekämpft.
Schließlich wird sie als selbstverständlich akzeptiert.

Nach Arthur Schopenhauer (Philosoph, 1788–1860)

Prolog

Am Tag davor
Omni, Colorado

NIEMAND KONNTE SICH DARAN ERINNERN, WANN der Guru auf den Berggipfel gezogen war. Sein Zuhause lag etwas außerhalb der kleinen, aber malerischen Stadt Omni und war nicht viel größer als eine Sommerhütte. Er hatte weder Telefon noch Fernseher oder Radio. Von dem bescheidenen Einkommen, das er als Meditationslehrer erzielte, ernährte er sich kärglich von Gemüse und wer weiß was noch. Er trank keinen Alkohol und wurde auch nie beim Kauf einer jener Leckereien beobachtet, die die meisten Menschen brauchen, um wirklich zufrieden zu sein. Er war ein Mann unbestimmten Alters, sah aus wie ein Mittfünfziger, hätte aber durchaus auch älter sein können, er war ein Wesen mit geringen Bedürfnissen. Doch auf die Frage nach dem glücklichsten Menschen, den sie kennen, hätten die guten – und sogar die nicht ganz so guten – Bürgerinnen und Bürger von Omni sofort und einstimmig geantwortet: »Lama Tashi.«

Sein Zuhause war zwar abgelegen, nicht weit vom Rocky Mountain National Park, aber der Guru war durchaus kein Einsiedler. Er gab wöchentliche Kurse im *Lone Pine Meditation Center*. Ein paar Mal im Monat kam er in die Stadt, um seinen bescheidenen Proviant zu besorgen. Dann schob er einen Einkaufswagen durch den Supermarkt, und wenn er einem anderen Menschen begegnete, stellte er stets Augenkontakt her, nickte anerkennend und lächelte. In solchen Momenten geschah etwas Sonderbares. Die Person, die seinen Blick erwiderte, schmolz dahin.

Dabei spielte es keine Rolle, wie die Menschen sich gerade fühlten. Ob sie in Eile waren oder abgespannt, oder ob sie dabei waren, gewissenhaft ihre Einkaufsliste abzuarbeiten. Wenn sie Lama Tashi begegneten, ging ein Ruck durch sie. Eine unerwartete und starke Erinnerung daran, wer und was sie wirklich sind. Diese Erfahrung, wie sie durch einen einzigen kurzen Blick eine wichtige Wahrheit über sich selbst erkennen konnten, ließ sich kaum in Worte fassen. Es war, als ob dieser Mann mühelos hinter die Fassade blickte, hinter der sie sich normalerweise versteckten, und ihnen eine umfassendere Realität vor Augen führte. Egal, was sie gerade durchmachten, egal, welchen Zwängen sie unterlagen, alles wurde wie Schaum auf dem Meer – vergänglich und unbedeutend im Vergleich zu der grenzenlosen Realität, die darunter lag. So wohlwollend war Lama Tashis Gesichtsausdruck, so uneingeschränkt seine Akzeptanz, dass sie ein Aufwallen von Freude verspürten. In seinen warmen braunen Augen lag die Gewissheit, die sie brauchten, die Gewissheit, dass unter der Oberfläche alles gut war.

Lama Tashis Präsenz hatte eine derartige Wirkung, dass er selbst in der Anfangszeit nie die Vorbehalte zu spüren bekam, die Mitglieder kleiner Gemeinden Fremden gegenüber häufig hegen. Lama Tashi besaß asiatische Gesichtszüge, trug rote Gewänder und machte nie einen Hehl daraus, dass er zwar in ihrer Welt lebte, aber ganz offensichtlich nicht von dieser Welt war. Doch wurde er wegen seiner Andersartigkeit nie gemieden. Im Gegenteil, man suchte ihn sogar gezielt auf.

Pauline Taylor, die mit einer Vielzahl von geretteten Tieren am Stadtrand lebte, hielt stets Ausschau, ob etwa Lama Tashis alter lindgrüner Volvo gerade auf der Straße in die Stadt unterwegs war. Dann ging sie im günstigsten Moment aus dem Haus, um ihn möglichst zu treffen. Mit Tränen in den Augen erzählte sie jedem, der es hören wollte, sie habe noch nie eine so bedingungslose Liebe gespürt wie in dem Moment, als sie vor dem Putzmittelregal zum ersten Mal Lama Tashi begegnet war.

8

Professor Hawke, der aus Princeton emeritiert war und sich intellektuell mit kaum jemandem gemein machte, schnappte sich Lama Tashi, sobald er ihn sah, und bestand darauf, ihn auf einen Kaffee ins »The Good Roast« einzuladen, wo er Antworten auf Geheimnisse der Quantenmechanik einforderte.

Sogar Margarita Moore, die bekannt war für ihre Ablehnung gegen alle, die nicht wiedergeborene Christen, heterosexuell und entschiedene Verfechter des zweiten Verfassungszusatzes, also des Rechts auf Waffenbesitz, waren, wurde einmal dabei beobachtet, wie sie mit Lama Tashi vor ihrer Kirche *Händchen hielt* und ihm leidenschaftlich zustimmte, dass es nur *eine* letztgültige Realität gebe, und dass wir, wenn wir sie erfahren wollen, zunächst unser fest gefügtes Selbstbild loslassen müssten. Was der Guru zu ihr sagte, war in diesem Moment offenbar sogar für sie so überwältigend und einleuchtend, dass sie unmöglich widersprechen konnte.

Wenige Stunden später, als die Wirkung seiner Präsenz nachließ, verfiel sie wieder in ihre gewohnten Überzeugungen. Aber was war das in jenem Moment für ein außergewöhnlich großartiger Anblick gewesen!

Lama Tashi war in der Stadt so beliebt, dass die Leute witzelten, eine Unterstützung durch den Guru auf dem Berg würde jeden Wahlerfolg garantieren. Als er gefragt wurde, ob er selbst eine Kandidatur in Erwägung ziehe, legte sich sein Gesicht in tausend kleine Fältchen, sein von Silberfäden durchzogener Ziegenbart bebte, und er lachte mit sichtlichem Vergnügen aus vollem Hals, als sei der Vorschlag absichtlich und zur allgemeinen Erheiterung idiotisch gemeint gewesen. Was er in gewisser Weise auch war. In anderer Hinsicht allerdings nicht.

Einmal ausgesprochen, wollte die Idee, Lama Tashi als ihren Vertreter im Rathaus oder im Kongress oder sogar – warum eigentlich nicht? – im Senat zu haben, den Leuten einfach nicht mehr aus dem Kopf. Immer wieder fragte ihn jemand: »Könnten Sie sich vorstellen, unser Bürgermeister zu werden, Lama Tashi?« Oder »Würden Sie für den Kongress kandidieren?« Seine Antwort darauf war stets gleichermaßen kryptisch. Er sah dem Fragesteller in die Augen und sagte in herzlichem, ermutigendem Ton: »Sie stellen die falsche Frage, mein Freund. Wenn wir eine hilfreiche Antwort erhalten wollen, ist es wichtig, eine hilfreiche Frage zu stellen.«

Lama Tashi war zwar kein Einsiedler, aber er bummelte auch nicht, wenn er in die Stadt kam, noch besuchte er die Cafés oder Restaurants, es sei denn, er wurde von Leuten wie Professor Hawke förmlich dorthin entführt. Daher hatte niemand eine konkretere Vorstellung, welche Praktiken zu seiner besonderen Präsenz geführt hatten, zu dieser scheinbar magischen Aura, die er ausstrahlte, wohin er auch ging. Die wenigen Male, die er im Laufe der Jahre nach seinem Glauben gefragt wurde, antwortete er so, dass die fragende Person etwas davon hatte, mit Worten, die das kostbarste aller Geschenke vermittelten: Hoffnung.

Zu Kathy Branton, einer jungen Frau, die hinter ihrem stacheligen Äußeren einen Missbrauch in ihrer Kindheit verbarg, sagte er einfach, er glaube an liebende Güte. Hätte irgendjemand anders so etwas Zuckersüßes von sich gegeben, hätte Kathy ihre Stacheln ausgefahren. Aber die Präsenz des Gurus war so ungekünstelt, das Mitgefühl in seinen Augen so vorbehaltlos, dass es ihr auf merkwürdige Weise Auftrieb gab.

Auf die Frage von Maria Flavio, einer vom Glauben abgefallenen Katholikin, die deshalb schwere Schuldgefühle hegte, wies er nach oben, wo sich der Frühlingshimmel in reinem Blau von einem Horizont zum anderen spannte. »Genauso sind wir«, sagte er ihr. »Vollkommen klar. Egal, welche Wolken vorüberziehen oder wie lange sie verharren, sie haben nicht die Macht, unser wahres Wesen zu trüben. *Das* bleibt immer makellos und strahlend schön.«

Nach dieser Begegnung verspürte Maria im Weitergehen eine erhabene Leichtigkeit, als sei ihr eine Last, die sie ihr Leben lang unbewusst mit sich herumgeschleppt hatte, plötzlich und unerwartet abgenommen worden.

Manchmal benutzte Lama Tashi überhaupt keine Worte. Als Darius Styles, der halbwüchsige Sohn von Gwen und Angelo, der an Zerebralparese litt, ihn zu sich winkte, ging Lama Tashi zu dem Jungen, der zusammengesackt in seinem Rollstuhl an einer sonnigen Stelle vor einem kleinen Laden auf seine Mutter wartete. Darius' Körper hatte Missbildungen, aber mit seinem Verstand war alles in Ordnung. Er hatte Lama Tashi in seiner unverwechselbaren Kleidung schon einmal in der Stadt gesehen.

Als der Guru näherkam, versuchte Darius mit Lauten, die der Lama unmöglich entschlüsseln konnte – zumindest nicht über das Gehör – etwas zu fragen. Aber das spielte keine Rolle. Lama Tashi wandte sich ihm zu, nahm seine rechte Hand und sah ihm in die Augen.

Zunächst war Darius sehr verlegen, und das nicht nur, weil er sich in der Gegenwart eines Fremden in seltsamer Kleidung befand. Da er auf nonverbale Kommunikation sensibler reagierte als die meisten Menschen, war die schlichte Güte des Gurus zunächst fast zu viel für ihn.

Aber nach einer Weile sah Darius auf und erwiderte seinen Blick. Nicht lange, und er lächelte ebenfalls. Den Lama mit der Rechten immer noch festhaltend, rückte er sich in seinem Rollstuhl so zurecht, dass er mit der linken Hand nach oben greifen und mit den Fingerspitzen sein Herz berühren konnte.

Lama Tashi nickte.

Es war eine der wenigen unbeaufsichtigten Begegnungen, die Darius in seinem Leben hatte. Und die bedeutungsvollste.

Auf solche Weise war Lama Tashis ständiges Angebot an die Menschen, unter denen er lebte, sein Geschenk der Hoffnung. Hoffnung auf Einsicht und Selbstakzeptanz. Hoffnung auf eine positive Veränderung.

So wie er sich den üblichen Glaubensvorstellungen verweigerte, war unklar, warum er sich entschieden hatte, in ihrer besonderen Gemeinschaft zu leben. Den Teilnehmerinnen und Teilnehmern am *Lone Pine Meditation Center* sagte er, er sei dazu da, ihnen zu helfen, die wahre Natur ihres Geistes zu erfahren. Tom und Tina Jackson, seinen Nachbarn am Vulture Peak Drive, erklärte er, seine Hütte sei ein idealer Ort zum Meditieren.

Das einzige Wesen, dem er mehr von der Wahrheit erzählte, war seine Hütten-Mitbewohnerin, eine Siamesische Katze namens Shanti. Wie so vieles in Lama Tashis Leben, war auch Shanti nicht durch sein bewusstes Handeln zu ihm gekommen, sondern spontan bei ihm aufgetaucht. Eines Tages, als er gerade meditierte, kletterte sie einfach durchs offene Fenster und rollte sich neben ihm zusammen. Sie wollte nie wieder weg.

Von Zeit zu Zeit streckte Lama Tashi die Hand nach Shanti aus, wenn sie sich auf seiner Fensterbank in der Sommersonne sonnte oder am Abend vor dem Kaminfeuer wärmte.

»Ach ja, hier wartet es sich doch am schönsten, nicht wahr, meine liebe Shanti«? Er streichelte ihr dichtes Bauchfell. »Der perfekteste Ort, um den richtigen Augenblick abzuwarten.«

Worauf genau sie warteten, darauf ging er nicht näher ein. Es war ihr auch egal, solange er mit ihr zusammen wartete. Und dabei ihren *Bauch streichelte*, versteht sich.

Am Nachmittag vor diesem außergewöhnlichen Tag machte sich Lama Tashi auf den Weg zum Haus seiner Nachbarn. Da er am hintersten Ende des Vulture Peak Drive wohnte, etwas höher als das Anwesen der Jacksons, kannte er die Familie schon seit seinem Einzug aus der Ferne, einige Wochen, bevor sie sich tatsächlich kennenlernten. Tom, groß, breitschultrig und so aufrecht, als hätte er einen Stock verschluckt, strahlte etwas Unbesiegbares aus und war mit Haut und Haar der kürzlich pensionierte hochrangige Militär. Tina, schlank, temperamentvoll und mutig, war immer auf dem Sprung. Wenn sie nicht gerade extravagante Blumenarrangements für Hochzeiten, Taufen oder andere bedeutende Ereignisse im Leben der Gemeinde gestaltete, kümmerte sie sich um ihre Pflanzen. Besonders viel Freude bereiteten ihr die prächtig blühenden Salbeiarten in den Hängekörben, die sich über die gesamte Länge ihres Balkons zogen.

Die Jacksons waren Leute, bei denen ständig Freunde vom Militär zu Besuch kamen. Ihr Haus war sozusagen die Party-Kommandozentrale.

In jenen ersten Jahren gab es kaum ein Wochenende, an dem ihr Balkon – mit demselben Panoramablick wie Lama Tashis bescheidene Veranda – nicht von ehemaligen Kameraden und ihren Ehefrauen bevölkert war und sich die Männer laut, herzlich und heftig gegenseitig in den Rücken knufften und auf die Schulter klopften.

Die nicht kleinzukriegende Geselligkeit auf dem Berg störte den Lama nicht in seinem Tagesablauf. Die paar Takte Musik, die sich hin und wieder zu ihm verirrten, oder das Lachen, das mit der nächtlichen Brise zu seiner Hütte getragen wurde, hielten ihn nie vom Schlafen ab – normalerweise war er um 21 Uhr im Bett. Und wenn er um 3 Uhr morgens zu seiner ersten Meditationssitzung des Tages aufstand und in der unberührten Stille über das mondbeschienene Tal blickte, war es, als wäre er der einzige Mensch im Universum.

Im Laufe der Jahrzehnte hatte das gesellige Leben seiner Nachbarn nachgelassen, Tom ging allmählich gebeugt und Tina war langsamer geworden. Vor dem Alterungsprozess gab es kein Entrinnen, aber das Alter allein war nicht der Grund für die Veränderungen, die mit Tom – und infolgedessen auch mit Tina – vor sich gingen. Es gab einen beunruhigenderen Grund, warum der ehemalige Colonel so viele Stunden einsam auf dem Balkon verbrachte und in die Nacht starrte, neben sich ein Glas Bourbon.

Etwas, das er in der Zeit seines Arbeitslebens zumeist hatte verstandesmäßig erklären, unterdrücken oder ignorieren können, nutzte jetzt die Stille seines Ruhestands, um aus seiner Kellertruhe aufzutauchen und ins Wachbewusstsein zu drängen. Etwas, das sich bisher nur in seinen schlimmsten Albträumen gezeigt hatte, kroch unverhofft hervor –, und sobald es in seinen Blick geriet, fesselte es seine gesamte Aufmerksamkeit. Schrecklich, ekelerregend, elend. Es fiel ihm schon schwer, es sich selbst einzugestehen, geschweige denn jemand anderem.

Lama Tashi hatte es schon bei ihrer ersten Begegnung deutlich gesehen. Das war ein paar Monate nach seiner Ankunft gewesen, als er seine Mülltonne zur wöchentlichen Leerung ans Ende der Straße rollte. Tom hatte die Tonne der Jacksons gerade auf der Ladefläche eines machohaften Pick-ups dorthin transportiert. Als er sich umgedreht und gesehen hatte, dass sein neuer Nachbar näherkam, hatte er instinktiv die Haltung des unangreifbaren Militärcolonels angenommen.

Beim Blick in Toms klare blaue Augen sah Lama Tashi sofort, was ihm auf dem Herzen lag – und aus seinem Gesicht sprach tiefes Mitgefühl.

Tom war beschämt und wusste nicht, wie er reagieren sollte. Noch nie hatte er sich so durchschaut gefühlt, vor allem im Hinblick auf diesen schlimmsten aller Schrecken. Er konnte ihn so gut verbergen, dass er bezweifelte, dass irgendjemand ihn auch nur erahnte. Jetzt, wo er von einem Mann mit offensichtlich außergewöhnlichen Fähigkeiten überrascht wurde, wusste er nicht, wie er reagieren sollte. In keinem Fall war er auf die Welle des Wohlwollens aus Lama Tashis Herz vorbereitet, die ihn verlegen machte und ihm zugleich das Gefühl gab, absolut unwürdig zu sein. Also zog er sich hinter einen Vorhang ausgesuchter Höflichkeit zurück und bestand darauf, Lama Tashi zu seinem Haus zu fahren. Dabei redete er die ganze Zeit über die Müllabfuhr der Stadt.

Ab der darauffolgenden Woche holte Tom stets auch die Mülltonne seines Nachbarn ab und brachte sie ihm später geleert wieder zurück. Im Winter räumte er den Vulture Peak Drive nach den schlimmsten Schneefällen nicht nur bis zu seiner eigenen Haustür, sondern auch bis zu der des Lamas.

Wäre er um eine Erklärung gebeten worden, hätte Tom Haltung angenommen und einen Vortrag darüber gehalten, wie wichtig es ist, ein guter Nachbar zu sein. Aber das Ganze ging viel tiefer. Einmal hatte Tom, als er seinen eigenen Steinzaun reparierte, ohne Aufforderung eine ganze Woche darauf verwendet, den von Lama Tashi ebenfalls instand zu setzen. Und als der Lama zu einem zweimonatigen Besuch in die Himalaya gereist war, um die Verbindung zu seinem alten Guru, seinen Kollegen und seiner Familie aufrechtzuerhalten, fand er bei seiner Rückkehr seine Hütte frisch isoliert vor, so zuverlässig, dass sie ihn sowohl vor den schlimmsten arktischen Winterfrösten als auch vor der Sommerhitze schützte.

Lama Tashi bedankte sich immer herzlich für die Freundlichkeit seines Nachbarn, obwohl er ebenso gut wusste wie Tom, dass es nicht seine Dankbarkeit war, nach der Tom sich sehnte. Es war vielmehr etwas, das er bisher nicht zum Ausdruck bringen konnte.

Im Laufe der Monate und schließlich Jahre hatte Lama Tashi immer wieder versucht, an ihn heranzukommen. Es hatte Begegnungen gegeben, bei denen er Tom beinahe körperlich von dem lähmenden Phantom hätte losreißen können. Dass ausgerechnet der Mann, der am nächsten bei ihm wohnte, der ihn in praktischer Hinsicht am meisten unterstützte und der seinen Beistand am dringendsten brauchte, zugleich derjenige war, der für seine Bemühungen am wenigsten empfänglich war – diese Ironie war dem Lama nicht entgangen.

Genug! Da er die sich anbahnende beispiellose, richtungsweisende Veränderung verstand, wusste Lama Tashi, dass Tom jetzt die beste Chance hatte, sich von dem Monster zu befreien, das langsam das Leben aus ihm herauspresste. Bisherige Ermutigungen hatten versagt. Zeit für einen Kurswechsel.

Lama Tashi klopfte dreimal an die Haustür der Jacksons. Es dauerte eine Weile, bis sich der Schlüssel im Schloss drehte und Tom in der Tür stand. Wieder begegneten sich ihre Blicke. Wieder die Erkenntnis in Lama Tashis Miene, als er mit tiefer Besorgnis feststellte, wie sehr die Dunkelheit von Tom Besitz ergriffen hatte.

Tom führte ihn durch die Diele, einen lichtdurchfluteten Raum mit einer hohen, verglasten Decke, in dessen Mitte ein großer Tisch stand. Früher hätte eines von Tinas ausladenden Blumenarrangements auf dem Tisch gestanden, ein Feuerwerk aus leuchtenden Blüten und üppigem Grün. Heute stand er schmucklos da, eine große, leere, hochglanzpolierte Platte. Tom führte ihn in den Salon, der sich zum Balkon hin öffnete, den Raum, der einst das Zentrum des gesellschaftlichen Lebens der Jacksons gewesen war. An den Wänden hingen Fotografien von Schlachtschiffen, Kampfflugzeugen und, an einem Ehrenplatz, ein Paar *Enfield-Musketen* aus dem Bürgerkrieg. In der hintersten Ecke stand ein Klavier, auf dem nie gespielt wurde. Der Balkon draußen war offen und merkwürdig nackt ohne die einst üppigen *hängenden Gärten der Semiramis*, wie Tom die Schöpfungen seiner Frau ironisch bezeichnet hatte.

»Ich bin gekommen, um zu fragen, ob Sie mir wohl einen Gefallen tun würden«, begann Lama Tashi, als sie Platz genommen hatten. »Es kann sein, dass ich ab morgen für ein paar Tage woanders gebraucht werde. Könnten Sie bitte zur Hütte gehen und Shanti füttern, wenn ich nicht da bin?«

Tom nickte. »Selbstverständlich.«

Ein paar Minuten lang besprachen sie Einzelheiten über Fütterungszeiten, wo Shantis Futter stand und dass sie Abwechslung liebte. Über ihr Wasser und darüber, wie sie in die Hütte hinein- und wieder herauskäme. Anschließend ging das Gespräch über in eine allgemeine Plauderei über den warmen Frühling in diesem Jahr und die Folgen für die Schwarzbären, die früher als sonst aus dem Winterschlaf erwachten.

Der Smalltalk nahm seinen Lauf. Dann trat eine peinliche Stille ein. Jetzt oder nie.

Lama Tashi wandte sich um und schaute zum Balkon, auf dem Tom Nacht für Nacht alleine saß. »Abends sehe ich Sie immer«, sagte er.

Tom folgte seinem Blick, als würde er gemeinsam mit ihm die kümmerliche, in ihrem Stuhl zusammengesunkene Version seiner selbst betrachten.

»Ich trinke gern mal einen Bourbon«, bemerkte er und neigte den Kopf in Richtung seiner Bar in der Ecke des Raumes, wo sich vor einer verspiegelten Rückwand Spirituosenflaschen exakt in Reih und Glied präsentierten.

Lama Tashi begutachtete die vielen Flaschen. »Alkohol«, nickte er weise. »Manchmal wirkt er wohl wie eine Meditation, glaube ich.«

Toms Augenbrauen hoben sich überrascht. »Wie kommen Sie darauf?«

»Er ändert überhaupt nichts«, erklärte er. »Aber er kann verändern, wie man etwas empfindet. Vorübergehend.«

16

Tom wusste genau, worauf Lama Tashi hinauswollte: Er versuchte wieder einmal, diese bestimmte Tür aufzuhebeln. Tom antwortete nicht und blickte stattdessen, mit einer Vermeidungshaltung, die ihm zum Reflex geworden war, auf den Boden.

»Er hilft Ihnen beim Schlafen, oder?«, startete der Lama einen weiteren Versuch.

Tom sagte lange nichts und knurrte schließlich: »Betäubungsmittel.«

Lama Tashi nickte. »Schmerzlinderung.«

»Wahrscheinlich sagen Sie mir jetzt, dass ich stattdessen besser meditieren sollte.« Tom warf ihm einen unverhohlen trotzigen Blick zu. »Aber stundenlanges Stillsitzen ist nicht mein Ding. Ich bin ein Mann der Tat.«

Jetzt waren sie auf einer Wellenlänge. Toms Schmerz war ebenso zur Sprache gekommen wie seine Renitenz. Und einzig und allein aus aufrichtigem Mitgefühl tat Lama Tashi etwas, womit Tom nicht im Geringsten gerechnet hatte. Während Tom ihn aus blauen Augen musterte, die so hell waren, dass sie fast keine Farbe mehr hatten, spiegelte ihm Lama Tashi eine völlig andere Realität.

Verschwunden war die wohlwollende Akzeptanz, die Tom so gut bei ihm kannte. Stattdessen lag nun Macht in seinem Blick, wie Tom ihn noch nie erlebt hatte. Einschüchternder als das Bedrohlichste, was ihm beim Militär je begegnet war. Unheilvoller, weil er ihn mit der Realität konfrontierte, die er jahrzehntelang mit allen Mitteln zu verdrängen versucht hatte: die Qualen in seinem Inneren. Ein unfassbares Grauen, das er vor Jahrzehnten miterlebt hatte und aus dem es kein Entrinnen gab. Ein markerschütternder Schrecken, der ihn mittlerweile völlig vereinnahmte und alles beherrschte. In den Augen seines Nachbarn wurde ihm dies alles mit einer Objektivität gespiegelt, die eine eindringliche und kraftvolle Warnung enthielt. Jetzt konnte er sich der erschreckenden Erkenntnis nicht mehr entziehen: So tief seine Beunruhigung im Moment auch sein mochte, das war gar nichts im Vergleich zu dem, was ihm bevorstand, wenn sich nichts änderte.

Was würde er tun, wenn es keinen Balkon mehr gab, auf dem er sitzen, keinen Bourbon, mit dem er sich betäuben konnte? Nach seinem Tod, wenn sein Geist, instinktiv von dem Schrecken angezogen, völlig darin aufgehen würde? Losgelöst von einem Körper, ohne Verankerung an einem Ort, an den er immer wieder kommen konnte, um sich, wenn auch nur vorübergehend, Erleichterung zu verschaffen, sah er sich weniger mit einem Albtraum à la Hieronymus Bosch konfrontiert als vielmehr mit seiner eigenen Zukunft. War dies nicht die eigentliche Definition der Hölle – die unerbittliche Erfahrung von nie endendem größtem Schmerz? Eine Erfahrung, die er vielleicht schon einmal kurz erlebt und zu verdrängen versucht hatte, die sich nun aber unausweichlich in dem überwältigenden Zorn in Lama Tashis Blick spiegelte.

»Ich stimme zu, dass es Taten braucht«, sagte Lama Tashi nach einer Weile, die sich wie aus einem anderen Leben anfühlte.

Zutiefst verwirrt beobachtete Tom, wie die Miene seines Nachbarn wieder den gewohnt ruhigen Ausdruck annahm. Nie hätte er geahnt, dass der sanftmütige Guru über eine derart markerschütternde Kraft verfügen könnte. Mit Schaudern erkannte er, warum Lama Tashi ihm immer so viel Mitgefühl entgegengebracht hatte – nicht nur wegen dem, was ihn jetzt quälte, sondern auch wegen dem, was ihm noch bevorstand, wie er jetzt begriffen hatte. Es würde noch schlimmer kommen.

Lama Tashi wusste, dass er nun Toms ungeteilte Aufmerksamkeit hatte. »Nichts in der Zukunft ist festgelegt«, erklärte er und sprach damit direkt zu seinen Gedanken. »Es liegt an Ihnen, die Ursachen für die Wirkungen zu schaffen, die Sie erleben möchten. *Sie* erschaffen Ihre Realität.«

Es entstand eine längere Pause, in der Tom begriff, was gerade passiert war. Er schaute ihn an und fragte: »Was schlagen Sie vor?«

Später, vor dem Schlafengehen, stand Lama Tashi vor seinem Haus und spähte in die Dunkelheit – in den Raum, der für seinen Nachbarn ein Hort des Grauens war. Die Quelle unheilvoller Gespenster, die

Tom quälten, die ihn vor Schreck starr werden ließen und doch irgendwie dazu zwangen, sie sich Nacht für Nacht – mit einem Bourbon in der Hand – wieder anzusehen.

Lama Tashis Erleben könnte unterschiedlicher kaum sein. Für ihn waren die Stunden der Dunkelheit, wenn blendende Helligkeit und Trubel zum Erliegen kamen und sich subtilere Realitäten zeigten, die auf einen wundersamen Sinn hindeuteten, eine Zeit des Staunens. Das Plätschern des Baches hinter dem Bergesrand, der die grünen Weiden ringsum tränkte, wurde erst dann hörbar, wenn die Geräusche des Tages zur Ruhe kamen und das beständige Versprechen des Lebens sich anhörte wie ein zart dahinströmendes Wiegenlied. Weit über ihm blieben der Mond und die Sterne bis nach Einbruch der Dunkelheit verborgen, dann bedeckten sie den Himmel mit kosmischen Mustern voller wunderbarer Möglichkeiten.

Aus dieser unermesslichen, voneinander abhängigen Weite entsteht, besteht und vergeht alles. Der flüchtige, unablässig in Bewegung befindliche Tanz der Elemente war für ihn eine stete Vergegenwärtigung der Vergänglichkeit. Denn wenn nichts von Dauer ist, ist alles möglich. Die einzige Gewissheit ist der Wandel.

Shanti tauchte am Fenster der Hütte auf, miaute und rieb ihren Kopf genüsslich am Rahmen. Lama Tashi nahm sie auf den Arm und drückte sie sanft an sich, sodass die beiden ihre Wärme miteinander teilten, während sie in die reich erfüllte Nacht blickten.

»Ja, meine Liebe, alles muss sich ändern«, sagte er. »Die Frage ist nur, wie?«

Wach auf und rieche den Kaffee!

Freitag
8:00 Uhr (Eastern Standard Time)
6:00 Uhr (Mountain Standard Time)
5:00 Uhr (Pacific Standard Time)

Alle Dinge entstehen im Geist,
Sind unseres mächtigen Geistes Schöpfung.
Rede mit unreinem Geist,
Handle mit unreinem Geist,
Und Leiden wird dir folgen,
Wie das Rad dem Fuß folgt, der den Wagen zieht.

Alle Dinge entstehen im Geist,
Sind unseres mächtigen Geistes Schöpfung.
Rede mit reinem Geist,
Handle mit reinem Geist,
Und Glück wird dir folgen,
Wie der Schatten dem Körper folgt, und nicht weicht.*

Der Buddha (5. Jh. v. Chr.)

*   Quelle: Dhammapada 1, 1-2. Übersetzung: Dhammapada – die Weisheitslehren des Buddha. Mit einem Vorwort von Thich Nhat Hanh, aus dem Pali ins Deutsche neu übertragen und kommentiert von Munish B. Schiekel, Herder 1998.

1

Wall Street, New York City

Amy Robbins warf eine Münze in den Hut des Obdachlosen. Wie meist am Freitag. Der Mann saß stets am Eingang dieses Ladens, verwahrlost und ungepflegt, die Wangen wund von Wind und Wetter.

»Gott segne Sie!«, sagte er heute, wie immer, wenn ihre Münze gegen die anderen im Hut klimperte.

»Sie auch«, murmelte sie.

Ein kleines Stückchen weiter lag der Coffeeshop. Freitags kam sie früh und kaufte sich einen Cappuccino als Belohnung dafür, dass sie wieder eine Woche in der Stadt überstanden hatte. Eine bescheidene Erkenntlichkeit vielleicht, aber bei ihrem Gehalt als Junior-Analystin musste sie vorsichtig sein.

In der Schlange bei *Brew Ha* standen drei Leute vor ihr. Hinter der Espressomaschine fing Jordan ihren Blick auf und hob schmunzelnd die Augenbrauen.

Sie nickte und lächelte.

Im Laufe der Monate hatte er sich gemerkt, was sie bestellte, und wenn sie bezahlte, stand ihr Cappuccino schon auf dem Tresen, mit ihrem Namen im Schaum. Beim ersten Mal war sie begeistert, und das nicht nur, weil der große, langgliedrige Jordan sich offensichtlich ihren Namen gemerkt hatte. Es war auch das erste Mal, dass sie sich als Stammgast anerkannt fühlte. Als jemand von hier. Als eine Person, die sich mit dem gleichen Recht als New Yorkerin bezeichnen konnte wie alle anderen auch.

Bis dahin hatte sie sich immer wie das sprichwörtliche Landei gefühlt. Ihr hübsches Gesicht, ihre strahlenden Augen mit dem frechen Funkeln und ihr gepflegtes Äußeres hatten ihr zu Hause in Aubrey, Texas, vielleicht Türen geöffnet. Aber schon bei dem Versuch, sich hier ein Leben aufzubauen, war sie sich wie eine Hochstaplerin vorgekommen. Es gab Zeiten, in denen sie sich fragte, warum sie überhaupt weitermachte – die schmuddelige Wohnung, das tägliche Pendeln, die schlechte Bezahlung. Aber sie hatte ein höheres Ziel vor Augen. Wie unzählige andere vor ihr hatte auch sie gehofft, dass sie allein dadurch, dass sie hier war, Möglichkeiten finden würde, ihre sehnlichsten Wünsche wahr werden zu lassen.

Bis dahin war das *Brew Ha* ihre Zuflucht, ihr Wohlfühlort. Bei ihrem Cappuccino dachte sie jeden Freitag nostalgisch an alles Schöne daheim in Aubrey, etwa an Mr. Deal und die Pferde, um die sie sich in seinem Gnadenhof für Pferde gekümmert hatte, insbesondere an ihren geliebten Flash, den sie seit ihrer Kindheit geritten war. Und sie machte sich bewusst, warum sie hier war.

Ihre Freunde zu Hause hatten ihr immer Komplimente gemacht, wie modern und schick sie ihr Zimmer eingerichtet hatte, auch wenn ihnen die Worte fehlten, um zu beschreiben, was sie geschaffen hatte oder welches Gefühl es ihnen vermittelte. Sie hatte das richtige Auge, sagten sie. Sie hatte ein gutes Händchen für Zusammenstellungen. Deshalb hatte sie sich in den Kopf gesetzt, eines Tages als Innenarchitektin zu arbeiten, sobald sie verstanden hatte, wie der Hase in New York City lief, und sobald sie genügend Selbstvertrauen besaß, ihre Träume in die Tat umzusetzen.

An den Wochenenden schlenderte Amy durch ihr neues Viertel in Brooklyn. Vor manchen Gebäuden blieb sie stehen und fragte sich, wie es wohl wäre, dort zu wohnen. Besonders eines, das spektakuläre Woodrow Wilson Building im Art-déco-Stil, war ihr absoluter Favorit. Der Komplex hatte es ihr so sehr angetan, dass sie sogar in die elegante Marmorlobby ging und den parkartig angelegten Vorgarten bewunderte. Die Preise für die Appartements in dem Gebäude begannen bei über einer halben Million, wobei eine Dreizimmerwohnung mindestens das Doppelte kostete. Sie müsste schon Traderin bei Sharma Funds sein, ehe sie auch nur daran denken konnte, jemals genug dafür zu verdienen.

Mittlerweile stand an jenem Morgen nur noch eine Person in der Schlange an der Kasse vor ihr. Sie spürte eine Vibration in ihrer Manteltasche, holte ihr Telefon heraus und öffnete ihre Nachrichten. Über das, was sie dort vorfand, staunte sie so sehr, dass sie nicht einmal merkte, dass sie inzwischen an die Spitze der Schlange gerückt war. Jordan und die junge Frau an der Kasse mussten wie aus einem Munde ihren Namen rufen, um sie ins Hier und Jetzt zurückzuholen.

Als sie aufblickte, stand ihr eine Mischung aus Fassungslosigkeit und freudiger Erregung ins Gesicht geschrieben.

2

Omni, Colorado

Margarita öffnete die Beifahrertür und stellte das Papp-tablett mit zwei großen Americanos vorsichtig auf den Sitz. *Single Origin* aus Huila in Kolumbien, Bobs Lieblingskaffee. Ein kleiner Bonus zu ihrer vorzeitigen Rückkehr.

Planmäßig wäre sie am Vormittag von New York nach Hause geflogen, aber die Sitzungen waren in dieser Woche so gut gelaufen, dass sie beschlossen hatte, gestern Nachmittag zurückzufliegen, den Abend bei ihrer Schwester in Denver zu verbringen und dann früh aufzustehen. Sie hatte Bob nichts davon erzählt, weil sie ihn überraschen wollte. Beide hatten in letzter Zeit viel gearbeitet. Da es aufs Wochenende zuging, könnten sie vielleicht die Gelegenheit für einen kleinen Ausgleich nutzen. Zum Mittagessen irgendwohin gehen, wo es hübsch ist, und den Rest des Tages freinehmen, um sonst was zu tun – sie hätte da ein paar Ideen.

Sie schloss die Beifahrertür und ging vorne um den SUV herum zur Fahrerseite. Sie lächelte bei dem Gedanken an das letzte Mal, als sie angehalten und Kaffee besorgt hatte. Genau wie jetzt war sie früher nach Hause gekommen und hatte Bobs liebsten Single-Origin-Kaffee mitgebracht. Ob es an ihrer Abwesenheit oder am Kaffee oder an einer Kombination aus beidem gelegen hatte, konnte sie nicht sagen, aber die Wirkung auf ihren Mann war überraschend anregend gewesen. Zu ihrer großen Freude.

Nach 25 Jahren Ehe war das Feuer ihrer Leidenschaft füreinander unweigerlich einer eher sanften Glut gewichen. Aber dieser morgendliche

Kaffeekauf hatte den gleichen Effekt gehabt wie Öl auf glimmenden Kohlen und eine völlig überraschende Flamme des Begehrens auflodern lassen, die dazu geführt hatte, dass sie diverse Flächen in ihrem Haus auf eine Weise nutzten, wie sie es seit ihren ersten Jahren nicht mehr getan hatten. Wie gut, dass Gabby seit Anfang des Jahres auf dem College war!

Unwillkürlich fragte sich Margarita, ob ihre Ankunft zu Hause heute den gleichen Überschwang der Gefühle auslösen würde. Sie klappte die Sonnenblende herunter und überprüfte ihr Aussehen im Spiegel, der um diese Zeit am Morgen immer am gnadenlosesten ist. Sie fuhr sich mit den Händen durch ihr kurz geschnittenes dunkles Haar, ihr Blick ruhte kurz auf ihren gebräunten Wangen, bevor sie die Wimperntusche inspizierte, die die Aufmerksamkeit auf das lenkte, was Bob immer als das Verführerischste an ihr bezeichnet hatte – ihre lebhaften Latina-Augen. Ihr Teint mochte blasser und die Falten in den Wechseljahren tiefer geworden sein, und manchmal verzweifelte sie an den nicht aufzuhaltenden Veränderungen, die über sie gekommen waren. Aber sexuelle Anziehungskraft erwies sich als etwas höchst Merkwürdiges. Der Funke des Begehrens ließ sich offenbar selbst angesichts dünner werdender Haut und schlaffer Brüste wieder entfachen. Körperlichkeit war anscheinend nur ein Teil davon. Margarita klappte den Spiegel in der Sonnenblende zu und dachte eine Weile darüber nach, wie diese besondere Lebenskraft, von der sie geglaubt hatte, sie gehöre der Vergangenheit an, in ihren späteren Jahren so plötzlich und erfreulich wieder aufgeflammt war.

Aber dieses Nachdenken währte nicht besonders lange.

Sie öffnete die Fahrertür, um einzusteigen, und da fiel ihr eine bestens bekannte Gestalt ins Auge. Er war ziemlich weit weg – ein paar hundert Meter die Straße hinunter, am oberen Ende einer Außentreppe. Aber selbst wenn er doppelt so weit weg gewesen wäre, selbst wenn er nicht die dschungelgrüne Jacke getragen hätte, die sie letztes Jahr in Costa Rica gekauft hatten, hätte sie ihn auf Anhieb erkannt. Was um alles in der Welt machte er unter der Tür der Wohnung über *Paige Turner Books*? Und das so früh am Morgen?

Noch während sich diese Fragen in ihren Kopf drängten, tauchte eine Gestalt hinter ihm auf. Er drehte sich um, und Margarita konnte das Rosa eines Bademantels erkennen. Die Hände einer Frau um seine Schultern. Er küsste sie – und zwar nicht wie bei einer herzlichen Verabschiedung. Die Intimität ihrer Umarmung war unverkennbar. Wenige Augenblicke später ging er wieder hinein und zog rasch die Tür hinter sich zu.

Margarita saß hinter dem Lenkrad und war so geschockt, dass sie unfähig war, sich zu rühren.

3

Beverly Hills, Los Angeles

Dan Kavana, Amerikas beliebtester afroamerikanischer Nachrichtenmoderator, schlief noch tief und fest, als sein Telefon klingelte. Er schnappte es sich vom Nachttisch und versuchte aus Gewohnheit, den Wecker auszuschalten. Bis er merkte, dass es gar nicht der Wecker war, sondern ein Anruf. Vom Leiter der Nachrichtenredaktion. *Und* er hätte schon vor einer Stunde aufstehen müssen.

Er saß kerzengerade im Bett und räusperte sich.

»Wo stecken Sie?« Sein Chef, Nick Nalder, verschwendete nie Zeit auf Höflichkeiten.

»Wollte gerade los.« Was normalerweise auch so gewesen wäre. »Was gibt's?«

»Ansteckende Bakterien.«

Erschrocken zerrte Dan an der Decke und stieg aus dem Bett. Nichts treibt die Einschaltquoten so sehr in die Höhe wie eine Infektionsgefahr. Je schlimmer, desto besser. »Wo?«, fragte er auf dem Weg ins Badezimmer und schaltete das Licht an.

»New York. Times Square Outlet von *Golden Drumsticks*.«

Golden Drumsticks war die größte Fastfood-Kette der USA. Und der Times Square lag praktisch genau im Fadenkreuz des Landes.

»Wie ansteckend?«

Nalder sprach bereits mit jemand anderem in der Redaktion; das hatte er so an sich. Dan fragte sich, ob seine Worte für ihn bestimmt oder an die andere Person gerichtet waren.

»Kommen Sie einfach so schnell wie möglich her«, rief Nalder ihm ins Ohr. »Heute passiert jede Menge schräger Scheiß.«

Dan hatte keine Ahnung, wie er seinen Wecker deaktiviert hatte. Aber er musste seine Morgentoilette in Rekordzeit hinter sich bringen. Seine Frau Tammy war auf einer Konferenz der *African American Women*. Das bedeutete, dass er heute für Maddie zuständig war. Ihre 23-jährige Tochter hatte sich vor zwei Jahren bei einem Autounfall das Genick gebrochen und war seither querschnittsgelähmt. Sie war schon immer ein Langsamstarter am Morgen gewesen. Allein, sie aus dem Bett und ins Bad zu bekommen, konnte schon eine halbe Stunde dauern.

Rasch begann er sich zu rasieren und drückte die Kurzwahltaste für Maddies Chefbetreuerin Jacinda. Sie nahm nicht ab. Auch nicht die Betreuerinnen Nummer zwei und drei auf der Liste. Dan hinterließ Nachrichten und absolvierte dabei in größter Eile seine Morgentoilette. Auf Zehenspitzen schlich er in Maddies Zimmer, das auf ihren Wunsch das dunkelste und ruhigste im Haus war. Er konnte kaum ihr Gesicht auf dem Kissen erkennen, aber er hörte ihr langsames und regelmäßiges Atmen. Nichts deutete darauf hin, dass sie seine Anwesenheit überhaupt bemerkt hatte.

»Kleines Vögelchen«, formte er aus Gewohnheit lautlos mit den Lippen seinen Kosenamen für sie.

Er schloss die Tür hinter sich, hastete den Flur entlang, schnappte sich sein Telefon und seine Schlüssel und machte sich auf den Weg zu dem Dienstwagen mit Fahrer, der in der Einfahrt auf ihn warten würde.

Seine behinderte Tochter allein in einem leeren Haus zurückzulassen, war schrecklich für ihn. Das hatte er noch nie getan – und wenn er rechtzeitig aufgewacht wäre oder wenn es keine wichtigen aktuellen Meldungen gegeben hätte, würde er es auch jetzt nicht tun. Maddie zu Hause zu pflegen, das hatten Tammy und er sich nach dem Unfall versprochen, und an dieses Versprechen hatten sie sich immer gehalten.

Bis jetzt.

4

Montpelier, Vermont

GRACE ARLINGHAM ZOG DIE TÜR ZU IHREM HÄUSCHEN ZU und ging vorsichtig über die geflieste Veranda. Sie schloss die Hand fest ums Geländer, als sie die fünf Stufen zum Zugangsweg hinunterging. Unten blieb sie stehen und zupfte mit der rechten Hand den Schal zurecht, der ihren kahlen Kopf bedeckte. Eine Geste, die ihr in den letzten sechs Monaten zur Gewohnheit geworden war.

In den ersten Wochen nach dem Verlust ihrer Haare hatte sie sich oft gefragt, wann sie den Schal wohl wieder loswerden würde. Wann die vereinzelten Büschel auf ihrem Kopf wieder zu dem gewohnt üppigen Schopf zusammenwachsen würden. Schließlich hatte sie das alles schon einmal durchgemacht. Die Diagnose. Die Behandlung. Das langsame Wiederauftauchen aus einer Zeit, in der sie in erster Linie Krebspatientin gewesen war, in ihren Alltag als Klavierlehrerin in Montpelier. Auch wenn dieser Alltag irgendwie unbestimmt die Tonart gewechselt hatte.

Seit den letzten beiden Tomographien hatte Grace jedoch versucht, alle Erwartungen loszulassen. In Bezug auf ihr Haar. In Bezug auf alles. Wenn aus Gewohnheit Gedanken an die Zukunft aufkamen – wann sollte sie mit ihren Schülerinnen und Schülern mit dem Einüben der Prüfungsstücke beginnen? Wo würde die Familie dieses Jahr Thanksgiving feiern? – wischte sie diese schnell beiseite. So wie es aussah, würde sie in fünf Monaten keine Schülerinnen und Schüler mehr haben. Sie konnte froh sein, wenn sie bis Thanksgiving durchhielt.

Dr. Roberts hatte ihr die Bilder der PET-Aufnahmen gezeigt. Bei ihrem letzten Termin hatte er auf ihre Bitte hin den großen Bildschirm auf seinem Schreibtisch umgedreht, sich neben sie gesetzt und ihr behutsam die Bedeutung der schwarzen Schatten erklärt, die mit solch unheilvoller Fülle in ihrem Unterleib wuchsen. Da sie den Krebsjargon bereits kannte, musste er ihr Begriffe wie »Metastasierung« und »Stadium IV« nicht erklären. Und als er von der Möglichkeit einer Palliativversorgung sprach, wusste sie, dass sie sich auf eine Reise ohne Wiederkehr begeben hatte. Beim ersten Mal hatte sie sich wacker geschlagen. Sie hatte einige krebsfreie Jahre gehabt. Mit ihren 62 Jahren hatte sie gehofft, den Wechsel der Jahreszeiten in Vermonts wunderbaren Wäldern noch lange miterleben zu können, aber sie hatte bereits erfahren, dass Langlebigkeit ein Privileg ist, das nicht allen Menschen gewährt wird.

Wenn es nur um sie gegangen wäre, wäre sie damit zurechtgekommen. Aber so war es nicht. Es gab andere, die völlig auf sie angewiesen waren. Vor allem das war es, was sie unerträglich traurig stimmte. Ihnen zuliebe versuchte sie, ihre Gefühle zu verbergen. Nicht, dass ihr das immer gelungen wäre. Es gab Momente, da musste sie sich in ihr Schlafzimmer zurückziehen, die Tür schließen und stille Tränen weinen. Dann lag sie da und dachte voller Sorge daran, wie sich die Welt ihrer Lieben verändern würde, wenn sie nicht mehr da wäre, um sie liebevoll zu umsorgen.

Sie konnte spüren, dass sie sie in diesem Moment vom Fenster aus beobachteten. Sie drehte sich um und winkte.

Sie brauchte keinen Stock, aber sie ging langsam. Umso mehr fürchtete sie sich vor dem, was vor ihr lag.

Am Eingangstor des weißen Lattenzauns angelangt, der sich um die Vorderseite ihres Grundstücks zog, blieb sie stehen. In der Vogeltränke ein paar Meter weiter fiel ihr etwas ins Auge. Sie ging näher heran und entdeckte, dass eine Biene hineingefallen war. Sie zappelte verzweifelt und schickte in ihrem Überlebenskampf Kräuselwellen über die Wasseroberfläche.

Grace bückte sich, hob ein Laubblatt auf und kam näher. Nach mehreren Versuchen gelang es ihr, das Blatt unter den winzigen Körper des verzweifelten Insekts zu schieben und es auf einen Stein in der Nähe zu setzen, wo es auf einer breiten Fläche ausruhen und trocknen konnte. Dabei wiederholte sie den Satz, den sie einmal gelesen hatte und der wohl alles, was wirklich wichtig war, in wenigen Worten zusammenfasste. Ein Spruch, den sie sich im Laufe der Jahre zu eigen gemacht hatte: »Mögen alle Wesen frei sein von Leiden.«

Grace hielt einen Moment inne und beobachtete die Biene, in dem stillen Wunsch, sie möge sich erholen. Sie hatte gelernt, sich in solchen Augenblicken zu konzentrieren. Die kleinen Dinge, das hatte sie erfahren, waren das eigentlich Wichtige. Eine Zeitlang blieb der winzige schwarz-goldene Körper reglos liegen – es ließ sich nicht sagen, wie lange er im Wasser gekämpft, wie sehr ihn sein Überlebenskampf erschöpft hatte.

Nach einer gefühlten Ewigkeit schlug die Biene erst mit einem Flügel, dann mit einem zweiten. Das war ermutigend. Dann rollte sie sich ein und schien sich mit den Vorderbeinen den Kopf abzuwischen. Völlig fasziniert verfolgte Grace die Bewegungen der Biene mit tiefer Erleichterung. Und mit freudiger Erwartung. Denn wenn frühere Rettungsaktionen irgendwelche Rückschlüsse zuließen, dann waren diese Bewegungen der Biene ein Vorspiel für das, was sie unbedingt sehen wollte. Und tatsächlich, nach ein paar weiteren Momenten des Kopfwaschens und Beinzuckens streckte die Biene ein paar Mal ihre Flügel aus, lief dann langsam im Kreis – und hob ab. Grace sah zu, wie sie im Bogen von dem Stein aufflog und an Höhe gewann, bis sie im Zickzack um die Hauswand schwirrte und aus dem Blickfeld verschwand. Mit einem zufriedenen Lächeln ging Grace wieder zum Eingangstor.

Ein paar Minuten war sie von der Last ihres Ichs befreit gewesen.

Jetzt wartete sie in der Klinik. Am Morgen hatte sie wie geplant die Tomographie hinter sich gebracht. Daran hatte sich die Blutuntersuchung angeschlossen. Davor war sie auf eine heiße Schokolade in die Cafeteria gegangen, während die Radiologin die Ergebnisse analysierte und an ihren Arzt weiterleitete. Ihr Termin bei Dr. Roberts wäre eigentlich schon vor einer halben Stunde gewesen.

Normalerweise war er pünktlich. Sie wusste, dass manche Onkologen ihre Patienten so behandelten, als hätten sie alle Zeit der Welt. Die Ironie darin entging ihr nie. Und die Grausamkeit. Das Schlimmste an einer Tomographie war die anschließende Wartezeit. Sie hatte gehört, dass diese Angst vor bildgebenden Untersuchungen bei Krebs treffend als »Scanxiety«[*] bezeichnet wird.

Wie sie so vor Dr. Roberts' Sprechzimmer saß, verspürte sie jede Menge davon. Der vorherige Patient ihres Arztes war vor über einer halben Stunde gegangen. In der Erwartung, dass sich jeden Moment die Tür öffnen und Grace hereingebeten würde, war die Sekretärin von Dr. Roberts hinter ihrem Schreibtisch aufgestanden, durchs Wartezimmer auf sie zugekommen und hatte sich in ihrer Nähe auf einen Stuhl gesetzt.

»Dr. Roberts nimmt Sie so schnell wie möglich dran, Mrs. Arlingham«, sagte sie mitfühlend. »Er hat Ihre Aufnahme bekommen. Er wollte nur noch mit der Radiologin sprechen, bevor er Sie sieht.«

»Okay«, Grace schluckte.

»Er macht so schnell er kann.« Die Assistentin lächelte.

Bisher hatte Dr. Roberts noch nie das Bedürfnis gehabt, die Radiologin zu konsultieren, dachte Grace beunruhigt. Was konnte das bedeuten?

---

[*] (Anm. d. Verlags: Wortspiel aus Scan = Aufnahme und anxiety = Angst)

5

Vor zehn Tagen
Lone Pine Meditation Center
Omni, Colorado

»WARUM GLAUBEN NICHT ALLE MENSCHEN AN KARMA?« Die Frage kam am Ende von Lama Tashis regulärem Dienstagabendkurs. Die Person, die sie stellte, war nicht naiv. Megan Mitchell aus der ersten Reihe, wo sie bei solchen Lehrveranstaltungen schon seit Jahren saß, gehörte zu Lama Tashis engagiertesten Schülern. Sie war Ende dreißig und Mutter von zwei Kindern. Ihre strahlend blauen Augen und ihre roten Apfelbäckchen vermittelten den Eindruck eines ebenso fürsorglichen wie wissbegierigen Charakters. Nachdem sie nun zum wiederholten Mal gehört hatte, wie Lama Tashi Karma erklärte, erschien ihr das Gesetz von Ursache und Wirkung so einleuchtend und so wichtig, dass die Frage einfach aus ihr herausplatzte.

Lama Tashi ließ seinen Blick über die Schülerinnen und Schüler schweifen, die in dem von Kerzen erleuchteten Raum zusammengekommen waren und auf ihren Meditationskissen saßen. Sie waren froh, dass Megan die Frage gestellt hatte. Aufs richtige Stichwort konnte Rinpoche (gesprochen Rínpotsché, mit Betonung auf der ersten und der letzten Silbe) – ein Begriff, der »kostbar« bedeutet und manchmal Lehrern verliehen wird – sich ordentlich Zeit für eine Antwort nehmen, wobei er auf persönliche und historische Anekdoten zurückgriff und auch verschiedene Stellen aus den Schriften zitierte. Währenddessen freuten sie sich, einfach noch etwas länger in seiner Gegenwart sein zu können – der eigentliche Grund, warum sie Woche für Woche wiederkamen. Monat für Monat. Jahr für Jahr.

Denn wenn Lama Tashi im Raum war, versanken sie in einem Gefühl ozeanischer Ruhe. Sie fühlten sich hingezogen zu diesem Zustand, der erfüllt war von tiefem Frieden und zugleich ausgesprochen beruhigend wirkte. Zu dem Zustand, der sich wie von selbst einstellte, wenn Lama Tashi sie aus ihrem gewohnten Blickwinkel herausholte und ihnen eine breitere Perspektive eröffnete, die frei war vom unaufhörlichen Geplapper der Gedanken.

All dies nahm Lama Tashi in sich auf und bedeutete dann allen mit einer ausladenden Geste und dem Anflug eines schelmischen Lächelns: »Warum versucht ihr nicht, Megans Frage zu beantworten?«

Eine abendliche Brise durchwehte den Raum, verteilte die gleichmäßig aufsteigenden Schwaden des Räucherwerks und ließ Dutzende Butterlampen zu Füßen der Buddha-Statue in ihren Messingschalen flackern.

Bob, mittleren Alters, Hemd mit Button-Down-Kragen, gepflegte Kleidung, räusperte sich und erklärte: »Es entspricht einfach nicht unserer westlichen Kultur, an Karma zu glauben. Wir haben eine gewisse Vorstellung davon, was es ist. Wir benutzen das Wort im Gespräch. Aber wir handeln nicht so, als ob es Karma wirklich gäbe.«

»Stimmt«, nickte Lama Tashi und ließ seinen Blick einen Moment lang so auf ihm ruhen, sodass Bob sich fragte, ob er über ihn Bescheid wusste. Bob hatte keinen Zweifel, dass Rinpoche hellsichtig war – eine natürliche Folge seines klaren Geistes. Ob er seine Situation jedoch richtig einschätzte und was er darüber dachte, das fragte er sich nicht. Darüber wollte er auch gar nicht nachdenken. In Gegenwart des Gurus gab er sich stets große Mühe, keine Gedanken an Paige Turner Books, seine Geliebte Beth oder Beths Wohnung über der Buchhandlung aufkommen zu lassen.

»Auch in Gesellschaften, in denen Karma seit Jahrtausenden anerkannt ist«, entgegnete Lama Tashi, »handeln die meisten Menschen nicht nach dem Gesetz von Ursache und Wirkung«.

Chantelle, ebenfalls eine Schülerin aus der ersten Reihe, warf Megan einen Seitenblick zu. »Vielleicht weil es so belastend ist zu akzeptieren, dass alles, was wir erleben, die Folge von Ursachen ist, die wir selbst geschaffen haben. Wenn etwas schiefgeht, ist es viel einfacher, den Umständen oder anderen Leuten die Schuld an unserem Unglück zu geben.«

»Gute Antwort«, nickte Lama Tashi.

Seinem Gesichtsausdruck war jedoch zu entnehmen, dass es noch eine andere, ganz konkrete Antwort gab, die er hören wollte. Sie hatten etwas übersehen. Und während er ihnen bei ihrer Gehirngymnastik zusah, wirkte er amüsiert darüber, dass ihnen diese bestimmte Antwort nicht einfallen wollte.

Eine Zeitlang wichen sie seinem Blick geflissentlich aus. »Ein *einfacher* Grund«, drängte er sie.

Als er nach einer weiteren Pause immer noch keine Antwort erhielt, erlöste er sie endlich aus ihrem Elend.

»Die Menschen glauben nicht an Karma, weil es nicht sofort eintritt«, erklärte er. »Wenn auf eine Ursache sofort eine Wirkung folgen würde, gäbe es keine Fragen und keinen Zweifel.«

Die Welle der Erkenntnis, die durch den Raum schwappte, war förmlich mit Händen zu greifen. Und mit ihr ein Schwall Energie, als seine Schülerinnen und Schüler Blicke tauschten und sich ausmalten, was er ihnen soeben eröffnet hatte, nämlich eine Zeit und einen Ort, an dem auf jede Ursache sofort die Wirkung folgte. Und plötzlich fegte eine ganze Salve spielerischer, schöpferischer Möglichkeiten durch den Meditationsraum.

»Stellt euch vor, Karma würde eines Tages sofort eintreten«, schlug Anton vor, ein Kameramann und Digitalkünstler, dessen langes schwarzes Haar zu einem Pferdeschwanz gebunden war und in starkem Kontrast zu seinem blassen Gesicht stand. »Wie abgefahren wäre das denn?«

Einige aus der Gruppe brachen in Gelächter aus. Es war, als hätte Lama Tashi einen schelmischen Geist geweckt. Chantelle und Megan kicherten schadenfroh hinter vorgehaltener Hand.

»Wenn die Leute erst einmal herausgefunden hätten, was da vor sich geht«, sagte Megan, »wäre die Wirkung revolutionär.«

Lama Tashi neigte anerkennend den Kopf. »Ziemlich abgefahren«, stimmte er zu. »Zunächst sofortiges Glück für die einen. Eine Katastrophe für die anderen. Starke Schwankungen, da jeder Mensch entdecken würde, dass es keine Wirkung gibt, ohne dass zuvor eine Ursache gesetzt worden wäre. Das ist Karma, nicht wahr?«

Als seine Schülerinnen und Schüler nickten, forderte er sie auf: »Eine Definition von Karma, bitte.«

In manchen Dingen, in den Dingen, auf die es ankam, war Rinpoche von der alten Schule. Er erwartete von seinen Schülerinnen und Schülern, dass sie sich die wichtigsten Prinzipien und Definitionen einprägten, sodass sie, wenn er wie jetzt eine Frage zu etwas stellte, das er ihnen eingetrichtert hatte, sofort und wie aus einem Munde antworten würden:

»Das Gesetz von Ursache und Wirkung«

»Und was sind die vier allgemeinen Aspekte von Karma?«

»Die Folgen spiegeln die Ursachen«, skandierten sie. »Positives Karma erbringt nur positive Folgen. Negatives Karma erbringt nur negative Folgen.«

Er nickte und hob den Daumen.

»Karma verstärkt sich«, fuhren sie fort. Er hob den Zeigefinger.

Und als er den Mittelfinger hob: »Es kann keine Folgen geben, ohne dass vorher Ursachen geschaffen werden.« Bis sie mit dem vierten allgemeinen Aspekt endeten: »Jede Handlung führt zu einer bestimmten Folge.«

»Gut, gut! Die Theorie kennt ihr alle«, kicherte er.

Und bildete Bob sich das nur ein, oder sah Lama Tashi ihn wirklich direkt an?

Rinpoche lehnte sich vor und senkte die Stimme, wie er es immer tat, wenn er einem Inhalt besonderen Nachdruck verleihen wollte: »Bei Karma geht es einzig und allein um euch. Wenn ihr versteht, wie es wirkt, entscheidet ihr selbst über eure Zukunft. Das ist der springende Punkt. Lernt, Karma zu meistern, damit ihr die Realität erschaffen könnt, die ihr euch wünscht. Man könnte sagen, Karma ist das ultimative Selbstentfaltungsprogramm. Das große Paradoxon lautet dabei: Wenn wir uns wirklich Veränderung und höchste Erfüllung wünschen, müssen wir unseren Fokus weg vom Ich hin zu anderen verschieben. Wirklich empfangen wir dann, wenn wir geben.«

Seine Schülerinnen und Schüler dachten eine Zeitlang still über diese kraftvolle, klar formulierte Botschaft nach. Dann empfahl ihnen ihr Lehrer: »Wenn ihr mal testen wollt, ob ihr wirklich an Karma glaubt, ist das ganz einfach. Ihr müsst euch lediglich fragen: Stellt ihr die Bedürfnisse anderer Wesen über eure eigenen?«

6

Wall Street, New York City

A MY BEDANKTE SICH BEI JORDAN UND NAHM IHREN personalisierten Cappuccino entgegen. Sie suchte sich einen Tisch am Fenster und konnte die Nachricht, die sie gerade erhalten hatte, kaum glauben. Das Orang-Utan-Projekt gratulierte ihr zum Gewinn einer 14-tägigen Südostasien-Kreuzfahrt für zwei Personen im Wert von 25.000 Dollar!

Amy hatte schon viele »Gewinnbenachrichtigungen« erhalten. Sie hatte gelernt, den grausamen Schwindel zu ignorieren, der ja meist dahintersteckte. Aber sie spürte, dass es bei dieser Nachricht anders war. Ihr fiel wieder ein, dass sie an ihrem ersten Tag in New York ein einzelnes Lotterielos für einen Dollar gekauft hatte. Der Verkäufer hatte sie gedrängt, ein Heft mit zehn Losen für neun Dollar zu kaufen, um ihre Gewinnchancen zu erhöhen. Nur hatte sie fast kein Geld, und außerdem tat sie es nicht wegen des Gewinns, sondern für die Orang-Utans, deren Leid sie seit jeher tief bewegte.

Am Fenstertisch las sie die Nachricht immer wieder. Um ganz sicherzugehen, rief sie beim Orang-Utan-Projekt an und wollte die Person sprechen, die ihr die E-Mail geschickt hatte. Die Marketingleiterin wirkte genauso begeistert wie sie, als sie die Nachricht bestätigte.

Nach dem Anruf saß sie da, beobachtete versonnen den Verkehr auf der 9th Avenue und überlegte, was sie als Nächstes tun sollte. In ihrem Herzen hatte sie sich bereits entschieden.

Sie arbeitete noch keine sechs Monate bei *Sharma Funds* und konnte daher keinen Urlaub nehmen. Außerdem hatte sie niemanden, der sie begleiten könnte. Der Freund, den sie in Aubrey gehabt hatte, war längst verflossen. Zu Hause hatte sie gute Freundinnen, aber wenn sie sich nur für eine entschied, würde das zu endlosen Komplikationen führen. Gleich beim Erhalt der Nachricht war ihr instinktiv eine Idee gekommen, und an die hielt sie sich jetzt. Sie öffnete die E-Mail, klickte auf »Weiterleiten« und schrieb: »Liebe Mama, ich habe gerade einen Preis gewonnen, den ich dir und Dad schenken möchte. Einen Haken gibt es allerdings – Ihr müsst euch Reisepässe besorgen!«

Für ihre Mutter und ihren Vater wäre die Kreuzfahrt der Urlaub ihres Lebens. Ihr Vater war schon sein ganzes Berufsleben lang bei der Stadtverwaltung von Aubrey. Ihre Mutter war Krankenschwester. Sie war in bescheidenen Verhältnissen aufgewachsen.

Vor Kurzem war bei ihrem Vater Parkinson diagnostiziert worden. Er wurde immer verschlossener und depressiver. Ihre Mutter, der stets daran gelegen war, dass es allen in ihrer Umgebung gut ging, versuchte nach Kräften, ihn aufzumuntern. Gleichzeitig kümmerte sie sich um ihre älteren Nachbarn und leistete Schichtdienst im örtlichen Krankenhaus. Eine Luxuskreuzfahrt war genau die Auszeit, die die beiden jetzt benötigten.

Amy strahlte schon bei der Vorstellung, wie ihre Mutter die Nachricht erhielt und ihrem Vater davon erzählte. So hätten die beiden zum ersten Mal seit langer Zeit wieder etwas Schönes, auf das sie sich freuen könnten. Eine Luxuskreuzfahrt mit allem Drum und Dran von Singapur über Penang nach Rangun und zu vielen weiteren exotischen Orten. Das war mehr, als sie je für möglich gehalten hatte. Aber es war tatsächlich eingetreten. Und diese Kreuzfahrt ihren Eltern zu schenken, fühlte sich an wie ein Geschenk für sie selbst. Als Amy ihren Kaffee ausgetrunken hatte, platzte sie fast vor Freude. Sie konnte es kaum erwarten, von ihrer Mama zu hören!

Sie ging die Straße hinunter und betrat das Gebäude, in dessen 25. Stockwerk sie arbeitete. Ihre Mutter schaute zwar regelmäßig in ihr Telefon, aber sie war gerade erst aus der Nachtschicht gekommen.

Als sie aus dem Aufzug trat, herrschte im holzgetäfelten Empfangsbereich der *Sharma Fund Management Inc.* nicht die übliche heilige Stille, sondern eine seltsam euphorische Stimmung, und lautes Lachen schallte durch den Flur.

Ihr Blick traf sich mit dem der Rezeptionistin.

»Haben gerade Colgard als Kunden gewonnen«, verriet Jaye ihr strahlend.

»Das ist ja toll!«, heuchelte Amy Begeisterung.

Sie wusste, dass das Team für institutionelle Anleger lange darauf hingearbeitet hatte, diesen Deal über die Bühne zu bringen. Sie wusste auch, dass es viel mehr Arbeit für sie bedeuten würde, und sie fragte sich, ob sie dem wirklich gewachsen war. In den letzten Wochen hatte Mr. Black, der Leiter des Buchhaltungsteams, sie mehrmals in sein Büro gerufen, um die von ihr erstellten Tabellenkalkulationen durchzugehen. Sie seien eigentlich nicht falsch, meinte er. Sie seien einfach nur altmodisch.

Nicht zum ersten Mal fühlte sie sich wie eine Hinterwäldlerin. Ein Mädchen aus der Kleinstadt, das dem Tempo und der Raffinesse von New York nicht gewachsen war. Vor allem, weil sie eigentlich nie hatte Analystin werden wollen. Sie hatte die Ausbildung zur Buchhalterin nur gemacht, weil sie gut mit Zahlen umgehen konnte und ihr Vater immer sagte, so würde sie jederzeit Arbeit finden, weil jedes Unternehmen Buchhalter brauchte.

Sie war erst ein paar Minuten an ihrem Schreibtisch, da hörte sie, dass jemand ihren Namen rief. Sie blickte auf und entdeckte die persönliche Assistentin ihres Chefs neben ihrem Arbeitsplatz.

»Mr. Black möchte Sie sehen«, sagte sie.

Amy versuchte, die Fassung zu wahren. Das war nicht gut. In ihrem ersten Monat bei *Sharma Funds* hatte sie an einem Freitag einen Kollegen mit einem Pappkarton durch die Eingangshalle gehen sehen – darin ein Sammelsurium verschiedenster Gegenstände, unter anderem eine Sukkulente, die sie auf seinem Schreibtisch bewundert hatte.

Sie hatte gleich gespürt, dass das nichts Gutes bedeutete.

»Was ist mit dem Karton?«, hatte sie Jaye am Empfang zugeflüstert.

»Entlassen«, hatte Jaye ihr tonlos bedeutet und dann bedeutungsschwanger hinzugefügt: »Freitag.«

Später hatte Jaye erklärt, dass es bei Sharma üblich war, Leute am Freitag zu entlassen. Der Gedanke dahinter war, dass so alle anderen im Unternehmen übers Wochenende Zeit hätten, das Geschehen zu verarbeiten und wieder nach vorn zu blicken. Den nun ehemaligen Kollegen oder die Kollegin aus dem Kopf zu kriegen. Wenn sie dann am Montag wiederkamen, war es, als hätte es die entlassene Person nie gegeben.

Mr. Black telefonierte gerade, als sie in sein Büro geleitet wurde. Er bedeutete ihr, die Tür zu schließen – kein gutes Zeichen. Und er hob abwehrend die Hand, als sie auf einen Stuhl ihm gegenüber zusteuerte – noch schlimmer. Sie sollte sich nicht setzen! Offensichtlich wollte er, dass sie aus seinem Büro verschwand, sobald er seinen Text abgelassen hatte.

»Peter Sharp. Anwalt. Kennen Sie den?«, fragte er, kaum dass er sein Telefonat beendet hatte.

Amy war verwirrt. War er Kunde von Sharma Funds? Hatte sie einen Fehler bei seiner Steuererklärung gemacht? Sie verneinte kopfschüttelnd.

»Er hat gerade für Sie angerufen. Hat Sie im Onlineverzeichnis gefunden. Sagte, er hätte versucht, Sie unter einer Nummer in Aubrey zu erreichen. Das ist doch bei Ihnen zu Hause in Texas, oder?«

»Ja.«

Er nahm einen Zettel von seinem Schreibtisch, auf dem eine Telefonnummer stand, und reichte ihn ihr.

»Wir vermuten, dass es sich um eine persönliche Angelegenheit handelt.« Als sich ihre Blicke trafen, bemerkte sie, dass sein Gesichtsausdruck weicher geworden war und Mitgefühl zeigte. »Sie können gerne einen Besprechungsraum nutzen, dann müssen Sie den Anruf nicht von Ihrem Schreibtisch aus tätigen.«

»Danke«, erwiderte sie, und ihre Augen weiteten sich.

Sie war verlegen, als sie die Tür zu einem Besprechungsraum hinter sich zuzog. Normalerweise hatten nur leitende Angestellte Anspruch auf so viel Privatsphäre. Sie befürchtete, es könnte etwas mit ihren Eltern zu tun haben. Oder mit ihrem Bruder.

Aber als sie Peter Sharp erreichte, sagte er ihr mit seiner rauen Raucherstimme, dass er sie in seiner Eigenschaft als Testamentsvollstrecker von Gerald Carsons Nachlass hatte kontaktieren wollen.

Bei dem Namen klingelte etwas, aber sie brauchte einen Moment, um ihn einzuordnen.

»Sie wissen sicher, dass er vor zwei Monaten in New Orleans verstorben ist.«

Onkel Gerry! Jetzt wusste sie wieder, wer er war.

Gerald Carson war eigentlich kein Onkel. Er war der Cousin ihrer Mutter. Vor sechs Jahren, nach dem High-School-Abschluss, war Amy zu ihm gegangen und hatte sich um ihn gekümmert. Er war Mitte achtzig und litt unter verschiedensten Beschwerden, vor allem unter Herzschwäche, Durchblutungsstörungen und Diabetes Typ 2. Außerdem war er vor Kurzem gestürzt und hatte sich am Rücken verletzt. Weil er sich kaum bewegen konnte, brauchte er Hilfe. Freundlich und zuvorkommend wie sie war, sagte Amy, sie würde hinfahren.

Zunächst dachte sie, das Leben in dem baufälligen Haus mit seinen düsteren Räumen, dem üblen Geruch und seinem älteren Bewohner würde ihr ganz und gar nicht gefallen. Aber sie war schnell mit Gerry warm geworden, und zu ihrer beiden Überraschung stellten sie fest, dass sie gerne zusammen waren.

Außerdem hatte sie die Vorhänge aufgezogen, das Haus neu dekoriert und einen Klempner beauftragt, die Klärgrube zu reparieren. Sie hatte die Blumentöpfe, die in seinem Garten verstreut lagen, zusammengesucht und damit seine zuvor sehr nüchterne Veranda freundlich und einladend gestaltet. Die beiden konnten stundenlang dort sitzen, sich unterhalten und den Sonnenuntergang beobachten. Es gab mehrere Besuche in einem Jazzclub am Ende seiner Straße. Sie kochte für ihn, sie tranken Bier und manchmal schwiegen sie einfach kameradschaftlich miteinander. Ihr Besuch sei sein bester Urlaub seit Jahren gewesen, hatte er erklärt.

Seitdem hatte sie zweimal mit ihm telefoniert. Da er mittellos war, war er in einem staatlichen Pflegeheim gelandet. Sie wollte gar nicht zu viel darüber nachdenken, wie das wohl war.

Jetzt, am Telefon, war Amy überrascht. »Onkel Gerry hatte einen Nachlass?«

»In seinen allerletzten Lebenswochen hatte er einen«, antwortete der Anwalt.

»Wie meinen Sie das?«

»Drei Monate vor seinem Tod ist sein guter Freund, mein Klient Mr. Larry Denis, gestorben und hat Mr. Carson sein gesamtes Vermögen hinterlassen. Ich habe Mr. Carson kontaktiert, so wie ich Sie jetzt kontaktiere, und er bat mich, ein Testament aufzusetzen. Er wusste, dass er nicht mehr lange zu leben hatte. Er dachte an die nächste Generation, und Sie waren von allen die Einzige, die ihn je besucht hat. Deshalb hat er Ihnen alles vermacht.«

»Alles?« Amy wurde plötzlich schwindelig.

»Es gibt zwei Komponenten«, erklärte Peter Sharp. »Der eigentliche Nachlass. Und Tantiemen aus einem Lied, das Mr. Denis komponiert hat und die jetzt an Sie gehen.«

»Ballantyne Blue?« Onkel Gerry hatte ihr davon erzählt.

»Genau. Sie belaufen sich auf etwa 50.000 pro Jahr.«

Das war viel mehr, als sie bei Sharma Funds verdiente!

»Der Nachlass von Mr. Denis ist liquidiert und befindet sich auf einem Treuhandkonto meiner Firma. Ich muss noch ein paar Nebenkosten abrechnen, aber Sie werden etwas mehr als 1,8 Millionen Dollar erhalten.«

Amy war so geschockt, dass sie kaum sprechen konnte. »Was passiert, ich meine …«

»Es ist eine einfache Überweisung«, sagte Peter Sharp. »Ich benötige einen Lichtbildausweis und einen Nachweis über Ihre Adresse. Sobald

Sie mir diese Unterlagen zukommen lassen und den Papierkram unterschreiben, werden wir Ihnen die Gelder innerhalb weniger Tage überweisen.«

Amy verließ den Besprechungsraum wie betäubt. Da sie in dieser Verfassung nicht an ihren Schreibtisch konnte, ging sie an den einzigen Ort im Büro, an dem sie ungestört war. Die Damentoilette, ganz aus Marmor, mit gedämpfter Beleuchtung und Sandelholz-Lufterfrischer, war zum Glück menschenleer. Sie betrat eine Kabine, schloss die Tür hinter sich und hatte sich kaum gesetzt, da klingelte ihr Telefon. Es war ihre Mutter, die nach ihrer Schicht nach Hause gekommen war, ihre Nachricht entdeckt und ihrem Vater davon erzählt hatte. Die beiden waren überglücklich. Mutter kämpfte mit den Tränen – und konnte sie doch nicht zurückhalten. Sogar Amys Vater, der selten sentimental wurde, sagte ihr, wie dankbar sie für ihr Geschenk seien. Das würde wirklich der tollste Urlaub werden, den sie je erlebt hätten.

»Deine Mutter und ich, wir sind sehr stolz auf dich, mein Schatz.« Das hatte er noch nie zu ihr gesagt. Sie wusste, dass es ihm schwergefallen wäre, es laut auszusprechen, auch wenn er es vielleicht tatsächlich so empfand. Und das brachte auch sie zum Weinen.

Es war eines der emotionalsten und schönsten Gespräche, das die drei je gehabt hatten. Sie auf einer Toilette in New York sitzend, und die beiden über ein Telefon auf dem Küchentisch in Aubrey gebeugt.

Gegen Ende des Telefonats erzählte sie ihnen von ihrer Unterredung mit dem Anwalt. Dass Onkel Gerry nur wenige Wochen vor seinem Tod den Nachlass eines guten Freundes geerbt und ihn ihr vermacht hatte.

Ihre Eltern staunten über die Nachricht. Ihre Mutter sagte, sie sei sehr froh, dass Amy nie Geldsorgen haben würde. Ihr Vater meinte, was für ein außergewöhnlicher Zufall, dass sie ihnen ein großzügiges und unerwartetes Geschenk machte und ganz kurz danach genau das Gleiche erhielt. Das brachte Amy erneut zum Schluchzen.

Es war noch nicht einmal neun Uhr morgens, als Amy aus der Kabine kam, aber sie wusste bereits, dass dies der allerbeste Tag ihres Lebens war. Vor dem Spiegel tupfte sie sich das Gesicht ab, aber im Grunde war es ihr egal, ob man sah, dass sie geweint hatte. Das Glück, das sie empfand, kam so sehr von Herzen und ging so tief, dass ernsthaft die Gefahr bestand, dass sie die nächstbeste Person, die ihr unter die Augen käme, umarmen würde.

Und das war zufällig Mr. Sharma höchstpersönlich!

7

Omni, Colorado

Bob erschrak, als das Garagentor aufging und er Margaritas SUV entdeckte. Wann war sie heimgekommen? Wie sollte er erklären, dass er so früh am Morgen nicht da war?

Sofort fiel ihm ein Satz aus seinem letzten Kurs im Lone Pine Meditation Center ein. »Seid in den nächsten Tagen besonders vorsichtig«, hatte Lama Tashi gesagt. »Euer Handeln könnte viel weitreichendere Konsequenzen haben, als ihr denkt.«

Woher kam das nur, fragte er sich, als er seinen Wagen in die Garage fuhr und mit gewohnter Präzision genau parallel zu Margaritas einparkte. Lama Tashi konnte einem auf geradezu lästige Art nicht mehr aus dem Kopf gehen. Vor allem in den vergangenen Monaten hatte sich Bob darüber geärgert, dass ihm einzelne Sätze, die er im Unterricht gehört hatte, in den unpassendsten Momenten ins Bewusstsein rückten. So wie jetzt.

Er ging durch die innere Garagentür ins Haus und hielt einen Augenblick inne, um die dschungelgrüne Jacke auszuziehen und sein Aussehen im Ganzkörperspiegel zu überprüfen. Der stets auf sein Äußeres bedachte Bob musterte sein braunes Haar – nicht so ordentlich gescheitelt wie sonst –, sein unrasiertes Kinn und seine Wangen, den Button-Down-Kragen seines zerknitterten Twillhemds. Der sympathisch wirkende Mann mit den haselnussbraunen Augen und dem gebräunten Gesicht fragte sich, ob man ihm ansehen konnte, wo er gewesen war und was er getan hatte. Wie sehr fiel es auf?

Der zweite Schock traf ihn, als er in die Küche ihres Hauses im Hamptons-Stil kam und Margarita an der Kücheninsel sitzend vorfand, vor sich auf der glänzenden Granitplatte, unangerührt, ein Papptablett mit zwei großen Americanos. Sie schaute ihm direkt in die Augen, unverblümt.

Sie brauchte nichts zu sagen. Die Stille im Haus war so überwältigend, dass er wusste, dass sie es wusste. Woher? Er hatte keine Ahnung.

»Wie lange geht die Affäre schon?«, fragte sie mit erstickter Stimme.

Ausgerechnet auf diese Frage war er überhaupt nicht vorbereitet. In den letzten Monaten hatte er sich alle möglichen plausiblen Erklärungen für seine Besuche in der Stadt ausgedacht, aber er hatte sie nie gebraucht. So war er zu der Überzeugung gelangt, dass Beth und er in einer Blase existierten, die sie ganz für sich allein hatten. In einem Paralleluniversum, dessen Existenz allein bereits geheim war. Zudem betrachtete er das, was vor sich ging, nicht als »Affäre«. Das gab dem Ganzen etwas Schlüpfriges, das es nicht hatte.

Es hatte aus Versehen begonnen. Ein Fehler. Eine einmalige Episode, wie sie jedem Mann mittleren Alters passieren könnte, der zu viel getrunken hat und sich plötzlich allein in Gesellschaft einer viel jüngeren und attraktiven Frau wiederfindet, die ebenfalls nicht mehr nüchtern ist und unverhohlen körperliches Interesse an ihm zeigt. Er konnte sich nicht einmal mehr daran erinnern, was im Einzelnen passiert war, außer dass sie sehr deutlich gesagt hatte, was sie von ihm wollte – ein Wortschwall, den er dem Alkohol zuschrieb.

Gleich am nächsten Tag war er noch einmal zu Beth gegangen, um sich zu entschuldigen. Er wollte sich vergewissern, dass für sie alles in Ordnung wäre. Ihm war bewusst, wie sehr solche Vorfälle außer Kontrolle geraten konnten, sodass der Ruf ruiniert war und der Mann erpresst oder sogar juristisch belangt wurde. Vor allem aber wollte er die Sache aus der Welt schaffen, damit Margarita nichts davon erfahren würde.

Als er eintraf, war Beth gerade dabei gewesen, den Laden zu schließen, und ihre Reaktion war völlig anders ausgefallen als die vielen Möglichkeiten, die er sich ausgemalt hatte. Vielmehr fand er sich nach kurzer Zeit nackt mit ihr wieder, dieses Mal nüchtern. Und ganz sicher imstande, sich an alles zu erinnern, was passierte. Der Gedanke an die lebhaften Details ihrer Begegnung am späten Nachmittag im Lagerraum von Paige Turner hatte seine schlummernde Libido in einer Weise wiederbelebt, die er kaum für möglich gehalten hätte.

Seitdem hatte es viele heiße Begegnungen gegeben. Und eine aufkeimende Freundschaft. Beth war einfach anders als alle, die er bisher kennengelernt hatte. Und trotzdem – eine Affäre?

Er stand da, stumm wie ein Fisch und so schockiert, dass ihm das Denken schwerfiel. Unterdessen beantwortete seine Frau ihre Frage selbst: »Am Abend der Buchpremiere, stimmt's?«

Sein betreten gesenkter Blick war Bestätigung genug.

Die Premiere von Margaritas neuer Kinderbuchserie, die sie in ihrem unverwechselbaren, lebendigen Stil illustriert hatte, war der unterhaltsame lokale Auftakt zu einer noch viel wichtigeren Kampagne gewesen. Kaum war die Veranstaltung beendet, fuhren sie und ihr Verleger mit dem Taxi nach Denver zu einer Late-Night-Talkshow. Von dort brachen sie am nächsten Morgen zu einer dicht getakteten Reihe von Interviews und Auftritten nach New York auf. Sie hatten darüber gesprochen, ob Bob mitkommen sollte auf die Tournee, waren sich aber einig, dass es nicht viel gebracht hätte. Er wäre nur das fünfte Rad am Wagen gewesen. Und er hatte eigene Angelegenheiten, um die er sich kümmern musste. Außerdem flog er wirklich nicht gern. Deshalb war er noch geblieben, um Beth nach der Party beim Aufräumen zu helfen.

»Und ich hatte tatsächlich geglaubt, meine Abwesenheit und Single-Origin-Huila-Bohnen hätten dein Feuer wieder entfacht«, sagte Margarita mit einem Blick auf die Kaffees. »Dabei …«

»Es tut mir leid«, brach es aus ihm heraus. Er konnte es kaum ertragen, sie so aufgewühlt zu sehen.

Sie schüttelte den Kopf. »Über das Tut-mir-leid-Stadium ist das Ganze schon hinaus, Bob«, entgegnete sie.

»Wie meinst du das?«

»Du kannst nicht beides haben. Entweder wir sind verheiratet«, sagte sie mit brechender Stimme, »oder wir sind es nicht.«

Es kam Bob unwirklich vor, mitten in ihrem akribisch aufgeräumten Zuhause zu stehen, während Margarita von den Trümmern ihrer Ehe sprach. Noch unwirklicher erschien ihm jedoch, dass er nicht sofort spürte, wie er reagieren sollte. Er hatte Mühe zu denken und erst recht zu sprechen, aber er verspürte nicht den geringsten Impuls, sie um Vergebung zu bitten. Das Geschehene als eine Verirrung in der Lebensmitte abzutun. Darum zu kämpfen, dass all das erhalten bliebe, was sie gemeinsam geschaffen hatten.

»Ich weiß, dass so etwas in vielen Ehen vorkommt.« Sie versuchte, die Vernunft zu wahren. »Ich bin nur überrascht, dass du dir ausgerechnet diese Hakennase ausgesucht hast.«

»So war es nicht!«, konterte er.

Vor über einem Jahr, als er ein Buch für ihre Tochter bestellen wollte, hatte er der Buchhandlung eine Bestätigung mit einer augenzwinkernden Anspielung auf die Geschäftsführerin der Buchhandlung geschickt. Eine Anspielung, die ihm jetzt bitter aufstieß.

»Wie war es nicht?«

»Es war nicht so, dass ich beschlossen hatte, eine Affäre zu haben, und mir dann jemand Passenden ausgesucht habe.«

»Oder dass du lieber jemanden mit einer weniger markanten Nase hättest? Meinst du das?« Margaritas Stimme war eisig.

Er ging um die Kücheninsel herum in den dahinterliegenden Flur. Es hatte keinen Sinn, hier zu bleiben. Margarita fühlte sich hintergangen und war aufgebracht, das war ihm klar. Er wusste, dass er ihren Zorn verdient hatte. Aber er wollte sich nicht dazu verleiten lassen, Dinge zu sagen, die er nicht so meinte, oder emotionale Kriegsspielchen zu spielen, die er unmöglich gewinnen konnte.

»Es liegt an dir, Bob!«, rief sie ihm nach. »*Deine Entscheidung!*«

Seine Schritte führten ihn automatisch ins obere Stockwerk und in das Zimmer auf der anderen Seite des Flurs, das ihrem Schlafzimmer gegenüberlag. Nach seinem Fahrradunfall vor vier Jahren hatten sie es in ein Arbeitszimmer umgewandelt, und in der anschließenden langen Rekonvaleszenzzeit war es zu seinem Zufluchtsort geworden. Monat um Monat hatte es immer wieder Operationen, Physiotherapien, Aufbau-Pilates und vor allem Zeiten gegeben, in denen er in seinem verstellbaren Chefsessel lag und nicht viel tun konnte, außer zu lesen.

Seine Buchhaltungsfirma hatte er für eine Summe, mit der Margarita und er gut über die Runden kommen würden, an einen Juniorpartner verkauft und selbst nur eine Handvoll seiner ältesten Klienten behalten. Er hatte beiden Kindern durch ihre letzten Jahre an der High School geholfen, Matias bei seinem Studium der Meeresbiologie in Seattle begleitet und gerade erst Gabby zum Schulabschluss gecoacht, bis sie schließlich vor Kurzem ans Otis College of Art in Los Angeles gegangen war.

Eine Pilates-Lehrerin hatte ihm empfohlen, Meditation als Möglichkeit zur ganzheitlichen Heilung auszuprobieren, und so war er *im Lone Pine Meditation Center* gelandet. Dort hatte Lama Tashi ihn davon überzeugt, dass der Elch, der die Ursache für seinen Fahrradunfall gewesen war, ihn zwar vielleicht von der Straße abgedrängt, aber auch wieder auf den richtigen Weg gebracht hatte: Er hatte eine ausgeprägte Begabung für die Meditation. In der Zwischenzeit hatte Margarita als Buchillustratorin einen rasanten Aufstieg hingelegt.

Da er viel mehr Zeit hatte, als ihm lieb war, hatte er im Laufe der Jahre all die großen und kleinen Veränderungen am Haus gemanagt, zu denen die meisten Menschen nie kommen. Die Möbel in Küche und Bad sahen aus wie in einem Ausstellungsraum. Die Wohnbereiche wirkten wie den Seiten eines Designmagazins entsprungen. Selbst sein Schuppen war akribisch aufgeräumt, jedes Werkzeug an seinem perfekt passenden Platz.

Als er schließlich völlig wiederhergestellt war, war er ein ganz anderer Mensch als der, der vom Fahrrad geworfen worden war. Er wirkte ruhiger und nachdenklicher als früher. Lama Tashis Lehren über die Bedeutung der Konzentration auf die Verwandlung im Inneren, die für ihn so wertvoll gewesen waren, als er sich schwach und verletzlich gefühlt hatte, schienen an Bedeutung zu verlieren. Die Lehren über Vergänglichkeit und die Gewissheit des Todes kamen ihm nun allzu düster vor. Er versuchte, seine Gedanken zu makelloser Perfektion zu ordnen, wie es ihm bei seinem Haus gelungen war. Aber das reichte nicht.

Erst Beth hatte seine Welt aufbrechen, hatte Licht hereinlassen können. Die spontane, chaotische, sinnliche Beth. Es ging nicht nur um den Sex, versicherte er sich, obwohl der besser war als alles, was er bisher erlebt hatte. Es faszinierte ihn, dass eine 35-jährige Frau einen 53-jährigen Mann – ja, genau spiegelverkehrt – so durch und durch begehrenswert finden konnte. Aber es gab unendlich viele vernehmliche, schlüpfrige, fordernde Beweise dafür, dass dem so war.

Seit jenem ersten Nachmittag im Lagerraum hatte sie ihn mit ihrer Kreativität, ihrer Gewieftheit und ihrer unbändigen Lebensfreude beeindruckt.

»Wer hätte gedacht, dass sich die seriöse Geschäftsführerin von Paige Turner Books so wandeln könnte!« Er war überglücklich gewesen, hatte sich auf den Ellbogen gestützt und dabei zugesehen, wie ihr Atem sich langsam wieder beruhigte, während sie an einem Karton mit der Aufschrift *Das große Buch vom Gemüse* lehnte.

»Tagsüber Büchermaus, nachts Venusgöttin!«, hatte sie mit einem Grinsen erklärt.

Er betrachtete die üppigen, aufgerichteten Brüste, die fleischigen Schenkel und den dunklen, ungestutzten Garten. In diesem Moment schien es ihm wirklich, als sei sinnliche Verzückung für Beth Owen die höchste Form der Selbstverwirklichung. Er staunte, wie sich das schlichte Mädchen mit dem mausgrauen Haar und der Adlernase, eine junge Frau, nach der er sich nie umgedreht hätte, in ein so verführerisches, heißes und ausgesprochen sexuelles Wesen verwandeln konnte.

»Als ich dich kennengelernt habe, hätte ich mir nie träumen lassen«, sagte er kopfschüttelnd. »Was auf der Venus passiert, bleibt auf der Venus«, entgegnete sie und ließ ihren feuchten Zeigefinger von seinen Lippen bis zu seinem Schritt gleiten. »Wir wollen's doch nicht abblasen, oder?« Sie grinste: »Entschuldige den Kalauer.«

»Nein, das wollen wir ganz und gar nicht«, erwiderte er und sah ihr bedeutungsvoll in die Augen.

Seit dieser zweiten Begegnung – oder der ersten in nüchternem Zustand – hatte Beth ihre lebensverändernde Freizügigkeit unzählige Male auf erfreuliche Weise unter Beweis gestellt. Sei es in Form der Schachtel mit Spielzeug für Erwachsene, die sie bei seinem ersten Besuch in ihrer Wohnung hervorzauberte, oder durch die Art und Weise, wie sie über Sex sprach, und zwar mit einer so prickelnden, lustvollen Leichtigkeit, wie er es noch nie zuvor erlebt hatte. Sie überschüttete ihn mit Fragen – was er mochte und wie er es mochte – und machte sich daran, ihm jeden Wunsch zu erfüllen. Sie erzählte ihm von ihren noch viel gewagteren Abenteuern, und er versuchte nach Kräften mitzuhalten, wobei er auf die Anekdoten anderer Leute zurückgriff, wenn ihm seine eigenen, eher langweiligen Geständnisse ausgingen.

Sie gab ihm sogar einen Kosenamen.

»Warum ›Endless Love‹?«, hatte er sie nach einer heißen Begegnung gefragt.

»Nicht ›Love‹, ›Laaaahv‹«, korrigierte sie ihn und legte sich einen sinnlichen Südstaatenakzent zu. »Das liegt daran, dass du dauernd kannst, Baby, und ich dauernd will. Ich habe noch nie einen Mann mit einem solchen Stehvermögen erlebt.«

Er lächelte über das Kompliment. »Du bist so kreativ – ganz erstaunlich! Wo nimmst du das bloß alles her?«

»Ach, das bin gar nicht ich, Endless Love! Das sind meine Engel.«

»Engel?«

»Meine Venusengel.« Sie hob die Hände auf Höhe ihres Gesichts und ließ sie wie Flügel flattern.

Wie auch bei anderen rätselhaften Äußerungen von ihr – schließlich war sie eine Künstlerin, die ihrer Muse verfallen war – wusste Bob nicht so recht, was er davon halten sollte, und sagte daher besser nichts.

Sie unterhielten sich auch über vieles andere. Beth schüttete ihm ihr Herz aus und erzählte ihm von ihren Träumen. Dabei vertraute sie ihm an, dass sie sich zum Buchhandel hingezogen fühlte, weil sie, wie so viele andere, selbst schriftstellerische Ambitionen hatte. Als Margarita in New York war, hatten sie eines Abends in ihrer Wohnung am Küchentisch gesessen, und er hatte seine ganze Selbstbeherrschung aufbringen müssen, um ihn nicht abzuräumen und sauber zu wischen und dem chaotischen Stapel schmutzigen Geschirrs in der Spüle zu Leibe zu rücken, der, wie er genau wusste, teilweise schon seit über einer Woche dort stand.

»Hast du schon einmal etwas veröffentlicht?«, fragte er und nippte an einem Glas Wein, das noch Spuren ihres Lippenstifts trug.

Sie verzog das Gesicht. »Wenn du keine Genre-Literatur schreibst, ist es heutzutage so gut wie unmöglich, bei klassischen Verlagen etwas unterzubringen.«

Das hatte er auch schon von Margarita gehört.

»Was ist mit Selfpublishing?«

»Da muss man sich erst eine eigene Community aufbauen«, nickte sie. »Das ist auch nicht einfach. Und immer weiterschreiben. Sich handwerklich verbessern.«

»Machst du das? Immer weiterschreiben?«

»Mindestens eine Stunde pro Tag.« Ihre Augen zeigten Entschlossenheit. »Nach Möglichkeit zwei oder drei.«

Er ergriff ihre Hand und drückte sie beruhigend. »Kluges Mädchen.« Durchhaltewillen, dachte er. Nichts ging über Durchhaltewillen.

Nun stand Bob in seinem Arbeitszimmer und musste eine Entscheidung treffen. Vor allem aber dachte er daran, wie lebhaft Beth ihn an sich selbst erinnerte, als er jünger war. Als alles möglich schien. Als die Welt förmlich platzte vor Möglichkeiten – man musste nur herausfinden, wie man zur richtigen Zeit am richtigen Ort sein konnte.

Wenn ein höheres Alter einen Vorteil hat, dann muss das die Erfahrung sein, meinte er. Aus eigenen Fehlern und den Fehlern anderer zu lernen. In den letzten Wochen hatte er zunehmend den Drang verspürt, Beth zu schnappen und aus allem herauszuholen. Um ihr die Zeit zu geben, die sie zum Schreiben brauchte. Um sie mit den Leuten bekannt zu machen, die ihr helfen könnten, ihren Traum zu verwirklichen: Lektoren, Agenten und dergleichen.

Er könnte die Dinge für sie beschleunigen. Er könnte sie – sie beide – nach San Francisco oder New York oder so bringen. Er wäre nach einer Scheidung nicht sehr reich, aber er könnte sich ein Haus leisten. Er könnte wieder arbeiten gehen. Ja zum Teufel, warum eigentlich nicht? Das wäre allemal besser als das tödliche Nichtstun, wenn er zu Hause bliebe.

Es wäre Leben 2.0 für ihn und für Margarita. Sie hatte jetzt ihr eigenes Leben, dachte er sich. Ihre Arbeit als Illustratorin hatte sie völlig in Anspruch genommen. Was die Kinder betraf, so war er sich sicher, dass sie es verstehen würden. Er warf einen Blick auf den einzigen Gegenstand auf seinem leeren Schreibtisch, ein Foto von den beiden im Sommer vor ein paar Jahren. Sie würden wollen, dass er glücklich ist, nicht wahr? Sie wären noch genauso sehr Teil seines Lebens wie jetzt. Besonders, da er ein viel engagierterer und jugendlicherer Vater geworden war.

Er ließ seinen Blick über die Bücher schweifen, die hinter den Glasscheiben der Regalelemente in perfekter Ordnung aufgereiht waren, über den glänzenden Schreibtisch mit seinen hölzernen Schubladen, über die weißen Fensterläden und die Schwarz-Weiß-Fotos, und nicht zum ersten Mal kam es ihm so vor, als lebte er in einem Mausoleum. Alles hier war perfekt. Geklärt. Abgeschlossen.

Jetzt reichte es! Margarita hatte ihr Ultimatum gestellt. Es war Zeit, dass er antwortete.

»Seid in den nächsten Tagen besonders vorsichtig«, hatte Lama Tashi gesagt. »Euer Handeln könnte viel weitreichendere Konsequenzen haben, als ihr denkt.« Da war sie wieder, diese Unterweisung. Was, wenn sie positiv auszulegen wäre? Etwa, dass trotz aller Schwierigkeiten, die ihm bevorstanden, und obwohl es schrecklich war, Margarita das sagen zu müssen, die Folgen noch schöner wären, als er es sich vorstellen konnte?

Bob drehte sich um und holte aus dem Schrank zwischen seinem Arbeitszimmer und ihrem Schlafzimmer einen großen Koffer. Er trat ins Ankleidezimmer und begann zu packen.

Er hatte keine Ahnung, was die Zukunft bringen würde. Nur, dass sie nicht hier stattfinden würde. Er entschied sich für das Leben und die Liebe in all ihrer unaufgeräumten, leidenschaftlichen Herrlichkeit, sagte er sich. Er wandte sich ab von einer Vergangenheit, die von Leiden und Schwächung geprägt war, und hin zu einer Zukunft, die vor Möglichkeiten nur so strotzte. Nie war er sich seiner selbst so sicher gewesen. Und jetzt, wo er sich entschieden hatte, konnte ihn nichts mehr aufhalten.

8

Vulture Peak Drive
Omni, Colorado

»TOM!«, BEGRÜSSTE GENERAL ALEXANDER HICKMAN seinen ehemaligen Kameraden, als dieser ihn anrief. »Ist 'ne Weile her.« Reflexartig nahm Tom Jackson auf seinem Balkon Haltung an, als er die Stimme des ranghöchsten Offiziers der U.S. Army hörte. »Ich weiß, dass immer viel los ist«, antwortete er. »Da wollte ich dich nicht stören.« Die beiden kannten sich schon seit Jahrzehnten und waren gut befreundet. Dazu beigetragen hatte, dass sie schon zu Beginn ihrer Laufbahn eine gemeinsame Vorliebe für Sunzis *Die Kunst des Krieges* entdeckt hatten, das sie beide für einen herausragenden militärstrategischen Leitfaden hielten. Es war zu einer Art Ritual geworden, bei jeder Begegnung eine wichtige Zeile daraus zu zitieren, so wie General Hickman jetzt: »Inmitten des Chaos gibt es auch Chancen«. Das versuche ich mir immer vor Augen zu halten.«

Tom brummte anerkennend. Und weil ihm durchaus bewusst war, wie beschäftigt der General sein musste, kam er direkt zur Sache. »Schau, ich möchte dich um einen Gefallen bitten. Posttraumatische Belastungsstörung. Das hiesige Amt für die Angelegenheiten der Kriegsveteranen hat Programme zur Unterstützung der Jungs mit PTBS. Zu einem dieser Programme gehört auch Wandern. Ich kenne die Berge hier in der Gegend und möchte mich als Wanderführer anbieten.«

General Hickman erinnerte sich an das letzte Mal, als er Tom gesehen hatte, vor vier oder fünf Monaten. Es war bei der Beerdigung von

Generalmajor Greg Travis gewesen. Zusammen mit Tom und Harry Dralke hatte er zu den selbst ernannten »drei Musketieren« gehört, die nach den Massakern von 1994 im Rahmen einer Friedensmission nach Kigali, Ruanda, geschickt worden waren. Die Beerdigung von Travis war besonders traurig gewesen. Offiziell hieß es, Generalmajor Travis sei an einer Herzkrankheit, wegen der er seit Jahren medikamentös behandelt wurde, gestorben. Die Vertrauten jedoch wussten, dass seine Tochter ihn gefunden hatte, nachdem er sich in seiner Garage mit einem Gürtel an einem Balken erhängt hatte. Und sie waren auch darüber informiert, dass Harry Dralke kurz nach seiner Rückkehr aus Afrika eine Überdosis verschreibungspflichtiger Medikamente genommen hatte.

Bei Travis' Beerdigung hatte General Hickman auf der anderen Seite des offenen Grabes gestanden und den Ausdruck auf Toms Gesicht wahrgenommen. Dieser Gesichtsausdruck war ihm schon einmal aufgefallen. Damals hatte er ihn überrascht, als er am Ende einer der typischen ausgelassenen Partys auf den Balkon der Jacksons hinausgegangen war. Tom war allein gewesen und hatte so angestrengt in die Dunkelheit gestarrt, dass Hickman seinen Namen rufen musste, um ihn in die Gegenwart zurückzuholen. Als Tom sich zu ihm umgedreht hatte, war sein Gesicht aschfahl gewesen.

Jetzt meldete er sich, um ehrenamtlich bei einem PTBS-Programm zu helfen. General Hickman wusste sofort, was das zu bedeuten hatte. Deshalb antwortete er einfühlsam: »Wenn ich irgendetwas dafür tun kann, lass es mich einfach wissen.«

»Ja, da gibt es etwas«, sagte Tom.

»Aha?«

»Man hat mir geraten, heute etwas in die Wege zu leiten. Es ist alles eine Frage des Timings. Du weißt schon, Sunzi: ›Der wird gewinnen, der weiß, wann er kämpfen muss und wann nicht.‹«

»In der Tat.« Der General schwieg einen Moment, und fragte dann mit aufrichtiger Neugier: »Ist heute etwas Besonderes?«

»Mir wurde gesagt, es sei ein Tag …« Tom erinnerte sich, wie sehr die gebieterische Kraft von Lama Tashis Blick ihn gefesselt hatte,»an dem es gewaltige Auswirkungen hat, wenn man aktiv wird. Sofort. Unerwartet.« Er wusste es zwar nicht, aber am anderen Ende der Leitung stießen seine Worte bei General Hickman auf besondere Resonanz. In den frühen Morgenstunden hatte er grünes Licht für zwei Aktionen im Nahen Osten gegeben. Bei der einen handelte es sich um militärische Unterstützung für einen zivilen Konvoi, der durch feindliches Gebiet fuhr und bei dem einiges schiefgehen konnte. Die andere war ein Angriff auf einen Stützpunkt von Aufständischen, von dem er erwartete, dass er mit chirurgischer Präzision ausgeführt würde.

Nur, dass genau das nicht geschehen war. In beiden Fällen war etwas Aberwitziges eingetreten. Die feindlichen Kämpfer schienen das ehemals feindliche Gebiet verlassen zu haben und überließen der US-Allianz das Feld. Und der chirurgische Schlag war danebengegangen, als ein Helikopter abgeschossen wurde. Der General versuchte immer noch herauszufinden, was mit seinen Männern passiert war.

»Man hat es dir geraten?«

»Ja, hat man.«

»Interessanter Ratgeber.«

Er tastete sich vor. Hätte er ihn direkt gefragt, hätte Tom ihm Lama Tashis Namen genannt. Aber im Moment war ihm wohler, wenn er sich in diesem Punkt zurückhielt.»Er ist ... unorthodox«, stimmte er nach einer Pause zu.»Aber ich vertraue ihm.«

»Du möchtest, dass mein Büro das Amt für die Angelegenheiten der Kriegsveteranen in Boulder kontaktiert, damit du heute noch einen Termin bekommst?«, vergewisserte sich der General.

»Das würde ich sehr zu schätzen wissen, Alex.«

»Ich kümmere mich drum.«

9

Montpelier, Vermont

Endlich ging Dr. Roberts Tür auf, und der Onkologe kam heraus.

»Mrs. Arlingham«, begrüßte er sie mit neutraler Professionalität.

Grace war sich sicher, dass sie nicht die einzige Patientin war, die nach dem kleinsten Mikroausdruck in seinem Gesicht, der subtilsten Nuance in seinem Tonfall suchte, die auf die Ergebnisse ihrer letzten Aufnahme hindeuten könnten.

Bisher hatte es noch nie einen Hinweis gegeben. Doch als sie heute ihrem Facharzt in sein Sprechzimmer folgte und er die Tür hinter ihr schloss und sich für die lange Verzögerung entschuldigte, glaubte sie etwas zu spüren: Ratlosigkeit. Erregung. Etwas, das zu bestätigen schien, dass der Termin heute Morgen nicht einfach werden würde.

»Ich musste die Aufnahme von heute Morgen mit der Radiologin besprechen«, erklärte er. Anstatt sich an seinen Schreibtisch zu setzen, ging er zu seinem Computerbildschirm. »Ich zeige es Ihnen gleich selbst«, sagte er und fuhr sich mit der Hand durchs Haar. Eine merkwürdig nervöse Geste, bemerkte Grace. Sie konnte sich nicht erinnern, dass er das schon einmal gemacht hätte.

»Aber vorher muss ich Sie fragen, und das ist sehr wichtig: Was haben Sie seit Ihrer letzten Untersuchung anders gemacht?«

Grace schüttelte sofort den Kopf. Wohlmeinende Freunde kamen manchmal mit Broschüren über Wundermittel mit Papaya oder basischem Wasser an, mit Informationen über ein Heilzentrum in Guatemala oder mit Meldungen über eine vielversprechende experimentelle Studie, für die menschliche Versuchskaninchen gesucht wurden. Aber sie hatte sich mit dem Geschehen abgefunden. Ihren Frieden damit gemacht.

Sie hatte vor, ihr verbleibendes Leben mit denen zu verbringen, die sie am meisten brauchten, und sich nicht von Überlebensversuchen in allerletzter Minute ablenken zu lassen.

»Keine Ernährungsumstellung?«, hakte er nach. »Reisen in irgendeiner Form? Ungewöhnliche Erlebnisse?«

Während er so tat, als überprüfe er alles noch einmal, konnte sie ihm am Gesicht ablesen, dass er sehr wohl wusste, dass sich die nüchterne Routine ihres Alltagslebens wahrscheinlich nicht geändert hatte.

Er schwenkte seinen Bildschirm in ihre Richtung und nahm auf dem Stuhl neben ihr Platz.

»Sie können selbst mein Dilemma sehen«, sagte er und wies auf das Bild.

Es dauerte eine Weile, bis sie begriff, was sie da sah. Zwei Aufnahmen von ihrem Unterleib. Der linke, der von ihrem letzten Besuch stammte, war übersät mit den dunklen Schatten, an die sie sich so lebhaft erinnerte. Das rechte Bild zeigte keinerlei Schatten.

Sie schaute genauer hin. Sie überprüfte die Zeit- und Datumsangaben am oberen Bildrand. Ihr Blick wanderte mehrfach zwischen den beiden Bildern hin und her.

Schließlich wandte sie sich an Dr. Roberts. »Wo sind sie geblieben?«, fragte sie. »Genau das musste ich überprüfen«, antwortete er. Zum ersten Mal zeichnete sich der Anflug eines Lächelns auf seinem Gesicht ab. »Ich musste sicher sein, dass es sich nicht um eine … Falschmeldung handelt. Oder eine Namensverwechslung. Aber schauen Sie, man sieht, wo Sie sich vor Jahren eine Rippe gebrochen haben.« Er deutete auf die Unregelmäßigkeit an einem Knochen, die auf beiden Bildern identisch war. »Das sind eindeutig Sie. Und die sehr gesunde Blutprobe, die Sie vorhin abgegeben haben, bestätigt, was wir sehen.«

Es dauerte eine Weile, bis die Nachricht bei ihr angekommen war. »Sie meinen«, sie konnte kaum glauben, dass sie die folgenden Worte tatsächlich aussprechen würde, »ich bin völlig frei von Krebs?«

»Das zeigen die Scans.«

»Aber wie konnte das passieren? Ich dachte, mein Krebs sei unheilbar?«

»Ich wünschte, ich hätte Antworten, Mrs. Arlingham«, entschuldigte sich Dr. Roberts auf eine seltsam triumphierende Art. »Alles, was ich Ihnen mit Sicherheit sagen kann, ist, dass dies eine höchst ungewöhnliche Entwicklung ist. Ich persönlich habe so etwas nur einmal erlebt, und zwar in einem viel früheren Stadium der Krankheit. Offenbar handelt es sich hier um einen Fall von Spontanremission.«

Als er ihr in die Augen sah, war Grace Arlingham, als bliebe die Zeit stehen. Ihr Onkologe. Ein Mann im weißen Kittel. Saß ihr direkt gegenüber und sprach in nüchternen medizinischen Fachbegriffen. Sagte das schönste Wort, das ein Mensch in ihrer Situation zu hören bekommen kann: *Spontanremission!*

»Das ist Medizinerlatein«, erklärte er strahlend, »für ›wir haben absolut keine Ahnung, was gerade passiert ist, aber es sind spektakulär gute Nachrichten!‹«

Auf dem Heimweg war sie viel schneller unterwegs als noch am Morgen. Sie konnte es kaum erwarten, nach Hause zu kommen und ihre Freude zu teilen!

Zu ihren beiden betagten Katzenschwestern hatte sich vor einigen Jahren der kleine West Highland Terrier gesellt, für den sie zu sorgen versprochen hatte, als Sara aus der Krebs-Selbsthilfegruppe ins Hospiz musste. Mit den Jahren hatten sich ein Gruppenmitglied nach dem anderen an sie gewandt und sie gebeten, sie möge sich um ihre geliebten Fellbabys kümmern: um Gwens Pudel, Terrys älteren Jack Russell, Belindas lebhaften Windhund. Jeder ihrer kleinen Lieblinge hatte einen geliebten Menschen und sein Zuhause verloren.

Jetzt hatten sie nur noch sie.

Sie ging an ihrem Gartenzaun entlang und sah zu ihrem großen Frontfenster. Sechs Gesichter mit Schnurrhaaren verfolgten aufmerksam ihre Bewegungen. Am Tor warf sie einen Blick auf die Vogeltränke und den Stein daneben und dachte an die Biene, die sie am Morgen gerettet hatte. Wie hatte sie im Wasser gestrampelt und um ihr Leben gekämpft! Bei dem Gedanken daran war ihr, als wäre sie selbst gerade vor dem sicheren Tod gerettet worden und hätte eine neue Chance bekommen. Sie würde wahrscheinlich eine Weile brauchen, um sich von ihrem qualvollen Leiden zu erholen. Um ihre Energie wieder aufzuladen, wie die Biene auf dem Stein. Aber sie hatte keinerlei Zweifel, dass sie es schaffen würde.

Da kam ihr ein merkwürdiger, aber kraftvoller Gedanke, den sie allerdings so schnell wieder verwarf, wie er aufgetaucht war. Vor lauter Euphorie war sie schon ganz albern, sagte sie sich. Doch wie sie da so stand, ließ sie der Gedanke einfach nicht mehr los.

Anstatt das Tor zu öffnen und auf ihr Empfangskomitee zuzugehen, warf sie einen Blick auf die Uhr, traf eine Entscheidung und ging zügig weiter. Und in ihr Gesicht trat ein sehr entschlossener Ausdruck.

☯

9:00 Uhr (Eastern Standard Time)
7:00 Uhr (Mountain Standard Time)
6:00 Uhr (Pacific Standard Time)

10

Galaxy Television
Galaxy City, Los Angeles

S CHON IN DER ZEIT, DIE DAN KAVANA GEBRAUCHT HATTE, UM die kurze Strecke von Beverly Hills nach Galaxy City zurückzulegen, hatte sich die Ausbreitung der Infektion dramatisch beschleunigt. Unterwegs hatte es Anrufe vom Nachrichtenteam gegeben, und er hatte zahlreiche weitere Versuche unternommen, eine von Maddies Pflegerinnen zu erreichen. Bis er in der Maske fertig war, war Galaxy-Reporterin Kim Dayton bereits am Ort des Ausbruchs. Der Times Square sah aus wie in einem Science-Fiction-Horrorfilm. Der ganze Platz war im Lockdown, die Straßen waren gesperrt und die Bürgersteige wie leergefegt. Biosicherheitskräfte in Schutzanzügen, Stiefeln und Helmen stiegen aus Fahrzeugen, die aussahen wie während der Pandemie. Auch Kim war ähnlich gekleidet. Das Visier ihres Helms war hochgeklappt, aber sie sprach durch eine Atemschutz-Halbmaske.

»Guten Morgen Kim. Bringen Sie uns bitte auf den neuesten Stand«, begann Dan, kaum dass er am Nachrichtenpult dem Raum gegenüber stand, in dem Nick Nalder und das Team der Nachrichtenredaktion an den Telefonen saßen.

»Wie wir gehört haben, sind mehr als 20 Personen schwer erkrankt, nachdem sie heute Morgen in der *Golden-Drumsticks-Filiale* hinter mir gegessen haben. Die Opfer wurden mit Krankenwagen in Kliniken gebracht. Die Rettungsdienste bitten alle, die heute Morgen diese Filiale von *Golden Drumsticks* besucht haben, sich sofort zu melden.«

»Es ist die Rede von einer bakteriellen Infektion, ist das richtig?« Dan wollte die Nachricht zeitig unter die Leute bringen.

»So sagt man uns«, bestätigte Kim. »Wie Sie sehen können, gehen die Ermittlungsbehörden kein Risiko ein.«

»Können Sie uns Näheres darüber sagen, wie sich das auf die Gäste ausgewirkt hat?«, fragte Dan.

»Anscheinend ging es schnell«, sagte Kim ernst. »Sie hatten ihre Gerichte noch nicht aufgegessen, da fingen sie bereits an zu erbrechen. Die Krämpfe waren so schlimm, dass einige Gäste von ihrem Sitz zu Boden fielen. Zum Erbrechen kam akuter Durchfall. Gäste berichteten von schweren Bauchkrämpfen und starken Schmerzen.«

Die Szenerie, die sie beschrieb, hätte drastischer kaum sein können.

»Falls es sich tatsächlich um eine bakterielle Infektion handelt«, hakte Dan nach, »wie könnte es dazu gekommen sein?«

»Die üblichen Verdächtigen sind Staphylokokken. Sie werden bei der Zubereitung von Mahlzeiten von Personen übertragen, die infiziert sind oder unsaubere Hände haben. Das Essen sieht nicht unbedingt schlecht aus und riecht auch nicht verdorben, aber die Bakterien werden übertragen. Sollte dies der Fall sein, sind die Folgen von heute Morgen überschaubar. Es ist unwahrscheinlich, dass die Kundinnen und Kunden, die hierhergekommen sind, eine Bedrohung für die Allgemeinheit darstellen. Befürchtet wird«, – wie aufs Stichwort zoomte die Kamera auf ihren ängstlichen Gesichtsausdruck über der Atemschutz-Halbmaske – »dass wir es mit etwas anderem zu tun haben. Mit etwas, das ansteckender ist. Wenn es ein Gast war, der andere Gäste angesteckt hat, kann man nicht sagen, wie weit die Krankheit sich ausbreiten könnte – und vielleicht schon ausgebreitet hat.«

»Sie sprechen von einer neuen Pandemie?«

»Dieser Begriff wird nicht verwendet, auch wenn der Eindruck entsteht.«

»Wie sieht die Reaktion der Behörden bisher aus?«

»Sie haben umgehend reagiert«, bestätigte sie. »Der Times Square ist abgeriegelt. Mehrere Blocks weit in jeder Richtung kein Straßenverkehr. Wie Sie sich vorstellen können, herrscht hier gerade das blanke Chaos.«

Dan nickte ernst.

»*Golden Drumsticks* rühmt sich, in Amerika mehr Hähnchen zu verkaufen als jede andere Restaurantkette«, fuhr Kim fort. »Und das Restaurant am Times Square ist das meistbesuchte im ganzen Land. An der Abteilung Seuchenkontrolle der FDA werden bereits Tests durchgeführt. Wir erwarten eine offizielle Stellungnahme, sobald die Ursache ermittelt ist.«

»Und wir werden Sie live informieren, sobald es soweit ist«, versicherte Dan den Zuschauern. »Die Tatsache, dass sich dies im Zentrum unserer größten Stadt ereignet hat, ist mit Sicherheit die größte Sorge der Behörden.«

»Wir wissen nicht, wie viele potenziell infizierte Menschen das Gebiet bereits vor der Abriegelung verlassen haben.« Kim blieb am Ball. »Wenn sich das Ganze als Infektion herausstellt, könnten wir angesichts der Lage der Restaurantfiliale eine massive Störung nicht nur in New York City, sondern auch darüber hinaus erwarten.«

Der Teleprompter signalisierte einen dringenden Wechsel zu einer neuen Meldung, die damit im Zusammenhang stand. Dan registrierte die Anweisung und fuhr nahtlos fort: »Apropos Störung: Wir schalten jetzt zum John F. Kennedy Airport, wo eine weitere Filiale von *Golden Drumsticks* in ähnlicher Weise betroffen ist.«

Wie die Bilder vom Times Square waren auch die vom JFK trostlos. Seuchenforscher in Schutzanzügen und Stiefeln, die wie Marsmenschen durch ein gespenstisch leeres Terminal gingen. Über 30 Gäste des *Golden Drumsticks* am Flughafen waren plötzlich schwer erkrankt, brachen vor Schmerzen zusammen und verloren jegliche Kontrolle über ihre Körperfunktionen. Das Restaurant war abgeriegelt worden. Das Terminal wurde geschlossen. Als die Flüge zu anderen Terminals umgeleitet wurden, brachen Tumulte aus.

Ein Reporter von Galaxy TV berichtete Dan und seinem morgendlichen Fernsehpublikum, dass möglicherweise der gesamte Flughafen geschlossen werden müsste. Er sprach von der Sorge, dass Passagiere, die gerade an Bord ihrer Flüge gingen und möglicherweise im *Golden Drumsticks* gegessen hatten, ein Risiko für andere Passagiere darstellen könnten.

Welche Verbindungen gab es zwischen den *Golden-Drumsticks-Filialen* am Times Square und am JFK, wollte Dan wissen? Die Franchise-Betriebe hatten verschiedene Besitzer und offenbar nichts miteinander gemein außer der Herkunft ihrer Produkte. Wenn dies die Kontaminationsquelle war, bedeutete das dann, dass auch ein Risiko bestand, wenn man in anderen Filialen von *Golden Drumsticks* aß? Dass zwei der größten Filialen derselben Fastfood-Kette genau zur gleichen Zeit betroffen waren, war ein Novum. Breitete sich die Gefahr womöglich noch viel weiter aus?

In der Nachrichtenredaktion wanderte Nick Nalders Blick über die Wand mit den Fernsehbildschirmen der konkurrierenden Sender. Von Wand zu Wand Berichterstattung über die beiden sich entfaltenden Dramen. Nalder, Mitte fünfzig, asketisch aussehend, Brille mit breitem schwarzem Rand, hatte die Verantwortung für die Nachrichtenplanung. Er musste erkennen, wohin die Reise ging und vor seinen Konkurrenten dort sein.

Er arbeitete eine Vielzahl von Newstipps und Journalisten-Feeds ab, aber einer Quelle vertraute er vor allen anderen: seinem Bauchgefühl. Als sich für ihn in den Ereignissen an diesem Morgen ein Muster abzeichnete, hatte er bereits mehrere seiner Topreporter angewiesen, alles, woran sie gerade arbeiteten, stehen und liegen zu lassen, und der Golden-Drumsticks-Sache auf den Grund zu gehen. Woher stammte das Produkt? Wer wurde noch beliefert? Was passierte in anderen Filialen von *Golden Drumsticks*? Und was war mit den Hähnchen-Fastfood-Ketten der Konkurrenz? Gehen Sie dem nach – und zwar gründlich!

Nalder war zwar Nachrichtenchef, Journalist durch und durch, aber er wusste auch nur zu gut, wie der Hase läuft. *Golden Drumsticks* war einer der wichtigsten Werbekunden von Galaxy TV. Galaxy konnte sich nicht erlauben, den Ruf, den das Unternehmen mit Millionen Werbedollars aufgebaut hatte, zu beschädigen. Ebenso wenig konnten sie allerdings ihre Einschaltquoten aufs Spiel setzen, indem sie die Nachrichten der Stunde herunterspielten. Aber wenn sich die Sache zu einer größeren Geschichte ausweiten ließe, die auch andere konkurrierende Ketten wie Crowing Hen betreffen würde, dann wäre Nalder aus dem Schneider.

Er telefonierte mit seinem Chef, dem CEO von Galaxy: »Ich glaube, wir sollten Harvey anrufen.«

»Wegen der Nahrungsmittelvergiftung?« Sein Chef, der in der Hierarchie ein ganzes Stück vom Nachrichtenzyklus weg war, klang skeptisch.

»Wegen der Unterbrechung des Flugverkehrs«, erwiderte er.

Sie wussten beide, dass Harvey O'Sullivan, der Eigentümer von Galaxy, praktisch in seinem Privatjet lebte. Außerdem war er gerne in der Nachrichtenredaktion, wenn sich eine große Story anbahnte. Das war in der Vergangenheit schon ein paar Mal vorgekommen. Manche Mitarbeitende machte das nervös. Aber Nalder konnte es verstehen. Harvey mochte 80 sein und Milliardär, aber Momente wie diese versetzten ihn in seine Glanzzeit zurück, als er sein Medienimperium noch selbst führte. In den Rausch, wenn sich eine große Story abzeichnete und es sich so anfühlte, als folgte das ganze Land gebannt dem Drama aus dem wirklichen Leben, das sich gerade abspielte und über das sie, das Nachrichtenteam, in Ihrem ureigenen Stil berichteten.

»Das ist jetzt schon eine gewaltige Story, und sie wird immer noch größer«, sagte Nalder.

Sein Chef seufzte. »Okay, ich rufe an.« Und nach einer kleinen Pause: »Sie besorgen den Aschenbecher?«

Harvey O'Sullivan war schon sein Leben lang Raucher und hatte, um es in seiner unverblümten irischen Schnauze auszudrücken, keinen Bock auf Political Correctness. Er war der Einzige, der in diesem Gebäude rauchte. Schließlich war es seines, zumindest seiner Meinung nach. Sein Fernsehsender, und wenn er da war, konnte er dort tun und lassen, was er wollte.

»Ich weiß, wo er ist«, Nalder griff bereits in seinen Schrank.

In der Sendung kündigte Dan eine Schaltung zur Mayo-Klinik an, wo Medizin-Korrespondent Sheldon Goldstein bereits neben dem Experten für Infektionskrankheiten Professor Theo Koudounaris stand. Nur Momente später füllte die beachtliche Körperfülle von Prof. Koudounaris den Bildschirm aus. »Was am Times Square und am Flughafen JFK vor sich geht, kann ich Ihnen nicht sagen«, meinte er mit bedächtiger, aber Respekt einflößender Präzision. »Aber eines kann ich Ihnen mitteilen: Was wir hier erleben, ist keine Lebensmittelvergiftung durch Staphylokokken. Die beschriebenen Symptome mögen gleich sein, aber die Anzeichen einer Staphylokokken-Lebensmittelvergiftung entwickeln sich erst nach mindestens 30 Minuten und manchmal dauert es auch bis zu acht Stunden.«

»Könnte es sich vielleicht um eine Mutation von Staphylokokken-Bakterien handeln?«

»Von dieser Möglichkeit habe ich noch nie gehört«, erwiderte Prof. Koudounaris bestimmt.

»Experten versuchen gerade herauszufinden, ob es eine Verbindung zwischen dem Times Square und dem Flughafen JFK gibt. Im Moment gibt es offenbar keine, außer der Nahrungsmittelquelle.«

»Falls sich diese Hypothese als richtig erweist«, betonte Professor Koudounaris. »Wenn also nicht zwei nicht miteinander zusammenhängende Personen an völlig verschiedenen Orten gleichzeitig dieselbe Infektionskrankheit weitergegeben haben, können wir nur zu dem Schluss kommen, dass die Nahrungsmittelquelle kontaminiert ist.«

»In diesem Fall«, machte Goldstein deutlich, »wären andere Verkaufsstellen, die von derselben Quelle beliefert werden, ebenfalls gefährdet.«

»Ganz offensichtlich«, nickte der Professor.

»Herr Professor, wenn es sich nicht um eine Lebensmittelvergiftung durch Staphylokokken handelt, können Sie dann eine Vermutung äußern, was passiert sein könnte?«

»Mehr als 50 gesunde Menschen sind heute Morgen in verschiedene Restaurants gegangen und innerhalb weniger Minuten nach Beginn ihrer Mahlzeit an einer schweren Lebensmittelvergiftung erkrankt. Diese wird *nicht* durch die üblichen bakteriellen Infektionen wie Salmonellen, Clostridien oder Staphylokokken ausgelöst. Ich muss leider sagen, es ist viel schlimmer.«

»Die Menschen sprechen natürlich über die Corona-Pandemie. Sie fragen sich, ob das, was wir heute erleben, der Beginn einer neuen Magen-Darm-Pandemie ist. Sehen Sie das auch so?«

Die Kamera fuhr nah an die ernsten und nachdenklichen Gesichtszüge des Professors heran. »Noch ist es viel zu früh, um der Sache ein Etikett zu verpassen. Um ehrlich zu sein, so etwas haben wir in unserem ganzen Leben noch nicht gesehen.«

In der Redaktion hatte sich Nick Nalders Vermutung schnell von reiner Spekulation zu einem wachsenden Tsunami entwickelt. Denn seine Reporter, die auf alle möglichen Ressourcen zurückgriffen und jeden erdenklichen Gefallen einforderten, bestätigten, dass der Times Square und JFK erst der Anfang waren. Auch an so weit auseinanderliegenden Orten wie Buffalo, Pittsburgh, Jackson, Phoenix und San Francisco spielte sich dasselbe Phänomen ab. Und das nicht nur in den Filialen von *Golden Drumsticks*. Der Erzrivale *Crowing Hen* war in derselben Weise betroffen. Ganz zu schweigen von anderen Hähnchen-Fast-Food-Restaurants. In einigen Fällen waren die Experten für Infektionskrankheiten noch nicht vor Ort und nicht einmal die lokalen Medien waren alarmiert.

Diese Verkaufsstellen hatten viele verschiedene Hähnchenlieferanten. Wie sich bald herausstellte, ging das Geschehen über eine einzelne Verkaufsstelle, Kette oder sogar einen einzelnen Staat hinaus. Landesweit gab es inzwischen sofort eintretende, schwere Lebensmittelvergiftungen.

Selbst Dan Kavana, der es gewohnt war, die grauenhaftesten Meldungen zu verlesen, wirkte sichtlich erschüttert, als er über die Entwicklungen berichtete, die zur Schließung von Flughäfen führten, einschließlich aller sechs Terminals am JFK. Der Flugverkehr war stark beeinträchtigt, ebenso Bahn- und U-Bahn-Verkehr. Die Menschen reagierten erst entsetzt und dann verängstigt, wenn ihre Mitreisenden plötzlich unter heftigem Erbrechen und Durchfall kollabierten. Was, wenn die Opfer ansteckend waren? Verlief die Krankheit tödlich? Wie konnte man dem Ganzen so schnell wie möglich entkommen?

Die Nachrichtenlawine war so gewaltig, dass die Galaxy-Mitarbeitenden so gefordert waren wie noch nie, um mit den Ereignissen Schritt zu halten und ihre Ressourcen auf die wichtigsten Meldungen zu konzentrieren. Dan interviewte einen freien Medizinjournalisten, der ein bekanntes Gesicht beim Konkurrenzsender Channel 60 war. Im Laufe des Gesprächs nannte der Journalist sowohl Channel 60 als auch insbesondere Dans Erzrivalen, den Moderator Bart Bracking, beim Namen – ein krasser Verstoß gegen das Regelwerk, demzufolge Konkurrenten niemals namentlich genannt werden dürfen.

Aber sie befanden sich in derart verqueren Zeiten, dass Dan sich live im Fernsehen sagen hörte, Bart Bracking sei tatsächlich ein äußerst zuverlässiger Nachrichtenmoderator. Was die Wahrheit war, wenn auch eine unbequeme. Und es gab keine Rüge auf dem Teleprompter. Nicht ein Wort von Nick Nalder. Der Nachrichtenchef auf der anderen Seite der Scheibe hatte dringendere Sorgen.

Es gab eine Schaltung zu Kim Dayton mit einem wichtigen Update. »Wir haben gerade eine wichtige öffentliche Bekanntmachung von der Food and Drug Administration FDA reinbekommen«, sagte sie und hielt ein Dokument in der Hand. »Aus Sicherheitsgründen wird die Öffentlichkeit heute Morgen aufgefordert, *keine Geflügelprodukte zu konsumieren*, bis eine gründliche Untersuchung aller Geflügellieferungen erfolgt ist. Das heißt, weder Hähnchenprodukte noch Nebenerzeugnisse jeglicher Art.«

»Hähnchen ist landesweit vom Speiseplan gestrichen, mit sofortiger Wirkung?«, hakte Dan nach.

»Genauso wie Ente, Pute und Truthahn. Sämtliches Geflügel.«

»Kann die FDA uns bereits die Ursache für die Lebensmittelvergiftungen, die wir gesehen haben, nennen?«

Sie verneinte kopfschüttelnd. »Es heißt lediglich, die Tests seien noch im Gange. Unabhängige Experten bestätigen, dass es sich wahrscheinlich nicht um eines der üblichen bakteriellen Probleme handelt, die bei der Zubereitung von Lebensmitteln auftreten. Dafür tritt die Wirkung zu schnell ein.«

»Also haben wir vermutlich auch keine Ahnung vom Ursprung der Vergiftungen?«

Kim verneinte kopfschüttelnd. »Als Vorsichtsmaßnahme hat die FDA sämtliche Geflügelschlachthöfe geschlossen.«

»Das wird massive Auswirkungen auf die Hähnchenbranche haben.«

»Im Durchschnitt werden jeden Tag etwa 25 Millionen Hähnchen verarbeitet.«

»Und was ist mit der großen Frage, auf die alle eine Antwort wollen, Kim?« Dan wiederholte die Frage, die sie unmöglich beantworten konnte, wie er sehr wohl wusste, denn das war die Frage, die sich alle Zuschauerinnen und Zuschauer stellten. »Wie ansteckend ist das Ganze?«

In diesem Moment brachten direkt neben Kim zwei Biosicherheitsleute in Vollschutzanzügen ein stöhnendes Kind auf einer Trage in einen wartenden Krankenwagen. Kim konnte ihre Gefühle nicht unterdrücken und ihre Augen füllten sich mit Tränen. »Ich weiß es nicht, Dan«, sagte sie mit belegter Stimme. »Das kann niemand sagen. Als Mutter schlage ich vor, die Leute sollten heute zu Hause bleiben.«

SOBALD DAN EINE PAUSE MACHEN KONNTE, VERLIESS er fluchtartig seinen Schreibtisch und eilte in die Nachrichtenredaktion.

Seine Assistentin, Julieta Rodrigo, sah ihn kommen und stand auf.

»Haben Sie jemanden erreicht?« Er hatte ihr sein Telefon gegeben – und die Anweisung, ständig weiter Maddies Pflegekräfte anzurufen. Der Gedanke, dass seine Tochter gelähmt und allein in der Dunkelheit lag, hatte ihn die ganze Nachrichtensendung über nicht losgelassen.

»Jacinda hat alles im Griff«, sagte sie und überreichte ihm das Telefon wieder. »Sie hat mir zur Bestätigung eine SMS geschickt. Sie war bei euch zu Hause, noch bevor Maddie aufgewacht ist.«

Dan atmete hörbar auf.

»Du bist ein toller Vater, Dan.« Sie fasste ihn beruhigend am Arm. »Du solltest nicht so streng mit dir sein.«

Wie alle anderen in der Redaktion erinnerte sich auch Julieta an die Maddie vor dem Unfall. Wie sie immer hereingekommen war, ganz die aufgeweckte und fleißige Schulferien-Praktikantin.

»Danke«, sagte er anerkennend. Aber er erwiderte ihr Lächeln nicht.

Wenn er wirklich ein toller Vater wäre, so dachte er oft, hätte Maddie nie und nimmer den Unfall gehabt, bei dem sie sich das Genick brach.

11

Hallo Leute!

Online ist im Moment nur eines los! Es ist bereits ein großer Trend, und ich sage voraus, dass es in den nächsten Stunden zum größten Ereignis des Monats wird. Des Jahres. Verdammt, vielleicht sogar aller Zeiten.

Nur fünf Buchstaben – und denkt daran, ihr habt es zuerst von Digital Dave gehört: K A R M A.

Der digitale Algorithmus zeigt, dass die Nennung des Begriffs KARMA seit Mitternacht um 5000 Prozent gestiegen ist. Die Verbreitungsrate verteilt sich gleichmäßig über alle sozialen Medien und demografischen Gruppen. Und hört her – denn jetzt wird es wirklich interessant: Bisher hat es so gut wie keine **Viralität** gegeben. Nur sehr wenige Shares und Retweets. Was bedeutet das? Das sind nicht miteinander vernetzte Menschen, die sich online über das aktuelle Geschehen informieren – und dabei das K-Wort benutzen.

Über KARMA gibt es nichts Neues. Neu ist die Art, wie es anscheinend an Tempo zulegt.

Schnallt euch an, Leute, das wird ein wilder Ritt!

12

Boulder, Colorado

SELTEN WAR LAMA TASHIS MUSTERSCHÜLERIN MEGAN MITCHELL SO aufgeregt wie an diesem Morgen, als sie durch ihren Newsfeed scrollte. Sie war früh aufgestanden, um zu meditieren, Pausenbrote für die Schule zu richten und das Frühstück für ihren Mann Keith und ihre beiden Kinder Hayden und Shelley vorzubereiten. Doch nun, nachdem sie ihnen in der Auffahrt hinterhergewunken hatte, hatte sie endlich Zeit, sich mit einer Tasse Kaffee hinzusetzen und nachzuschauen, was so los war in der Welt.

Alle großen Nachrichtensender berichteten über die landesweiten Lebensmittelvergiftungen und die massiven Störungen, die sie ausgelöst hatten. Die meisten Flughäfen und Verkehrsnetze waren inzwischen geschlossen. Die FDA hatte den Verkauf von Geflügel verboten und empfahl, keinerlei Geflügel zu essen.

In den sozialen Medien kursierten unterdessen unzählige aufsehenerregende Geschichten. Auf großzügiges Handeln folgte plötzlicher Reichtum. Kleine Gesten der Güte gegenüber anderen Menschen – und sogar gegenüber Haustieren oder anderen Tieren – wurden auf nicht nachvollziehbare Weise belohnt. Megan ließ die Gesichter der Menschen auf sich wirken, in denen Begeisterung und Fassungslosigkeit über die dramatische Wendung der Ereignisse geschrieben standen.

Aus einem anderen Blickwinkel betrachtet, sinnierte sie, war das gesamte Geschehen, auch alles Schlimme, keineswegs willkürlich. Nur die Geschwindigkeit, mit der die Ereignisse an diesem Morgen eintraten, hatte sich offenbar drastisch erhöht. Aber nie ohne Grund.

Sie musste immer wieder daran denken, wie viel Wert Rinpoche in den letzten Monaten auf die Karma-Lehre gelegt hatte. Wollte er seine Schülerinnen und Schüler damit vorbereiten? Zweifellos besaß er Eigenschaften, durch die er sehen konnte, was anderen Menschen verborgen blieb, auch die Zukunft. Heute Morgen hatte sie ganz stark das Gefühl, dass sie sich mit ihm in Verbindung setzen sollte – und das nicht nur, weil sie neugierig war, was er zu den Ereignissen zu sagen hätte. Nachdem sie Digital Daves Blog über Karma gelesen hatte, *wusste* sie, dass sie ihn kontaktieren musste. Es ging um viel mehr als nur um sie selbst oder auch Lama Tashi. Dies könnte sich für alle Menschen als der wichtigste Wendepunkt erweisen, den sie je erlebt hatten. Und wenn das stimmte – wer könnte den Leuten besser erklären, was vor sich ging, als Lama Tashi?

Sie nahm ihr Handy und tippte auf »Kontakte«.

Obwohl sie seit über 15 Jahren Kurse im Lone Pine Meditation Center besuchte, darunter auch unzählige Retreats, und Tausende von Unterrichtsstunden zu Lama Tashis Füßen gesessen hatte, hatten sie nur ein einziges Mal am Computer miteinander gesprochen, um eine Angelegenheit im Zusammenhang mit einer Reise zu klären. Megan respektierte Lama Tashi viel zu sehr. Nie würde sie sich in sein Leben einmischen und ihn mit Fragen löchern, die doch immer bis zum nächsten Kursabend warten konnten, geschweige denn, ihn jedes Mal um Rat fragen, wenn sie eine Entscheidung treffen musste. »Seid euer eigener Therapeut«, forderte Lama Tashi in Anlehnung an den ebenfalls sehr beliebten Lama Yeshe seine Schüler auf. Er versuchte, ihnen das nötige Handwerkszeug zu vermitteln, um dauerhaft inneren Frieden zu erlangen.

Deshalb war sie auch überrascht, dass Lama Tashi ihr vor anderthalb Jahren einen persönlichen Besuch abgestattet hatte, als er hörte, dass sie im Begriff war, ein Tonstudio zu eröffnen. Megan war nicht nur seine Schülerin, sondern auch Podcasterin, Bloggerin und ein digitales Allroundtalent. Ihre Website *Flourish* hatte jeden Tag Tausende Besucher. *Flourish* war eine Nebenbeschäftigung gewesen, als sie noch als Beraterin für digitales Marketing gearbeitet hatte. Nach der Geburt ihres zweiten Kindes Shelley gab sie ihren Beruf auf, und *Flourish* entwickelte sich zu einem hungrigen Monster, das ständig neuen Content verlangte. Frustrierend war nur gewesen, diesen ganzen Traffic in bare Münze umzusetzen. Sie achtete seit jeher sehr genau darauf, wem sie erlaubte, auf ihrer Seite Werbung zu machen, denn sie wollte nicht, dass *Flourish* einer von vielen niveaulosen Anbietern von Wellness-Unsinn würde.

Rinpoche war vorbeigekommen, um das Homeoffice über ihrer Garage zu inspizieren. Sie war gerade dabei, den Raum zu unterteilen und mit einer schallisolierten Kabine auszustatten, damit sie Radiointerviews auf professionellem Rundfunkniveau führen konnte.

»Gut, gut«, Lama Tashi hatte sich umgesehen, als würde er die Pläne bereits kennen. »Aber dort brauchst du ein Fenster.« Dabei hatte er auf die Rückwand gezeigt. »Dann können die Leute das Tal sehen. Das ist doch ein guter Hintergrund, oder?«

»Das ist fürs Radio«, erwiderte sie und legte verwundert die Stirn in Falten.

»Und fürs Fernsehen.«

»Aber ich mache kein Fernsehen.«

»*Wenn* du das mal machst, ist das sehr gut. Die Leute mögen die Natur. Und achte darauf, dass du deinen Firmennamen auf der Scheibe anbringst.«

»Sie meinen *Flourish*?«, vergewisserte sie sich, überrascht von seiner Geschäftstüchtigkeit.

Er nickte. »Den Namen muss man kennen, wenn du erst berühmt bist.«

»Sie denken, ich sollte berühmt werden?«, fragte sie ungläubig.

»Natürlich!«, erwiderte er mit Nachdruck. »Berühmt zu sein, ist *sehr* hilfreich, wenn man etwas Wichtiges zu sagen hat!«

Für viel Geld ließ sie ein dreifach verglastes Markenfenster einbauen. Und eine Kamera.

Der bewaldete Berg, der zu einem fernen Tal abfiel, bildete eine traumhafte Kulisse. Damit hatte Lama Tashi recht gehabt. Die Kulisse hatte etwas Zeitloses und Friedvolles an sich, das schon beim Betrachten Ruhe vermittelte. Der Haken war nur, dass dieses Panorama noch nie zum Einsatz gekommen war. Monate waren vergangen, und Megan machte immer noch kein Fernsehen. So schön ihr Studio auch war, manchmal fragte sie sich, ob sie nicht doch zu viel Geld investiert hatte.

Megan drückte den »Anrufen«-Button und hörte den Klingelton am anderen Ende. Trotz der morgendlichen Nachrichten empfand sie ihren Anruf immer noch als unpassend. Lama Tashi besaß kein Telefon im eigentlichen Sinne. Er hatte lediglich eine App auf seinem Computer, deren Details er nur einer Handvoll Menschen weitergegeben hatte. Sie hoffte, dass er sie nicht für impulsiv halten würde oder glaubte, sie wolle bloß Aufmerksamkeit.

»Lama Tashi, ich bin's, Megan«, meldete sie sich, als er dranging.

Er kicherte, als hätten sie sich gerade einen Insiderwitz erzählt.

»Was ist denn heute los?!«, rief sie aus. »Haben Sie deshalb in den letzten Wochen so viel über Karma gelehrt?«

»Ich glaube, das weißt du schon«, sagte er.

»Ist es wirklich so etwas wie Karma mit Sofortwirkung, sozusagen Instant Karma?«

»Sofortwirkung?«, sinnierte er. »Im Allgemeinen haben wir das Karma, das wir in diesem Leben erfahren, in unserem letzten Leben geschaffen.«

»Genau.« So hatte auch Megan die traditionellen buddhistischen Lehren verstanden.

»Aber heute passiert irgendwas. Sagen Sie mir, meine Liebe, was braucht Karma, um zu reifen?«

»Umstände«, antwortete sie wie aus dem Effeff; darüber musste sie nicht einmal nachdenken. Karma wurde oft mit einem Samenkorn verglichen. Wenn es keimen sollte, brauchte es Erde, Feuchtigkeit und Wärme: Umstände.

»Vielleicht haben sich die Umstände geändert, sodass manche Karma-Aspekte schneller reifen.«

»Die Menschen erleben Karma also so, *als würde es sofort eintreten*?«, vergewisserte sie sich.

»Genau.«

Megan brauchte einen Moment Zeit, um das zu verarbeiten, und sagte dann:»Rinpoche, ich glaube, die Menschen müssen das wissen.«

»Selbstverständlich.«

»Ich habe Sie angerufen, weil ich mich gefragt habe, ob Sie vielleicht bereit wären, Karma in meinem Podcast zu erklären.«

»Ja natürlich«, antwortete er, als wäre das bereits beschlossene Sache. »Ich komme in Ihr Studio.«

Sein Vorschlag bestürzte sie. Lama Tashi wohnte eine Autostunde von ihr entfernt. »Wir könnten es gleich jetzt machen, dann müssen Sie nicht so weit fahren.«

»Ihre Fernsehkamera funktioniert?«

»Ja, aber der Podcast ist fürs Onlineradio.«

»Machen Sie ihn fürs Fernsehen«, wies Rinpoche sie an. »Die Leute wollen sehen, wer zu ihnen spricht. Ich bin gleich da.«

13

Wall Street, New York City

K AREL SHARMA STIEG NUR SELTEN VOM HANDELSPARKETT, IN dem
sich sein Büro befand, eine Etage tiefer, hinunter ins Land von Steuern, Regelkonformität und Human Resources. Die Verwaltung von Sharma Funds in der 25. Etage war für ihn von geringem Interesse. Dafür hatte er Erbsenzähler und Managementtypen. Deshalb war es ungewöhnlich, dass er sich spontan entschloss, seiner Buchhaltung wegen einer Steuerfrage einen Besuch abzustatten. Und noch überraschender war es, dass er dabei Amy Robbins begegnete, in deren Augen Freudentränen standen.

Karel konnte nicht gut mit Menschen. Er war so introvertiert, dass es schon beinahe wehtat, und der schüchternste aller Wall-Street-Wölfe. Er war etwas über dreißig und ungeheuer erfolgreich, aber keine noch so hohe Summe auf der Bank hatte je bewirkt, dass er sich entspannt in Gegenwart anderer Menschen, die er nicht kannte, bewegen konnte – und das waren so ziemlich alle. Manchmal griff er zu extremen Mitteln, um Unbekannten aus dem Weg zu gehen. Er war unbeholfen Angestellten gegenüber, besonders wenn sie jung und weiblich waren, denn in ihrer Gegenwart kam er sich immer noch wie ein herumstotternder Jugendlicher vor.

»Guten Morgen, Mr. Sharma!« Die junge Frau strahlte eine so herzliche Freude aus, dass man sich ihr einfach nicht entziehen konnte.

»Hallo!«, lächelte er. Das tat er selten, und fast nie in der 25. Etage. Die beiden waren einander noch nicht begegnet, da war er sich ganz sicher. Aber sie war so offensichtlich glücklich, dass er nicht umhin konnte zu fragen: »Haben Sie einen schönen Tag?«

»Den schönsten Tag meines Lebens!«, antwortete sie.

Unaufgefordert erzählte sie ihm, sie habe eine Luxuskreuzfahrt gewonnen, diese ihren Eltern geschenkt und nur wenige Minuten später die Nachricht von einer überraschenden Erbschaft erhalten. Sie erzählte ihre Geschichte so überschwänglich und so natürlich, dass er gar nicht anders konnte, als sich davon berühren zu lassen.

Wieder in seinem Büro eine Etage höher, war er in Gedanken immer noch damit beschäftigt. Dort entdeckte er den neuesten Blogbeitrag von Digital Dave, las ihn in wenigen Augenblicken durch, ging dann zum Fenster und ließ den Blick über die vertraute Aussicht auf die Wolkenkratzer im Bankenviertel schweifen.

Zum ersten Mal seit Langem verspürte er eine Regung. Das Gefühl einer neuen Welle, die es zu nehmen galt.

Die Welt der Hochfinanz wirkt zwar für viele Menschen unverständlich, für Karel waren der ganze Jargon und die fachlichen Details jedoch nur ein komplexer Überzug, unter dem sich eine viel schlichtere Wahrheit verbirgt. Und die lautete: Wenn man reich sein will, wirklich reich, dann muss man der Erste im Spiel sein. Egal, in welchem.

Mit Anfang zwanzig hatte er es mit Hedgefonds so gemacht. Fünf Jahre später mit Kryptowährungen. Lange bevor Wörter wie »Bitcoin« in den allgemeinen Sprachgebrauch übergegangen waren, hatte er bereits abkassiert und die Party verlassen. Natürlich hatte er immer noch sein Börsengeschäft, kaufte und verkaufte und hielt die Show für seine Klienten am Laufen. Jetzt, mit Anfang dreißig, sah Karel seine Aufgabe darin, wie eine Spähameise für den Ameisenstaat zu agieren und mit stets aufgestellten Fühlern und geschärften Sinnen nach dem nächsten großen Ding Ausschau zu halten. Ganz gleich, in welcher Form es sich zeigt.

Und heute Morgen glaubte er zum ersten Mal seit Jahren, etwas entdeckt zu haben. Wenn es auch nur entfernt so war, wie es den Anschein hatte, wäre es innerhalb weniger Stunden wie ein Tsunami auf den Finanzmärkten.

Der Blog von Digital Dave, den er gerade gelesen hatte, bestätigte Amys Geschichte unten. Außerdem hatte er am Morgen die Nachrichten verfolgt. Die Lebensmittelvergiftung bei Gästen von *Golden Drumsticks* und anderen Restaurantketten. Für ihn gab es da eine Verbindung. Irgendwo, irgendwie baute sich im Meer eine Welle auf. Eine Monsterwelle, die ihm den Ritt seines Lebens bot. Warum sollte er sie nicht surfen?

An seinem Schreibtisch tippte er das Wort »Karma« in eine Suchmaschine und fügte dann das Wort »buddhistisch« hinzu. Karel hatte zwar einen indischen Nachnamen, war aber als Sohn eines Chemielehrers, der sich wenig für sein hinduistisches Erbe interessierte, und einer tschechischen Mutter aufgewachsen, die ihm seinen Vornamen gegeben hatte. Darüber, wie Karma funktioniert, wusste er genauso wenig wie die meisten Menschen. Aber er hatte buddhistische Freunde, die sich offenbar mit Karma auskannten, und mit wenigen Tastenanschlägen hatte er herausgefunden, dass das Sera-Kloster im indischen Mysore eine der angesehensten Stätten höherer Bildung im tibetischen Buddhismus ist. Es dauerte nur wenige Minuten, bis Karel mit einem Mann sprach, der den Titel eines Geshe trug, und er wusste, dass das etwas ganz Besonderes war.

Neben seiner Philosophie, dass man der Erste im Spiel sein muss, hatte Karel eine weitere schlichte Überzeugung: Ziehe immer einen Experten zurate. Stürze dich niemals Hals über Kopf in ein neues Projekt. Es gibt immer jemanden, der sehr viel mehr über das Gebiet weiß, mit dem du dich befassen willst, als du selbst. Jemand, der bereit ist, sein Wissen zu teilen, wenn du die richtigen Fragen stellst.

»Karma«, kam er bei dem Geshe-Typen direkt zur Sache, »gehe ich recht in der Annahme, dass Karma besagt, dass Ursache und Wirkung unmittelbar miteinander zusammenhängen?«

»Genau«, kam die Antwort mit tibetischem Akzent.

»Um also die Wirkung zu erzeugen, dass man Wohlstand erhält, muss man als Ursache Wohlstand geben.«

»Ja.«

»Je mehr man gibt, desto mehr bekommt man?«

Es folgte eine Pause. »Da steckt mehr dahinter. Es hängt zum Beispiel davon ab, wem Sie etwas geben. Von Ihrer Motivation zu geben. Und von weiteren Faktoren.«

»Aha«, Karels Rollerball schwebte über einer leeren Seite seines Notizbuchs. »Wie kann ich also als Geber meinen Ertrag maximieren?«

Eine Viertelstunde später hatte Karel drei seiner erfahrensten Trader herbeizitiert. Im Büro hatten sie in Anlehnung an den Film *Wall Street* den Spitznamen »Die drei Gekkos«.

»Ich habe eine Idee für Algobrite«, verkündete er hinter seinem Schreibtisch sitzend. Allgemeines Augenverdrehen. *Algobrite Infrastructure* war ein richtiger Schrott-Fonds. Sie hatten ihn als Teil einer größeren Akquisition übernommen, und seine Vermögenswerte bestanden unter anderem aus einem Hafen in Südamerika, der nicht verkauft werden konnte, und Kraftwerken in Afrika, die nie Einnahmen in harter Währung generierten. Sie hatten Möglichkeiten gesucht, Algobrite abzustoßen, aber es war ihnen nicht gelungen.

»Sie werden das, worum ich Sie bitte, für verrückt halten, aber tun Sie es einfach, okay?«

Sie nickten. In ihrer volatilen Welt wussten sie, wie wichtig es ist, sich zu disziplinieren und konzentriert zu bleiben.

»Ich möchte 120.000 aus dem Geldkonto des Fonds an zwölf Wohltätigkeitsorganisationen spenden. 10.000 pro Wohltätigkeitsorganisation. Ich habe Ihnen die Links gemailt. Das sind vier Wohltätigkeitsorganisationen für jeden.«

Wenn die Gekkos überrascht waren, dann ließen sie es sich jedenfalls nicht anmerken. Die Transaktionen waren derart geringfügig, dass sie sich wahrscheinlich fragten, warum er sich überhaupt die Mühe gemacht hatte, sie zu rufen.

»Ich möchte, dass Sie die Transfers so schnell wie möglich umsetzen.« Sie waren bereits auf dem Weg zur Tür.

»Außerdem steht in der E-Mail etwas, das Sie bei jeder Spende sagen müssen, bevor und während Sie auf ›Senden‹ klicken.«

»Qualitätskontrolle?«, fragte Gekko Nummer eins.

»Es ist so etwas wie eine Affirmation. Eine Motivation. Es ist mir egal, was Sie davon halten. Seien Sie einfach aufgeschlossen und tun Sie es.« Er erntete verwunderte Blicke, mehr aber nicht. »Und Leute, das bleibt unter dem Radar, okay?«

Außer der Erste im Spiel zu sein und immer einen Experten zurate zu ziehen, hatte Karel Sharma eine weitere selbst auferlegte Regel: Erst mal nur einen Zeh ins Wasser strecken. Die 120 Riesen waren der Zeh. Und die drei Gekkos hatten das Geld innerhalb von Minuten unter artig gemurmelten Motivationen auf den Weg gebracht.

Als Karel sich nach einer langen Telefonkonferenz wieder seinem Computer zuwandte, entdeckte er eine E-Mail der Monomatapa Bank, einer in der Schweiz ansässigen Investmentgesellschaft, die sich auf Afrika südlich der Sahara konzentriert. Monomatapa wollte alle afrikanischen Vermögenswerte von Algobrite kaufen und bot einen Betrag, der auf dem Buchwertansatz plus zehn Prozent basierte. Auf einen Schlag konnte sich Sharma von einem ganzen Bündel unterdurchschnittlich performender Assets trennen, und das zu einem Preis, der mindestens zehn Millionen Dollar über dem lag, was im besten Fall zu erhoffen gewesen wäre.

Karel betrachtete seine Hände und streckte die Finger über dem glänzenden Mahagoni seines Schreibtisches aus. Sie zitterten. Auf eine gute Art. Seit Jahren hatte er nicht mehr so eine freudige Aufregung gespürt!

Als er die drei Gekkos erneut zu sich rief, um ihnen die Nachricht zu verkünden, trauten auch sie ihren Ohren kaum. Es war weniger das Geld. Noch nicht einmal die Kehrtwendung bei Algobrite.

Nein, es war das Prinzip: Man konnte sofort unermessliche Reichtümer verdienen, indem man Geld verschenkte. An die richtigen Leute. Auf die richtige Art und Weise.

»Bevor wir größer gehen«, sagte Karel und schaltete um in seinen vertraulichen Ton, »machen wir *noch* einen Testlauf, okay? Zwei Millionen von Algobrite und die gleiche Summe von unserem privaten Trading-Account.«

»Dieselben Organisationen, dieselben Motivationen?«, vergewisserte sich Gekko Nummer zwei.

Karel nickte.

Eine halbe Stunde später kündigte die venezolanische Regierung die Verstaatlichung von zwei Häfen an, die Algobrite gehörten. Das war eine Eventualität, gegen die das Unternehmen ausdrücklich und vollständig versichert war, mit einer großzügigen, ausdrücklich bezifferten Bewertung. Innerhalb weniger Minuten veranlasste Karel die Einreichung einer Forderung bei Lloyds of London. Bald wäre Algobrite alle seine schlecht performenden Assets los.

In der Zwischenzeit wurde ein Tech-Start-up, in das das Unternehmen mit seinem privaten Trading-Account investiert hatte, zum Gegenstand eines Bieterwettstreits zwischen zwei Silicon-Valley-Giganten. Die Bewertungen stiegen ins Unermessliche – auf das Zwanzig- bis Dreißigfache des wahren Unternehmenswerts, da die Egos der Führungskräfte mit ihnen durchgingen.

Um 9:50 Uhr hatte Sharma mehr Geld verdient als in den beiden vorangegangenen Wochen zusammen.

Karel griff zu seinem Tischtelefon und wählte die »0« für die Rezeption.

»Das Mädchen, mit dem ich vorhin bei Ihnen am Empfang gesprochen habe«, erkundigte er sich, als Jaye sich meldete. »Amy Robbins.«

»Aus Texas?«

»Ja.«

»Schicken Sie sie hoch.«

14

Princeton, New Jersey

I N EINEM COFFEESHOP VERFOLGTE EIN WEITERER SELBSTERNANNTER Vordenker hinter seinem Laptop gespannt die Ereignisse des Vormittags. Schlaksig, Brille, widerspenstiger dunkler Haarschopf – kaum etwas an Stan Smugg, das nicht verraten hätte, wie erregt er war. Der Sozialpsychologe hielt ständig Ausschau nach neuen Trends, die die Leichtgläubigkeit seiner Mitmenschen aufzeigten, ihre Neigung, sich ihren Verstand von unbegründeten Glaubensvorstellungen vernebeln zu lassen. Und heute Morgen war es wie sämtliche Weihnachten und Ostern auf einmal. Es stand außer Frage, dass sich das ganze Land im Aufruhr befand. Seine Aufmerksamkeit galt jedoch der Reaktion der Menschen. In den sozialen Medien, wo die Leute vom dramatischen Auf und Ab ihres Lebens an diesem Tag berichteten, war endlos von Karma die Rede. Im Fernsehen wurde es von Interviewpartnern spontan als mögliche Erklärung für die Vergiftungen durch Fast Food genannt. Als dann sogar eines der prominentesten Mitglieder der physikalischen Fakultät in Princeton, kein Geringerer als ein Nobelpreisträger, am Morgen in einer E-Mail von »Instant Karma« sprach, war er fassungslos. Es war an der Zeit, diesem mystischen Denken ein Ende zu bereiten.

Erste Bekanntheit hatte Stan erlangt, als das Thema seiner Doktorarbeit, eine Studie über die Wellness-Branche in New York, nach einer zufälligen Begegnung mit einem rührigen Journalisten veröffentlicht wurde. Zu viel positives Denken macht unglücklich, war das überraschende Ergebnis seiner Untersuchungen. Plötzlich erhielt Stan unzählige Interviewanfragen, Lehraufträge und seinen allerersten Buchvertrag.

Stan begriff schnell, und sein nächstes Projekt war das, das ihn berühmt machte. Er stellte akribisch eine groß angelegte Verlaufsstudie auf die Beine, um nachzuweisen, dass Patienten, für die gebetet wird, nicht schneller gesund werden als diejenigen, für die nicht gebetet wird. Das daraufhin erscheinende Buch »Pointless Prayer« [Beten zwecklos] wurde in Fortsetzungen in großen Zeitungen abgedruckt, versetzte das Establishment in Aufruhr und provozierte so wütende Tiraden von fundamentalistischen Kirchenoberhäuptern, insbesondere von Reverend Jeremiah Bellow, dass sein Buch für ein paar ruhmreiche Wochen auf die Bestsellerliste der New York Times katapultiert wurde.

Genau wie er sich erhofft hatte.

Das war vor acht Jahren, doch seither war die Ausbeute gering. Er wollte die Yoga-Welle reiten, aber die Ergebnisse einer Umfrage, die zeigte, dass Yoga-Praktizierende sich leichter aus der Ruhe bringen lassen als Menschen, die lieber auf dem Sofa liegen, verhallten ungehört. Die Yoga-Branche hatte sich nicht genügend aufgeregt.

Ein Versuch zu beweisen, dass zu viel Zeit in freier Natur depressiv macht, ging nach hinten los, da seine Ergebnisse in die andere Richtung wiesen.

Nein, was er brauchte, war eine Blase, von der er wusste, dass er sie platzen lassen konnte. Eine Kuh, die vielen Menschen heilig war. Und vor allem ein Thema von größtmöglicher Relevanz. »Instant Karma«, erkannte er, hatte alles, was er brauchte, um ein kometenhaftes Comeback hinzulegen. Aber er würde schnell handeln müssen.

Also hämmerte er an jenem Morgen in seine Tastatur und erstellte in kürzester Zeit einen Forschungstest inklusive aller Protokolle und Kontrollmechanismen, die für die notwendige methodische Strenge erforderlich waren. Er regelte Zulassungen, Teilnehmende und Methodik. Das Experiment, das er sich ausgedacht hatte, war von schlichter Eleganz, und er konnte sich schon jetzt vorstellen, wie er es zur besten Sendezeit im Fernsehen erklären würde, vielleicht sogar noch heute Abend: Hundert Teilnehmende sollten innerhalb einer halben Stunde nach Belieben zehn Dollar verschenken. Wenn es Instant Karma wirklich in der Form gäbe, wie berichtet wurde, müsste bald ein Geldregen über die Teilnehmenden hereinprasseln, und zwar gleichmäßig verteilt auf alle. Selbstverständlich würde das nicht eintreten. Da war sich Stan Smugg sicher. Während seines Studiums hatte er ein Seminar über vergleichende Religionswissenschaften belegt und sich kurz mit dem Thema Karma beschäftigt. Die Vorstellung, dass eine Ursache zu einer Wirkung führt, wäre ja durchaus plausibel, wenn sich der Prozess in einem bestimmten Zeitraum abspielen würde. Aber das war nie der Anspruch. Es hieß, die Früchte karmischer Ursachen würden im nächsten Leben reifen – oder erst in tausend Leben. Und genau hier lag der Fehler. Kein Mensch konnte sich erinnern, mehr als einmal gelebt zu haben. Für diese Idee gab es nicht den geringsten Beweis. Also war die gesamte Vorstellung von Karma ein Hirngespinst. Magischer Unfug. Die Art von irrationalem Geschwafel, dessen Widerlegung er sich beruflich mit Haut und Haaren verschrieben hatte.

Zehn Minuten vor seiner ersten Vorlesung schloss er seine Arbeit ab, klappte seinen Laptop zu und stolzierte selbstzufrieden aus dem Coffeeshop. Seine Psychologie-Erstsemester konnten sich heute Morgen auf etwas ganz Besonderes gefasst machen, dachte er. Bald würden auch sie zu Füßen des Meisters lernen. Heute stand Dr. Stanley Montgomery Smugg, New-York-Times-Bestseller-Autor, digitaler Disruptor und Influencer, vor der Mutter aller Comebacks!

15

Paige Turner Books
Omni, Colorado

Endless Love war in Gedanken und tat so, als würde er stöbern. Beth hatte ihn vom Bürgersteig aus hereinkommen sehen, als sie gerade einer Kundin half. Zum zweiten Mal in den letzten paar Tagen hörte sie die Alarmglocken schrillen. Sie wusste, dass sie es mit ihm ruhiger angehen lassen musste. Ein paar Gänge zurückschalten. Vielleicht sogar mehr.

Wie meistens am Freitagvormittag war auch heute viel los. Viele ältere Einwohnerinnen und Einwohner, vor allem die, die am Berg wohnten, kamen in die Stadt, um sich mit Freunden zum Kaffee oder zum Mittagessen zu treffen oder um ihre Wochenendeinkäufe zu erledigen. Manchmal schauten sie auch bei Paige Turner Books vorbei, wie damals, als Paige den Laden noch selbst geführt hatte, und baten um Lektüretipps.

Beth hatte keine Zeit für Ablenkungen. Sie hatte gedacht, es sei von Anfang an klar gewesen, dass das, was sie und E. L. miteinander hatten, ausschließlich außerhalb der Arbeitszeit stattfand. Eine diskrete Sache nur zwischen ihnen beiden. Als berufstätiger Mann, und als verheirateter noch dazu, würde er das respektieren, davon war sie überzeugt gewesen. Anfangs war das auch so. Doch in letzter Zeit veränderte er sich, und sie erkannte die Signale. Das hatte sie schon einmal erlebt.

Eine ihrer Stammkundinnen betrat den Laden. Babs, eine ältere Dame, adrett und korrekt in Samtjacke und Perlen, war der Inbegriff der kultivierten Großmutter. Beth kam mit strahlenden Augen auf sie zu. »Sie erraten nie, was gestern hereingekommen ist«, flüsterte sie in gedämpftem Ton. »Der neue Lukas Lukassøn!«

Babs' Gesicht hellte sich auf, als Beth sie zu einem Regal führte und ihr ein Exemplar des neuen Buches des skandinavischen Noir-Autors in die Hand drückte. 400 Seiten voller rasender Gewalt, verübt von einem teuflischen Psychopathen.

»Oh, danke, meine Liebe«, sagte Babs, nahm das Buch und drückte es an ihr Herz. »Sie haben gerade mein Wochenende gerettet!«

Beth lächelte. Sie hatte echtes Interesse daran, was ihre Kundinnen und Kunden lasen – und warum. In ihren ersten Wochen als Buchhändlerin war sie überrascht gewesen, wie viele ältere Frauen sich für Bücher interessierten, in denen die grausamsten Verbrechen geschildert werden. Dann wurde ihr klar, dass dies nichts weiter über sie aussagte, als dass sie sich kleine Fluchten vom Alltag wünschten. Sie wollten Voyeurin sein. In eine andere Realität eintauchen, die das genaue Gegenteil ihrer eigenen war, vielleicht um ein ansonsten eintöniges Leben etwas aufzupeppen. Deshalb waren sie weder heimlich pervers noch kriminell. Die meisten waren sich über den Unterschied zwischen Fantasie und Realität sehr wohl im Klaren, daran hatte sie keinen Zweifel. Vielleicht waren alle, die Geschichten liebten – egal ob in Büchern oder Filmen – gleich, dachte sie sich manchmal. Sie alle wollten gerne eine andere Realität erleben. Der einzige Unterschied zwischen ihnen bestand in der Art der Alternative, die sie ansprach.

Kaum hatte sie ihre Kundin verabschiedet, kam Endless Love zur Kasse. Mittlerweile waren weitere Kundinnen und Kunden im Laden, Grauschöpfe, die zwischen den Regalen umherschlenderten. Sie waren hereingekommen, als sie sich mit Babs unterhalten hatte, und sie musste sich um sie kümmern.

»Schon wieder da?« Sie zog die Augenbrauen hoch.

Bob blickte sich vorsichtig um, sehr wohl wissend, dass er eine Grenze überschritt. Die fehlende Herzlichkeit blieb ihm nicht verborgen. »Ich habe mich gefragt, ob ich dich heute Abend sehen kann«, murmelte er.

»Ich dachte, du spielst glückliche Familie?«

»Planänderung.«

»Nun ja, weißt du, es ist Freitag. Ich hab viel zu tun.«

Sie war irritiert, dass er nur wenige Stunden nach ihrer gemeinsamen Nacht, die an sich schon ein Zugeständnis gewesen war, mit weiteren Forderungen auf sie zukam. Vor zwei Tagen hatte er diesen Vorschlag gemacht, mit der Begründung, seine Frau käme nach Hause und er könne sie dann eine Weile nicht besuchen. Sie war nicht begeistert gewesen. Sie war keine, bei der man über Nacht bleibt. Vor allem aber hatte sie eine schleichende Erwartungshaltung bei ihm festgestellt, etwas Besitzergreifendes, das sie keinesfalls dulden würde.

Er versuchte, sich nichts anmerken zu lassen, dieses Mal unter dem Anschein stoischer Akzeptanz. Aber er konnte nicht verhehlen, dass er verletzt war. Es war die gleiche schmerzhafte Ungläubigkeit, die er an jenem ersten Nachmittag nicht hatte verbergen können, als er zu ihr gekommen war, um sich dafür zu entschuldigen, dass er am Abend der Buchpremiere zu weit gegangen war. Zweifellos hatte er unbedingt dafür sorgen wollen, dass seine langweilige kleine 08/15-Ehefrau nichts herausfindet. Beth hatte damals keinerlei Absichten mit ihm. Aber als sie sah, wie verletzlich er wirkte, wie ein Schuljunge, den man gerade beim heimlichen Naschen erwischt hat, war es um sie geschehen.

»Es tut mir sehr leid wegen gestern Abend«, hatte er gesagt, war dabei auf dem Bürgersteig gestanden und hatte ihr direkt in die Augen gesehen. »Ich war sturzbetrunken.«

Beth war gerade dabei, den Laden zu schließen. Der letzte Kunde war gegangen. Die Tageseinnahmen waren abgerechnet. Sie hatte den einen Flügel der Tür zur Straße bereits oben und unten verriegelt und wollte gerade den anderen abschließen. »Was tut dir leid?« Sie wollte sich einen Spaß daraus machen. »Dass du betrunken warst, oder was wir getan haben?«

»Eigentlich beides. Ich kann mich nicht mehr an viel erinnern.«

»Dann ist das keine Entschuldigung.« Sie zuckte mit den Schultern. »Wie kann dir etwas leidtun, an das du dich gar nicht erinnern kannst?«

Er wusste nicht, wie er das verstehen sollte. Es dauerte ein Weilchen, bis er antwortete:»Eine Entschuldigung erschien mir … einfach angebracht.« Er war ganz der hilflose kleine Junge.

»Wir könnten das, was wir gestern Abend gemacht haben, noch mal machen, aber nüchtern«, sagte sie aufreizend und nur zum Spaß. Dabei war ihr seine Antwort eigentlich egal.»Wenn du dich danach immer noch entschuldigen willst, nur zu.«

Sie spürte förmlich die Hitze seines Blicks, der zu ihrem Dekolleté wanderte.

Die Wahrheit war, dass sie das alles in die Hand genommen hatte. Die letzte Nacht war nicht ganz so spontan gewesen. Sie hatte dafür gesorgt, dass sie am Ende der Party allein waren. Seit einiger Zeit zog es sie zu einem älteren Mann hin. Einem richtig alten Mann. Daddy-Love schien eine archetypische Fantasie zu sein, das sexuelle Äquivalent zu einem von Lukas Lukassøns schaurigen Amokläufen. Bob passte bestens ins Profil – der älteste Mann, mit dem sie bis dahin zusammen gewesen war, war 40 gewesen –, aber er hatte auch recht, wenn er eingestand, er habe zu viel getrunken, um sich noch an etwas erinnern zu können.

Deshalb war dieser Nachmittag im Lagerraum, nachdem er eingetreten war und sie die Tür von Paige Turner Books hinter sich geschlossen hatte, eine sehr angenehme Überraschung gewesen. Sie kannte die Geschichten über ältere Männer, die schlappmachten. Oder von vornherein nicht mehr viel zustande brachten. Oder sogar dabei einschliefen. Bob jedoch war großartig und nicht zu stoppen gewesen. Er hatte sich methodisch durch jede erdenkliche Stellung gearbeitet, bevor er ihr ein triumphales Finale lieferte.

Außerdem hatte er ihre Zuneigung gewonnen wie nur wenige Männer vor ihm. Als sie auf einem aufgefalteten Pappkarton beieinanderlagen und das Nachbeben genossen, hatte sie eine selbstironische Bemerkung fallen lassen, dass ihre Nase immer im Weg war. Sofort hatte er erwidert:»Aber ich *liebe* deine Nase!«

»Wie das denn?« Allein der Gedanke erschien daneben.

Beths Nase war mehr als nur ein markantes Merkmal in ihrem Gesicht. Sie beherrschte ihr Selbstbild, seit sie denken konnte.

»Die Linien einer antiken Adligen«, hatte er ihr gesagt. »Du hast eine römische Nase.«

»Eine römische Nase!«, hatte sie gekichert, sich aber insgeheim gefreut. »Das klingt nach etwas Außergewöhnlichem.«

»Sie ist besonders!« Dann hatte er sich über sie gebeugt und ihre Nase geküsst.

Als er sich wieder neben sie legte, setzte sie eine gespielt ernste Miene auf. »Nun also«, sie sah ihn eindringlich an, »da du bei klarem Verstand und nüchternem Urteilsvermögen bist und dich an das Geschehen erinnern kannst, bist du bereit, dich für das, was du gerade getan hast, zu entschuldigen?«

Er hielt ihrem Blick einen Moment stand und antwortete dann mit breitem Grinsen. »Eigentlich nicht.«

»Auch gut«, gluckste sie. »Sonst wäre das das letzte Mal gewesen, dass du mein Sutra gekarmat hast!«

Beth bemerkte, dass zwei weitere Freitagmorgen-Kundinnen in den Laden kamen, Damen in einem gewissen Alter, die sie beraten musste. Endless Love stand ihr immer noch an der Kasse gegenüber. Sie musste ihn hier loswerden, bevor es richtig losging. Vielleicht musste sie ihn auch ganz loswerden. Sie hatte die Älterer-Mann-Nummer ausprobiert, dachte sie und betrachtete ihn kühl. In dem Moment kam ihr eine neue Idee.

»Wie aufgeschlossen bist du, E. L.?«, fragte sie.

»Ich glaube, die Antwort darauf kennst du«, schmunzelte er verlegen.

»Dann kannst du später kommen.«

»Okay.«

»Heute Abend habe ich zu tun, aber am Nachmittag habe ich frei.«

Er nickte.

»Drei Uhr. Oben.«

»Prima!«

Hinter den Regalen mit den belletristischen Neuerscheinungen beobachtete ein weißhaariger Mann in einem marineblauen Markenblazer, frisch gebügeltem Baumwollhemd und weißem Einstecktuch den Austausch zwischen Buchhändlerin und Kunde. Ian Turner kannte Margarita und Bob Martin schon ewig. Seine verstorbene Frau Paige hatte ihnen schon Bücher verkauft, als sie erst zu zweit waren, und auch in all den Jahren, als ihre Familie wuchs. Nach Paiges Tod war er nach Arizona gezogen, weil die warmen Winter besser für seine Arthritis waren, und hatte den Laden an verschiedene Buchhändlerinnen verpachtet. Mehrmals im Jahr kam er vorbei und besuchte die Freunde, die er schon fast sein ganzes Leben lang kannte. Dazu gehörte auch Margarita. Sie waren zusammen zur Schule gegangen, und auch wenn die meisten Leute es vergessen hatten, als Teenager war er in die hübsche Latina verknallt gewesen. Auf eine andere, reifere Art und Weise war er immer noch gerne mit ihr zusammen und freute sich, wie gut sie sich verstanden. Auf seine Einladung hin hatte Margarita ihre jüngste Buchpremiere bei Paige Turner Books veranstaltet.

Ian ging zwar auf die Siebzig zu und hatte diverse körperliche Beschwerden, aber man konnte ihm nichts vormachen. Es lag ihm auch nicht, vorschnell über das Privatleben anderer zu urteilen. Aber es tat ihm leid für Margarita, und er fragte sich, ob sie von der Affäre ihres Mannes wusste. Außerdem wunderte er sich über Bob, den er immer für einen klugen Geschäftsmann gehalten hatte. Ein Mensch, dem man nicht erst erklären musste, wie wichtig eine gewissenhafte Prüfung ist, bevor man sich auf unbekanntes Terrain begibt.

Denn wenn Bob sich ebenso ahnungslos auf Beth eingelassen hatte wie er damals, dachte Ian, dann stand ihm ein sehr böses Erwachen bevor.

Spott

☯

10:00 Uhr (Eastern Standard Time)
8:00 Uhr (Mountain Standard Time)
7:00 Uhr (Pacific Standard Time)

Der Mensch erlebt sich, sein Denken und Fühlen, als abgetrennt gegenüber dem Rest – eine optische Täuschung seines Bewusstseins. Diese Täuschung ist ein Gefängnis für uns, sie beschränkt uns auf unsere persönlichen Wünsche und die Zuneigung zu einigen wenigen Menschen, die uns am nächsten sind. Unsere Aufgabe muss es sein, uns aus diesem Gefängnis zu befreien, indem wir den Kreis unseres Verständnisses und unseres Mitgefühls auf alle Lebewesen und die gesamte Natur in ihrer Schönheit erweitern.

Nach Albert Einstein (theoretischer Physiker 1879–1955)

16

Galaxy Television
Galaxy City, Los Angeles

L OS ANGELES ERWACHTE UND MUSSTE FESTSTELLEN, DASS DIE ANGST
vor einer Infektion mittlerweile das ganze Land erfasst hatte. Der gesamte Flugverkehr war eingestellt. Züge, U-Bahnen und Busse fuhren nicht mehr. Die öffentlichen Gebäude in den östlicheren Bundesstaaten, die bereits geöffnet hatten, wurden umgehend geschlossen, und die meisten großen Unternehmen wiesen ihre Mitarbeiter an, von zu Hause aus zu arbeiten. Eine Flut schwerer Magen-Darm-Erkrankungen überschwemmte sämtliche Krankenhäuser und Kliniken.

Bei *Galaxy Television* kam das Nachrichtenteam zum morgendlichen Briefing im Konferenzraum neben dem Studio zusammen. Freitags saßen sie normalerweise um den großen ovalen Tisch und plauderten über die Sportereignisse am Wochenende, während sie darauf warteten, dass Nick Nalder kam. Heute blieben sie stehen, angespannt und nervös, dass sie überhaupt kommen mussten. Es war einfach zu viel los für ein Meeting.

»Jetzt hat es Pipers erwischt!« Nick Nalder sah von seinem Tablet auf und stolzierte herein.

Pipers war die größte und bekannteste Burgerkette, nicht nur in den USA, sondern weltweit. Ein Burger von Pipers war immer dieselbe Einheit hochverarbeitetes, künstlich aromatisiertes Separatorenfleisch, serviert in einem überzuckerten Brötchen, dazu eine Beilage aus versalzenen Pommes, egal ob man ihn in Chicago oder Shanghai kaufte.

»Mit Rindfleisch-Burgern passiert jetzt das Gleiche.«

Die vier Rechercheure, drei Reporter, der Mann für die Einschaltquoten und beide Nachrichtenmoderatoren von Galaxy, einschließlich Dan Kavana, wirkten fassungslos. Die Rechercheure tippten und scrollten auf ihren Tablets wie immer – die Einzigen, denen das während des Meetings erlaubt war.

»Wer berichtet …?«

»Die Wirkung setzt später ein als bei Hähnchen«, las Nalder von seinem Bildschirm ab. »Dieselben Symptome, nur schlimmer. Der Schmerz ist heftig. Haltet euch bereit für die nächste Welle.« Er warf einen prüfenden Blick in die finsteren Gesichter, und fragte dann: »Wo ist Hedley?«

»Verspätet«, antwortete Bec, eine Wirtschaftsjournalistin. »Der Wetterdienst hat eine Notfallsitzung einberufen.«

Nalder verzog das Gesicht. Notfallsitzungen gab es nur, wenn mit extremen Wetterereignissen wie zum Beispiel einem Hurrikan zu rechnen war.

»Dafür haben wir natürlich keine Zeit«, sagte er in die Runde. Normalerweise planten sie jetzt die Berichte, die am Tag gebracht werden sollten, und arbeiteten die verschiedenen Blickwinkel des Themas aus. »Wir können kaum mit dem Schritt halten, was hier passiert. Und übrigens, Mr. O'Sullivan kommt gleich, also ist hier bald noch mehr los.«

Sein Team wurde unruhig. Von Mr. O'Sullivan, dem Galaxy-Gott, wurde immer nur im Flüsterton gesprochen. Zu Gesicht bekam man ihn höchstens einmal, wenn man zu einer hochkarätigen Promi-Veranstaltung eingeladen war, wo man vielleicht von Weitem einen Blick auf ihn erhaschen konnte. Dass er sich entschlossen hatte, heute in die Redaktion zu kommen, sprach Bände.

»Wo führt das noch hin?«, wandte sich Nalder an die Rechercheurinnen und Rechercheure. Sie waren alle um die 20 und klebten an ihren Geräten.

»Pipers ist nicht die einzige Burgerkette, die betroffen ist«, sagte einer, ohne von seinem Social-Media-Feed aufzublicken, in dem er gerade las. »Buzz Burgers musste drei Filialen in Boston schließen.«

»Die FDA«, warf ein anderer ein, »wird voraussichtlich bald eine Erklärung abgeben.«

»Worüber?«, fragte Dan.

»Steht da nicht.«

»Mein Kontakt im Weißen Haus sagt mir, dass der Druck in Bezug auf eine Erklärung steigt«, warf ein Reporter ein. »Der Stabschef schaufelt im Terminkalender des Präsidenten gerade Platz frei. Macht euch bereit für einen Presseaufruf.«

»Ist Blake auf Position?«, wollte Nalder wissen.

Der andere nickte.

»Wie sehen die Quoten aus, Trent?«, erkundigte sich Nalder.

Trent Garvey, rundlich, etwas unbeholfen und Mitte dreißig, leitete normalerweise das Morgenbriefing und gab die überaus wichtigen Einschaltquoten der Morgennachrichten bekannt.

»Die Einschaltquoten sind dreimal so hoch wie sonst«, bestätigte Trent. »Genau wie bei den anderen Sendern.«

»Irgendwelche Spitzen?«, fragte Dan.

Das war die ewige Frage. Wie kann man das Gleiche berichten wie die Konkurrenz, nur überzeugender?

Trent sah verlegen auf. »Ein kurzer Anstieg, 30 Prozent mehr, während deines Interviews mit diesem freien Medizinjournalisten.«

»Worüber haben sie gesprochen?«, fragte Nalder.

»Bart Bracking von Channel 60«, sagte Trent. »Was für eine einflussreiche Nachrichtenquelle er ist.«

»30 Prozent mehr!«, staunte Dan ungläubig.

Unter normalen Umständen hätte der Vorfall eine Erklärung verlangt und so gut wie sicher eine Rüge nach sich gezogen. Heute schüttelte Nalder nur den Kopf.

»Mit Freien sprechen wir nur im äußersten Notfall.« Mit stahlhartem Blick auf sein Reporterteam fragte er: »Ihr habt jede Journalistin und jeden halbwegs anständigen Praktikanten angerufen, die wir je hatten?«

»Alle ausgebucht«, sagte einer.

»Alle Sender fischen aus demselben kleinen Pool«, sagte ein anderer. »Zu viel los. Zu wenig Leute.«

Nalder biss sich auf die Lippe, denn sie bestätigten gerade seine schlimmsten Befürchtungen. Vielleicht wäre es gar nicht so schlecht, wenn Harvey hier wäre. Dann würde er aus erster Hand mitbekommen, wie unmöglich es ist, einen großen Nachrichtensender mit der Mitarbeiterzahl einer Vorstadtzeitung zu führen.

»Was ist mit den Werbekunden?«, fragte Dan, dem der Zusammenhang zwischen Werbeeinnahmen und redaktionellen Inhalten sehr wohl bewusst war. »Ich nehme an, wir haben alle Fastfood-Kunden verloren?«

Trent von der Quote schüttelte den Kopf. »Werbeeinnahmen sind stark gestiegen. Die Fast-Food-Ketten haben ihre Hähnchenwerbung zurückgezogen. Sie werben jetzt verstärkt für ihre fleischlosen Varianten. Es wird Werbung geschaltet, wie sie noch nie gezeigt wurde, und das mit enormem finanziellem Aufwand.«

Auf der Bildschirmwand am Ende des Raums waren Liveübertragungen zu sehen, die Biosicherheitskräfte mit Tragen zeigten, überfüllte Notaufnahmen in Krankenhäusern und Menschen, die vor Fast-Food-Filialen zusammengekrümmt auf dem Boden lagen und unter furchtbaren Schmerzen litten.

In dem Moment kam von der Rechercheurin Tracey Kramer: »Nick, du solltest wissen, dass es heute auch ein paar verrückte positive Geschichten gibt.«

Seine Augen flackerten hinter seiner Brille. Er spürte, wie seine Wange zuckte. Es ärgerte ihn immer wieder, wenn das Millennial-Girl ihn auf diese ironisch freundschaftliche Art »Nick« nannte. »Zum Beispiel?«

»Überraschende Erbschaften, Durchbrüche, Preise«, sagte Tracey. »Wie die 2,1 Milliarden in der Powerball-Lotterie heute Morgen. Der größte Gewinn aller Zeiten, und gewonnen hat das Geld ein Wohltätigkeitsverband.«

Normalerweise würden sie einen so großen Gewinn, der so positiv besetzt ist, groß rausbringen.

»Sorgt dafür, dass wir da dranbleiben«, befahl Nalder.

»Das *American College of Radiology* hat heute einen sprunghaften Anstieg von Spontanremissionen bei Tumorerkrankungen bekannt gegeben«, sagte Dans Assistentin Julieta Lopez. »Spontanremissionen sind normalerweise selten – nur wenige Fälle pro Monat. Allein heute Morgen sind 20 Remissionen bekannt geworden – die meisten befanden sich davor im Endstadium.«

Nalder zeigte auf Dan. »Bring das auch. Sprich mit einem dieser Todeskandidaten, die noch mal die Kurve gekratzt haben.«

»Was da draußen los ist, sprengt einfach sämtliche Maßstäbe«, fuhr Julieta fort. »Es gibt genauso viel Positives wie Negatives.«

Der Nachrichtenchef schüttelte nachdenklich den Kopf. »Wo kommt das bloß plötzlich alles her?«, fragte er sich laut.

»Gute Frage«, tönte Dan. Als er kurz vor dem Meeting durch seinen Newsfeed gescrollt hatte, war er überwältigt von der schieren Menge. Es war wie an ihren zehn dramatischsten Nachrichtentagen auf einmal.

»Viele Onlinekommentare über Karma«, antwortete Chieko, die japanische Rechercheurin, die für die sozialen Medien zuständig war.

Nalder zog die Augenbrauen hoch.

»Ursache und Wirkung«, erklärte sie.

»Ich weiß, was Karma ist.« Nalder schob sein schweres schwarzes Brillengestell nach oben, und seine Wange zuckte wieder. »Wie sollte das die Ursache für Lebensmittelvergiftungen überall im Land sein?«

Chieko, die Konfrontationen von Natur aus lieber vermied, senkte den Kopf. Tracey Kramer hingegen, die ihre Rechte kannte, sprang nur zu gerne ein. »Manche sagen, es geht um die Ausbeutung von Tieren durch intensive Landwirtschaft«, erklärte sie. »Was man sät, das erntet man. Krank sind nur diejenigen, die die Nachfrage nach tierischen Produkten geschaffen haben.«

»Und wie soll das vor sich gehen?« Nalder konnte seine Verärgerung nicht unterdrücken, und sein Gesicht lief rot an. Aber er wurde nicht nur rot, sondern es geschah noch etwas, und das hielt alle Anwesenden im Raum in Atem. Das Muttermal auf seiner rechten Wange, direkt über seinem Mundwinkel, wurde immer dunkler. Und größer. Während er Tracey prüfend ansah, wurde der kleine Fleck, ein altbekannter Schönheitsfehler, von einem Moment auf den anderen größer, auffälliger und entstellender.

Tracey blieb zwar cool, wenn es heiß herging, wollte dem aber doch etwas entgegensetzen. »Der Begriff, der dafür verwendet wird, lautet ›Instant Karma‹«, erklärte sie. »Wenn sich das als zutreffend herausstellen sollte, würde das alle dramatischen Ereignisse erklären, die negativen wie die positiven.«

Unter Nalders vernichtendem Blick schien etwas mit Tracey zu geschehen. Die junge Frau hatte immer etwas Schwerfälliges und Unelegantes an sich gehabt. Klug, ja. Attraktiv, nein. Aber in diesem Moment veränderte sich ihr Gesicht irgendwie, es gewann attraktivere Proportionen, und ihre blauen Augen wurden rehartiger und verführerischer. Sie selbst hingegen bewahrte ihren kühlen Kopf.

»Diese ganze Vorstellung von Instant Karma ist einfach lächerlich!«, platzte es aus Nalder heraus. »Wie können die Leute das auch nur eine Sekunde lang glauben? Ich meine, wo bleibt da die Logik? Warum fängt es zum Beispiel erst heute an?« Auf seiner rechten Wange wuchs das Muttermal zu einem markanten schwarzen Fleck von der Größe eines Fünfcentstücks an.

»Ich bin keine Karma-Expertin«, erwiderte Tracey schulterzuckend. Wenn sie mit einem Thema konfrontiert waren, von dem niemand in der Redaktion etwas verstand, gingen sie normalerweise so vor, wie Julieta es jetzt vorschlug. »Soll ich jemanden auftreiben? Einen Karma-Typen?«

»Nein!« Nalder war sehr bestimmt. »Wir haben jetzt keine Zeit für Hokuspokus! Wir brauchen kompetente Experten mit glaubwürdigen Erklärungen.«

In diesem Moment stürmte völlig aufgelöst der Meteorologe Hedley Tracer herein.

»Was ist los, Hedley?«, fragte Nalder barsch.

»Total verrücktes Zeug«, Hedley schüttelte ungläubig den Kopf. »Ausbrüche von schweren Mikro-Wetterereignissen und seismischer Aktivität.«

»Mikro?« Nalder runzelte die Stirn.

»Extrem lokal begrenzt. Zum Beispiel ein Tornado, der wie aus dem Nichts auftaucht und zwei Häuser in Harrodsburg, Kentucky, zerstört. Einsturztrichter, die an Stellen auftauchen, wo es noch nie welche gegeben hat.«

»Wenn die Ereignisse mikro sind«, Nalder suchte nach einem Maßstab, um das heutige, noch nie da gewesene Geschehen einzuordnen, »sind sie ja keine so große Sache.«

»Es kommt drauf an, wo!«, protestierte Hedley. »Und sie treten einfach überall auf!«

In diesem Moment erschütterte eine gewaltige Explosion die Nachrichtenredaktion. Der ganze Raum wackelte, und ein weit oben angebrachter Plasmabildschirm fiel von der Wand und schlug mit lautem Krachen auf dem Boden auf.

»Ein Erdbeben!«, schrie Hedley.

»Unter den Tisch!«, befahl Dan und ließ sich auf alle viere fallen.

In wenigen Augenblicken waren alle auf Händen und Knien unter dem Konferenztisch, wie versteinert von dem tiefen Grollen und dem bedrohlichen Beben.

Noch während es andauerte, vibrierte Dans Tablet auf dem Boden neben seiner Hand und schaltete sich ein. Auf dem Bildschirm wurde eine E-Mail angezeigt, die er kurz vor dem morgendlichen Briefing geöffnet hatte: die morgendlichen Lokalnachrichten. An einem ruhigen Tag würde Galaxy vielleicht einen Bericht über ein lohnendes lokales Thema bringen.

Aus naheliegenden Gründen hatte Dan die Meldungen nicht einmal überflogen. Als er jetzt den Blick von den angsterfüllten Gesichtern seiner Kolleginnen und Kollegen abwandte, erregte ein Foto auf dem

Bildschirm seine Aufmerksamkeit. Es zeigte einen Seevogel, der über und über mit zähflüssigem Rohöl verschmiert war. »Kleiner Vogel bewegungsunfähig«, lautete die Bildunterschrift. Die Schlagzeile darüber war in dicken Großbuchstaben: »FREIWILLIGE HELFER DRINGEND GESUCHT!«

17

Boulder, Colorado

L AMA TASHI WAR NICHT ALLEIN, ALS IN DER FERNE SEIN LINDGRÜNER Volvo auftauchte. Megan wohnte am Ende einer langen Zufahrtsstraße, und erst als das Auto näherkam, konnte sie die zweite Person im Auto erkennen. Es war Anton, der Kameramann mit dem dunklen Pferdeschwanz und dem blassen Gesicht, der denselben Dienstagabendkurs besuchte wie sie. An ihn hatte sie gedacht, seit sie Lama Tashi angerufen hatte. Sie fragte sich, ob sie ihn bitten sollte hinzuzukommen. Rinpoche hatte das schon erledigt.

»Das ist ja fantastisch!«, schwärmte Anton, als er aus der Beifahrertür in den kathedralenartigen Raum unter Bäumen trat, in dem ihr Haus und das separate Studio standen.

Megan hatte sich an diesem Morgen viele Gedanken über ihr Aussehen gemacht, seit Lama Tashi angekündigt hatte, dass er Fernsehaufnahmen machen wollte. Sie zog dieses und jenes an und grübelte die ganze Zeit darüber nach, dass die Kamera ihre ohnehin schon mütterliche Figur fünf Kilo dicker wirken lassen würde, bis sie sich schließlich für eine schwarze Jacke über einer grauen Bluse und als Farbtupfer für einen roten Anhänger entschied.

Es fühlte sich irgendwie unpassend an, so förmlich gekleidet, frisiert und geschminkt unter den hohen Douglasien zu stehen, während ihr Golden Retriever Rusty im Unterholz herumschnüffelte.

»Wie fürs Fernsehen gemacht!«, Lama Tashi breitete die Arme aus und kam lächelnd auf sie zu.

»Ich fand immer, ich hätte genau das richtige Gesicht fürs Radio«, erwiderte sie.

»Quatsch!«

Es war gut, dass Anton mitgekommen war. Innerhalb weniger Minuten baute er seine eigene Kamera im Studio auf und veränderte die Beleuchtung. Megan sollte die Rolle der Interviewerin übernehmen, meist nicht im Bild, und Lama Tashi vor dem spektakulären friedlichen Tal zu sehen sein.

Während Anton sich um den Aufbau kümmerte, besprachen Megan und Lama Tashi die Fragen, die sie stellen wollte, und die Reihenfolge, in der sie sie stellen sollte. Obwohl sie schon so viele Jahre seine Schülerin war, konnte er sie immer noch überraschen, so wie jetzt mit seiner Gelassenheit in Bezug auf das Interview. Ganz so, als wäre der Inhalt dessen, was er sagen wollte, zweitrangig gegenüber der schlichten Tatsache seiner Anwesenheit. Und als Anton ihnen zeigte, wie freundlich und beruhigend der rot gewandete Lama Tashi vor der grenzenlosen Herrlichkeit der Natur wirkte, wusste sie, warum. Es war, als sei er die Verkörperung seiner Umgebung in Menschengestalt.

Während sie beobachtete, wie Anton Licht und Kamera bediente und Lama Tashi sich perfekt in die Kulisse einfügte, die er selbst vor Jahren in Auftrag gegeben hatte, beschlich Megan das seltsame Gefühl, dass die ganze Arbeit, die sie über Jahre mit *Flourish* geleistet hatte, auf diesen einen Tag ausgerichtet gewesen war. Dass sie ins *Lone Pine Meditation Center* gegangen, dass sie Lama Tashis Schülerin geworden war, dass sie ihn wegen *Flourish* um Rat gefragt hatte – es war, als wäre sie Schritt für Schritt zu diesem Punkt hingeführt worden, ohne sich ihrer Rolle voll bewusst zu sein. Und doch war sie dabei erstaunlich entspannt. Sogar spielerisch. Lama Tashis radikal anderer Blickwinkel, sein wohlwollender Fokus und seine Leichtigkeit des Seins übertrugen sich stark auf alle um ihn herum.

»Sagen Sie uns, Lama Tashi«, begann sie, nachdem sie ihn live einem Onlinepublikum vorgestellt hatte, »wir erleben heute viele außergewöhnliche Dinge. Massenhafte Lebensmittelvergiftungen und Störungen der Verkehrsnetze. Geschichten über sofortigen Reichtum und plötzlichen Verlust. Manche sagen, das sei Karma mit Sofortwirkung und sprechen von Instant Karma. Stimmt das?«

»Normalerweise reift das Karma, das wir in einem Leben erschaffen, erst im nächsten Leben heran«, erklärte Lama Tashi. »Aber ich meine, die Umstände könnten sich geändert haben, sodass bestimmte Karma-Aspekte schneller reifen.«

»Weshalb es sich wie Instant Karma anfühlt?«, hakte sie nach.

Er nickte. »Die meisten Menschen kennen die Redewendung, ›was man sät, das wird man ernten‹. Aber in Karma steckt noch mehr, nicht wahr?«

»Karma ist ein wichtiges und komplexes Thema«, erklärte er. »Aber es gibt ein paar allgemeine Richtlinien, die leicht zu verstehen sind. Im Allgemeinen wird das, worauf wir unsere Aufmerksamkeit richten, zunehmend zu unserer Realität. Buddha selbst war überzeugt: ›Alle Dinge entstehen im Geist.‹ Unsere Gedanken führen zu dem, was wir sagen und tun, und wenn Gedanken und Handlungen zur Gewohnheit werden, prägen sie uns. Beim Karma geht es nicht nur um die großen Ereignisse, die großen Höhen und Tiefen in unserem Leben, bei denen die Menschen aufmerksam werden. Es geht um jeden gedanklichen Moment, den wir haben, denn wir erschaffen ständig unsere künftige Realität.

Wenn jemand sich beispielsweise dafür entscheidet, Großzügigkeit zu praktizieren und sich wünscht, dass es anderen gut geht, schafft er damit die Voraussetzungen für eine Realität der Fülle und Güte.

Wer sich hingegen auf Geldmangel konzentriert und scheinbar nie genug für sich selbst hat, geschweige denn, um anderen etwas abzugeben, der erzeugt eine Armutsmentalität. Seine Realität wird zunehmend von Knappheit und Not geprägt, ganz unabhängig davon, ob andere Menschen ihn für arm halten oder nicht.«

»Sie sagen also, dass Wirkungen in direktem Zusammenhang mit Ursachen stehen?«, vergewisserte sich Megan.

»Ja. Und es gibt grenzenlose Möglichkeiten. Wenn Sie sich ein langes Leben wünschen, dann helfen Sie, das Leben anderer zu erhalten. Wenn Sie nicht betrogen werden wollen, dann hintergehen Sie Freunde und Familie nicht. Wenn Sie nach Ruhm streben, kultivieren Sie Respekt gegenüber einflussreichen Menschen, die Bewunderung verdienen.«

»Was wir erleben, ist also nie zufällig?«

»Ganz und gar nicht. Die konkreten Ursachen konkreter Wirkungen sind seit Jahrtausenden dokumentiert.«

»Sie behaupteten, Karma sei ein komplexes Thema? Warum ist das so?«

»Weil jeder Mensch in jedem Moment eine Vielzahl unterschiedlicher Karmas hat, wie Samen in einem riesigen Lagerhaus, die keimen können. Wie wir uns verhalten, schafft die Bedingungen dafür, welche dieser – positiven oder negativen – Samen aufgehen. So könnte sich zum Beispiel jemand von seinem Arbeitgeber finanziell ausgenutzt fühlen und daher glauben, er sei berechtigt, zum Ausgleich dafür Dinge aus dem Unternehmen zu entwenden. Aber dass er ausgenutzt wird, ist bereits die Wirkung einer zuvor geschaffenen Ursache. Und durch das Stehlen sorgt er nun dafür, dass er einen noch größeren Verlust erleidet.«

»Sie sprechen von den Karma-Auswirkungen als persönliches Erleben. Wie Menschen Verlust *erleben* oder Reichtum *erleben*.«

»Selbstverständlich!« In Lama Tashis Augen trat ein schelmisches Blitzen. »Die Wirklichkeit *ist* subjektives Erleben! Sie ist die Schöpfung unseres Geistes. Und wir müssen erkennen, dass Karma genau dort wirkt. Nicht außerhalb von uns. Es gibt keinen himmlischen Zentralrechner, der diesem Menschen Glück und jenem Elend zuteilt. Keine Gottheit, keine Armee von Teufeln, die hinter den Kulissen agieren und die Fäden ziehen. Wir erschaffen unsere eigene Realität durch unsere Gedanken, Worte und Taten.«

»Aber Reichtum ist mehr als nur ein subjektives Gefühl«, hielt Megan dagegen. »Es geht auch um objektiv Messbares, wie Dollars auf der Bank.«

»Ich verstehe.« Lama Tashi neigte den Kopf. »Also, wie viele Dollars braucht man, um wohlhabend zu sein?«

Megan zuckte mit den Schultern: »Eine Million. Vielleicht zwei?«

»Es gibt viele Menschen, die sich pleite fühlen würden, wenn sie merken, dass sie nur zwei Millionen Dollar schwer sind. Die verzweifelt wären. So als hätten sie alles verloren. Und es gibt sehr viele andere, die sich steinreich vorkämen, wenn sie wie durch ein Wunder zehntausend Dollar auf der Bank hätten. Also«, fragte er mit einem Schulterzucken, »wer hat recht?«

»Jeder erlebt Fülle also subjektiv?«, vergewisserte sich Megan.

»Jeder erlebt *alles* subjektiv«, schmunzelte er. »Eine unserer größten Fehleinschätzungen lautet, dass die Außenwelt völlig unabhängig ist von unserem Verstand. Dass es da draußen eine Art objektive Realität gibt. Die Wahrheit ist viel interessanter. Sehen Sie, Sie erschaffen Ihre eigene Realität. Zwei Menschen können sich im selben Raum befinden und an genau demselben Ereignis teilnehmen, und für den einen ist es total langweilig, während der andere in einen Zustand transzendentaler Glückseligkeit gerät. Alles hängt ab vom Geist.«

»An diesem verheißungsvollen Tag«, lenkte Megan das Gespräch wieder auf den aktuellen Moment, »welchen Rat würden Sie Menschen geben, die das Beste aus Instant Karma machen wollen?«

»Seien Sie sich darüber im Klaren, was Sie wollen, und schaffen Sie die Ursachen dafür. Im Allgemeinen bieten andere Menschen, andere Wesen, Ihnen die Möglichkeit, das zu erleben, was Sie sich wünschen. Was wir für *sie* tun, werden wir auch selbst erleben. Unser künftiges Glück hängt von ihnen ab. Und, wenn ich Ihnen einen Rat geben darf, denken Sie nicht klein!«

Lama Tashi schaute in die Kamera, und seine Präsenz war von tiefer Herzlichkeit geprägt. »Konzentrieren Sie sich nicht nur auf Reichtum, Status oder Beziehungen. Das alles ist nützlich, keine Frage. Es bietet Ihnen Sicherheit und Wohlbefinden. Aber Sie können sehr viel mehr erreichen als diese kleinen, begrenzten Ziele. Ihr Geist ist zu viel mehr imstande als zu profanen Dingen. Kultivieren Sie die Ursachen, damit Sie Ihre angeborene Fähigkeit zu grenzenloser Liebe und grenzenlosem Mitgefühl entwickeln können – das sind die wahren Ursachen für dauerhaftes Glück, das alles übersteigt, was Sie sich vorstellen können. Sie besitzen Buddha-Natur. Sie haben die Fähigkeit, ein vollständig erleuchtetes Wesen zu sein. Verkaufen Sie sich nicht unter Wert!«

Wie immer, wenn er sprach, waren seine Worte nur ein Bruchteil seiner Kommunikation. Noch wirkungsvoller war, wie er seine Botschaft verkörperte. Was er sagte, vermittelte er greifbar. Auf eine Art und Weise, die jeder in seiner Gegenwart spüren konnte. Genau diese Wirkung war der Grund, warum Pauline Taylor gesagt hatte, sie habe noch nie eine so bedingungslose Liebe gespürt wie bei Lama Tashi vor dem Waschmittelregal. Diese Wirkung hatte die vom Glauben abgefallene Maria Flavio überraschend von ihren Schuldgefühlen befreit. Sie hatte die Herzensverbindung zu Darius Styles hergestellt.

Und jetzt gab Lama Tashi sie an alle weiter, die ihm zuschauen wollten.

»Es wird viele Menschen geben, die eigentlich nicht an Karma glauben«, sagte Megan, die wusste, dass es Zeit war, das Interview zum Abschluss zu bringen. »Was würden Sie denen sagen?«

»Das ist in Ordnung«, erwiderte Lama Tashi achselzuckend. »Ob Sie daran glauben oder nicht, spielt keine Rolle. Bleiben Sie einfach aufgeschlossen. Probieren Sie es aus. Überzeugen Sie sich selbst.«

18

Montpelier, Vermont

»KRISTINA? ICH BIN'S, GRACE. BIST DU NOCH ZU HAUSE ODER schon weg?« Grace Arlingham stand in der Nähe des Hauses ihrer Freundin auf einem Abschnitt des Bürgersteigs, der allgemein der »Schneckenfriedhof« genannt wurde.

»Wir fahren in ein paar Minuten los. Bist du noch in der Klinik?« Kristina war ebenfalls in der Selbsthilfegruppe. Ihr fiel ein, dass Grace an diesem Morgen kurz vor ihr eine Tomographie hatte. Termine, die beide seit Wochen sehr beschäftigten, weil sie mit schwerwiegenden Folgen verbunden sein konnten.

»Nein.« Grace versuchte, ihre Stimme so neutral wie möglich klingen zu lassen. »Ich habe die Ergebnisse bekommen.«

»Und?«

»Ich weiß, dass das, was ich jetzt gleich sage, bestimmt merkwürdig klingt, aber du musst mir vertrauen«, ihre Stimme zitterte, so bewegt war sie. »Bevor du losfährst, komm bitte unbedingt dahin, wo ich gerade bin, jetzt gleich, auf den Schneckenfriedhof.«

»Das klingt wirklich merkwürdig.«

»Du hast ›wir‹ gesagt. Wer ist noch da?«

»Charlie und Hen sind gekommen. Charlie nimmt mich mit.«

»Noch besser!« Die beiden anderen, die ebenfalls wegen einer Krebserkrankung in Behandlung waren, gehörten zur selben Gruppe. »Bring sie mit.«

115

Kaum eine Minute später tauchten die drei Frauen vor Kristinas Gartentor auf. Wie Grace waren sie allesamt Veteraninnen im Kampf gegen den Krebs, Frauen, die sich vor ihrer Diagnose nicht gekannt, sich aber schnell miteinander verbunden gefühlt hatten, da ihre unterschiedlichen Geschichten ähnliche Gefühle auslösten. Kristinas Krebs hatte, genau wie der von Grace, in ihrem ganzen Körper Metastasen gebildet. Sie war Ende 60 und stämmig, und wie bei Grace war ihre größte Angst nicht ihr eigener Tod, sondern die Folgen für ihre schwedisch-amerikanische Familie. Henrietta, ein Jahrzehnt älter und eine griesgrämige Intellektuelle, hatte Darmkrebs im vierten Stadium und wütete gegen das Erlöschen ihres Lebenslichts. Ihre nächste Tomographie war am Nachmittag. Charlie, um die 40, blond und gertenschlank, hatte einen Knoten in ihrer Brust entdeckt. Er war erst vor Kurzem operativ entfernt worden, und sie unterzog sich vorsorglich einer Chemotherapie.

Gegen ihren Willen konnte Grace ihr erleichtertes Lächeln einfach nicht verbergen, als ihre Freundinnen auf sie zukamen.

»Gute Nachrichten?« Hen war von den Dreien schon immer die Direkteste gewesen.

Grace nickte. »Ich kann es immer noch nicht glauben. Dr. Roberts auch nicht. Ich hatte eine Spontanremission.«

»Das ist ja wunderbar, Grace!« Kristina umarmte sie als Erste. Bald folgten auch die anderen. Einen Moment lang lagen sich alle in den Armen.

»Der Krebs ist also auf dem Rückzug?«, vergewisserte sich Charlie.

»Weg!«, korrigierte Grace. »Dr. Roberts musste mit der Radiologie abklären, dass es sich nicht um eine Verwechslung handelt. Sämtliche Tumore sind vollständig verschwunden.«

»Hat er gesagt, wie?«, wollte Kristina wissen.

»Das ist es ja. Deshalb bin ich ja hier.«

Grace erzählte ihnen, dass Dr. Roberts wissen wollte, ob es eine Erklärung für das Wunder gäbe. Als sie nach Hause kam, war ihr die Biene wieder eingefallen, die sie am Morgen vor dem Ertrinken gerettet hatte.

»Vielleicht ist es ja nur Zufall«, sagte sie. »Aber hier drin«, sie legte die Finger aufs Herz, »habe ich ganz stark das Gefühl, dass es eine Verbindung gibt. Deshalb wollte ich dich erreichen, bevor du in die Klinik gehst, Kristina.« Sie sah auf die Schnecken auf dem Weg neben ihnen, die mit ziemlicher Sicherheit unter den Fahrrädern von Schulkindern, den Kinderwagen von Müttern und den Füßen achtloser Passanten zerquetscht würden, wenn man sie dort ließe.

»Die sollten wir retten.«

Kristina, bei der Graces außergewöhnliche Nachrichten erst noch richtig ankommen mussten, wirkte sprachlos angesichts dieses Vorschlags.

Mit einem Blick auf die Schnecken rümpfte Charlie die Nase. »Aber Schnecken sind doch eklig!«

»Eigentlich nicht«, entgegnete Grace. »Das Häuschen ist zwar ein bisschen dreckig, aber im Grunde sind sie harmlos.«

Hen schüttelte entrüstet den Kopf. »Das ist doch Unsinn! Ich freue mich für dich über den Befund, Grace, wirklich. Aber was soll das mit der Rettung von Bienen zu tun haben? Oder Schnecken?«

»Na ja, einen Versuch ist es wert«, sagte Kristina und stützte sich auf Graces Arm, während sie erst ein Knie und dann das andere auf den Bürgersteig setzte.

»Ich habe eine Zeitschrift«, sagte Grace und holte ein zusammengerolltes Exemplar von *Health Matters* aus ihrer Handtasche. »Du kannst sie hier drauf und dann vielleicht in deinen Garten setzen.«

»Das ist doch naiv!« Hen gab nicht nach. »Du stellst eine Verbindung zwischen zwei Ereignissen her, die nichts miteinander zu tun haben. Das ist Aberglaube in Reinkultur!« Henrietta war lange Physiklehrerin gewesen und hatte wenig Toleranz für alles, was sie für irrational hielt.

»Und wenn es funktioniert?«, hielt Grace entgegen, während Kristina vorsichtig eine Schnecke auf die Titelseite der Zeitschrift setzte.

»Aber wie lautet die Hypothese?« Hens Hände zitterten, als sie ihre Freundinnen bei ihrem offensichtlich unlogischen Verhalten beobachtete.

»Ich habe keine.« Grace schüttelte den Kopf und vermied den Blickkontakt.

»Wie soll das dann funktionieren?«

»Na ja, irgendwas *hat* da funktioniert«, sagte Grace und zeigte auf eine Kamikaze-Schnecke, die gerade an der Bordsteinkante neben Kristinas linker Hand aufgetaucht war.

»Ich bin schockiert, dass du so etwas überhaupt denken kannst. Das ist doch total unwissenschaftlich!«

Kristina seufzte leise, denn sie war es nicht gewohnt, länger auf Händen und Knien herumzurutschen. »Haben wir in Physik nicht mal gelernt, dass es für jede Aktion eine gleich starke, aber entgegengesetzte Reaktion gibt?«, fragte sie und hob die Schnecke auf.

»Das dritte Newtonsche Gesetz«, antwortete Hen. »Das hat aber nichts mit Schnecken und Tomographien zu tun. Außerdem hat die Physik Newton schon vor 100 Jahren hinter sich gelassen.«

Trotz Hens Einwänden ging Charlie in die Hocke, hob unter ausdrücklicher Zurschaustellung ihres Ekels mit Daumen und Zeigefinger eine Schnecke auf und setzte sie auf der Zeitschrift ab.

»Vielleicht ist das, was wir hier machen, ja ein Experiment.« Grace warf Hen einen kurzen Blick zu. »Mal sehen, was passiert, wenn die Mädels ihre Ergebnisse kriegen.«

»Das würde aber immer noch nichts beweisen, verstehst du denn nicht?« Hen hob frustriert die Stimme. »Du kannst zwei beliebige Dinge miteinander in Beziehung setzen, aber das heißt noch lange nicht, dass es einen ursächlichen Zusammenhang zwischen ihnen gibt. Es muss zwischen den beiden eine Verbindung von der Art ›A führt zu B‹ geben.«

»Leben retten«, brummte Kristina auf dem Bürgersteig. »Das scheint mir doch eine starke Verbindung zu sein.«

»Kristina, ich weiß nicht, was ich sagen soll«, schnaubte Hen, machte kehrt und marschierte nach Hause. »Wenn man bedenkt, dass du mal Logikerin warst!«

Die anderen drei Frauen kicherten, sobald Hen außer Hörweite war.

»Wenn man bedenkt, dass du mal Logikerin warst«, äffte Kristina sie unter allgemeinem Gelächter nach und zog sich mit Graces Hilfe wieder auf die Beine. Charlie hielt so lange die Zeitschrift gerade. Alle waren Hen und ihre schrullige Art gewöhnt. Sie meinte es gut – sie war nur nicht immer die Taktvollste.

Sie gingen in Kristinas Garten zu einem Beet, das durch Vernachlässigung zugewachsen war. Grace ging mit der Zeitschrift voller Schnecken auf die Knie und sagte: »In solchen Situationen sage ich immer gerne etwas. ›Mögen alle Lebewesen frei von Leiden sein.‹«

Sie sprachen den Satz laut nach und setzten dabei die Schnecken auf feuchte Steine.

Danach blieben sie noch ein Weilchen stehen und beobachteten die davonkriechenden Weichtiere. »Egal, was in der Klinik passiert, zumindest habe ich heute etwas Nettes getan«, sagte Kristina.

19

Galaxy Television
Galaxy City, Los Angeles

DAS ERDBEBEN WAR ZWAR ERSCHRECKEND, LAG ABER AM UNTEREN Ende der Skala. Völlig verstört kroch das Galaxy-Nachrichtenteam unter dem Redaktionstisch wieder hervor, sobald Meteorologe Hedley Tracer Entwarnung gab, und kehrte auf seine Posten zurück. Bis zur nächsten Nachrichtensendung zur vollen Stunde waren es nicht einmal mehr zehn Minuten. Und die Newsfeeds waren verrückter denn je.

Die Angst vor einer Infektion war immer noch das beherrschende Thema, aber es gab so viele weitere Eilmeldungen, dass das, was noch vor einer Stunde Schlagzeilen gemacht hatte, jetzt nur noch eine kurze Meldung wert war, weil so viele neue Informationen hereinkamen. Landesweit schlossen Fast-Food-Ketten bis auf Weiteres ihre Restaurants. Ganze Städte im Mittleren Westen legten ihre Verkehrsnetze still. Mikro-Hurrikane und Tornados fegten durch Staaten, in denen sie bisher noch nie aufgetreten waren, rissen einzelne Häuser und Gebäude samt ihren Bewohnern mit sich und hinterließen nur noch Schuttberge.

Selbst wenn er den Kopf nicht so voll gehabt hätte, wäre ihm die Nachrichtenflut überwältigend erschienen. Aber als er in die Maske ging, dachte Dan Kavana immer noch an die Meldung, die er unter dem Tisch in der Redaktion gesehen hatte. Der Aufruf der Vogelrettungsgruppe in Santa Monica an freiwillige Helferinnen und Helfer. Das Bild der Westmöwe, die sich vor lauter Öl kaum noch bewegen konnte. »Kleiner Vogel bewegungsunfähig.«

Das Bild betrachtend, waren seine Gedanken zu seiner Tochter geeilt, die in ihrem dunklen Zimmer lag. Ja, Jacinda wäre für sie da, wie schon seit Monaten. Maddies Tage hatten sich auf eine endlose Abfolge von Physiotherapiestunden und Rehabilitationsübungen reduziert. Stunden über Stunden, um die einfachsten Dinge zu erledigen wie essen und duschen. Es war so aufregend gewesen, als sie ihre Finger wieder bewegen konnte. Als sie gezeigt hatte, dass sie auch ihre ganzen Hände bewegen, sie sogar aus dem Handgelenk heraus kreisen lassen konnte. Die Familie feierte jeden Meilenstein – jede noch so kleine, subtile Verbesserung war ein hart erkämpfter Erfolg. Trotz aller fröhlichen Ermutigung, dass es nun galt, den nächsten Berg zu erklimmen, und trotz all der tapferen Reden, was die Zukunft noch bringen mochte, hatte Dan oft Mühe, seine Verzweiflung zu verbergen. Im Vergleich zu der Zeit bis vor acht Monaten war das kein Leben für seine Tochter. Von heute auf morgen war aus der schönen und klugen Hochschulabsolventin, der die ganze Welt offenstand, eine querschnittsgelähmte Patientin geworden, die rund um die Uhr betreut werden musste. Wenn es möglich wäre, hätte er bereitwillig mit ihr getauscht. Er hätte ihre Lähmung auf sich genommen, damit sie die Chance hätte, jung und frei zu sein und eine Zukunft vor sich zu haben. So hätte er zumindest die Selbstvorwürfe loslassen können. Das Wissen, dass das alles seine Schuld war.

Während seine Visagistin Alice sein Gesicht mit einem Tuch abtupfte, zog jene Nacht noch einmal vor seinem inneren Auge vorüber, und es lief ihm eiskalt über den Rücken. Als der Anruf kam, saß er auf dem Rücksitz seines Dienstwagens mit Fahrer. Er sah Maddies Nummer auf dem Handy – und fühlte sich schrecklich.

»Dad, wo bist du?«

Sie war mit Freunden in Westwood auf einer Party. Er hatte Spätschicht und sich bereit erklärt, sie nach Hause zu fahren. Nur hatte er das vergessen. Nach den Spätnachrichten war er wie immer in sein Auto gestiegen, hatte sich gegen die Kopfstütze gelehnt und die Augen geschlossen. Sein Fahrer fuhr auf der üblichen Strecke nach Hause.

»Es tut mir sehr leid«, hatte er sich entschuldigt. »Laurel Way. Ich habe es vergessen. Wir kehren um und holen dich.«

»Schon okay.« Er hatte die Enttäuschung in ihrer Stimme gehört. Aber auch ihren Pragmatismus. »Es gibt noch ein paar, die in der Nähe wohnen. Die gehen auch bald.«

»Wir können umkehren.«

»Du bist schon fast zu Hause.«

Das stimmte, in nicht einmal zwei Minuten wären sie an der Einfahrt.

»Ich ruf dir ein Taxi.«

»Ist schon okay.«

»Welche Adresse?«

»Ich habe doch gesagt, dass es okay ist«, sagte sie kurz angebunden und legte auf. So enttäuscht von ihm, wie er auch von sich selbst enttäuscht war.

Es kam nicht oft vor, dass sie Zeit füreinander hatten, nur sie beide. Als er ihr am frühen Morgen angeboten hatte, sie nach Hause zu fahren, hatte er sich darauf gefreut, mit ihr auf dem Rücksitz zu sitzen, an den hell erleuchteten Werbetafeln vorbei durch das vertraute Straßenbild des Sunset Boulevard zu fahren und die nächtliche Nähe mit seinem kleinen Mädchen zu genießen. Jetzt sah es so aus, als wäre ihm das egal.

Nicht einmal eine Stunde später stand die Polizei vor der Tür. Tammy und er waren schon im Bett, als der Summer losging. Sein erster Gedanke war, dass Maddie wohl ihre Schlüssel verlegt hatte. Stattdessen erfuhren sie von dem Unfall. Dass das Auto, in dem seine Tochter mitgefahren war, eine rote Ampel überfahren hatte und von einem Lieferwagen gerammt worden war. Dass Maddie auf dem Beifahrersitz die volle Wucht des Zusammenpralls abbekommen hatte.

»Du denkst wieder daran, stimmt's?« Es war ein sehr mitfühlender Vorwurf.

Er war gedanklich wieder bei seiner Maskenbildnerin. »War ich gerade wieder weg?«

»Ja, warst du.« Alice musterte sein Gesicht mit professionellem Blick und puderte dann einige Stellen. »Du hast gesagt …«

»Ich weiß. Ich weiß.«

»Sonst würde ich nicht …«

»Ist okay«, versicherte er ihr. »Ich habe dich ja darum gebeten.«

In den ersten Wochen, als er kaum an etwas anderes denken konnte, hatte er Alice gebeten, etwas zu sagen, wenn sie merkte, dass er in Gedanken versank. Sie besaß anscheinend eine übernatürliche Fähigkeit, Gedanken zu lesen und zu erspüren, wann er im Geist nicht bei der Arbeit, sondern zu Hause war. Als er sie einmal fragte, woran sie das erkennen könne, erklärte sie ihm, sie sähe es an seiner Hautfarbe. In dieser auf merkwürdige Weise intimsten aller beruflichen Beziehungen kannte Alice die Konturen seines Gesichts genau, jede einzelne Falte, jede subtile Veränderung seines Ausdrucks. Er dachte oft, dass sie sogar besser erkennen konnte, was in ihm vorging als Tammy.

Da sie schon fast zehn Jahre seine Visagistin war, wusste sie viel mehr über sein Innenleben als die meisten anderen. In den Stunden, die sie jede Woche miteinander verbrachten, gab es kaum ein Thema, über das sie im Laufe der Zeit nicht gesprochen hätten. Kaum etwas, das sie voneinander nicht wussten. Dan war zu der Überzeugung gelangt, dass Alice Mangwana, Afroamerikanerin, unglaublich fleißig, Baptistin und zweifache Mutter, jemand war, auf den man sich verlassen konnte, wenn alle anderen in der Redaktion zu viel nachdachten oder sich im Trubel des Geschehens zu sehr aufregten.

»Sag mal, Alice, was hältst du von Karma?«

Der Ernst in seinem Ton oder vielleicht auch die Frage, die wie aus dem Nichts gekommen war, ließ sie einen kurzen Moment seinen Blick suchen.

»Ich habe nie viel darüber nachgedacht«, antwortete sie. »Zumindest nicht bis heute.«

Er hob die Augenbrauen.

»Im Autoradio haben sie darüber gesprochen.«

»Was haben sie gesagt?«

»Na ja, du weißt schon.« Sie zuckte mit den Schultern. »Was man sät, das wird man ernten. Bloß, dass heute offenbar alles schneller geht.«

»Ergibt das für dich Sinn?«

»Es würde einiges erklären.«

»Und du machst dir keine Sorgen, dass es Konflikte mit deinem Glauben geben könnte?«

»Es gibt keinen Konflikt, Danny.« Das war ihr spezieller Name für ihn, und sie war die Einzige, die ihn so nannte. »Wenn du ein gutes Leben führst und mit den Leuten gut und richtig umgehst, egal ob nach der Bibel oder wegen Karma, wird am Ende für dich alles gut.«

»Vermutlich.« Er staunte über den Pragmatismus ihrer Antwort.

»Und wie ist es, wenn man etwas ganz Bestimmtes tut« – damit kam er zum Kern dessen, worum es ihm eigentlich ging –, »weil man sich ein konkretes karmisches Ergebnis erhofft. Wäre das in Ordnung?«

Sie warf ihm einen ihrer vernichtenden Blicke zu, als könnte sie nicht glauben, dass er so eine dumme Frage stellt. »Warum denn nicht? Solange es niemandem schadet.«

»Ja«, stimmte er zu, sah auf seinem Handy nach der Uhrzeit – zwei Minuten vor der vollen Stunde – und tippte auf »Kontakte«.

»Jacinda«, verkündete er, als sie ranging, »du musst Maddie irgendwohin bringen. So schnell du kannst!«

20

D R. RALPH SHARP DACHTE ZUNÄCHST, JEMAND SPIELE IHM EINEN Streich. Noch dazu keinen besonders lustigen. Als die Stimme an seinem Telefon sich als General Alexander Hickman vorstellte, stand Dr. Sharp unwillkürlich auf. Doch er stand kaum, da bereitete er sich auch schon darauf vor, den Streich als solchen zu entlarven. Wer auch immer am anderen Ende der Leitung war, konnte andere gut imitieren. Dr. Sharp hatte den General oft genug in internen Bulletins und im Fernsehen gesehen, um genau zu wissen, wie er sich anhörte. Doch die Authentizität der Stimme machte ihn stutzig.

»Ich hoffe, Sie können weiterhelfen«, sagte die Stimme am anderen Ende. »Es gibt einen Veteranen, einen Colonel, der in Ihrer Region lebt. Auszeichnung für besondere Verdienste. Ich kenne ihn persönlich. Er möchte ehrenamtlich eines Ihrer PTBS-Programme leiten. Wandern.«

»Ich verstehe«, erwiderte Dr. Sharp.

»Ich war letztes Jahr bei Ihrer Präsentation im Pentagon dabei. Wir wissen also beide, was sein Angebot tatsächlich bedeutet.«

Dr. Sharp überlegte, ob der Anruf vielleicht doch kein Streich war. Und er war erstaunt zu hören, dass der General der U.S. Army höchstpersönlich im Auditorium gesessen hatte, als er über diese Geißel des Militärs in der gesamten entwickelten Welt gesprochen hatte. Die posttraumatische Belastungsstörung war vielleicht eine unvermeidliche Folge davon, dass man Soldatinnen und Soldaten aus Gesellschaften herausholte, die zunehmend für Negativität in ihren feinsten Nuancen sensibilisiert waren, und sie an Orte schickte, wo sie Gewalt in der barbarischsten Form erlebten, zu der Menschen fähig sind. PTBS gab es schon seit Urzeiten, aber das Ausmaß hatte in den letzten Jahrzehnten sehr stark zugenommen. Und wie Dr. Sharp seinen Zuhörerinnen und Zuhörern erklärt hatte, bestand eine der größten Herausforderungen für die U.S. Army darin, die Betroffenen davon zu überzeugen, sich Hilfe zu holen.

Manche hielten das für ein Eingeständnis von Schwäche. Für mangelnde Resilienz. Sie waren schließlich Krieger, oder etwa nicht? Darauf hatten sie einen Eid geschworen. Es war ihre Aufgabe, sich zusammenzureißen, ihrer Ausbildung gemäß zu handeln, Befehle zu befolgen.

Bei anderen ging es sogar noch tiefer. Das schiere Grauen, dem sie ausgesetzt gewesen waren, hatte so tiefgreifende Auswirkungen auf sie, dass sie diese nicht einmal mehr sich selbst gegenüber zum Ausdruck bringen konnten. Aber sie waren da. Jahre, manchmal sogar Jahrzehnte später, vor allem, wenn sie mehr Zeit zum Nachdenken hatten, merkten sie, dass sie am Rande eines Vulkans lebten. Dann brach das Böse aus der längst begrabenen Vergangenheit aus den tiefsten Tiefen ihres Inneren hervor wie ein Strom zusammengeschmolzener, alles verschlingender Qualen, der nicht mehr aufzuhalten war.

Es gehörte zu den paradoxen Aspekten der Krankheit, so Dr. Sharps Beobachtung, dass diejenigen, die am stärksten litten, oft zugleich diejenigen waren, die sich ehrenamtlich engagieren wollten, um anderen zu helfen. Das war der Punkt, auf den General Hickman gerade angespielt hatte. Diese Menschen riefen zu den unpassendsten Tages- oder Nachtzeiten an, um ihre Hilfe anzubieten. In solchen Fällen, hatte er seinen Zuhörerinnen und Zuhörern erklärt, handelte es sich in Wirklichkeit um einen Hilferuf. Um einen Hilferuf, auf den man unverzüglich reagieren sollte.

»Colonel Jackson hat mich heute Morgen angerufen und wollte noch heute mit jemandem vom Amt für die Angelegenheiten der Veteranen Kontakt aufnehmen. Er erzählte irgendetwas von einem günstigen Zeitpunkt.«

»Verstehe.«

»Es gibt noch etwas, das Sie wissen sollten. Alles in den Akten. Die US-Mission zur Friedenssicherung in Ruanda nach den Massakern von 1994 wurde von drei Männern geleitet. Colonel Jackson war einer von ihnen. Die beiden anderen, nun ja, sie sind nicht mehr unter uns.«

Dr. Sharp war über Ruanda informiert. Der Suizid von Generalmajor Travis war der Grund, warum er eingeladen worden war, im Pentagon zu sprechen.

»Ich verstehe, was Sie sagen, Sir. Es ist bei mir in guten Händen.«

21

Wall Street, New York City

AMY SASS SCHON SEIT EINER HALBEN STUNDE AN IHREM Schreibtisch und wollte arbeiten, aber sie konnte sich einfach nicht konzentrieren. Wer könnte das schon, nach dem, was gerade passiert war? Ein paar verstohlene Momente lang schaute sie auf ihre Social-Media-Seiten. Dort entdeckte sie, dass auch anderen Menschen Lebensveränderndes passiert war. Unerwartete Turbulenzen und große Durchbrüche. Alle sprachen von Instant Karma. So musste sie wieder daran denken, dass Dad eine Verbindung hergestellt hatte zwischen ihrem Geschenk für ihre Eltern und ihrem Erbe von Onkel Gerry. Das ergab irgendwie Sinn. Aber wie hatte sie den Urlaub überhaupt gewonnen? Was hatte sie getan, dass es dazu gekommen war?

Sie schob ihren Stuhl zurück, schnappte sich eine Quittung von ihrem Schreibtisch, ging zum Garderobenständer und warf sich ihre Handtasche über die rechte Schulter. Dann machte sie sich auf den Weg zu den Aufzügen. Die Anzüge ihres Chefs aus der Reinigung zu holen, stand zwar nicht in Amys Stellenbeschreibung, aber es war eine regelmäßige Aufgabe, die sie freiwillig übernommen hatte. Im Moment eine, die ihr eine gute Tarnung bot.

Auf dem Weg nach unten überprüfte sie den Inhalt ihrer Tasche. Darin befanden sich ein Zwanzig-Dollarschein und acht Ein-Dollarscheine. Sie faltete die Ein-Dollarscheine zusammen und steckte sie in ihre Manteltasche. Vor dem Gebäudeeingang wandte sie sich nach links, ging ein

Stück, überquerte dann die Straße und ging weiter, wieder in Richtung Brew Ha, aber an dessen Eingang vorbei.

Nicht lange, dann war sie bei ihrem Obdachlosen. Er saß wie immer mit gesenktem Kopf da und starrte auf den Beton vor sich. Sie bückte sich, um ihm die acht Dollar in den Hut zu legen.

Als sie sich wiederaufrichtete, antwortete er nicht wie üblich, sondern sagte etwas ganz anderes.

»Sie haben doch schon etwas gegeben.«

Erstaunt hielt sie inne.

»Dieselben Schuhe«, erklärte er ihr. »Jeden Freitag.« Er schaute auf, und unter dem zerzausten dunklen Haarschopf blickte sie in ein Paar verblüffend grüner Augen. Augen, die die Fenster zu einem unerwarteten Wahrnehmungsvermögen waren.

»Heute zweimal.«

»Na ja, die Sache ist die«, sagte sie nach einer Pause. »Nachdem ich Ihnen heute Morgen etwas gegeben habe, habe ich einen Preis gewonnen. Dann habe ich den Preis meinen Eltern geschenkt und etwas noch Besseres bekommen. Ich glaube, dass Karma vielleicht auf einmal sofort wirkt.«

»Wirklich?!« Sein Gesicht hellte sich auf.

»Nicht nur ich. Viele Leute sagen das.«

»Dann wollen Sie damit«, er deutete mit dem Kopf in Richtung des Hutes, »das Glücksrad noch mal drehen?«

»Nennen Sie es ein Experiment«, bestätigte sie und ging weiter.

»Vergelt's Gott!«

Die Reinigung, in die Mr. Black seine Sachen gab, war nur hundert Meter weiter. Es dauerte nicht lange, bis sie seine Quittung gegen zwei Anzüge eingetauscht hatte.

Auf dem Rückweg zum Büro, die Anzüge über dem linken Arm, verspürte sie einen Anflug von Vorfreude. Wenn die Sache mit der Karma-Sofortwirkung stimmte, konnte jeden Moment ihr Telefon klingeln und sie mit einer Nachricht überraschen. Die acht Dollar, die sie gerade gespendet hatte, wären die Ursache für einen wunderbaren warmen Regen, möglicherweise aus einer Quelle, auf die sie nie gekommen wäre. Was sie dann sah, riss sie schnell aus diesen Gedanken. Vor ihr war ein Mann dabei, zwei Scheine in eine Dose zu stecken, die ein Bettler ihm hinhielt. Der Mann, der das Geld gab, trug eine locker sitzende Jacke und hatte eine Decke um die Schultern geschlungen. Außerhalb seines üblichen Kontexts brauchte sie einen Moment, bis sie erkannte, dass es ihr Obdachloser war! Er hatte gerade einige der Scheine verschenkt, die sie ihm gespendet hatte.

Die Straße entlangschlendernd, ging er weiter, da kam plötzlich ein Papierregen von oben. Geld. Amy schaute hoch und sah an einem offenen Fenster in der ersten Etage zwei Männer, die lachend eine Handvoll Zehn-Dollarscheine auf die Straße warfen. Anscheinend führten sie selbst gerade eine Art Experiment durch.

Einige Scheine streiften das Gesicht des Obdachlosen, bis er schließlich realisierte, dass er in einen Wirbel herabtrudelnder Geldscheine geraten war. Er schnappte in alle Richtungen und schrie vor Freude, während er sie bündelweise packte und sich in die Jacke stopfte.

»Es funktioniert!«, rief er, als er Amy erblickte. »Wie Sie gesagt haben!«

Ein Teil des Geldes war in Amys Richtung geweht worden. Im Gehen fing sie mindestens fünf Scheine auf.

»Hier«, sagte sie und hielt sie ihm hin.

»Nein – die sind für Sie!«, antwortete er lachend und sammelte die Scheine vom Bürgersteig auf, da das Gewirbel in der Luft aufhörte. »Provision!«

Zwischen ihr und dem Büroeingang saßen zwei weitere obdachlose Männer. Als sie den ersten erreichte, warf Amy ihm ein paar Scheine in den Schoß.

»Heute wirkt Karma sofort«, erklärte sie ihm. »Geben Sie diese Scheine weiter, und Sie bekommen ein Vielfaches zurück.«

Der Bettler antwortete mit einem Knurren.

»Heute wirkt Karma sofort«, sagte sie zu dem zweiten Mann. »Geben Sie das weiter, und Sie bekommen ein Vielfaches zurück.«

Eine schmutzgeschwärzte Klaue schob die Scheine sofort aus dem Blickfeld, dann sah er mit roten Augen und verbitterter Miene auf. »Lächerlich!«, spuckte er aus.

Nur wenige Meter vor dem Büroeingang wurde sie so unsanft an der linken Schulter gestoßen, dass sie Mr. Blacks Anzüge fallen ließ. In ihren Plastikhüllen glitten sie auf den Bürgersteig. Amys erster Impuls war, sie so schnell wie möglich aufzuheben. Schwere Tritte erschütterten den Gehweg, denn der Mann, der sie angerempelt hatte, rannte die Straße hinunter. Erschrocken richtete sie sich wieder auf und brauchte einen Moment, bevor sie erkannte, dass er etwas bei sich trug. Instinktiv griff sie nach ihrer Handtasche. Weg.

☯

11:00 Uhr (Eastern Standard Time)
9:00 Uhr (Mountain Standard Time)
8:00 Uhr (Pacific Standard Time)

22

Weißes Haus, Washington D.C.

A LS PRÄSIDENT TRENT GRAY AN DIESEM MORGEN AUFWACHTE, beschäftigte ihn vor allem eines – die vordringliche Sorge der meisten Präsidenten im dritten Jahr ihrer ersten Amtszeit: seine Wiederwahl. Deshalb war eine Gruppe der einflussreichsten Evangelisten des Landes zu Gebet und Arbeitsfrühstück ins Weiße Haus geladen worden. Sie hatten ihm vor drei Jahren zur Macht verholfen. Wenn er in einem Jahr wiedergewählt werden wollte, war er auf sie angewiesen.

Einer dieser Unterstützer, der große, bärtige Afroamerikaner Reverend Jeremiah Bellow von den *Tongues of Praise Churches* in Nashville, war berühmt für seine stundenlangen Tiraden gegen Satan, die gleichgeschlechtliche Ehe, Abtreibungskliniken und spirituelle Online-Angebote. Der Prediger, der stets schnell mit der Rüge, dafür langsam mit dem Segen bei der Hand war, hatte sich mit seinen Predigten wie Feuer und Schwefel eine leidenschaftliche Anhängerschaft erworben. Ein anderer, der Milliardär Marvin Swankler, CEO von *Prosperity Ministries*, war über Nacht mit seinem Privatflugzeug, einem Boeing Dreamliner, in die Hauptstadt geflogen. »Pray-for-a-Porsche«-Swankler lehrte, dass Gott uns im irdischen Leben und im Jenseits mit Reichtum überhäufen will – eine Wahrheit, für die der Parkplatz eines jeden Tempels der *Prosperity Ministries* chromglänzende, extravagante Beweise zu liefern schien.

Präsident Trent stand Männern wie ihnen, gelinde gesagt, ambivalent gegenüber. Darüber hinaus hatte er nur ein geringes persönliches Interesse an Gebetsversammlungen. Er war vorsichtig, wenn es darum ging, bei Waffeln mit Ahornsirup über das Göttliche zu diskutieren, und dies mit frommen Leuten, die dabei zu dem Schluss gelangen könnten, dass er Jesus mit ungenügendem Eifer liebte.

Hier kam die sorgfältig choreografierte Weißes-Haus-Show ins Spiel. Würde, Charme und das Odium der Macht verkörpernd, begrüßte er seine schwer beeindruckten Gäste im Oval Office, führte sie anschließend persönlich auf einer zehnminütigen Besichtigungstour durch den Westflügel und geleitete sie sodann in einen eleganten Speisesaal. Nur Minuten nach Beginn des Frühstücks wurde er in dringenden Angelegenheiten gerufen, und überließ es den leitenden Mitgliedern seines Teams – Leuten, die das ganze Jesus-Ding perfekt draufhatten –, seinen Gästen das Gefühl zu geben, sie seien etwas Besonderes.

Dieses Vorgehen hatte ihm in den letzten Wochen im Umgang mit dem Öl- und Gassektor, der *Pro-Israel-Bewegung* und der Telekommunikationslobby gute Dienste geleistet. Seine Rolle war es, präsidial-charismatisch zu sein. Enigmatisch. Weniger ist mehr. Sein Zauber musste undurchschaubar bleiben. Um die Details konnten sich seine Mitarbeiter kümmern.

An diesem Morgen kehrte er gegen Ende des Frühstücks an den Tisch zurück, um für sich beten zu lassen, bevor er seinen Besuchern das gewährte, was sie eigentlich wollten, nämlich sich individuell mit ihm fotografieren zu lassen – für Fotos, die mit überbordender Inkontinenz in den sozialen Medien, in kirchlichen E-Mails und an Kühlschranktüren geteilt würden. Wie schon bei früheren Gruppen hatte er auch heute eine Überraschung für sie parat. Er schaute sich im Raum um, begegnete ihren Blicken und war dabei zugleich einer von ihnen sowie POTUS höchstpersönlich. Er teilte ihnen nicht nur mit, wie dankbar er für ihre Unterstützung bei der letzten Wahl sei, sondern auch, wie sehr ihn die großartige Arbeit inspiriere, die ihre Kirchen für die Armen in Afrika leisteten. Deshalb habe er persönlich gerade eine zusätzliche Nahrungsmittelhilfe im Wert von zehn Millionen Dollar für die Gemeinden bereitgestellt, in denen sie arbeiten.

Der Saal brach in verzückten Lobpreis, Hallelujas und Amens aus! Reverend Jeremiah Bellow verkündete, Präsident Trent sei ein wahres Kind Afrikas und Christi. Marvin Swankler wollte sich nicht lumpen lassen und sagte sofort zehn Millionen Dollar von *Prosperity Ministries* zu, was die Euphorie weiter steigerte. Noch nie schien der Himmel so nah wie in diesem Moment in diesen ehrwürdigen Hallen.

Dann geleitete Präsident Grey sie hinaus, ganz so wie sie auch bei sich zu Hause abreisende Gäste zur Tür geleiten würden. Nur dass sie in diesem speziellen Haus einen Bereich passierten, zu dem die Öffentlichkeit Zutritt hatte. Eine kunstvolle Absperrung trennte die eine Seite des Marmorsaals, auf der sie herauskamen, von der anderen Seite, wo sich eine kleine Gruppe von Besuchern zu einer Führung versammelt hatte.

Wie sie so neben dem Präsidenten standen, fühlten sich die Evangelisten für ein paar Augenblicke noch mehr als Insider – nicht bloß als zahlende Touristen, sondern als Mitglieder eines inneren Kreises, die gerade mit dem Präsidenten gefrühstückt hatten und in seine intimsten Gedanken eingeweiht worden waren.

»Mr. President!«, rief einer der Touristen durch den Saal und konnte kaum glauben, dass sie in nur wenigen Metern Entfernung dem Mann höchstpersönlich gegenüberstanden.

Präsident Grey winkte ihnen verbindlich lächelnd zu.

»Haben Sie von der Lebensmittelvergiftung gehört?«, rief einer.

»Infektion!«, zeterte ein zweiter.

»Pandemie!«, schrie ein Dritter.

Plötzlich veranstalteten die lauten Stimmen einen solchen Krawall, dass Präsident Grey sie gelassen übergehen konnte, als er seine Gäste verabschiedete.

Die Rufe verstummten so schnell, wie sie entstanden waren. In diesem Moment ertönte eine weibliche Stimme mit so klarer Diktion und einer so zwingenden Frage, dass sie nicht zu überhören war.

»Es heißt, das sei Karma mit Sofortwirkung, Mr. President. Stimmen Sie dem zu?«

137

Nie war sich Präsident Grey bewusster gewesen, dass er mitten unter evangelikalen Christen stand, wie in diesem Moment. Da Reverend Jeremiah Bellow auf der einen und CEO Marvin Swankler auf der anderen Seite neben ihm standen, war die Spannung, mit der seine Besucher auf seine Antwort warteten, förmlich mit Händen zu greifen.

Darauf gab es nur eine mögliche Antwort. Er drehte sich um und sah durch den Saal zu der Frau hinüber. »Wir sind hier in den Vereinigten Staaten von Amerika«, ermahnte er sie mit gebieterischer Stimme. »Mit Karma haben wir nichts zu schaffen!«

23

Omni, Colorado

L ANGE SASS MARGARITA WIE BETÄUBT DA, UNFÄHIG SICH ZU bewegen. Sie versuchte, dem, was geschehen war, einen Sinn abzuringen. Vor ihrem inneren Auge tauchten einzelne Bilder dieses Morgens auf, banal und zugleich unfassbar. Als sie sah, wie Bob die Treppe zur Wohnung dieser Frau hinaufstieg. Wie leer das Haus war, als sie mit den zwei großen Americanos ankam. Bob, der mit gepacktem Koffer in der Tür steht. Konnten 24 Jahre Ehe so sang- und klanglos enden? Als er sein Auto rückwärts aus der Garage ausparkte und die Tür hinter sich schloss, hörte sich das an, als würde er nur kurz in die Stadt fahren, um etwas zu besorgen. Stattdessen fuhr er gerade aus ihrem Leben hinaus.

Sie saß an der Kücheninsel und kam sich idiotisch vor. Wie dumm war es doch, dass sie noch vor wenigen Stunden geglaubt hatte, sie und Bob seien sich so nah wie nie. Ihre wiederaufgeflammte Leidenschaft sei eine Art Barometer ihrer Liebe, wo sich nun herausgestellt hatte, dass ihr intimes Zusammensein gar nichts mit ihr zu tun hatte.

Zudem fühlte sie sich benutzt. Nicht nur als Ersatz für die Frau, die ihn wirklich erregte – auch wenn das allein schon erniedrigend genug war. Es war noch viel schlimmer. Die schlichte Wahrheit lautete, dass es in ihren gemeinsamen Jahren meist nur um Bob gegangen war. Was Bob wollte. Was am besten für Bobs Karriere war. In den vielen Monaten der Rekonvaleszenz nach seinem Unfall war sie seine Krankenschwester, seine Köchin, seine Pflegerin gewesen – Rollen, die sie bereitwillig übernommen hatte, denn für eine Ehefrau gehörte sich das so. Und das war jetzt der Dank dafür!

Sie stand vom Tisch auf und ging durchs Haus, die Arme eng um sich geschlungen. Sie griff zu einer Fernbedienung, schaltete den Fernseher ein und sah die ganzen Meldungen über Lebensmittelvergiftungen und die Schließung von Flughäfen. Dass Verkehrsnetze im ganzen Land stillgelegt wurden. Anscheinend spielte die ganze Welt verrückt. Sie schaltete den Fernseher wieder aus. Das interessierte sie nicht. Genauso wie es sie nicht interessierte, ihre Businesstasche aus dem Auto zu holen und in ihr Arbeitszimmer zu tragen.

In New York hatte sie den Auftrag für eine neue Buchreihe erhalten, die bei einem großen Verlag erscheinen sollte – der größte kreative Auftrag ihres Lebens. Das hatte sie Bob unbedingt erzählen wollen. Normalerweise hätte sie sich riesig darüber gefreut. Außerdem hatte man ihr noch einen ganz anderen Auftrag angeboten – einen Auftrag, der ihr genauso wichtig war wie die neue Buchreihe. Aber im Moment fühlte sie sich, als wäre eine Bombe in ihr explodiert, zerschlagen und traurig.

Beim Gang durchs Haus sah sie auf dem Tisch in der Diele ein Foto von Bob auf seinem Fahrrad, aufgenommen an dem Tag, an dem es ihm endlich wieder so gut ging, dass er Fahrrad fahren konnte. Sein Moment des Triumphs nach Jahren der Rekonvaleszenz. Den goldenen Rahmen hatte sie extra für ihn ausgesucht.

Sie nahm das Foto mit in die Küche, steckte es in ein Geschirrtuch, nahm den Fleischklopfer aus einer Schublade und schlug mit voller Wucht darauf ein. Mehrere Male. Sie hörte, wie das Glas und der Rahmen zerbrachen. Sie warf alles in den Müll.

Besser fühlte sie sich dadurch nicht. Sie konnte sich nicht vorstellen, wie es je wieder besser werden sollte. Ihr ganzes Leben kam ihr plötzlich sinnlos vor. Hohl.

In ihrer Handtasche klingelte das Telefon. Sie brauchte nicht nachzusehen, um zu wissen, wer anrief. Sie hatte heute Morgen schon einmal angerufen, und es waren zwei Nachrichten gekommen. Ihre Tochter Gabby dachte sicher, sie sei immer noch in New York, und rief wahrscheinlich an, um zu erfahren, wie ihre Termine mit dem Verlag gelaufen waren. Sie wusste, wie wichtig ihrer Mutter der Besuch gewesen war.

Mit leerem Blick sah sie aus dem Küchenfenster und ließ den Anruf auf die Mailbox gehen. Als das Telefon kurze Zeit später erneut klingelte, kam ihr ein anderer Gedanke. Die Bilder, die sie im Fernsehen gesehen hatte. Die Nachrichten über das Startverbot für Flugzeuge. Vielleicht machte sich Gabby Sorgen um sie.

Sie zog das Telefon aus ihrer Tasche.

»Geht es dir gut?« Gabby klang besorgt. »Ich sehe die ganzen Nachrichten über New York …«

»Ich bin nicht in New York. Bin gestern Abend abgeflogen.«

»Du bist zu Hause?«

»Ja.«

Es trat eine kurze Stille ein, bevor Gabby auf ihren Tonfall reagierte.

»Mama – ist alles in Ordnung bei dir?«

Margarita brach in Tränen aus.

Als sie das Gespräch eine halbe Stunde später beendete, durchzogen tiefe Falten Gabbys Stirn, und ihre Lippen waren schmal und fest geschlossen. Sie war eine attraktive junge Frau mit sportlicher Figur, dunklem Pagenschnitt und glatten Gesichtszügen, aber nun war alle Freundlichkeit aus ihren strahlend braunen Augen gewichen und hatte einer kalten Wut Platz gemacht. Wie konnte er es wagen, Mama so zu behandeln! Und im weiteren Sinne, wie konnte er es wagen, auch Matias und sie so zu behandeln und seine Familie im Stich zu lassen, als zählten sie gar nicht! Bedeuteten sie ihm wirklich so wenig?

Schon als ihre Mutter angefangen hatte, es ihr zu erzählen, wusste sie, dass es stimmte. Es erklärte etwas bei ihrem letzten Besuch daheim. Alle paar Monate kam sie vom College nach Hause, und erst vor sechs Wochen war sie wegen der Party zum 21. Geburtstag von Sofia, ihrer besten Freundin seit Kindertagen, dort gewesen. Gabby hatte davor ein paar Tage bei ihren Eltern verbracht, und es war ein fröhliches Wiedersehen gewesen. Am Samstag musste Mama nach Denver, um eine kranke Tante zu besuchen. Am Abend war Sofias 21. Geburtstag. Dee, eine weitere Freundin, sollte Gabby um 18:45 Uhr abholen. Dee kam immer zu spät, und so war es nicht weiter verwunderlich, dass sie um 19 Uhr immer noch nicht aufgetaucht war. Um 19:10 Uhr schickte Dee eine SMS, dass sie sich verspäten würde. Um wie viel, sagte sie nicht.

Gabby war mit ihrem Papa im Wohnzimmer. Auf dem Sofa hatte er ihr gesagt, er habe sich auf ein Abendessen vor dem Fernseher eingestellt und würde früh ins Bett gehen. Aber er war unruhig gewesen. Noch nervöser wurde er, als sie die SMS von Dee bekam.

»Sie hätte schon vor einer halben Stunde da sein sollen!«, hatte er sich beschwert.

»Du weißt doch, wie Dee ist«, hatte sie schulterzuckend erwidert. Die Party würde wahrscheinlich bis in die frühen Morgenstunden dauern. Es machte ihr nichts aus, wenn sie erst gegen 20 Uhr ankamen.

In den darauffolgenden Minuten hatte ihr Vater mehrmals auf die Uhr gesehen, als hätte er noch etwas vor.

»Was macht das schon?«, hatte sie zu ihm gesagt. »Du gehst doch eh nicht weg, oder?«

»Mir macht das ja nichts aus«, hatte er dahingesagt. Aber sein Gesichtsausdruck hatte etwas ganz anderes gezeigt. Kaum verhohlene Ungeduld. Gabby hatte gestutzt: Zum ersten Mal seit sie denken konnte, hatte sie das Gefühl gehabt, dass sie ihrem Vater irgendwie im Weg war. Jetzt wusste sie, warum.

Sie fragte sich, was an Beaky so unwiderstehlich war, dass er bereit war, seine Familie im Stich zu lassen. Gabby hatte die Geschäftsführerin der Buchhandlung nie besonders beachtet und sie nur ein paar Mal gesehen.

Sie saß auf ihrem Bett in dem Haus in Westchester, das sie sich mit anderen Studierenden teilte, schnappte sich ihren Laptop und tippte »Paige

Turner Books« ein. Es erschien eine altmodische Website, die aussah, als stamme sie noch aus der Zeit, als Mrs. Turner selbst den Laden leitete. Die Rubrik »Über uns« enthielt keinen Hinweis auf die Geschäftsführerin. Der »Blog« war zuletzt vor acht Jahren aktualisiert worden. Die Schaltfläche »Online bestellen« überraschte bei einer unabhängigen Buchhandlung. Als Gabby sie anklickte, fand sie eine Seite mit Neuerscheinungen mit einigen bekannten, aber noch viel mehr unbekannten Covern und Autorennamen. Alle zeigten unverhohlen sexuelle Bilder von muskulösen Männern oder Frauen, oben ohne, in Reizwäsche und Halsband, auf dem Titel Begriffe wie »gefangen«, »verboten« und »tabu«. Sollte Leserinnen und Lesern aus Omni auf diese Weise ein peinliches Erröten erspart werden, wenn sie solche Bücher im Laden kauften?

Gabby klickte auf ein Cover und scrollte auf der Seite nach unten. Das Buch hatte Dutzende Bewertungen. »Wie aufregend! Danke für die Empfehlung, VG.« »Volltreffer, VG!«, hieß es in einer anderen, mit einer ganzen Reihe augenzwinkernder Emojis. »Ohne unsere Venusgöttin hätte ich diese Autorin nie entdeckt«, besagte eine dritte.

Venusgöttin? Warum bezogen sich so viele auf dieses exotisch klingende Wesen?

Gabby öffnete eine Suchmaschine und fand schon bald eine Website, deren Startseite Beaky so zeigte, wie Gabby sie sich nie vorgestellt hätte – als Verführerin in knappsten schwarzen Lederdessous, mit Zylinder und Peitsche. Die Venusgöttin war anscheinend nicht nur Expertin für weibliche Erotika. Sie war auch Autorin in diesem Genre. Besucher der Website konnten eine kostenlose Leseprobe von *Journals of a Venusian Goddess* anklicken. Viele hatten das bereits getan. Sie hatte über 15.000 Follower, Feeds auf allen wichtigen Social-Media-Kanälen, und wie es aussah, postete sie pausenlos.

Was waren das für Tagebücher, für die sie so unermüdlich warb? Gabby klickte sie an und öffnete den Link zum neuesten Eintrag.

»Liebe Venusengel, ihr wisst, dass es keinen Schmerz gibt, den ich nicht ertragen und keine prickelnde Erregung, die ich nicht beschreiben würde, um euch eine Freude zu machen. Deshalb habe ich mich auf das Daddy-Abenteuer eingelassen. Ihr habt danach gelechzt, meine Lieben! Mit 53 ist er tatsächlich alt genug, um mein Vater zu sein. Aber das Stehvermögen von Endless Love! Er ist wie eine Dampflok: Vielleicht altmodisch, aber er weiß, wie man ein Feuer schürt.«

Gabby schlug den Laptop zu und schob ihn von sich. Sie war empört über ihren Vater. Angewidert von Beaky. Der Gedanke, dass die Leute in Omni, die ihre Eltern kannten, von dieser Website erfahren, die schmutzigen Details der sexuellen Begegnungen lesen und herausfinden könnten, dass Endless Love niemand anderer war als der allseits bekannte Bob Martin, machte ihr Angst.

Während sie noch über diese Aussichten nachgrübelte, kam ihr plötzlich ein Gedanke: Wusste Bob Martin selbst eigentlich, dass er Endless Love war? Eine Figur in einer Geschichte, die sich Beaky ausgedacht hatte, um ihre Community zu beglücken? Eine chiffrierte Ziffer, deren Wert für sie in der reißerischen Darstellung seiner sexuellen Leistungen bestand?

Auf dem stumm geschalteten Fernsehbildschirm an der Wand in ihrem Zimmer sprachen düster dreinblickende Menschen in weißen Kitteln über die Lebensmittelverseuchung, die sich auf rotes Fleisch ausgeweitet hatte. Dem Nachrichtenticker zufolge mussten alle Fast-Food-Ketten des Landes schließen oder boten nur noch vegetarische Alternativen an. Es gab eine Lokalnachricht über einen Mann, der auf einen Parkplatz fuhr, auf den bereits ein anderer wartete, und ihn wüst beschimpfte. Wenige Minuten später kam er zu seinem Vorstellungsgespräch – bei eben dem Mann, den er gerade beschimpft hatte.

Gabby erinnerte sich daran, was sie vor ein paar Stunden in den sozialen Medien gelesen hatte, irgendetwas über Instant Karma, Karma mit Sofortwirkung. Es wurde als Erklärung für die noch nie da gewesenen Turbulenzen genannt, die sich in unterschiedlicher Form auf sehr viele Menschen auswirkten.

Passierte das auch hier und jetzt mit ihrer Familie? Dass ihr Vater von ihrer Mutter ertappt wurde? Und dann beschloss, sie alle im Stich zu lassen?

Und wenn ja, womit hatte Mama das verdient? Inwiefern war sie heute Morgen so schrecklich gewesen, dass sie einen Mann verlor, dem sie die besten Jahre ihres Lebens geschenkt hatte?

Und womit hatte *sie* es verdient, dass sie ihren Vater nicht mehr hatte – zumindest keinen Mann, zu dem sie wirklich aufschauen konnte, nicht den Mann, bei dem sie sich immer vorgestellt hatte, dass er für sie da sein würde, wenn sie einmal eine eigene Familie gründen würde?

Heiße Tränen stiegen ihr in die Augen. Sie rollte sich ein wie ein Embryo im Mutterbauch und fühlte sich hundeelend. Still vor sich hin weinend, fand sie, dass Instant Karma im Moment zumindest überhaupt nichts erklärte. Dem Menschen, der das Unrecht begangen hatte, ging es gut, während alle anderen, ihre Mutter, Matias und sie, sehen mussten, wie sie damit zurechtkamen.

Doch als sich ihr Blick wieder auf den Laptop auf ihrem Bett richtete, wunderte sie sich über ihren Vater. Anscheinend nutzte Beaky ihn nur aus, und er wusste es nicht einmal. Was, wenn das schlechte Karma, das er erzeugt hatte, auf ihn zurückfiel und ihn urplötzlich mit unerbittlicher Kraft traf?

Und war es falsch zu hoffen, dass es so käme?

24

Boulder, Colorado

N ACHDEM DAS INTERVIEW MIT LAMA TASHI HOCHGELADEN WAR, hatte Megan es rasch auf einem Dutzend Social Media Feeds ge-highlightet und ihre vielen *Flourish*-Follower eingeladen, es sich anzu-sehen und mit anderen zu teilen. Lama Tashi hatte die Grundlagen von Karma kurz, einfach und vor allem klar erklärt. Also genau das, was die Menschen im Moment brauchten. Jetzt, da die Social Media Feeds fast zusammenbrachen, weil die Leute das Geschehen in all seinen irrwitzi-gen Höhen und Tiefen teilten, kam die schlüssige Erklärung von Megans Lehrer genau zum richtigen Zeitpunkt.

Und sie hatte den »X-Faktor«: Lama Tashi vermittelte eine nicht in Worte zu fassende Leichtigkeit, ein zutiefst beruhigendes Gefühl, dass trotz der extremen Wechselfälle der Tagesereignisse alles in eine freund-lichere, ruhigere Realität münden würde. Manchmal dachte Megan, sie wäre sogar schon glücklich, wenn sie Lama Tashi dabei zuhören könnte, wie er aus einem Wörterbuch vorliest, so aufbauend war seine Gegen-wart. Sie hoffte, dass dies auch die Menschen spüren würden, die das In-terview anschauten.

Wenn sie einen neuen Podcast auf *Flourish* gepostet hatte, klebte sie normalerweise am Bildschirm und verfolgte, was passierte, antwortete auf Kommentare und tat ihr Bestes, um die Inhalte in die Welt hinauszu-tragen. Aber in ihrer Vorfreude darauf, wie die Leute auf ihr allererstes Fernsehinterview reagieren würden, wurde sie von Lama Tashi gestoppt.

»Du hast viel gearbeitet. Du brauchst eine Pause«, sagte er, bevor sie auch nur einen flüchtigen Blick auf die allererste Reaktion werfen konnte. Er hatte ihr mit Interesse zugehört, als sie ihm erklärte, was sie tat, um das Interview in die Welt zu tragen. Dem Prozess begegnete er mit aufrichtiger Neugierde, den Resultaten jedoch mit einer Unbekümmertheit, die sie nur zu gerne auch besessen hätte.

»Gehen wir raus«, schlug er vor und erhob sich von seinem Platz. »Es ist ein schöner Morgen.«

»Ich will nur noch schnell dafür sorgen, dass …« ihre Finger schwebten über der Tastatur.

»Ich weiß.« Ihre Blicke trafen sich, und in derselben Sekunde erahnte er ihre Gedanken und Gefühle. »Aber das kannst du nicht«, sagte er.

»Kann ich nicht?« Sie stand auf, steckte ihr Handy in die Jackentasche und folgte ihm aus dem Zimmer.

»Du kannst nur dein Bestes versuchen. Bring es mit der richtigen Absicht in die Welt. Und dann …« Er zuckte mit den Schultern.

Sie traten in den späten Vormittag hinaus. Rusty hatte vor dem Studio in der Sonne gedöst. Sobald er die beiden sah, stand er auf und kam schwanzwedelnd auf sie zu.

»So ein glücklicher *Sem-chen*!« Lama Tashi streichelte ihn liebevoll. »*Sem-chen*« ist das tibetische Wort für »Hat Geist«.

»Immer!«, stimmte Megan ihm zu.

Ein Lufthauch brachte eine Vorahnung auf die kommenden wärmeren Monate, und der Flieder im Tal verbreitete seinen Duft. Beim Blick auf das grüne Panorama – Anton war schon ein Stück vorausgegangen und machte Nahaufnahmen von Bienen zwischen Hyazinthen – wusste Megan, dass sie die Szene einfach auf sich wirken lassen und eine Pause machen sollte, wie Lama Tashi vorgeschlagen hatte. Aber was er gerade gesagt hatte, traf genau den Punkt, der für sie eine größere Herausforderung war als alles andere und ihr manchmal echtes Kopfzerbrechen bereitete.

Sie hatte *Flourish* nicht gegründet, um damit Geld zu verdienen, sondern aus dem aufrichtigen Wunsch heraus, anderen zu helfen. Und obwohl das Projekt anfangs unerwartet gut ankam, gab es in letzter Zeit immer wieder Momente, in denen sie sich wünschte, es würde besser florieren.

Sie verfolgte, was andere in der Selbstentwicklungsszene online so machten, Menschen, die ihrem Eindruck nach wenig von der Authentizität und Stringenz besaßen, die Lama Tashi von seinen Schülerinnen und Schülern verlangte. Oft wirkten diese selbst ernannten Wellness-Gurus und Achtsamkeits-Expertinnen unaufrichtig, unauthentisch und unverhohlen selbstdarstellerisch. Dennoch zogen sie immer mehr Fans an. Manche tauchten wie aus dem Nichts auf und legten über Nacht einen kometenhaften Aufstieg hin. Was hatte das alles zu bedeuten? Warum fühlten sich so viele Menschen zu Leuten hingezogen, die in Megans Augen ganz offensichtlich Betrüger waren?

Sie hatte sich bei Lama Tashi nicht darüber beklagt. Sie wusste, dass er seinen Schülerinnen und Schülern in den Kursen alles mitgab, was sie brauchten, um ihre Probleme selbst zu lösen. Außerdem mahnte er sie ständig, sich ihre Realität selbst zu schaffen.

Trotzdem konnte sie nicht widerstehen, das aufzugreifen, was er gerade gesagt hatte. »Ich schätze, wenn ich etwas in die Welt setze, wird alles, was dann passiert, durch mein Karma begrenzt«, meinte sie und sprach damit die Schlussfolgerung aus, zu der sie nach einiger Überlegung gekommen war.

Lama Tashi wirkte skeptisch. »Eher durch das Karma von allen anderen«, entgegnete er.

Verdutzt stellte sie fest, dass sie alles auf sich bezogen hatte, obwohl die Wahrheit eine ganz andere war.

»Denk an die Geschichten über Devadatta.«

»Buddhas Cousin?«

»Er hatte eigene Anhänger und lehnte den Buddha ab. Er hielt ihn für einen Scharlatan. Der springende Punkt ist« – Lama Tashi sah ihr fest in die Augen und die Wahrheit seiner Worte hätte kaum klarer sein können –, »dass du nicht beeinflussen kannst, was andere von dir denken. Die Vorstellungen, die du von dir selbst hast, sind *deine* Vorstellungen. Sie haben *ihre* Vorstellungen aufgrund ihres Karmas, das sie zwingt, alles, auch dich, so zu sehen, wie sie es nun einmal tun. Ihre Realität kannst du nicht beeinflussen. Nur deine eigene.«

»Nicht jeder besitzt das Karma, Karma zu akzeptieren?«, vergewisserte sie sich.

»Genau.«

Sie verstand, was er meinte – es stimmte mit dem überein, was er in all den Jahren gelehrt hatte. Tief in ihrem Inneren wusste sie, dass die Enttäuschung, die sie manchmal wegen *Flourish* verspürte – ihr Wunsch, dass wichtige Botschaften *noch* weiterverbreitet würden, ihr Sehnen, dass alles so sein sollte und nicht anders – von Verlangen herrührte.

»Wenn *Flourish* 200.000 Follower mehr hätte, wäre das eine wahre Ursache des Glücks?«, fragte er sie augenzwinkernd.

Sie grinste. Was eine »wahre Ursache des Glücks« ist und was nicht, gehörte zu den Lehren, die Lama Tashi geradezu gebetsmühlenhaft wiederholte. Nach seiner Definition war eine wahre Ursache etwas, das immer funktionierte, so wie Wärme, die auf Wasser angewendet wird, immer Dampf erzeugt, egal wo sie angewendet wird, wer sie anwendet oder wie oft sie schon angewendet wurde. Sucht man in der äußeren, materiellen Welt nach einer wahren Ursache des Glücks, findet man sie nie. Das war eine der Lieblingsaufgaben, die Lama Tashi in seinen Kursen stellte. »Finde eine wahre Ursache des Glücks und erzähle uns nächste Woche davon, damit wir alle etwas davon haben!«

Niemand hatte je in der äußeren Welt eine wahre Ursache gefunden. Nur eine bedingte Ursache. Etwas, das in Abhängigkeit von anderen Umständen glücklich machen kann oder auch nicht.

Megan hatte das bereits verstanden. Dem Weg folgend, den unzählige Millionen vor ihr beschritten hatten, hatte sie viele Stunden über genau diesen Punkt nachgedacht, nur um festzustellen, dass so etwas ein Mythos war. Eine bestimmte Anzahl von Podcast-Followern war ganz sicher keine wahre Ursache des Glücks, denn schon nach wenigen Wochen, wenn nicht sogar Tagen, hätte sie sich an die höheren Zahlen gewöhnt. Sie wären für sie zur neuen Normalität geworden.

Sie spürte, dass ihr Handy in der Jackentasche vibrierte, weil neue Nachrichten eingingen.

Als sie Lama Tashi eingeladen hatte, hatte sie nur damit gerechnet, dass sie ein Interview führen würden. Weiter hatte sie nicht gedacht. Doch wie sie nun so im Sonnenschein standen, hatte ihr Guru offensichtlich keine Eile zu gehen.

»Kann ich Ihnen einen Kaffee anbieten?«, fragte sie und gestikulierte in Richtung des Hauses.

»Danke!«, erwiderte er lächelnd, hob einen Stock auf, den Rusty erwartungsvoll zu seinen Füßen fallengelassen hatte, und warf ihn weit von sich. »Hayden und Shelley – sind sie in der Schule?«

Sie nickte. »Heute Nachmittag wieder da.«

»Gut! Vielleicht sehe ich sie ja noch.«

Ein paar Minuten später kam sie mit einem Tablett wieder, auf dem drei Tassen Kaffee und eine Schale mit Keksen standen. In der Küche hatte sie auf ihr Handy geschaut. Das Interview mit Lama Tashi hatte mehr als nur Anklang gefunden. Es war viral gegangen! So viele Likes, Kommentare und Shares hatte sie noch nie erlebt. Der Traffic auf ihrer Seite war bereits 30- oder 40-mal so hoch wie sonst. Und unter den unzähligen Nachrichten, die über alle erdenklichen Kanäle eingingen, war auch eine von Denvers führendem Radiosender mit einer Interviewanfrage für Lama Tashi.

»Tolle Neuigkeiten!«, sagte sie, als sie ein paar Minuten später wieder nach draußen kam, wo er nun neben Anton stand. »108 FM will Sie interviewen!«

»Die größte Hörerschaft in Colorado«, stellte Anton fest.

Lama Tashi begegnete ihrem erwartungsvollen Blick mit einem Lächeln.

»Soll ich das für Sie festmachen?«, fragte sie.

Er sah auf das Tablett mit dem Kaffee, das sie ihm entgegenstreckte. »Erst einmal genießen wir unseren Kaffee«, sagte er, unbeeindruckt von einer Medienanfrage, die Megan normalerweise schnurstracks bestätigt hätte. Er nahm sich einen Kaffee und griff mit Daumen und Zeigefinger nach einem Schokoladenkeks. »Und hier haben wir, wenn auch keine wahre Ursache des Glücks, so doch eine, die dem ziemlich nahekommt«, sagte er schmunzelnd, und Lachfältchen überzogen sein Gesicht.

Wie immer bei Lama Tashi reichte es ihm, dachte Megan, einfach nur im Hier und Jetzt sein, um jederzeit Leichtigkeit zu verspüren. Es war ihm wirklich nicht wichtig, welche Wirkung sein Interview in der Welt hatte oder welcher Radiomoderator mit ihm sprechen wollte. Es waren die einfachen Dinge, in denen er Zufriedenheit fand.

Dennoch musste sie ihn, als sie nun nicht weit vom Studio auf ein paar flachen Felsbrocken saßen, etwas fragen, das sich aus ihrem Gespräch von vorhin ergab.

»Rinpoche, wir wissen, dass das Erreichen weltlicher Ziele keine dauerhafte Zufriedenheit bringt«, sagte sie und schaute Anton an, um ihn ins Gespräch einzubeziehen. »Heißt das, wir sollten uns keine Ziele setzen?«

Er schüttelte verneinend den Kopf. »Das habe ich nie gesagt.«

»Ich verstehe nicht«, sagte sie mit hochgezogenen Schultern, »welchen Sinn es dann haben soll? Wenn das Erreichen eines bestimmten Ziels keine wirkliche Ursache für Glück ist, warum sollte man sich dann überhaupt die Mühe machen? Manchmal habe ich den Eindruck, dass Ziele eine Ursache für Unzufriedenheit sein können, wenn man sie immer wieder verfehlt.«

»Ziele sind sinnvoll, um Klarheit zu schaffen. Um unserem Tun einen Zweck zu geben. In dieser Hinsicht sind sie hilfreich. Problematisch wird es, wenn du meinst, dass dein Glück davon abhängt, dass du sie erreichst.«

»Wenn man sich erst einmal ein Ziel gesetzt hat«, warf Anton ein, »und alles tut, um es zu erreichen, ist es sehr schwer, sich nicht an das Ergebnis zu klammern.«

Lama Tashi nickte.»Genau. Du siehst also, das Ziel selbst ist nicht das Problem. Es ist unser Festhalten daran. Unser Wunsch. Wir denken nicht mehr: ›Wenn ich das hätte, wäre es für mich eine gewisse Erfüllung‹, sondern ›Wenn ich das nicht habe, gibt es für mich keine Erfüllung.‹ So machen wir aus dem Ziel nichts Sinnvolles mehr, sondern machen es zum Feind unseres Glücks.«

»Aber *wie* sollte man dann über Ziele denken?«, wollte Megan wissen. Lama Tashi blickte von seiner Tasse Kaffee auf und sog den Duft der frischen Luft ein.»Ich bin bereits erfüllt.« Damit sprach er aus, was offensichtlich schien.»Ich besitze bereits die wahren Ursachen des Glücks. Wenn ich dieses Ziel oder jenes Bestreben erreiche, wie schön! Aber für den inneren Frieden, den ich bereits empfinde, ist das nicht erforderlich. *So* sollte man über Ziele denken. Ohne sich daran zu binden.«

Er schaute von einem zum anderen und fuhr fort.»Und soll ich euch das große Geheimnis der Nichtbindung an Ziele verraten?«, fragte er.

Beide beugten sich näher zu ihm, und so fuhr er fort.»Je weniger du an den Ergebnissen hängst, desto wahrscheinlicher treten sie ein. Wenn du nach Dingen lechzt und dich an sie klammerst, vertreibst du sie.«

In Lama Tashis Gegenwart, unter den leise rauschenden Douglasien, mit Rusty, der neben ihnen lag und Elstern, die durch die Baumkronen strichen, fühlte es sich an, als wäre bereits alles vollendet. In diesem Moment gab es schon Frieden und ein weites Gefühl von Offenheit und Wohlbefinden. Warum, fragte sich Megan jetzt, wie so oft, wenn sie im *Lone Pine Meditation Center* saß, musste sie die Dinge verkomplizieren, indem sie häufig so verkopft war?

»Ich wünschte, Sie könnten jede Woche zu einem solchen Interview kommen«, sinnierte sie.

Lama Tashi schmunzelte.»Ist das eine Frage?«

Sie wollte gerade antworten, bereute es aber gleich wieder.»Die falsche Frage«, gab sie zu.

»Du kennst schon eine hilfreichere Frage«, sagte er und seine Augen blitzten.

»Stimmt.«

Inzwischen vibrierte das Telefon in ihrer Tasche ununterbrochen. Kaum war eine Nachricht eingegangen, folgte die nächste. Noch nie hatte sie auf ein Posting so frenetische Reaktionen erhalten. Und paradoxerweise hatte es ihr auch noch nie so wenig bedeutet. Lama Tashi hatte recht. Es lag nicht nur an ihrem Karma, ob ein Podcast erfolgreich war oder floppte. Es lag vielmehr am Karma der Menschen, die ihn sahen und daran, ob sie ihn für wertvoll hielten oder nicht.

Lama Tashi trank seinen Kaffee aus, stand auf und stellte seine Tasse auf das Tablett. Dann wandte er sich an Megan.

»Und jetzt«, er nickte in Richtung ihrer Tasche, »wollen wir mal schauen, wer als Nächstes kommt?«

Sofort zog sie ihr Telefon hervor und scrollte durch die zahllosen Nachrichten. Dabei fiel ihr eine ganz besonders auf. Sie schaute auf, als sie sie sah. »Es ist die Nachrichtenredaktion von Galaxy TV!«, sagte sie ihrem Lehrer und ihre Augen sprühten vor Begeisterung. »Ein Rechercheur möchte mit Ihnen sprechen.«

25

Wall Street, New York

Kaum hatte Amy die Rezeption betreten, teilte Jaye ihr mit, Karel Sharma erwarte sie im 26. Stock.

Amy war erschrocken darüber, was da unten passiert war. Die 25-jährige war noch nie beraubt worden, schon gar nicht am helllichten Tag, an einem Freitagmorgen. Wenn Instant Karma die Erklärung für die beispiellosen Ereignisse des heutigen Tages war, was hatte sie dann getan, dass sie so etwas verdiente? Sie war doch keine Diebin.

Aber so leicht lässt sich ein Landmädchen aus Aubrey, Texas, nicht aus der Ruhe bringen. Sie hatte ihr Handy auf dem Schreibtisch liegen lassen, als sie rausgegangen war, dem war also nichts passiert. Sie hatte nur 20 Dollar, ihre Handtasche und ein paar andere Dinge verloren – alles ersetzbar. Der Vorfall war eine Unannehmlichkeit, eine Enttäuschung, aber davon wollte sie sich nicht unterkriegen lassen. Sie stand immer noch vor einer lebensverändernden Erbschaft.

»Nehmen Sie Platz«, gestikulierte Big Boss höchstpersönlich in Richtung eines der High-End-Sofas in seinem Büro, als sie kurz darauf oben ankam. Auf einem Couchtisch zwischen ihnen lag eine Auswahl verschiedener Wirtschaftsbriefe und Hochglanz-Bildbände.

»Als wir uns vorhin unten begegnet sind, was haben Sie da gesagt? Dass

Sie die Luxuskreuzfahrt verschenkt und dann kurz darauf eine überraschende Nachricht von einer Erbschaft erhalten haben?«

Amy nickte und versuchte, so viel wie möglich von ihrer Umgebung aufzunehmen, ohne allzu neugierig zu wirken.

»Die Art und Weise, wie Sie das mir gegenüber geäußert haben«, sagte er und begegnete dabei dem Blick aus ihren strahlenden Augen, »das hat mich sehr beeindruckt.«

Sie lächelte. Karel Sharma war nicht nur der Mann, nach dem das Unternehmen benannt war. Er war eine Wall-Street-Größe. Gegenstand von Zeitungsartikeln und Porträts in Magazinen. Und nun saß sie vor ihm, die Kleine aus Aubrey, Texas, nur sechs Monate nach ihrer Ankunft in New York City, und machte Eindruck auf ihn.

Vielleicht war es die Art, wie Karel Sharma auf dem Sofa saß, die Hände ein wenig verlegen um sein rechtes Knie geschlungen, vielleicht auch die surreale Verkettung von Ereignissen – jedenfalls veränderte sich ihre Sicht der Dinge. In diesem Moment erinnerte er sie an einen Jungen aus ihrer Schule, an den schüchternen Byron, sehr klug und ein bisschen unbeholfen, der aus einer schwierigen Familie kam und ihr das Schachspielen beigebracht hatte. Byron wirkte immer so, als lebte er in seiner eigenen Welt, und erst nach ihrem Schulabschluss, als sie bereits im Begriff war, Aubrey zu verlassen, hatte sie herausgefunden, dass er ihr an all den Nachmittagen, an denen er auf ihrer Veranda gesessen und ihr Schach beigebracht hatte, hatte sagen wollen, dass er Gefühle für sie hegte, nur war er zu schüchtern gewesen, es auszusprechen.

»Das Geben. Das Erhalten. Das hat mich stutzig gemacht«, sagte Karel. Er blickte zu ihr hinüber, und vielleicht lag es daran, dass sie sich in seiner Gegenwart so wohl zu fühlen schien, so offen wirkte, dass er ihr direkt in die Augen schauen konnte.

»Das hat mich auch gewundert.« Sie wusste genau, was er meinte.

»Wirklich? Zu welchem Schluss sind Sie gekommen?«

»Eher eine Theorie als eine Schlussfolgerung«, sagte sie und rutschte auf dem Sofa weiter nach vorne.

Er nickte, um ihr zu signalisieren, sie solle fortfahren.

»Ich weiß nicht, ob es den Begriff ›Instant Karma‹ wirklich gibt, aber ich denke, es könnte so etwas sein, Karma mit Sofortwirkung. Alles, was man gibt, kommt zu einem zurück, und zwar in dramatisch gesteigerter Form.«

Karel Sharma fokussierte sich auf das Mädchen, das ihm gegenüber saß. Bereits bei ihrem ersten Zusammentreffen hatte sie ihn mit ihrer ungewohnten Lebendigkeit überrascht. Mit ihrer Offenheit. Mit der Kraft, mit der sie ihre Geschichte erzählt hatte. Und jetzt überraschte sie ihn erneut mit ihrer Aufrichtigkeit.

Sie wirkte auch klug. »Haben Sie irgendetwas unternommen, um die ... Theorie zu testen?«, fragte er.

Amy zögerte. Die Angestellten von Sharma Trading Inc. sollten eigentlich nicht während der Geschäftszeit durch die Wall Street laufen und Bettlern Bargeld aushändigen. Auch nicht unter dem Vorwand, Mr. Blacks Sachen aus der Reinigung zu holen.

Aber ihr Instinkt sagte ihr, dass Karel Sharma sich um derartige Petitessen nicht kümmerte.

»Ich habe sie gerade getestet.«

»Wie?«

»Zunächst habe ich mich gefragt, wie es überhaupt kam, dass ich die Kreuzfahrt gewonnen habe. Dann fiel mir ein, dass ich heute Morgen einem Obdachlosen ein paar Münzen gegeben habe. Also bin ich vor einer Weile noch mal runtergegangen. Ich hatte acht Dollar in Scheinen. Die habe ich demselben Obdachlosen gegeben.«

»Ist irgendetwas passiert?«

»Es ist erst ein paar Minuten her«, sagte sie. »Aber es ist etwas Merkwürdiges passiert.«

Er deutete auf den Tisch vor ihr. Zum ersten Mal fiel ihr der cremefarbene Umschlag auf. Ihr Name stand darauf. »Schauen Sie rein«, forderte er sie auf.

Amy öffnete den Umschlag und nahm ein einzelnes Blatt heraus. Es war eine Überweisungsmitteilung, ähnlich wie ihre monatlichen Lohnabrechnungen. Auf ihr Konto waren 80.000 Dollar überwiesen worden.

»Was ist das?« Erstaunt blickte sie auf.

»Ein Bonus«, sagte Karel Sharma achselzuckend. »Ich habe die Theorie auch getestet, an der Börse. Wir haben heute Morgen gutes Geld verdient. Sehr viel gutes Geld.« Er nickte in Richtung des Umschlags: »Das ist ein Zeichen meines Dankes.«

»Ich weiß nicht, was ich sagen soll.« Amy spürte, wie sie fast platzte vor Dankbarkeit. Tränen stiegen ihr in die Augen, und sie musste einfach aufstehen. Und dorthin gehen, wo Karel Sharma saß. Und ihn umarmen. Das war viel weniger peinlich als gedacht. Er erwiderte die Umarmung kurz, aber herzlich.

Als er danach auf dem Sofa wieder nach hinten rutschte, wedelte Amy mit dem Überweisungsbeleg, den sie immer noch in der Hand hielt. »Ich hoffe, Sie benutzen mich nicht bloß, um noch mehr Geld zu scheffeln«, schluchzte sie, dankbar und frech zugleich.

Er schmunzelte. »Ich fürchte, das lässt sich gar nicht vermeiden. Je mehr ich gebe, desto mehr kommt die ganze Zeit zurück!« Sein Gesichtsausdruck wurde wieder ernst, und er murmelte: »Etwas Merkwürdiges, sagten Sie?«

Sie erzählte ihm von dem Überfall. Was passiert war, und auch, wie wenig sie verloren hatte. Dass sie sich von ihrem Schock über das, was passiert war, nicht den Blick aufs große Ganze verstellen lassen würde.

»Marktrauschen«, nickte er im Wall-Street-Jargon.

»Ich glaube, so könnte man es nennen.«

»Jeden Tag und jede Stunde stehen tausend Leute auf und versuchen, Sie davon zu überzeugen, dass das Gegenteil von dem passiert, was gerade los ist. Kapitalinteressen. Schlecht informiert. Blanke Dummheit. Lassen Sie sich dadurch nicht davon abbringen, die Theorie zu testen.«

»Nicht nur ich habe sie getestet«, erklärte sie. »Ich habe meinem Obdachlosen von Instant Karma erzählt. Dann bin ich in die Reinigung gegangen, um Mr. Blacks Sachen zu holen. Als ich herauskam, sah ich, wie er einem anderen Obdachlosen vier Dollar gab. Als Nächstes trudelte ein ganzer Schwung Zehn-Dollarscheine buchstäblich vom Himmel auf ihn herunter.«

Karel Sharma beobachtete sie fasziniert.

»Ein paar sind in meine Richtung geweht. Die habe ich schließlich zwei anderen Bettlern gegeben. Ich habe ihnen von Instant Karma erzählt. Aber einer«, bei dem Gedanken daran schüttelte sie den Kopf, »war anscheinend stinksauer, dass ich überhaupt davon gesprochen habe. Woran liegt das, was meinen Sie? Sie versuchen, jemandem zu helfen? Sie geben ihnen die wertvollsten Informationen, die sie je zu hören bekommen können, aber anstatt sie anzunehmen, werden sie bloß wütend?«

Karel Sharma nickte. »Das nennt man ›Confirmation Bias‹ oder Bestätigungsfehler«, erklärte er. »Er ist eines der größten Probleme im Wertpapierhandel.«

»Confirmation Bias?«, fragte sie mit gerunzelter Stirn.

»Wenn Sie Informationen suchen oder ihnen Bedeutung beimessen, die Ihre Meinung bestätigen, und Informationen ignorieren oder anzweifeln, die Ihre Meinung in Frage stellen.«

Sie ließ das auf sich wirken und nickte. »Ich verstehe, warum das zum Problem werden kann«, stimmte sie zu. »Vor allem, wenn man nach alten Regeln spielt, obwohl das Spiel sich weiterentwickelt hat.«

»Genau«, sagte er und sah ihr anerkennend in die Augen. »Jeder, der die heutigen Investitionsregeln versteht, sollte schon mittags Millionär sein. Multimillionär sogar. Aber es wird eine Menge Leute geben, die die Nase nicht nur vorn haben, sondern ernsthaft ins Hintertreffen geraten. Und das wird zum Teil am Confirmation Bias liegen.«

»Aha.«

»Ich schlage also vor, dass Sie runtergehen und so viel Geld verschenken, wie Sie können. Und es ist wichtig, dass Sie beim Spenden an eine bestimmte Motivation denken. Ich maile sie Ihnen zu. Und auch eine Liste mit empfehlenswerten gemeinnützigen Organisationen.«

In ihrem Gesicht machte sich ein Lächeln breit.

»Was ist?«, fragte er.

»Ich musste gerade an das *Bluegrass Horse Sanctuary* in der Nähe meiner Heimatstadt denken. Die können immer ein bisschen Extrageld gebrauchen.«

Er nickte. »Sie würden gerne mehr Zeit mit Pferden verbringen?«

Sie wusste, dass er sie fragte, was sie wirklich vom Leben wollte, und sie wusste auch, dass sie ihm gegenüber ehrlich sein konnte.

»Eigentlich wollte ich immer Innenarchitektin werden.«

»Wirklich?« Seine Augen weiteten sich.

Sie nickte. »Ich habe ein Auge dafür, aber ich muss ein Studium absolvieren.« Er hob sein Kinn und deutete auf sein Büro. »Meinen Sie, Sie könnten etwas tun, um das hier ein bisschen schicker zu machen?«, fragte er.

Da sie nun die Erlaubnis hatte, Karel Sharmas Allerheiligstes in Augenschein zu nehmen, ließ sich Amy Zeit, und ihr Blick wanderte von dem klassischen, goldgerahmten Gemälde hinter Karel Sharmas Schreibtisch über die Art-déco-Lampe und die modernen Sofas bis hin zu der großen, vergoldeten Ganesha-Statue in der Ecke. Die schweren, altmodischen Vorhänge an den Fenstern.

Sie würde seinem Büro gerne eine Schönheitskur verpassen. Ein Eckbüro hoch über der Wall Street? Sie könnte es nach einer Million Dollar aussehen lassen. Bot er ihr wirklich gerade an, ihr erster Kunde zu werden?

26

Miami, Florida

»ICH SPRECHE MIT FENG WANG, RICHTIG?« ER HÖRTE die Stimme von Dan Kavana, dem berühmten Nachrichtensprecher von Galaxy, in seinem Ohrhörer. Und geriet in helle Aufregung.

»Ja.«

»Herzlichen Glückwunsch, Feng! Zwei Komma eins Milliarden?!«

»Ja!«, grinste er.

»Mein Produzent nimmt uns rein.«

»Okay.«

Feng stand in den Gärten seines Wohnkomplexes vor einem Mann mit einer Kamera. Er war zum ersten Mal im Fernsehen und fühlte sich sofort pudelwohl. Hier gehörte er hin! Für den 28-Jährigen – pausbäckig und immer lächelnd, so ein überlebensgroßer Typ mit einem dröhnenden Lachen – war dies nur ein ungewöhnlicher Vorfall mehr an einem total surrealen Tag. Ein Tag, den er tief in seinem Inneren immer herbeigesehnt hatte. Ein Tag, an dem sich offenbar die ganzen Mühen der letzten Monate auszahlten.

»Drei, zwei, eins«, hörte er eine Frauenstimme im Hintergrund, bevor Dan Kavanas Stimme erklang: »Wir schalten jetzt zu Feng Wang in Miami, dessen gemeinnützige Gesellschaft, die *Blue Caps*, gerade den größten Powerball-Jackpot in der Geschichte der USA gewonnen hat – unglaubliche 2,1 Milliarden Dollar. Feng, erzählen Sie uns von dem Moment, als Sie erfuhren, dass Sie gewonnen haben.«

Fengs Gesicht hellte sich auf und strahlte gleichermaßen Triumph und Freude aus. »Es war unglaublich mitanzusehen, wie eine Zahl nach der anderen gezogen wurde!«, rief er aus. »Ich war so geschockt, dass ich meinen Freunden ein Foto vom Lotterieschein schicken musste, damit sie es mir bestätigen konnten.«

»Das sind die anderen Mitglieder Ihrer Gesellschaft?«, fragte Dan.

»Park Chen und Hu Yang«, bestätigte Feng.

»Und Ihre Gesellschaft betreibt Fundraising ausschließlich für gemeinnützige Organisationen, ist das richtig?«

»Korrekt. Wir drei sind zusammen zur Schule gegangen. Vor ein paar Jahren haben wir beschlossen, dass wir etwas zurückgeben möchten. Also haben wir die Blue Caps gegründet, um Spenden zu sammeln.«

»Indem Sie Powerball-Lose kaufen?« Dan klang verwundert. »Eine ungewöhnliche Fundraising-Methode.«

»Das kann man so sagen«, grinste Feng. »Das ist nur eine von mehreren Methoden. Meistens haben wir Online-Crowdfunding betrieben. Aber mit dem heutigen Gewinn ändert sich alles!« Er sah aus, als könnte er vor Freude platzen.

»Können Sie uns sagen, welche Projekte davon profitieren werden?«

»Wir haben drei Hauptbereiche. Krebsforschung. Artenschutz. Und Kunst.«

»Ist Ihnen bewusst, dass der Gewinn Sie sofort zu einer der größten gemeinnützigen Stiftungen des Landes macht?«

Feng brauchte einen Moment, um das zu begreifen. »Das war mir nicht klar«, antwortete er kopfschüttelnd.

»Heute passieren sehr viele dramatische Dinge. Auch Ihr Gewinn. Glauben Sie, es ist reines Glück, dass eine gemeinnützige Gesellschaft gerade den größten Powerball-Jackpot aller Zeiten geknackt hat? Oder glauben Sie, es könnte eine andere Erklärung dafür geben?«

Die Kamera schwenkte nah heran, während Feng über die Frage nachdachte und sie dann in einer Art und Weise beantwortete, wie es der Galaxy-Moderator nicht erwartet hatte. »Wissen Sie, ich glaube, jeder ist seines Glückes Schmied«, sagte er mit einem Nicken. »Man muss einfach immer weitermachen, an sich selbst glauben und nie aufgeben.«

Angesichts der pausenlos hereinstürmenden Meldungen würde es ein kurzes Interview werden, hatte man Feng gesagt. Und sobald es vorbei war, machte er sich an die bedeutsamste Aufgabe des Tages – ja, wahrscheinlich seines ganzen Lebens: Er verstaute das 2,1-Milliarden-Dollar-Gewinnerlos und seinen Führerschein in seiner Brieftasche und saß wenige Minuten später hinter dem Lenkrad seines BMWs auf dem Weg zur Powerball-Zentrale in der Innenstadt von Miami.

»Ungewöhnliche Fundraising-Methode«, erinnerte er sich auf der Fahrt an Dan Kavanas Bemerkung. Park und Hu hatten fast das Gleiche gesagt, als er es zum ersten Mal vorgeschlagen hatte – nur weniger taktvoll. Sie hatten sich regelrecht über ihn lustig gemacht.

»Powerball? Weißt du, wie hoch da die Gewinnchancen sind?«, hatte Park gespottet, ein Zahlenmensch, wie er im Buche steht. »Rund 300 Millionen zu eins!«

Feng hatte mit den Schultern gezuckt. »Vielleicht. Aber irgendjemand muss ja gewinnen. Selbst wenn es dauert, irgendwer kriegt das Geld schließlich doch.«

»Es würde die Spender abschrecken, wenn sie davon ausgehen müssten, dass wir ihre Gelder im Grunde für Glücksspiel verwenden.« Hu mit seiner typischen Juristenart suchte wieder Probleme, wo keine waren.

»Leute, es ist nur ein Powerball-Los! Einmal im Monat. Wir können es aus eigener Tasche bezahlen.«

Irgendwann hatten sie ihm zugestimmt, nur um ihn bei Laune zu halten. Aber immer, wenn sie wieder einmal ein Los zerrissen, zogen sie ihn wegen seines Powerball-Masterplans auf. In den drei Jahren seit der Gründung der *Blue Caps* hatten sie fast 40.000 Dollar gesammelt. Das war ein ziemlich gutes Ergebnis, sagten sie sich. Wie viele andere Mittzwanziger-Trios hatten denn schon so viel Geld für gute Zwecke gesammelt?

Jetzt wäre es mit dem Spott vorbei, dachte Feng.

Vor allem in der Anfangszeit hatten sie immer von der »magischen Zahl« geträumt, wie sie es nannten. Davon, dass ein Fonds mit einer Gesamtsumme zwischen zehn und 20 Millionen Dollar ausreichen würde, um einen Vollzeitjob für alle Drei abzuwerfen. Park würde die gesamte Buchhaltung erledigen. Hu würde das Juristische übernehmen. Und Feng würde sich um die Investitionen kümmern – schließlich war er der Risikokapitalgeber.

10 bis 20 Millionen aufzutreiben, war für sie weniger eine realistische Möglichkeit als vielmehr ein schöner Traum am Bartresen gewesen. Aber jetzt war es soweit. Nicht nur zehn Millionen. Nicht einmal 100 oder 500 oder 1000 Millionen. Sondern 2,1 Milliarden!

Park und Hu waren an ihrem jeweiligen Arbeitsplatz gewesen, als er ihnen das Foto von dem Los geschickt hatte. Park erledigte Routinearbeiten bei einer Wirtschaftsprüfungsgesellschaft. Hu arbeitete 60 Stunden pro Woche als Firmenanwalt und berechnete seine Zeit in Sechs-Minuten-Einheiten. Nach einer Flut von Nachrichten hatten die drei vereinbart, sich zu treffen, sobald er beim Powerball House gewesen war und die Überweisung in die Wege geleitet hatte. Die anderen beiden hatten ihm versichert, sie seien damit einverstanden, dass er mit den Medien sprach. Schließlich war er schon immer der Frontmann gewesen.

Sobald die Überweisung veranlasst war, wollten sie sich in der Stadt zum Festessen ihres Lebens treffen.

»Einen Jackpot dieser Größe zu gewinnen, kann eine besondere Herausforderung sein«, sagte der Powerball-Mann zu Feng, nachdem seine Identität bestätigt und die Glückwünsche ausgesprochen waren.

Sie saßen in einem hellen Besprechungsraum im 50. Stock mit deckenhohen Fenstern, die einen Panoramablick auf das Meer boten. Gegenüber von Feng, neben »Mr. Powerball«, saß eine Frau, die er als Beraterin vorstellte.

Auf dem Tisch vor ihm sein Gewinnerlos, sein Führerschein und ein Ausdruck mit einer unbegreiflich langen Zahl in großer Schrift: $ 2.179.983.968,25.

»Es wird wahrscheinlich einige Zeit dauern, bis Sie es ganz begreifen können«, sagte der Mann. »Aber wenn Sie Fragen haben, wie Sie mit Ihrem Gewinn umgehen sollen, können Sie sich jederzeit gerne an uns wenden.«

Feng nickte.

»Wenn es um die Anlage Ihres Geldes geht, können wir Sie mit unabhängigen Vermögensverwaltern in Kontakt bringen. Und wenn Sie Unterstützung im Labyrinth des Zwischenmenschlichen brauchen, gerne auch mit Beratungsstellen.«

Die Frau schob ihm ihre Karte über den Schreibtisch. »Es könnte sein, dass viele Bekannte plötzlich Ansprüche anmelden«, betonte sie.

»Okay.«

»Das kann Sie enorm unter Druck setzen. Wir erleben das immer wieder.«

Er sah sich ihre Karte an und dachte, bei den Blue Caps könne das nicht passieren. Immerhin waren sie eine gemeinnützige Gesellschaft. Sie hatten eine ordentliche Struktur, eine Satzung und das alles. Dafür hatte Hu gesorgt.

»Was den Jackpot betrifft«, Mr. Powerball öffnete sein in Leder gebundenes Notizbuch. »Wir müssen Ihre Anweisung aufnehmen, was mit dem Geld geschehen soll. Sie haben mehrere Optionen. Sie können sich das Geld in bar auszahlen, einen Scheck ausstellen oder überweisen lassen. Oder eine Mischung aus diesen Möglichkeiten.«

»Mischung?« Bis zu diesem Moment hatte Feng an eine einzelne Überweisung gedacht.

»Manche Leute möchten einen Teil ihres Gewinns in bar mitnehmen, um sich etwas zu gönnen«, erklärt er. »Der Rest wird überwiesen.«

Feng starrte auf die Zahl. Ja, es waren 2,1 Milliarden Dollar, die Zahl, die jeder in Miami in den letzten Tagen auf den Plakatwänden gesehen hatte. Aber darüber hinaus waren es auch noch 79 Millionen Dollar. Und noch einmal 983.968 Dollar. Und 25 Cent.

Alles über 2,1 Milliarden Dollar wäre mehr, als Park oder Hu erwarteten.

»Diese Zahl«, sagte er und zeigte auf den Ausdruck. »Wer weiß noch, auf wie viel sie sich beläuft?« »Die ersten vier Ziffern werden auf unserer Website veröffentlicht.« Mr. Powerball beobachtete ihn aufmerksam. »Die vollständige Zahl ist nur für den Inhaber des Gewinnerloses einsehbar.«

Feng nahm den Schein vom Tisch vor sich und hielt ihn zwischen Daumen und Zeigefinger in die Höhe.

Sein Gegenüber auf der anderen Seite des Tisches nickte.

Feng starrte wieder auf den Ausdruck. Ganz neue Überlegungen schossen ihm durch den Kopf.

Park und Hu war es in den letzten Jahren gut gegangen. Sicher, sie hatten hart gearbeitet, aber sie hatten auch ein regelmäßiges Einkommen erzielt. Er hingegen lebte von einem Vertragsabschluss zum nächsten – und in den letzten anderthalb Jahren war es immer schwieriger geworden. Einerseits musste er sich als erfolgreicher Risikokapitalgeber präsentieren, wenn er bei Investoren und Portfoliounternehmen Vertrauen aufbauen wollte. Andererseits hatte er einem wichtigen Investor bei einem Projekt, das total schiefgegangen war, mit Geld aus der Patsche helfen müssen, das er nicht hatte. Er hatte ein halbes Dutzend Kreditkarten beantragt und sie bis zum Anschlag ausgereizt – die dümmste Form der Verschuldung. Die Wochenendauftritte als Gitarrist, die er »nur zum Spaß« in Bars absolvierte, waren in letzter Zeit das Einzige, wovon er leben konnte. Eine Finanzspritze würde alle Probleme lösen. Er könnte seine Schulden abbezahlen und sich dann ganz auf die *Blue Caps* konzentrieren.

Es wäre ja nicht so, als würde er jemandem Geld wegnehmen, oder? Selbst wenn er sich eine halbe Million gönnen würde, wie der Mann gesagt hatte, wenn die Überweisung an die *Blue Caps* durch wäre, wäre das immer noch viel mehr Geld, als alle erwarteten.

Er dachte an die Verunglimpfungen. Den jahrelangen Hohn und Spott und das schiefe Grinsen. Und an die eine, alles überragende Tatsache, dass es seine Idee gewesen war. 2,1 Milliarden Dollar im Vergleich zu ihren 40.000 Dollar. Wenn das keine Rechtfertigung war, was dann? Was er da an Land gezogen hatte, war so gewaltig, dass es ihrer aller Lebensstil für immer verändern würde. Er hatte ihnen allen eine lebenslange »Sie-kommen-aus-dem-Gefängnis-frei«-Karte verschafft. Was war im Vergleich dazu schon ein lächerlicher Bruchteil eines Prozents?

»Glauben Sie, es ist reines Glück, dass eine gemeinnützige Gesellschaft gerade den größten Powerball-Jackpot aller Zeiten geknackt hat?« Aus irgendeinem Grund fiel ihm Dan Kavanas Frage wieder ein. »Oder glauben Sie, es könnte eine andere Erklärung dafür geben?«

Die Frage hatte ihn überrascht. Sie war wie aus dem Nichts gekommen. Und als er nach dem Interview das Mikrofon von seinem Kragen nahm, hatte er den Kameramann gefragt, worum es dabei seiner Meinung nach gegangen war.

»Sie wissen doch von den Lebensmittelvergiftungen und dem ganzen Zeug in den sozialen Medien«, hatte ihm der Kameramann gesagt. »Der heutige Tag war so verrückt, dass die Leute nach einer Erklärung suchen. Viele sagen, es sei Instant Karma.«

»Ach das!« Bis zu dem Moment hatte Feng gar keine Verbindung hergestellt.

»Nicht begeistert von der Theorie?«

»Ich weiß nicht«, sagte er achselzuckend. Seiner Meinung nach glaubten nur Schwachköpfe an so etwas wie Karma, Schicksal und Astrologie. Wie er schon Dan Kavana gesagt hatte, war er der Überzeugung, jeder sei seines Glückes Schmied. Wenn gutes Karma zu denen kam, die unerschütterlich an sich selbst glaubten, die sich nach jedem Hinfallen wieder aufrappelten, die Gelegenheiten erkannten, wenn sie sich boten, und sie mit beiden Händen ergriffen, dann ja, dann war das, was geschah, vielleicht durch Karma entstanden.

Mit einem Blick zu Mr. Powerball sagte er: »Ich würde es gerne aufteilen.« Dieser saß mit gezücktem Stift da, bereit für seine Anweisungen.

»500.000 in bar. Der Rest als Überweisung.«

»Sehr wohl, Sir.«

»Wie lange wird das alles dauern?«

Sein Gegenüber nickte. »Barauszahlung und Überweisung sollten in einer Stunde erledigt sein.«

☯

12:00 Uhr (Eastern Standard Time)
10:00 Uhr (Mountain Standard Time)
9:00 Uhr (Pacific Standard Time)

27

Food & Drug Administration
White Oak, Maryland

FDA-LEITER DR. MED. SAUL APPLEBAUM SCHAUTE ÜBER DEN Brillen-
rand, als seine Stabschefin Teagan Chase an die Tür klopfte und in
sein Büro trat.

»Sie sind soweit«, ließ sie ihn wissen. »Aber sind Sie sicher, dass …«

»Auf jeden Fall«, erwiderte er, einen Anflug von Schärfe in seinem Ton.
Er hatte bereits sein Jackett übergestreift, seine Frisur überprüft und
seine Hornbrille geputzt. Jetzt erhob er sich von seinem Stuhl. Applebaum war von Natur aus introvertiert und bewegte sich mit ziemlicher
Sicherheit irgendwo im Autismus-Spektrum. Schmächtig, blass, mit einem großen, glänzenden, völlig kahlen Kopf, der in keinem Verhältnis
zum übrigen Körper stand – er war ein Intellektueller, ein Mann der
Wissenschaft. Seine bevorzugte Art der Kommunikation war die Fach-
sprache, den Umgang mit der Öffentlichkeit überließ er den Leuten über
ihm, auf der politischen Ebene. Gleichzeitig war er aber auch niemand,
der sich vor seiner Verantwortung drückte. Und die geplante Ankündigung war seiner Meinung nach ganz und gar seine Sache. Er reichte Ms.
Chase – wie er sie stets korrekt nannte – sein Telefon, insgeheim hoffend,
ein Anruf der leitenden Wissenschaftlerin möge ihm einen Aufschub
verschaffen, und folgte ihr aus seinem Büro, den Korridor entlang zum
Raum für die Pressekonferenzen.

Sein höllischer Tag hatte an diesem Morgen schon vor sieben Uhr mit
einer Gruppen-Nachricht über eine mutmaßliche Lebensmittelvergif-

tung in der Filiale von *Golden Drumsticks* am Times Square begonnen. Vorfälle dieser Art waren nicht ungewöhnlich – das Atypische hier war die Schwere der Symptome. Und die Schnelligkeit ihres Auftretens.

Als er im Büro ankam, überschlugen sich die Meldungen bereits, nicht nur vom JFK, sondern von der gesamten Ostküste, denn um diese Zeit wachten seine Mitbürgerinnen und Mitbürger auf und bestellten ihr Fast-Food-Frühstück.

Bei der FDA gab es natürlich Szenarien fürs Krisenmanagement. Diese deckten jede erdenkliche Katastrophe ab. Seuchen, Viren, Pandemien, was auch immer. Die FDA hatte alles genauestens bedacht, geplant und sich darauf vorbereitet, sodass im Falle eines Falles eine gut eingeübte und korrekt abgewogene Reaktion in Gang gebracht werden konnte.

Und siehe da, die Zeit war gekommen. Ihre Krisenreaktion war umgehend eingeleitet worden. An zahlreichen Stellen waren mit akribischer Effizienz Wissenschaftlerinnen und Wissenschaftler eingesetzt worden. Proben waren genommen und getestet worden. Strenge Restriktionen für den Fall einer biologischen Infektion konnten sofort umgesetzt werden.

Alles war genau nach Plan verlaufen. Doch dann, von seiner leitenden Wissenschaftlerin: nichts. Experten für Infektionskrankheiten schlossen bald alle üblichen Verdächtigen aus. Es waren keine Staphylokokken, Salmonellen oder Clostridien. Eine ganze Reihe immer exotischerer bakterieller und viraler Infektionen wurde untersucht – ohne Ergebnis.

Alle Proben aus den Schlachthöfen, die zur Vorsicht geschlossen worden waren, waren ohne Befund.

So war das nicht vorgesehen. Bei jedem Katastrophenszenario, auf das sie sich vorbereitet hatten, gab es immer einen Grund, *warum* Menschen krank wurden. Ein Szenario, mit dem die Behörde nicht gerechnet hatte, waren spontane, landesweite Ausbrüche schwerer Lebensmittelvergiftungen ohne ersichtlichen Grund.

Applebaums politische Vorgesetzte waren nicht erfreut gewesen. Kaum waren Meldungen über Lebensmittelvergiftungen am Flughafen JFK eingetroffen, erhielt er einen Anruf aus General Hickmans Büro im Pentagon, bei dem nach Konsequenzen für die nationale Sicherheit gefragt wurde. Hatte man es mit einer Infektion zu tun, die sich schnell in der Bevölkerung ausbreitete? Applebaum konnte es nicht sagen.

Als erst Flughäfen und dann ganze Verkehrsnetze geschlossen wurden, geriet er sogar ins Fadenkreuz von Präsident Greys Stabschef Will Salt, der Druck machte und eine Erklärung von ihm wollte.

Applebaum hatte keine.

Solange der genaue Mechanismus nicht gefunden war, der die weitverbreitete Krankheit auslöste, war alles andere Spekulation. Aber Applebaum kam zu dem Schluss, dass er nicht länger nichts sagen konnte. In einem Informationsvakuum wuchern die Spekulationen. Auch wenn er den Menschen noch nicht sagen konnte, warum das alles geschah, war es als oberster Hüter der Lebensmittelsicherheit doch seine Pflicht, sie zu beruhigen und darüber zu informieren, was unternommen wurde.

Teagan Chase war entschieden dagegen gewesen. Nicht dagegen, mit den Medien zu sprechen, sondern dagegen, *wer* das tun sollte. Seit über fünf Jahren war sie seine loyale Stabschefin und hatte Saul Applebaum oft genug in Aktion erlebt. Daher wusste sie, dass es einem Desaster gleichkäme, ihn vor die versammelte Medienmeute zu stellen. Er war brillant, wenn er auf bedeutenden wissenschaftlichen Kongressen über Epidemiologie sprach. Er war hoch angesehen, wenn Fachleute aus dem öffentlichen Gesundheitswesen zusammenkamen oder Gespräche mit Spezialisten der Weltgesundheitsorganisation zu führen waren. Seine jüngste Forschungsarbeit über Nanopartikel zur kontrollierten Medikamentenabgabe galt weithin als bahnbrechende, geradezu geniale Studie.

Das Problem war, dass Dr. Applebaum einfach nicht alltagstauglich war. Er sah aus und hörte sich an wie ein Streber. Sein großer, glänzender Kopf geriet unter Druck ins Schwitzen. Und so sehr sie sich in all den Jahren auch bemüht hatte, es war ihr nicht gelungen, ihm beizubringen, bei der vereinbarten Sprachregelung zu bleiben. Wenn es um die Medien ging, war Applebaum das dümmste Genie, das ihr je begegnet war.

Aber sie hatte ihn nicht davon abbringen können. Und letztendlich war er der Chef. Wohl oder übel, die Pressekonferenz fand statt.

Der FDA-Leiter wusste, dass sie heute volles Haus hatten. Doch auf dieses Blitzlichtgewitter und das von Wand zu Wand reichende Spalier aus Fernsehteams war er nicht vorbereitet, als er zu einem Rednerpult im vorderen Teil des Raumes ging und das gefaltete Blatt mit einer Seite einer kurzen Verlautbarung aus der Innentasche seines Jacketts zog.

In förmlicher, gemessener Sprache begann er mit einer Zusammenfassung der amerikaweiten Fälle von Lebensmittelvergiftung an diesem Morgen. Er bestätigte, dass es zunächst den Anschein gehabt hatte, als seien nur Geflügelrestaurants betroffen, dass aber nun auch andere Restaurants, die Fleischgerichte wie zum Beispiel Burger anboten, vor demselben Problem stünden. Wichtig sei, dass das Phänomen sich nicht nur auf Fast-Food-Restaurants beschränke. In der letzten Stunde hatte die FDA eine rasch zunehmende Anzahl von Anrufen erhalten, wonach Menschen sich nach dem Verzehr von Fleisch eine schwere Lebensmittelvergiftung zugezogen hatten, und zwar nicht nur in Restaurants, sondern auch zu Hause.

Wissenschaftlerinnen und Wissenschaftler im Dienst der FDA hatten die Ursache der Lebensmittelvergiftung noch nicht gefunden. Bis dahin konnte nicht ausgeschlossen werden, dass es sich möglicherweise um eine Infektion handelte.

»Zum jetzigen Zeitpunkt lautet die Empfehlung der FDA – und diese Empfehlung ist dringlich«, Applebaum legte eine rhetorische Pause ein und ließ den Blick über das Meer aus Journalistinnen und Journalisten vor ihm schweifen. »Fleisch jeglicher Art, egal wo und wann Sie es gekauft haben, kann nicht unbedenklich verzehrt werden.«

Ein neuerliches Blitzlichtgewitter und das Surren der Kameras begleiteten die folgenschwere Mitteilung.

»Die FDA rät Ihnen, Eiweiß aus anderen Quellen zu sich zu nehmen. Wir beobachten die Situation rund um die Uhr, und sobald wir weitere Informationen haben, informieren wir Sie.«

Das wars. Als er das Blatt wieder zusammenfaltete und zurück in die Tasche steckte, schrien sich die versammelten Medienleute gegenseitig mit ihren Fragen nieder.

»Sind wir jetzt ein Volk von Vegetariern?!«

»Wie lange wird das noch dauern?!«

»Wie hoch ist die Anzahl der Todesopfer bis jetzt?«

Ein Redner mit mehr Erfahrung hätte sich von dem Geschrei nicht beeindrucken lassen. Er hätte sich, genau wie mit seiner Stabschefin abgesprochen, nach der Erklärung umgedreht und wäre gegangen. Aber Applebaum erkannte die Fallen, die ihm die Journalisten mit ihren scheinbar harmlosen Fragen stellten, nicht. Außerdem konnte er Dummköpfe nicht ausstehen.

»Keine Todesopfer«, bestätigte er den brüllenden Reportern. Dann: »Selbstverständlich plädiere ich für eine vegetarische Ernährung.« Und schließlich, unfähig sich zurückzuhalten: »Ich habe keine Ahnung, wie lange das noch dauert.«

»Ist Instant Karma die Ursache?!«, rief ihm ein Reporter eines Öko-Nachrichtensenders zu.

Applebaum antwortete nicht. Er bekam erst gar nicht die Chance dazu. Seine Stabschefin hakte sich bei ihm unter und führte ihn sanft vom Rednerpult weg, wobei sie ihn daran erinnerte: »Keine Fragen.«

Wieder in seinem Büro angekommen, ging er zu dem Aquarium auf dem Aktenschrank, in dem Miguel lebte, sein mexikanischer Axolotl.

»Ich denke, das ist ganz gut gelaufen«, sinnierte er, als spräche er mit dem ätherischen Geschöpf.

Teagan Chase blickte von dem verschwommenen rosa Fleck auf der einen Seite des Glases zur großen, pulsierenden Stirn des FDA-Leiters auf der anderen. Nicht zum ersten Mal fragte sie sich, wer von den beiden der Weltfremdere war.

»An Ihrem ›Keine Ahnung‹ werden sie sich festbeißen.« Teagan Chase wurde deutlich.

»Keine Ahnung?«

175

»Was Sie am Schluss gesagt haben.«

»Habe ich das?« Er überlegte. »Das stand nicht in der Verlautbarung, die ich verlesen habe.«

»Das ist die Botschaft, die sie mitnehmen.« Sie sah ihn scharf an, legte sein Telefon wieder auf den Schreibtisch und verließ den Raum.

Dr. Applebaum blickte versonnen auf den Axolotl. Die brüllenden Journalisten. Die respekteinflößenden Offiziere und Beamten, die ihn im Laufe des Vormittags angerufen hatten. Sie alle wollten eine Antwort auf dieselbe Frage. Auf eine Frage, für deren Beantwortung er wissenschaftlich ausgebildet worden war. Nur lieferte die Wissenschaft nicht.

»Ist Instant Karma die Ursache?«, hatte der eine Reporter gerufen.

Er war überrascht gewesen. So etwas festzustellen, lag nicht im Zuständigkeitsbereich der FDA. Karma gehörte zu keinem ihm bekannten epidemiologischen Bezugssystem. Aber er konnte auch nicht ignorieren, dass Hähnchen in der Massentierhaltung mit sechs Wochen geschlechtsreif werden, im Gegensatz zu einem Alter von 20 Wochen, wenn man sie nicht mit Hormonen vollpumpt. Dass diese hormonelle Manipulation auch bei Rindern und Schweinen zum Einsatz kommt. Dass das erbarmungslose Profitstreben bei der Aufzucht und Schlachtung von tierischen Produktionseinheiten ohne Rücksicht auf deren Empfindungsvermögen ihm ein zunehmend mulmigeres Gefühl bereitete, je älter er wurde. Und dass dank der spektakulär verschwenderischen Anforderungen der Fleischproduktion 80 Prozent der landwirtschaftlichen Nutzfläche der Welt nur 20 Prozent der Nahrungsmittel hervorbringen. Nicht zum ersten Mal fragte er sich, was passieren würde, wenn Mutter Natur, wie immer, wenn sie an ihre Grenzen stieß, mit einer unbeschreiblichen Katastrophe reagierte und der ganzen verdammten Horrorshow ein Ende bereitete?

Was, wenn es heute soweit wäre? Wenn Karma eine Dynamik wäre wie jede andere auch, die untersucht und überprüft werden könnte? Könnten Ursachen und ihre Wirkungen in einer Art und Weise untersucht werden, die beobachtbar, messbar und wiederholbar ist? Wenn ja, wie wäre eine solche Untersuchung durchzuführen?

Seine Augen wanderten über die Papierstapel auf seinem Schreibtisch. Da fiel sein Blick auf eine besondere Mappe mit Auszeichnungen und Belobigungen für Angestellte. Anerkennungen für herausragende Leistungen, die auf seine Unterschrift warteten, bevor sie bekannt gegeben werden konnten. Eine Aufgabe, die er immer wieder aufgeschoben hatte, weil es ständig etwas Dringenderes gab, das seine Aufmerksamkeit erforderte.

Er griff nach der Mappe, öffnete sie, nahm einen Stift aus seiner Schreibtischschublade und begann zu unterschreiben.

28

Montpelier, Vermont

G RACE ARLINGHAMS WUNDERBARER TAG WURDE IMMER noch außergewöhnlicher!
Sie legte letzte Hand an ihren Lippenstift, trat vom Badezimmerspiegel zurück und rückte den Schal über ihrem kahlen Kopf zurecht, voller Erstaunen darüber, wie verwandelt sie sich fühlte. Aus einer zerbrechlichen, erschöpften und vorzeitig gealterten Person war eine lebenssprühende Frau voller Überzeugung und Zielstrebigkeit geworden. Nicht, dass sie viel Zeit gehabt hätte, darüber nachzudenken. An einem Tag, an dem stündlich große neue Ereignisse stattfanden, musste sie sich auf ihre Besucher vorbereiten. Mit 62 Jahren stand sie kurz vor der für ihr Empfinden wichtigsten Aufgabe ihres Lebens. Und sie würde gleich im Fernsehen auftreten, landesweit ausgestrahlt!

Nach dem Besuch bei den Frauen aus der Selbsthilfegruppe und der Rettungsaktion für zahlreiche Schnecken hatte sie Kristina und Charlie, die zu demselben medizinischen Zentrum fuhren, von dem sie gerade gekommen war, verabschiedet, mit dem innigen Wunsch, Kristina möge bei ihrer Tomographie das Gleiche erleben wie sie. Dann kehrte sie nach Hause zu ihrem sechsköpfigen Empfangskomitee zurück, das sie schwanzwedelnd begrüßte.

Es war ein besonders fröhliches Nachhausekommen, und die Traurigkeit, die sie am Morgen noch verspürt hatte, war vollständig verflogen. Sie fragte sich, ob ihre Hunde spüren konnten, dass ihr Todesurteil aufgehoben worden war? Natürlich nicht für immer. Das war ihr klar. Aber sie würde zumindest Zeit haben, ihre Lieblinge bis zum Ende ihrer Tage zu begleiten. Zeit für viele weitere Spaziergänge, um den Wechsel der Jahreszeiten in ihren geliebten Wäldern von Vermont zu erleben. Grace hatte schon immer das Gefühl gehabt, dass Haustiere nicht einfach zufällig ins Leben treten. Sie kamen nur aufgrund einer früheren Verbindung. Wenn das mit dem Karma tatsächlich stimmte, könnte das dann nicht auch erklären, worin eine solche frühere Verbindung bestanden haben könnte?

Aus Gewohnheit schaltete sie beim Kaffeekochen den Fernseher in der Küche ein. Und zum ersten Mal sah sie die vielen Meldungen über die Lebensmittelvergiftung. Die FDA hatte bereits sämtliche Geflügelprodukte verboten, und es hieß, das Verbot solle auf alle Fleischarten ausgeweitet werden. Sie musste sofort an John denken.

John Caruso, ein Schweinezüchter, und sie waren schon lange befreundet. John und Graces verstorbener Ehemann Teddy kannten sich bereits seit der Schule, und sie hatte ihn noch vor ihrer Hochzeit mit Teddy kennengelernt. Sie blieben Freunde, als sie beide heirateten und eine Familie gründeten. Und sie blieben Freunde, als sie den Verlust von Teddy betrauerte und John den Tod seiner Frau. Johns Farm in der Nähe von Manchester war zwei Autostunden entfernt – nicht so weit, dass sie sich nicht manchmal besuchten, wenn sie in der Nähe waren, aber zu weit, um eben mal schnell hinzufahren. Wenn sie sich sahen, genossen sie das unkomplizierte Verhältnis, das sich aus ihrer lebenslangen Verbundenheit ergab.

John hatte die Farm von seinem Vater geerbt und sie in seiner Glanzzeit beträchtlich erweitert, er hatte die Nachbarfarm gekauft und auf Äpfel und Treibhausgemüse umgestellt. Die Schweinemast war immer das wirtschaftliche Standbein des Betriebs gewesen, und obwohl John damit sehr erfolgreich war, wusste Grace, dass ihm dieser Betriebszweig zwiespältige Gefühle bereitete. In Gummistiefeln vor einer Bucht stehend, in der die Schweine gefüttert wurden, hatte sie ihn vor Jahren einmal gefragt, warum.

179

»Wir tun unser Bestes, damit sie hier gut versorgt sind«, hatte er ihr gesagt. »Aber wenn wir sie auf den Lastwagen laden, wissen sie genau, wohin es geht. Daran hatte ich noch nie den geringsten Zweifel.«

Grace hatte den Schmerz in seinen Augen gesehen – die Erkenntnis, dass das Leben, für das er sich als junger Mann so begeistert entschieden hatte, moralische Konsequenzen mit sich brachte, die ihm nicht im Geringsten bewusst gewesen waren. Er war verantwortlich für die Entstehung von Tausenden, wahrscheinlich Zehntausenden von Wesen, die in die Welt gesetzt wurden, nur um in der Blüte ihres Lebens getötet zu werden. An dieser Verantwortung trug man nur so lange leicht, wie man nicht glaubte, dass diese Wesen ein Bewusstsein haben oder dass sie glücklich sein wollen, dass sie leben wollen, dass sie frei sein wollen. Diese Verantwortung konnte man nur dann schultern, wenn man überzeugt war, dass die Geschöpfe, mit denen man Gott spielte, aus moralischer Sicht minderwertig waren. Sie wusste, dass John das nicht mehr glaubte. Nicht mehr ganz.

John gehörte zu den guten Farmern. Viele andere hielten ihre Schweine in Boxen, die so schmal waren, dass sie sich nicht einmal umdrehen konnten – auch die von Muttersauen, denen der einfache Instinkt verwehrt wurde, ihre Kleinen mit der Schnauze zu trösten.

Als sie die Nachrichten im Fernsehen sah, griff sie zum Telefon.

»John, ich bin's, Grace«, sagte sie, als er ihren Anruf entgegennahm.

»Ich habe gerade die Nachrichten gesehen. Hat das Auswirkungen auf die Farm?«

Es hatte auf jeden Fall Folgen, kam sofort vom anderen Ende der Leitung, und der Frust war ihm anzuhören. Die für den nächsten Tag vorgesehene Schweinelieferung war ausgesetzt worden, die in zwei Wochen ebenfalls. Auf unbestimmte Zeit. Niemand konnte sagen, wann die Schlachthöfe wieder geöffnet würden. Bis die Behörden herausgefunden hatten, was zum Teufel da los war, war die gesamte Lieferkette zum Erliegen gekommen.

»Wir produzieren keine Ferkel mehr.« Er klang verzweifelt.

180

»Was ist mit den Schweinen, die dableiben?«, wollte sie wissen. »Hast du Platz für sie?«

»Der Platz ist nicht das Problem«, erklärte er ihr. »Es sind die Kosten. Hast du eine Ahnung, wie viel es kostet, ein ausgewachsenes Schwein zu füttern?«

»Sag es mir«, erwiderte sie. »Ich habe nämlich eine Idee.«

Graces Hunde spielten am Fenster verrückt, als ein großer, weißer Transporter vor ihrem Haus vorfuhr. »Galaxy TV – Immer die Ersten« prangte in orangefarbenen Buchstaben an den Seiten des Fahrzeugs. Grace beruhigte die Hunde und führte sie auf die überdachte hintere Veranda, wo sie ihre Ruhe hätten. Sie war gerade auf dem Rückweg, als ihr Telefon summte und die Nachricht kam, auf die sie gewartet hatte. Es war Kristina. Auch sie hatte Entwarnung bekommen!

Grace rief sie sofort an. Die beiden waren überglücklich. Aber sie konnten nicht lange reden. Mehrere weitere Autos hatten auf der Straße vor ihrem Haus geparkt, und die Reporterin Tilly Hendricks marschierte auf die Haustür zu. Grace nahm Kristina das Versprechen ab, ebenfalls vorbeizukommen – und sich auf einen Fernsehauftritt vorzubereiten.

Grace öffnete Tilly die Tür. Sie hatte am Morgen bereits mit ihr gesprochen und sie kannte sie aus dem Fernsehen. Im wirklichen Leben, dachte Grace, war sie kleiner und lockerer, als sie sich in den Nachrichten gab.

Hinter Tilly folgten ein Kamerateam und Lichttechniker, die bald darauf die Möbel im Wohnzimmer umstellten. Währenddessen sagte ihr Tilly: »Das wird eine Liveschalte. Sie wissen, was das bedeutet?«

»Keine zweite Chance, wenn ich mich verhasple?«, lächelte Grace.

»Ganz genau«, grinste Tilly und nickte. »Aber ich habe das Gefühl, das passiert Ihnen nicht.«

Sie hatten am Morgen bereits miteinander gesprochen, nachdem Grace von ihrer Schneckensammel-Aktion zurückgekommen war. Galaxy TV wollte eine Reportage über die plötzliche Zunahme von Spontanremissionen drehen, die an diesem Tag gemeldet wurden. Könnte Grace vielleicht beschreiben, wie sich das anfühlt?

Grace, die eben noch mit John Caruso telefoniert hatte, erzählte ihr von dem Plan, den sie ausgebrütet hatte. Ein Plan, über den sie, wie Tilly Hendricks sagte, live im Fernsehen sprechen könne.

Auf dem Weg ins Wohnzimmer erzählte Grace Tilly von Kristinas Neuigkeiten. Auch sie hatte gerade Entwarnung bekommen und war auf dem Weg zu ihr. Galaxy TV war also nicht nur für eine Story über eine Spontanremission im Rennen, sondern für zwei!

Seit den Weihnachtspartys, die Teddy und sie immer veranstaltet hatten, war Graces Wohnzimmer nicht mehr so voller Menschen gewesen. Wo man hinschaute, waren Fernsehleute mit Vorbereitungen beschäftigt. Das Kamerateam versuchte, die beste Einstellung zu finden. Die Lichttechniker kämpften mit Vorhängen, Leuchten und Reflektoren. Tontechniker mit Kopfhörern auf den Ohren beugten sich über Messgeräte. Als Kristina kam und die beiden Frauen sich umarmten, brandete eine neue Welle der Euphorie auf – sogar Leute aus dem Galaxy-Team applaudierten.

Gleich danach nahmen sie Platz, Tilly den beiden Freundinnen gegenüber; die Kameras waren auf Position, das Licht eingerichtet. Im Hintergrund sendete ein Fernsehgerät live aus der Galaxy-Redaktion in Los Angeles. Sie hatten über die Ankündigung der FDA berichtet, den Verkauf von Fleisch zu verbieten, und befragten nun Landwirte, Wirtschaftswissenschaftler und Ernährungsexperten zu den Auswirkungen.

Tilly signalisierte, dass eine Schalte unmittelbar bevorstand. Plötzlich war die Atmosphäre in Graces Wohnzimmer sehr konzentriert.

»Nicht alle Nachrichten waren heute negativ«, sagte Dan Kavana. »Zum Ausgleich von Lebensmittelvergiftungen, Verkehrsstillständen und Wetterkapriolen gab es auch einige außerordentlich positive Meldungen. Vor ein paar Minuten gab das *American College of Radiology* bekannt, dass heute ein steiler Anstieg der Anzahl an Spontanremissionen zu verzeichnen ist. Von einer Spontanremission spricht man, wenn eine Krebspatientin oder ein Krebspatient mit bildgebenden Verfahren untersucht wird und keine Tumore mehr zu entdecken sind. Eine solche Patientin ist Grace Arlingham. Meine Kollegin Tilly Hendricks ist gerade bei ihr in Montpelier, Vermont.«

»Danke, Dan.« Grace beobachtete, wie Tilly sich in die ernste Reporterin, als die sie sie kannte, verwandelte. Tilly erklärte, dass bei Grace vor einigen Monaten Krebs im vierten Stadium diagnostiziert worden war, dass die Tumore in ihrem Unterleib nicht auf die Chemotherapie angesprochen hatten und sie vor den Ergebnissen ihrer jüngsten Tomographie am Morgen große Angst gehabt hatte. »Statt der Bestätigung, vor der Sie sich so gefürchtet haben, ist heute Morgen aber etwas ganz anderes passiert, nicht wahr, Grace?«, lieferte sie ihr das Stichwort.

»Das stimmt!« Graces Augen funkelten. »Und ich kann es immer noch nicht fassen. Wissen Sie, die Tomographie war völlig ohne Befund. Das war so überraschend, dass mein Onkologe in der Radiologie nachfragen musste, um sicherzugehen, dass es sich nicht um irgendeinen Fehler handelt. Es war einfach so unerwartet. So total.«

»Ihr Krebs ist in Spontanremission gegangen?«, vergewisserte sich Tilly. Grace nickte. »So hat es mein Onkologe ausgedrückt. Aber«, Grace neigte sich zu Tilly, als ob sie ihr ein Geheimnis verraten wollte. »Er sagte, das sei der Begriff, den Mediziner verwenden, wenn sie keine Ahnung haben, warum der Krebs verschwindet.« Noch bevor ihre Gesprächspartnerin etwas sagen konnte, ergänzte sie: »Und ich war nicht die Einzige in unserer kleinen Stadt, die das heute erlebt hat. Bei Kristina war es genauso!« Die Kameras zoomten aus, sodass auch Kristina ins Bild kam, die in Jeans und Pulli auf dem Sofa neben Grace saß und glücklich wirkte.

Tilly befragte Kristina nach ihren Erfahrungen und merkte an, die Unwahrscheinlichkeit der beiden Fälle bestätige die Verlautbarung des *American College of Radiology*.

»Ich halte es für wichtig«, warf Grace ein und ließ sich nicht davon abhalten, das Interview in eine bestimmte Richtung zu lenken, »dass alle Zuschauerinnen und Zuschauer, die krank sind, verstehen, dass Kristinas und mein Leben in Wahrheit deshalb gerettet wurden, weil wir das Leben anderer gerettet haben. Ich habe eine Biene gerettet, die sonst in meiner Vogeltränke ertrunken wäre. Kristina hat zahlreiche Schnecken gerettet. Heute geschieht etwas Seltsames, sodass alles, was wir tun, unmittelbare Auswirkungen hat, und zwar in einem Ausmaß, das kaum zu glauben ist.«

Grace war so in Fahrt, dass Tilly sich nicht einmischte und es Los Angeles überließ, ihr über ihren Ohrhörer Anweisungen zu geben.

Dan Kavana in der Nachrichtenredaktion war gefesselt.

Nick Nalder starrte auf den Bildschirm. »Worauf zum Teufel will die Frau hinaus?!«, rief er und der Leberfleck auf seiner rechten Wange schien weiter anzuschwellen.

»Ruhe, Nalder, das interessiert mich«, entgegnete ihm eine raue Stimme. Die Einzige, die in der Redaktion mehr Gewicht hatte als seine. Harvey O'Sullivan, der Besitzer von Galaxy, hatte sich hinter ihm aufgebaut und zog an einer Zigarette.

»Wir haben heute eine wunderbare Gelegenheit, die genau an das anknüpft, was Ihr Mr. Kavana gerade gesagt hat«, sagte sie zu Tilly. »Es gibt viele Menschen, die genauso schwer krank und verzweifelt sind, wie ich es war, und die davon profitieren können, wenn sie etwas unternehmen, um das Leben anderer zu retten. Und es gibt viele Landwirte mit Tieren, die sie normalerweise schon gar nicht mehr haben sollten, und deren Leben jetzt gerettet werden kann. Deshalb habe ich in Zusammenarbeit mit einem Landwirt aus der Region die *Arlingham Foundation* gegründet. Ein schwer kranker Mensch kann gesund werden, wenn er die Patenschaft für ein Tier übernimmt, das sonst getötet werden würde. Dadurch kann ein Schwein oder ein Schaf ein natürliches, glückliches Leben führen. Eine Farmerfamilie kann auf ihrem Land bleiben und das tun, was sie liebt. Alle haben etwas davon!«

»Danke, Grace. Das ist … eine Idee, die es so noch nie gegeben hat.« Tilly war überrascht, dass sie von ihren Produzenten keine Anweisungen erhalten hatte, in welche Richtung sie das Interview lenken sollte, also improvisierte sie. »Wie können die Leute mit Ihnen Kontakt aufnehmen?«

29

Galaxy Television
Galaxy City, Los Angeles

Dan Kavana übergab an Al Greenberg für die Börsennachrichten, zog seinen Ohrhörer heraus und ließ sich von seinem Schreibtisch zurückrollen. Es hatte früher schon Zeiten gegeben, in denen er dachte, die ganze Welt spiele verrückt. Aber diese Sendung war fraglos die verrückteste von allen.

Kaum war er aus dem Studio, kam Julieta auf ihn zu.

»Wie sieht es da drinnen aus?« Er deutete auf den Besprechungsraum.

Sie verdrehte die Augen. »Gott sei Dank ist Harvey da.«

Die Anwesenheit des Eigentümers, das wussten sie beide, würde Nick Nalder bremsen.

»Als er hereinkam«, erzählte Julieta leise, »fragte er gleich als Erstes: ›Nicky, was ist mit deinem Gesicht passiert?‹«

»Der Leberfleck?«

»Er ist riesig geworden! Jedes Mal, wenn er bei jemandem ausrastet, wird er anscheinend noch größer.«

»Aber hey …« Ihr Gesichtsausdruck wechselte. »Das musst du dir ansehen.«

Sie hielt sein Handy hoch. »Eben kam eine Nachricht von Maddie.«

Es war ein Videoclip mit der Nachricht: »Schau mal, Dad, was ich kann!« Er drückte auf Play. Da saß sie neben einem Waschbecken im *Pacific Seabird Rescue* und strahlte, während sie beide Arme auf Schulterhöhe hob, um sie dann ganz auszustrecken und spielerisch mit ihren behandschuhten Händen zu kreisen. Im Hintergrund sagte Jacinda: »Sie hat allein heute Morgen mehr Fortschritte gemacht als im ganzen letzten Jahr!«

Dan schüttelte ungläubig den Kopf und Tränen stiegen ihm in die Augen. »Unfassbar!« Er nahm das Telefon und rief gleich seine Tochter an.

»Die Vermont-Schalte«, bellte Nalder, als er ein paar Minuten später die Nachrichtenredaktion betrat. »Was zum Teufel sollte das denn?«

»Die Story über die Remissionen?« Dan grüßte Harvey mit einem Nicken. Harvey spielte gerne den unsichtbaren Beobachter. Die Fliege an der Wand, wie er sagen würde. In Wirklichkeit eher der Elefant im Raum. »Die Frau hat daraus eine Werbeaktion für ihre Stiftung gemacht.«

»Ich habe das als Ankündigung eines Angebots für die Öffentlichkeit betrachtet«, antwortete Dan.

»Erzähl mir nicht, dass du ihr diese Geschichte abkaufst …«

»Wie das ganze Land, versuche auch ich, dem, was da gerade passiert, einen Sinn abzuringen.« Dan gab nicht klein bei. Vor allem nicht angesichts dessen, was gerade mit Maddie vor sich ging. »*Was man sät, das wird man ernten*, ergibt im Moment sehr viel Sinn.«

»Dieses ganze Karma-Ding haben wir doch schon hinter uns!« Nalder wurde noch lauter. In der gesamten Nachrichtenredaktion blickten die Rechercheure und Berichterstatter von ihren Schreibtischen auf. Dass Alphamännchen ihre Geweihe aufeinanderkrachen ließen, kam immer mal wieder vor. Aber vor Gott höchstpersönlich?

Nalders Ton wurde scharf. »Das Ganze ist doch lächerlich!«, fuhr er fort. »Wie kann die Rettung einer Biene aus einer Vogeltränke einen ganzen Haufen Tumore beseitigen?«

»*Irgendwas* hat aber dazu geführt«, konterte Dan.

»In die Richtung gehen wir auf gar keinen Fall!«, betonte Nalder mit Nachdruck. Bildete Dan sich das nur ein, oder dehnte sich der Leberfleck auf der rechten Wange seines Chefs noch weiter aus? »Es gibt keinerlei Beweise.«

187

»Außer so ziemlich alles, worüber wir heute berichtet haben und das in dieselbe Richtung weist.«

Dan überlegte, ob er erwähnen sollte, was mit Maddie geschehen war, entschied sich aber dagegen. Nalder würde nur meckern, er habe jegliche Objektivität verloren.

»Das ist toxisch. Ihr habt den Präsidenten gehört.«

Sie hatten den körnigen Videoclip von Präsident Grey gesehen, der in den sozialen Medien die Runde machte. Mitsamt seiner pauschalen Erklärung:»Wir sind hier in den Vereinigten Staaten von Amerika. Mit Karma haben wir nichts zu schaffen.«

»Seit wann beugen wir uns dem überragenden Intellekt von Präsident Grey?«, ätzte Dan.

»Kein anderer Sender geht da ran, und das aus gutem Grund: Sie würden ihre Zuschauer verlieren.« Nalder drehte sich um, als ob er sich direkt an Harvey wenden wollte.

Tracey, eine der Rechercheurinnen, winkte an ihrem Schreibtisch mit einem Ausdruck.»Ich habe hier etwas, das Sie sehen sollten!«, rief sie. Nalder ignorierte sie.

»Ich sage ja nicht, dass wir uns weit aus dem Fenster lehnen müssen«, argumentierte Dan.»Ich sage nur, dass wir dem nachgehen sollten.«

Julieta, die sich noch nie hatte kopfscheu machen lassen, hatte sich Traceys Dokument kurz angeschaut, es dann an sich gerissen und direkt an Harvey weitergegeben. Er warf einen Blick auf die Schlagzeile und lachte freudlos.»Wissenschaftlicher Beweis: Karma gibt es nicht«, las er laut vor.»So eine Studie von heute Morgen von Dr. Stanley Smugg, New-York-Times-Bestsellerautor, digitaler Disruptor und Influencer. Na, was sagt man dazu?!« Er wedelte mit dem Papier in Richtung der beiden Männer.»Vielleicht ist das der Aufhänger.«

»Smugg interviewen?«, fragte Nalder.

»Nein! Eher etwas … Kämpferisches«, schlug Harvey vor.

»Mann gegen Mann?«, fragte Dan.

Der Galaxy-Gott nickte.

»Dafür müssten wir einen Karma-Experten finden.«

Rechercheurin Chieko, die sich auf die sozialen Medien konzentrierte, schaltete sich spontan ein. »Lama Tashi!«, rief sie ihnen zu.

Alle drehten sich dorthin um, wo die fleißige junge Frau, die nur selten den Mund aufmachte, an ihrem Bildschirm saß.

»Noch nie von dem gehört«, schnauzte Nalder, dessen Leberfleck zusehends dunkler wurde. »Haben wir keine berühmten Buddhisten?«

»Doch«, sagte Chieko. »Aber Lama Tashi hat heute Morgen etwas in den Sozialen Medien veröffentlicht, das viral gegangen ist. Online sprechen alle über ihn.«

»Wie viele sind alle?« Nalder bewahrte sich die Skepsis der alten Nachrichtenwelt gegenüber digitalen Kanälen.

»Über 100 Millionen Aufrufe.«

»Das sind ein paar mehr als bei unseren Nachrichten«, sagte O'Sullivan und warf Nalder einen sardonischen Blick zu.

Neben den Schreibtischen der Rechercheure schüttelte Trent Garvey, der Verantwortliche für die Einschaltquoten, ungläubig den Kopf.

»Glauben Sie, dass dieser Lama in einer Debatte bestehen kann?«, fragte Nalder.

Chieko nickte. »Es geht nicht nur darum, was er sagt. Er hat so eine Wirkung. Er hypnotisiert einen geradezu.«

»Hypnotisieren ist gut«, stöhnte Harvey.

»Wir arrangieren das«, sagte Dan.

»Bevor ihn sich andere schnappen.« Harvey mit seinem ausgeprägten Geschäftssinn warf Nalder einen scharfen Blick zu. »Immer die Ersten«, zitierte er den Galaxy-Slogan.

30

Amt für die Angelegenheiten der Veteranen
Boulder, Colorado

Dr. Ralph Sharp beobachtete, wie Colonel Thomas Jackson auf dem Parkplatz aus seinem großen schwarzen Pick-up stieg und auf die Eingangstür zuging. Normalerweise wäre jemand am Empfang, Ralph säße in seinem Sprechzimmer am Ende des Flurs, und alles wäre voller Menschen. Wegen der ganzen Störungen hatte Ralph heute kein diensthabendes Personal und keine Klienten. Das heißt, sieht man mal von demjenigen ab, für den General Hickman um eine Beratung gebeten hatte.

Colonel Jackson war es unangenehm, hier zu sein. Das verriet seine Körpersprache. Ralph beobachtete, wie sein Besucher verstohlen mit den Augen die Umgebung absuchte, um zu prüfen, ob er beobachtet wurde. Wie er beim Überqueren des Parkplatzes eine geschlossene Haltung einnahm und den Kopf hängen ließ. Dies alles entsprach dem Schema, das er seinen Zuhörern im Pentagon erklärt hatte. Eben dem Schema, auf das der General bei ihrem Gespräch vorhin Bezug genommen hatte.

»Colonel?« Sein Besucher betrat den Empfang, und er ging auf ihn zu. »Dr. Ralph Sharp. Leiter des Veteranenbüros für Colorado.«

Toms Händedruck war forsch. Ralph spürte eine reflexartige Dienstbeflissenheit und versuchte, seinen Besucher zu beruhigen. »Wir lernen uns unter ungewöhnlichen Umständen kennen. Ich bin heute ganz alleine hier.«

Er brauchte das nicht weiter zu erklären.

»Ich weiß Ihre Zeit zu schätzen«, sagte Tom.

»*Wir* wissen es zu schätzen, dass Sie uns helfen wollen«, antwortete Ralph und unterstützte damit die Erzählung, die Tom gewählt hatte. »Kommen Sie.« Er führte ihn den Flur entlang.

Ralphs Büro war so gestaltet, dass Männer wie Tom sich darin wohlfühlten. Mit den grün bespannten Wänden, gerahmten akademischen Urkunden, Chesterfield-Möbeln, Bücherregalen aus Massivholz und hochglanzpolierten Pokalen war es ausgesprochen maskulin, aber ohne jeden militärischen Bezug.

»Ich bin mir sicher, dass Sie einen wichtigen Beitrag zu unserem Programm leisten können«, sagte Ralph seinem Besucher, als sie sich in Ohrensesseln gegenübersaßen, zwischen sich den Couchtisch und für jeden ein Glas Wasser. »Haben Sie an etwas Bestimmtes gedacht?«

»Wandern«, antwortete Tom schlagartig. »Ich war immer viel in den Bergen. Ich könnte Gruppen führen.«

»Sie haben von unserem Outdoor-Programm gehört?«

»Ich habe es auf Ihrer Website gesehen.«

Auf der Seite des Outdoor-Programms wurde ausführlich auf die posttraumatische Belastungsstörung hingewiesen. Ralphs Besucher sandte ein hilfreiches Signal.

»Es ist wichtig, dass ehrenamtliche Leiter – und das wären Sie – etwas über PTBS wissen.«

»Hab davon gelesen.«

»Hervorragend!«, sagte er ermutigend. Dann lenkte er das Gespräch mit Tom in eine Richtung, die er nur zu gut kannte. Eine Richtung, die zu einem Moment der Selbstoffenbarung und sogar dazu führen konnte, dass seine Klienten bereit waren, sich darauf einzulassen.

»Häufig erleben wir zu verschiedenen Zeitpunkten in unserem Leben einzelne Symptome einer PTBS, auch wenn die Erkrankung als solche bei uns vielleicht nicht diagnostiziert wird. Eine Diagnose wird nur dann gestellt, wenn mehrere Symptome gleichzeitig vorhanden sind.«

Tom nickte.

»Es kann uns helfen, uns in die Menschen, die wir führen, einzufühlen, wenn wir auch selbst so etwas erlebt haben wie sie.« Er machte absichtlich eine Pause und trank in aller Ruhe einen Schluck Wasser.

»Was denn zum Beispiel?« Tom nahm die Einladung an.

»Hartnäckige Flashbacks eines traumatischen Ereignisses, manchmal in Form von Albträumen. Oder im Wachzustand. Oder beides.« Tom neigte seinen Kopf.

»Schlaflosigkeit.« Er begegnete Toms vorsichtigem Blick.

»Aha.«

»Was oft zu übermäßigem Alkoholkonsum führt.«

»Na, das kennen ja viele!« Ralph bemerkte, dass Toms reflexhafter Einsatz von Humor als Ablenkungsmanöver diente. Das zeigte einen inneren Konflikt auf zwischen dem Wunsch, seine eigene Situation offenzulegen, und der wahrscheinlich lebenslangen Gewohnheit, alles unter Verschluss zu halten.

»Welche Symptome noch?«, fragte Tom.

»Es kann hartnäckige Ängste geben. Entsetzen. Scham. Negative Einstellungen sich selbst gegenüber und die Unfähigkeit, positive Emotionen zu denken oder zu fühlen. PTBS kann dazu führen, dass man sich zunehmend von anderen abkapselt ...«

»Das verstehe ich ja alles!« Es war nicht klar, ob Tom sich mehr über Ralphs fortlaufende Liste ärgerte oder darüber, dass seine eigenen Symptome so klipp und klar aufgezählt wurden. Wie dem auch sei, es kam auf dasselbe hinaus. »Ich verstehe bloß nicht, warum gerade wandern?«, wollte er wissen.

Ralph sah ihn gleichmütig an. »Das Outdoor-Programm, weshalb Sie gekommen sind, führt die Teilnehmer in die Natur. Es ist gut belegt, dass wir in der freien Natur leicht von unseren Gedanken abgelenkt werden. Wir kommen aus dem narrativen Modus, wie die Neurowissenschaft sagt, in den direkten Modus, in dem wir unsere Aufmerksamkeit unmittelbar auf das richten, was wir sehen, hören, riechen und so weiter.

Sie sehen, unser Umgang mit negativen Gedanken und Gefühlen besteht nicht darin, sie zu verdrängen. Auf Dauer hilft Verdrängung nie.«

»Gar nicht?«

Ralph wusste, dass er Colonel Jacksons ungeteilte Aufmerksamkeit hatte. »Sie hält die Dinge nur im Zaum. Und sobald die Verdrängungsenergie geschwächt wird, entpuppt sich das, was zu schlummern schien, als dynamisch. Wenn überhaupt, dann wird es durch Verdrängen nur noch stärker.«

»Aber ich kann doch nicht mein ganzes Leben in den Bergen verbringen!«, wandte Tom ein. »Also, das könnte doch kein Mensch.«

Da war er! Der Moment des Eingestehens. Sein Besucher gestand sich das Ungeheuer ein, das aus seiner ureigenen Finsternis aufgetaucht war.

»Stimmt! Das kann kein Mensch«, sagte Ralph, ohne viel Wirbel drum zu machen. »Das Outdoor-Programm ist lediglich ein Teil eines Behandlungsplans. Zu ihm gehören außerdem Einzelgespräche, um die zugrunde liegenden Ursachen anzugehen. Und es werden Instrumente angeboten, die den Klienten helfen, besser mit ihren Gedanken umzugehen. Alles Bestandteile«, Ralph deutete einen großen Kreis an, »eines ganzheitlichen Gesamtpakets.«

Tom starrte eine ganze Weile auf sein Glas Wasser. Er wusste, dass er sich geoutet hatte, obwohl das nicht seine Absicht gewesen war. Als Lama Tashi ihm erklärte, die Ursache für die Befreiung von dem Schrecken, der ihn Nacht für Nacht heimsuchte, bestünde darin, anderen zu helfen, sich davon zu befreien, hatte er sofort an das PTBS-Programm gedacht. Er wusste schon seit Jahren davon. Irgendwann hatte er erkannt, dass er selbst als Klient daran teilnehmen sollte, nur hatte er sich nicht dazu durchringen können. Nicht einmal nach Gregs Beerdigung letztes Jahr, als nur noch er übrig war. Der letzte der drei Musketiere, der sich nicht das Leben genommen hatte.

Tom hatte nicht damit gerechnet, dass sich die Dinge so entwickeln würden. Aber der Psychologe zeigte sich nicht überrascht, und Tom nahm an, es sei wohl das Beste, dass es jetzt heraus war.

Er sah den Psychologen an und fragte:»Also keine Wunderwaffe?«

Ralph verneinte kopfschüttelnd und erwiderte Toms schiefes Lächeln.

»Und das nächste Programm beginnt erst in sechs Wochen.«

Er sah, wie sich Toms Gesichtsausdruck verdüsterte, und dachte an das wichtigste Prinzip all seiner therapeutischen Interventionen. Das Element, das er für das Wichtigste hielt, was er seinen Klienten vermitteln konnte, insbesondere denen, die mit Depressionen zu kämpfen hatten: neue Hoffnung.

»Ich habe keinerlei Zweifel, dass Sie das Programm als wichtigen Wendepunkt erleben werden. Unsere Klienten sprechen hervorragend darauf an. Wissen Sie, Colonel, wenn Sie in der Lage sind, persönlichen Schmerz in Wachstum umzuwandeln, dann gilt: Je mehr Schmerz, desto mehr Wachstum. Die Resultate können außergewöhnlich sein!«

Tom folgte ihm aufmerksam und dachte, was er da von sich gab, könnte auch von Lama Tashi stammen.

»In der Zwischenzeit können wir sicher etwas finden, das Ihnen bis zum Beginn des nächsten Programms weiterhilft.«

Tom zog die Augenbrauen in die Höhe.

»Wenn Sie so nett sein wollen«, Ralph lehnte sich in seinem Ohrensessel zurück,»entspannen Sie sich in Ihrem Sessel. Atmen Sie ein paar Mal tief ein und langsam wieder aus.«

Unter anderen Umständen hätte Tom sich gegen einen solchen Vorschlag verwahrt. Aber seine Spielchen waren vorbei. Außerdem wollte er nicht ohne positive Nachrichten wieder nach Hause zu seinem Guru kommen. Also tat er wie geheißen.

»Leiden Sie unter Höhenangst?«, fragte Ralph.

Er verneinte kopfschüttelnd.

»Dann möchte ich Sie bitten, die Augen zu schließen und sich vorzustellen, dass Sie in einem Heißluftballon über der Landschaft schweben. Eine andere Landschaft als üblich. Es ist die Landschaft Ihres Lebens. Sie fliegen zeitlich zurück und sehen alles, was passiert ist, in dem Moment, in dem es sich abgespielt hat. Zurück zu Ihrer Verabschiedung aus dem aktiven Dienst, in Ihre Sechziger. Ihre Fünfziger. Sie schauen nach unten und sehen alles wie ein unparteiischer Beobachter von oben. Alle wichtigen Meilensteine. Die Hochs und die Tiefs. Und bei alledem sind Sie innerlich vollkommen ruhig. Sie sind unparteiisch. Objektiv.«

Tom hatte diese Übung noch nie ausprobiert. Es hatte ihn nie jemand auf die Idee gebracht. Und wenn doch, hätte er sie wahrscheinlich als schwachsinniges Psychogeschwätz abgetan. Aber als er sich jetzt im Ohrensessel zurücklehnte, fiel sie ihm erstaunlich leicht. Er stellte fest, dass er sich an Meilensteine erinnern konnte, während Ralph Sharp die einzelnen Jahrzehnte herunterzählte, bis sie bei dem Zeitpunkt angekommen waren, als er mit 18 Jahren in die Armee eingetreten war.

»Nun blicken Sie noch weiter zurück. In Ihre Jugend und Kindheit. Gibt es irgendeine Tätigkeit, die Ihre Aufmerksamkeit voll und ganz beansprucht hat?«, bohrte Ralph nach. »Etwas, das Sie getan haben und in dem Sie vollkommen aufgegangen sind?«

Er musste eine ganze Weile hinschauen. Die Antwort kam nicht gleich. Aber als sie kam, war sie einleuchtend und selbstverständlich. Er erinnerte sich an die anfängliche Ermutigung durch seine Mutter. Und sobald er sich bewiesen hatte, auch durch seinen Vater. Die vielen Stunden des Übens. Die Proben in der Schule. Prüfungen und Aufführungen. Es war ein wichtiger Teil seines Lebens gewesen und hatte so sehr zu ihm gehört, dass es das einzige war, was er bedauerte, als er zum Militär ging.

»Das Klavier«, sagte er.

»Sie spielen Klavier?«

Tom dachte an das Steinway-Klavier im Wohnzimmer. Es war das Klavier, auf dem er in seiner Kindheit gespielt und das er geerbt hatte, als die Zeit gekommen war, sein Elternhaus zu verkaufen. Von klein auf hatte er sich zu der Struktur und den Regeln der Musik hingezogen gefühlt. Dass jedes einzelne Musikstück aus denselben zwölf Tönen und 24 Tonarten hervorgeht. Dass man umso versierter wurde, je länger man übte. Tonleitern und Etüden waren Disziplinen, die er als stärkend empfunden hatte, bis sie durch eine Disziplin völlig anderer Art ersetzt worden waren.

»Ich habe schon ein halbes Jahrhundert nicht mehr gespielt«, sagte er.
»Dann wird es Zeit, dass Sie wieder damit anfangen«, empfahl ihm Ralph.

31

Omni, Colorado

M ARGARETA WAR FROH, DASS SIE DEN TELEFONANRUF IHRER Tochter
angenommen hatte. Das Gespräch mit Gabby hatte ihr geholfen,
den ersten Schock zu verarbeiten, und es hatte sie auch beruhigt, dass sie
damit nicht allein war. Gabby war ganz auf ihrer Seite und empört über
das Verhalten ihres Vaters, auch wenn sie die Nachricht anscheinend
nicht ganz so überrumpelte, wie Margarita erwartet hatte.

Gabby hatte eine halbe Stunde später noch einmal angerufen und erzählt, sie habe ein paar Nachforschungen über »die Schlampe« angestellt.
Sie hatte keinerlei Zweifel, dass ihr Vater benutzt worden war – aber das
entschuldigte nicht, was er getan hatte. In Nullkommanichts, so sprach
Gabby ihr Mut zu, würde ihr Vater wieder vor ihrer Tür stehen und sie
um Verzeihung bitten. Mom musste entscheiden, ob sie ihn zurückhaben
wollte oder nicht.

Gabbys Loyalität machte Margarita Mut. Und nachdem sie das zweite Mal mit ihrer Tochter telefoniert hatte, kam sie zu dem Schluss, dass
sie etwas *tun* musste. Nicht wegen Bob, der seine Entscheidung getroffen
hatte. Und sie war auch nicht in der Verfassung für kreative Arbeit. Aber
sie musste raus. Den ganzen Tag im Haus zu sitzen, würde ihrer Stimmung nicht guttun. Sie dachte bereits an das kleine Päckchen in ihrer
Businesstasche, das sie überbringen sollte. An den völlig überraschenden
Auftrag, den sie am Abend ihrer letzten Signierstunde in New York angenommen hatte.

Das war vor drei Tagen gewesen. Gegen Ende der nachmittäglichen

Veranstaltung in einer noblen Buchhandlung in der 5th Avenue war die Schlange der Signierwilligen allmählich kürzer geworden. Ihr Verleger packte bereits zusammen, und danach sollte es zu einem feierlichen Umtrunk mit dem gesamten Verlagsteam in ihr Hotel gehen. Margarita war ein Paar aufgefallen, das sich in der Nähe des Tisches herumdrückte, an dem sie signierte. Sie entsprachen nicht dem Bild ihrer üblichen Fans – Mütter mit Kindern. Stattdessen sah der Mann aus, als sei er ihr Jahrgang, die Frau etwas jünger. Erst als sie vom Tisch aufgestanden war, sich ihre Handtasche um die Schulter gehängt hatte und gehen wollte, kamen sie auf sie zu.

»Margarita!« Der Mann sprach sie mit ihrem Vornamen an. Irgendetwas an seiner Stimme oder in seinem Gesicht kam ihr entfernt bekannt vor. Sie suchte in seinen Gesichtszügen nach einem Hinweis, der eine Erinnerung auslösen würde. Doch auch wenn sie in dem zeitlosen Moment, in dem sich ihre Blicke trafen, eine ferne Ahnung beschlich, konnte sie nicht einordnen, woher diese kam.

»Norman Manderson. Izzys Bruder.«

Sie schaute ihn an. Die Familie Manderson war nach Omni gezogen, als sie in der High School gewesen war, und Izzy und sie waren gute Freundinnen geworden. Sie hatte Norman, der drei Jahre älter war als sie und der Älteste der drei Geschwister, oft im Haus der Mandersons gesehen, wenn sie vorbeikam, um mit Izzy, der Jüngsten, zu spielen. Mit 17 hatte Norman ein Stipendium fürs College in San Francisco erhalten und war von zu Hause weggegangen. Aus Gründen, die niemand je ganz begreifen konnte, war er nicht nur nie mehr wiedergekommen, sondern hatte sich völlig von seiner Familie abgewandt.

Margarita erinnerte sich, wie schmerzlich diese Abkehr für die Mandersons gewesen war. Norman war ihr hellster Stern gewesen, die Leuchte der Familie, und als er so völlig ohne Erklärung nicht mehr mit ihnen sprach, war es, als hätte er sein Licht mitgenommen und sie in die Finsternis gestürzt. In den Monaten danach hatte es am Küchentisch der Mandersons endlose Gespräche gegeben. An Geburtstagen, an Thanksgiving und Weihnachten hatten sie immer wieder versucht, ihn zu erreichen. Über Vermittler wurden Nachrichten überbracht, in der Hoffnung, wieder Kontakt zu ihm zu bekommen. Aber Norman war nie nach Hause gekommen, nicht einmal, als Mrs. Manderson an Krebs erkrankt und gestorben war. Nicht einmal, als bei Mr. Manderson Demenz diagnostiziert wurde und er in ein Pflegeheim umziehen musste.

Mit der Zeit akzeptierte die Familie, dass sie nichts mehr tun konnte. Rob und Izzy waren erwachsen geworden, hatten Ehepartner gefunden und eigene Familien gegründet. Margarita war mit Izzy, die inzwischen zweifache Großmutter war, befreundet geblieben. Sie betrachtete den Mann vor sich, den sie seit über vierzig Jahren nicht mehr gesehen hatte, und versuchte sich zu erinnern, wann Izzy seinen Namen zum letzten Mal erwähnt hatte.

Das musste mindestens zehn, wenn nicht sogar zwanzig Jahre her sein. Norman Manderson, der New Yorker Architekt, hatte einen Preis für energieeffizientes Bauen gewonnen. Izzy war auf einer Online-Nachrichtenseite auf einen Artikel mit einem Foto von ihm gestoßen und hatte sie darauf aufmerksam gemacht. Beim Lesen des Artikels, so erzählte Izzy Margarita, habe sie eine seltsame Ambivalenz verspürt, ein Gefühl des Wiedererkennens und zugleich erneute heftige Ablehnung, während sie ein paar spärliche Details über ein Leben las, an dem Norman sie absichtlich nicht teilhaben lassen wollte. Seither hatten die beiden nicht mehr über Norman gesprochen.

»Ich habe ein Plakat für deine Lesung gesehen«, sagte Norman und holte etwas aus seiner Tasche. »Ich frage mich, ob du Izzy vielleicht etwas mitbringen könntest.«

Margaritas Gesichtsausdruck hatte sich verhärtet. »Warum schickst du es nicht selbst?«

»Von mir nimmt sie es vielleicht nicht an, wenn ich es direkt schicke«, meinte Norman ruhig. »Ich wüsste nicht einmal, ob sie es überhaupt bekommen hat.«

Margarita war plötzlich wieder im Haus der Familie Manderson und erinnerte sich an Izzys Bemühungen, Norman zu erreichen und ihm mitzuteilen, dass ihre Mutter lebensbedrohlich erkrankt war. Er würde doch sicher kommen und seine sterbende Mutter besuchen? Später, als Izzy sich bei der Beerdigung ihrer Mutter mit Tränen in den Augen an Margarita gewandt und gesagt hatte:»Weißt du, was das Schlimmste an dem Ganzen ist?«

Margarita hatte ihre Hand gedrückt.»Das brauchst du gar nicht erst zu sagen.«

In der Buchhandlung in der 5th Avenue sah Margarita Norman in die Augen. Ein Mensch, der einer lieben Freundin und ihrer Familie unermessliches Leid zugefügt hatte. Jemand, der emotional so gestört war, dass er nicht einmal mehr einen Instinkt als Sohn zu haben schien?

»Warum jetzt, Norman?«, wollte sie wissen.

»Es hat sich etwas verändert. Ich muss es wiedergutmachen.« Er schaute die Frau neben sich an.

Ihr Gesicht war ernst, aber sie nickte aufmunternd. Beim Blick nach unten entdeckte Margarita einen Ehering.

Norman hielt eine kleine, als Geschenk verpackte Schachtel und eine Karte in der Hand. Margaritas Verleger schaute fragend zu ihr herüber.

»Ich möchte nicht, dass Izzy noch mehr Kummer leiden muss«, sagte Margarita und deutete mit dem Kopf auf das, was Norman in der Hand hielt.

»Das ist ganz und gar nicht meine Absicht«, erwiderte Norman. Er meinte es offenbar ernst.

Jetzt nahm Margarita ihr Telefon, öffnete ihre Kontaktliste und fand einen Namen unter ihren Favoriten. Kurze Zeit später klingelte es bei dieser Nummer.

»Izzy, ich bin's«, sagte sie, als ihre Freundin abnahm.»Ja, ich bin wieder da. Bist du heute Nachmittag zu Hause? Ich habe hier etwas, was ich dir geben soll.«

32

Rücksitz von Cadillac One, »The Beast«
Washington D.C.

PRÄSIDENT TRENT GREY WAR AUF DEM WEG ZU EINER MITTÄGLICHEN
REDE vor einer der mächtigsten Lobby-Organisationen des Landes.
Aufgrund der bevorstehenden Wahl hatte er zugestimmt, auf der Jahrestagung der *National Rifle Association* zu sprechen. Die NRA hatte ihm
vor drei Jahren zur Macht verholfen. Wenn er in einem Jahr erneut gewinnen wollte, war er auf sie angewiesen.

Persönlich hatte Präsident Grey wenig Interesse an Waffen. Er hütete
sich auch davor, bei Macho-Essen mit ledrigen Typen über halb automatische Waffen zu diskutieren, wobei diese dann womöglich zu dem
Schluss kommen könnten, dass seine Haltung zum Schutz des zweiten
Verfassungszusatzes nicht standhaft genug war.

Es sollte also wieder so ein sorgfältig choreografierter Auftritt werden. Nach dem Mittagessen würde er in den großen Festsaal des Piccard, eines der luxuriösesten Hotels der Hauptstadt, rauschen. Er würde tun, was er am besten konnte – eine überzeugende Manifestation der
höchsten vorstellbaren Macht abgeben, der des Oberbefehlshabers, einer
Autorität, der martialisch Gesinnte tiefste Ehrfurcht entgegenbrachten.
Er würde eine 20-minütige Rede halten und darin Patriotismus, Unab-
hängigkeit und persönliche Freiheit beschwören. Längst hatte er erkannt,
dass es eigentlich nicht darauf ankam, was er sagte –, denn auch wenn
alle Anwesenden jedes seiner Worte längst vergessen hatten, erinnerten
sie sich immer noch an das Gefühl, das er ihnen vermittelte. Nämlich,

privilegiert zu sein. Von Ehrfurcht ergriffen. In Gegenwart einer Macht, die sie nicht vollständig begriffen. Dann würde er wieder gehen – auf zu anderen gewaltigen Aufgaben, die ihn erwarteten.

Derweil machte sich sein Stabschef William Salt auf dem Rücksitz des Beast keinerlei Illusionen darüber, was diese gewaltigen Aufgaben in Wirklichkeit waren, aber er wusste, dass dies eines der seltenen Zeitfenster war, in denen er am ehesten die Aufmerksamkeit seines Chefs gewinnen konnte.

»Großartige BIP-Zahlen, werden später veröffentlicht«, sagte er dem Präsidenten und schlug eine Mappe auf. »Fast ein ganzer Prozentpunkt über der Prognose.«

Präsident Grey wirkte verblüfft.

»Wir werden Sie etwas in der Richtung sagen lassen, dass dies eine Bestätigung für Ihre Wachstumsstrategie ist ...«

»Steuersenkungen.«

Salt schrieb Randnotizen. »Steuersenkungen«, wiederholte er. »Arbeitsmarkt-Ankurbelung.«

»Bla, bla, bla«, winkte der Präsident ab. »Was glauben Sie, woran es wirklich lag?« Er drehte sich um und musterte Salt. »Noch gestern Abend hat Rose Mulrooney von einem sinkenden BIP gesprochen.«

Rose Mulrooney war die Präsidentin der Federal Reserve Bank.

Salt nickte. »Das ist tatsächlich eine große Kehrtwende gegenüber allen Prognosen.«

»Ausgelöst wodurch?«

»Möchten Sie, dass ich eine Einschätzung unserer Wirtschaftsexperten einhole?«

Der Präsident war gedanklich bereits ganz woanders und betrachtete die leeren Bürgersteige und die geschlossenen Restaurants. Im Fernsehen zu sehen, was die Lebensmittelvergiftungen anrichteten, war das eine. Hier draußen, auf dem Weg durch eine leere Stadt, war es etwas völlig anderes. »Was hier passiert, ist ...«, er schüttelte irritiert den Kopf.

Die vielen Besprechungen heute Morgen mit der FDA, dem Verkehrs-ministerium und der Polizei waren von solcher Tragweite und Intensität gewesen, dass es eine heftige Debatte darüber gegeben hatte, ob der Präsident diese NRA-Geschichte überhaupt machen sollte.

Salt beobachtete seinen Chef genau. Er hatte schon vor langer Zeit gelernt, dass es seine Aufgabe war, Punkte miteinander zu verbinden. Er musste den bruchstückhaften, scheinbar willkürlichen Äußerungen des Präsidenten aufmerksam zuhören und sie zu einer kohärenten Politik umdeuten. Sein Chef konnte Momente großer Erkenntnisfähigkeit haben. Er konnte aber auch so widersprüchlich sein, dass es einen in den Wahnsinn trieb.

»Welches Muster steckt dahinter, Will? Sagen Sie es mir«, forderte er ihn auf.

Muster? Der Grund für den Umschwung? Präsident Grey drehte das ganz große Rad.

Die naheliegende Antwort, die, die in den Sozialen Medien massiv getrendet hatte, die, die Salt zusammen mit über 100 Millionen seiner Landsleute von Lama Tashi erklärt bekommen hatte, war zugleich die, die der Präsident ausdrücklich ausgeschlossen hatte. Auch wenn er dies in Begleitung dieser gewaltigen Gewitterwolke Reverend Jeremiah Bellow und des teuer gekleideten Marvin »Pray-for-a-Porsche« Swankler getan hatte. Salt beschloss, es zu riskieren. »Instant Karma«, antwortete er.

»Genau.«

»Ockhams Rasiermesser«. Salt bezog sich auf das Prinzip, dass bei dem Versuch, eine beliebige Situation zu verstehen, die Erklärung, die die wenigsten Hypothesen erfordert, in der Regel die richtige ist.

»Das gefällt mir.« Der Präsident nickte, bevor er sich erklärte. »Sie wissen, dass ich heute Morgen zehn Millionen Dollar an Nahrungsmittelhilfe genehmigt habe. Es ist ein bescheidener Betrag, aber …«

Als Salt erkannte, worauf sein Chef hinauswollte, wenn er seine Spende mit den gerade veröffentlichten BIP-Zahlen in Verbindung brachte, musste er daran denken, was Lama Tashi über zunehmendes Karma gesagt hatte. »Zu den allgemeinen Aspekten von besserem Karma gehört«, gab er sein neu erlangtes Wissen im Brustton der Überzeugung weiter, »dass sich Karma bessert, manchmal sogar dramatisch.«

Zum ersten Mal seit Langem hatte Will Salt das Gefühl, dass er die ungeteilte Aufmerksamkeit des Präsidenten besaß. In seinem prüfenden Blick lag eine Intensität, eine Eindringlichkeit, die fast mit Händen zu greifen war.

»Sie wissen etwas über Karma?«, fragte der Präsident.

»Nur das, was ich von Lama Tashi erfahren habe«, antwortete Salt.

»Wer ist Lama Tashi?«

»Er ist ein buddhistischer Lehrer, der im Internet stark trendet. Hundert Millionen Aufrufe heute Morgen schon. Jeder versucht, sich einen Reim auf das Geschehen zu machen, und er ist quasi die erste Anlaufstelle geworden.«

»Karma kann dramatisch ansteigen?«

»So wie aus einer einzelnen Eichel eine ganze Eiche werden kann«, lautet sein Beispiel. Aus diesem einen, kleinen Samen wird letztendlich ein riesiger Baum, der Jahr für Jahr Tausende von Samen hervorbringt. Was scheinbar in keinem Verhältnis zur ursprünglichen Ursache mehr steht.«

»Zehn Millionen Nahrungsmittelhilfe führen also zu einem Anstieg des BIP um ein Prozent?«

»Wenn es tatsächlich das ist, was hier vor sich geht.«

»Ockhams Rasiermesser«, erinnerte ihn der Präsident. »Welche Daten werden als Nächstes veröffentlicht?«

»Die Arbeitsmarktzahlen, im Lauf des Tages.«

»Wenn wir *unsere* Arbeitsmarktzahlen verbessern wollen, müssen wir die von anderen verbessern. So ist das gedacht, oder?« Die Stirn des Präsidenten legte sich in Falten, als er die Optionen durchging. »Es gibt dieses neue Handelsabkommen mit Indien, aber selbst wenn ich es jetzt unterzeichne, dauert es Tage, bis wir eine Antwort erhalten. Wir brauchen eine schnellere Lösung.«

»Staatliche Callcenter!«, rief Salt aus und scrollte schnell durch die

E-Mails auf seinem Tablet. »Es gibt den Vorschlag, einen Teil des rollierenden 24-Stunden-Teams in Swasiland zu stationieren.«

»Wo?«

»Swasiland.«

Präsident Grey war perplex. »Ist das überhaupt ein Ort?«

»Ein kleines Land in Afrika. Weniger als zwei Millionen Einwohner. Die Ansiedlung eines Call Centers dort hätte massiv überproportionale Auswirkungen auf den dortigen Beschäftigungsstand. Was sich wiederum stark überproportional auf unseren auswirken würde.«

»Sehen Sie!« Der Präsident stupste ihn mit dem Zeigefinger an. »Deshalb habe ich Sie eingestellt. Sie sind schlau. Sorgen Sie dafür, dass es klappt.«

»Schon dabei.«

Sie näherten sich bereits dem Hotel Piccard. Die Wagenkolonne des Präsidenten verringerte das Tempo, als sie an den hoch aufragenden Säulen und den flatternden Fahnen vorüberfuhr.

Beflügelt von einem neuen Gedanken schaute der Präsident ihn plötzlich mit wilder Entschlossenheit an. »Umfragewerte«, sagte er. Und gleich darauf »Instant Karma«.

Von allen Zahlen, die Präsident Grey verfolgte, war er am stärksten auf seine persönlichen Umfragewerte fixiert. In der Öffentlichkeit vertrat er den Standpunkt, Umfragen seien bloß Umfragen. Was zähle, sei einzig und allein, wie die Menschen am Wahltag entschieden. Wie die meisten Politiker war er jedoch in Wahrheit geradezu besessen von Umfragewerten, und jede noch so kleine Veränderung war für ihn Anlass zu gründlicher Analyse.

«Wessen Glaubwürdigkeit kann ich stärken?«, fragte der Präsident. »Wen kann ich unantastbar machen?«

Die Wagenkolonne war zum Stillstand gekommen, und Geheimdienstagenten verteilten sich in höchster Alarmbereitschaft um die Präsidentenkarosse, denn beim Ein- und Aussteigen war er am verwundbarsten.

Will Salt eröffnete einen Ordner. »Es gibt so viele Auszeichnungen und

Anerkennungen, die von diversen Komitees vorgeschlagen werden. Die Frage ist, welche entfaltet die größte Wirkung?«

Ein Geheimdienstmitarbeiter gab das Zeichen, die Wagentür zu öffnen.

»Moment«, blaffte Salt und hielt sein Telefon hoch. »Wir sind beschäftigt.« Während er noch durch eine Liste scrollte, sagte der Präsident ungeduldig: »Jetzt nehmen Sie schon einen.«

Er tippte mit dem Zeigefinger wahllos auf den Bildschirm. »Dr. Saul Applebaum. Direktor der Food and Drug Administration für seine Arbeit über Nanopartikel zur kontrollierten Medikamentenabgabe.«

»Nano was?«, wollte der Präsident wissen, winkte dann aber ab und machte sich bereit, das Fahrzeug zu verlassen. »Ach, vergessen Sie's.«

»Meinen Sie nicht, dass wir in Anbetracht der heutigen Ereignisse mit der FDA noch etwas warten sollten?«

»Keine Zeit, Will«, die Tür auf Präsident Greys Seite wurde geöffnet. »Nehmen Sie Applebaum. Veranlassen Sie das sofort.«

»Wird gemacht, Sir.«

33

Galaxy Television, Los Angeles
Princeton, New Jersey
Boulder, Colorado

»BEI UNS SIND HEUTE AUS PRINCETON, NEW JERSEY, außerordent-licher Professor Dr. Stanley Smugg, der Autor des Bestsellers *Pointless Prayer*, und aus Boulder, Colorado, der tibetische Buddhist Lama Tashi.« Dan Kavana stellte seine beiden Gäste vor. Vor dem Hintergrund in Leder gebundener Folianten wirkte Stan Smugg kalkuliert klug. Im *Flourish*-Studio strahlte Lama Tashi ein Wohlwollen aus, das ebenso grenzenlos war wie die beeindruckende Aussicht hinter ihm.

»Angesichts der heutigen Ereignisse gibt es viele Spekulationen über Instant Karma, Karma mit Sofortwirkung«, eröffnete Dan die Debatte. »Die Herausforderung besteht unter anderem darin, dass die meisten von uns nicht viel über Karma wissen, abgesehen von ›was man sät, das wird man ernten‹. Aber es gibt mindestens eine Person, die davon überzeugt ist, dass es so etwas wie Karma gar nicht gibt. Stan Smugg hat das Konzept heute einem, wie er sagt, rigorosen Test unterzogen und behauptet, er habe keinerlei Beweise dafür gefunden. Berichten Sie uns von Ihrer Studie, Professor Smugg.«

»Nun, Dan, die Studie umfasste 100 Teilnehmer. Alle wurden aufgefordert, innerhalb einer halben Stunde zehn Dollar zu verschenken. Wenn es Instant Karma wirklich gäbe, wäre zu erwarten, dass jeder Teilnehmer kurz nach dem Verschenken der zehn Dollar einen finanziellen Gewinn erhält. Aber das ist nicht geschehen. 36 Teilnehmer bekamen etwas, 39 hingegen erhielten gar nichts und 20 verloren sogar Geld. Mehr noch, der Geldsegen fiel bei den 36 Glücklichen sehr unterschiedlich aus.»Wenn es also so etwas wie ›Instant Karma‹ geben sollte«, ließ Stan Smugg die Zuschauer mit herablassendem Lächeln wissen,»habe ich in unserer Studie heute Morgen zumindest keinen Beweis dafür gefunden.«

Treffer, versenkt. Das war der Eindruck, den er vermittelte. Fall abgeschlossen. Er hatte das Konzept getestet, und Zahlen logen nie.

In Colorado zeigte Lama Tashis Gesicht Heiterkeit, und beim Schmunzeln zuckten seine Schultern.

»Zu witzig!«, lauteten seine ersten Worte zum Thema. Professor Smuggs Augen verengten sich hinter seiner Brille.

»Sie finden die Ergebnisse erheiternd, Lama Tashi?«, vergewisserte sich Dan.

»Die ganze Sache! Das ganze Konzept. Aber es ist hilfreich, dass die Wissenschaft Interesse daran entwickelt.«

»Sie meinen, an Instant Karma?«

»An Karma ganz allgemein.«Lama Tashi nahm seine gutherzige Präsenz wieder an, für die er bei den Menschen in Omni seit Jahren so beliebt war – und seit heute Morgen auch bei vielen Millionen im Internet.

»Wissen Sie, die Vorstellung von ›Instant Karma‹ haben wir im Buddhismus nicht. Normalerweise reifen Ursachen, die in einem Leben gesetzt werden, erst im nächsten Leben aus, wenn sie die richtigen Umstände vorfinden. Aber wir müssen aufgeschlossen bleiben, nicht? Vielleicht heizen sich die Umstände heute plötzlich auf, sodass die Ursachen schneller ausreifen. Karma-Klimawandel, ja?«

Sofort wurde die Wendung in Tausenden Social Media Feeds zitiert. Die einprägsamste bisher. Karma-Klimawandel. Könnte es eine treffendere Bezeichnung geben?

»Sie behaupten, dass es so etwas wie Karma mit sofortiger Wirkung geben *könnte*?«, wollte Dan klarstellen.

»Nach dem zu urteilen, was wir heute erleben«, Lama Tashi neigte den Kopf, »sieht es ganz so aus.«

»Aber die Studie von Professor Smugg ...«

»Sie basiert auf einem fehlerhaften Verständnis. Eine irrtümliche Vorstellung davon, was Karma ist. Ein weitverbreiteter Irrglaube.« Lama Tashi schien seine Worte direkt an Stanley Smugg zu richten. »Deshalb, kein Problem. Ich bin dankbar, dass die Studie durchgeführt wurde. Das gibt uns Gelegenheit, ein wichtiges Thema zu besprechen. Außerdem weist die Studie ein paar handwerkliche Fehler auf.«

»Handwerkliche Fehler?« Das Lächeln war aus Professor Smuggs Gesicht gewichen, das Herablassende aber blieb.

»Darf ich fragen, ob Sie die vier Faktoren berücksichtigt haben, die die Auswirkungen von Karma beeinflussen?«

»Wir haben die ausgegebenen und die eingenommenen Dollars berücksichtigt«, entgegnete Professor Smugg süffisant.

»Bei jeder Handlung gibt es vier Faktoren, die Einfluss auf die Stärke des erzeugten Karmas haben. Das Subjekt – die Person, die die Handlung ausführt. Die Absicht – das, was diese Person erreichen möchte. Die Handlung selbst. Und das Objekt – die Person, für die die Handlung ausgeführt wird. Ganz einfach, ja?«

Dan nickte.

»Je nachdem, was diese Faktoren sind, sind die Auswirkungen unterschiedlich.« Als Professor Smugg nicht reagierte, fuhr er fort: »Zum Beispiel der Faktor Absicht. Die Absicht von jemandem, der einem anderen zehn Dollar gibt, um eine Schuld zu begleichen, ist eine andere als die von jemandem, der bei einer Spendensammlung zehn Dollar gibt, und wiederum eine andere als die einer Person, die zehn Dollar oder ein Geschenk im Wert von zehn Dollar an einen Menschen gibt, von dem sie sich eine Gefälligkeit erhofft. Dasselbe gilt für negatives Karma. Wenn jemand aus Versehen Geld von einem Geschäftskonto auf ein privates Bankkonto überweist, ist das etwas anderes als wenn jemand dies absichtlich tut. Auch das normale Recht erkennt diesen Unterschied an«, sagte er achselzuckend. »Zum Beispiel bei Mord oder Totschlag. Dieselbe Tat, aber eine andere Absicht führt auch zu anderen karmischen Folgen.«

Nach dieser Erklärung erschien die Bedeutung der Absicht so selbstverständlich, dass Dan Kavana sich mit einer gewissen Erwartungshaltung an Professor Smugg wandte: »Die Absicht haben Sie berücksichtigt, Professor Smugg?«

»Nicht direkt«, antwortete er, ohne sich von dem soeben aufgedeckten Schwachpunkt in seiner Studie aus der Ruhe bringen zu lassen. »Sie könnte aber teilweise die Schwankungen bei den Ergebnissen erklären.« Sein Tonfall ließ durchblicken, dass solche Abweichungen trotz der soeben aufgezeigten Auswirkungen kaum Konsequenzen hätten.

»Sie haben von *vier* Faktoren gesprochen, Lama Tashi?«, griff Dan den Faden wieder auf.

»Ja. Das *Objekt* Ihres Handelns ist ein weiterer Faktor. Wenn einer Ihrer Studenten Dollars ausgegeben hätte, um einen Freund zu Kaffee und Kuchen einzuladen …«

»Waren die Teilnehmenden Ihre Studentinnen und Studenten?«, warf Dan ein, um sicherzugehen.

Professor Smugg nickte. Obwohl ihm nicht entging, dass diese Tatsache in seinem Bericht nirgendwo erwähnt wurde.

»Wenn der Student Kaffee und Kuchen für einen Freund gekauft hat, ist das etwas anderes, als wenn er seine Mutter zu Kaffee und Kuchen einlädt. Eltern sind karmisch gesehen stärkere Objekte, denn ohne sie gäbe es uns nicht.«

»Die Stärke des Objekts, Professor Smugg?«, wandte Dan sich erneut an das Studio in New Jersey. »Haben Sie die …«

»Nicht direkt«, wiederholte der und rang darum, seine erhabene Haltung beizubehalten.

»Die Kraft des *Subjekts*«, fuhr Lama Tashi fort, »bezieht sich auf die Person, die die Handlung ausführt. Ein Geschenk von jemandem, der genau weiß, was er tut, ist etwas anderes als das gleiche Geschenk, das beispielsweise ein Kleinkind macht. Für diese Studie ist das wahrscheinlich nicht sehr relevant. Wohl aber die Kraft, die aus dem Gehalt der Handlung als solcher erwächst. Ein Mensch kann zehn Dollar ausgeben, um kurz bevor er jemandem einen Besuch macht, an einer Tankstelle einen Blumenstrauß zu kaufen. Oder er macht sich Gedanken über die Person, die er besuchen möchte, und erinnert sich, dass sie einmal von einem schönen Notizbuch gesprochen hat, das sie in einem bestimmten Geschäft gesehen und das ihr sehr gut gefallen hat. Dann macht er sich die Mühe und kauft stattdessen das Notizbuch. In beiden Fällen hat er zehn Dollar ausgegeben. Aber der Gehalt der Handlung und die Freude, die sie auslöst, sind von einer ganz anderen Größenordnung. Daher ist auch die Auswirkung auf das Karma eine andere.«

»Eine hilfreiche Erklärung.« Dan wandte sich erst gar nicht an Professor Smugg, um nicht schon wieder eine peinliche Bestätigung dafür zu bekommen, dass er nichts davon berücksichtigt hatte. »Karma ist komplexer, als die meisten denken.«

»Eine Frage zu der Studie hätte ich«, sagte Lama Tashi und verwandelte mit seiner Friedfertigkeit die ursprünglich geplante Konfrontation in etwas eher Kongeniales.

»Nur zu«, forderte Dan ihn auf.

»Die zehn Dollar, die Ihre Studentinnen und Studenten verschenkt haben. Woher kam das Geld?«

Das war die Frage, die Professor Smugg vor seinem Auftritt im landesweit ausgestrahlten Fernsehen am meisten gefürchtet hatte. Denn selbst ihm waren Zweifel an seiner eilends zusammengezimmerten Forschungsstudie gekommen – allerdings erst, als sie bereits im Feld war.

»Ich habe sie ihnen gegeben«, antwortete er.

»Die Studierenden haben also nicht ihr eigenes Geld verschenkt?«

»Nein.«

»Eher zehn Dollar im Rahmen eines Forschungsprojekts weitergegeben?«

»Die Bedingungen waren nicht perfekt«, räumte Professor Smugg ein. Zwar hatte er ursprünglich die Absicht gehabt, die Karma-Sandburg einzureißen und in Grund und Boden zu stampfen, ganz so wie er sich mit der Vernichtung von Gebet und positivem Denken einen Namen gemacht hatte, doch er war klug genug, um zu erkennen, dass ihm das nicht gelingen würde. Zumindest nicht heute. Lama Tashi hatte ihn angeprangert. Auf denkbar sanfteste Art hatte der Guru gezeigt, dass seine Studie grundlegende Fehler aufwies.

»Lama Tashi«, Dan hielt sich nun erst gar nicht mehr mit Professor Smugg auf, »Sie sagten vorhin, dass die meisten Menschen eine falsche Vorstellung davon haben, was Karma eigentlich ist. Was meinen Sie damit?«

Wieder strahlte Lama Tashi große Heiterkeit aus. »Diese Idee, dass man, wenn man hier zehn Dollar gibt, dort 20 Dollar erhält.« Er schmunzelte angesichts der Absurdität dieser Vorstellung, aber so völlig ohne jede Bosheit und mit einer Haltung, die alle einschloss, sodass es sogar Professor Smugg leichter ums Herz wurde.

»Sie beruht auf der Vorstellung, dass es sich bei Karma um eine Art objektive Realität handelt. Aber wie wir gesehen haben, sind nicht alle Zehn-Dollar-Geschenke gleich. Ihre Auswirkungen auf den Geist der Gebenden und der Empfangenden sind sehr unterschiedlich. So ist es bei allen Handlungen, ob positiv oder negativ. Dieselbe Tat kann ganz unterschiedliche Auswirkungen haben, je nach Absicht, Objekt, Subjekt und Gehalt der Handlung.«

»Sie sagen also, dass Karma im Kopf des Menschen stattfindet?«, vergewisserte sich Dan.

»Selbstverständlich! Wir müssen davon wegkommen, die Vorgänge im Äußeren als die vollständige Geschichte zu betrachten. Unsere Erfahrung der Realität ist immer subjektiv. Nehmen Sie zum Beispiel dieses Gespräch. Wir haben den Fernsehmann, den Professor und den Mönch, die sich nett unterhalten. Viele Leute schauen zu. Darüber, was gerade passiert, sind wir uns alle einig. Aber die Art und Weise, wie wir das Geschehen erleben, ist wahrscheinlich sehr unterschiedlich. Gleiche äußere Erscheinung, andere Realität für jeden Einzelnen.«

Wie so oft, wenn Lama Tashi sprach, nur jetzt zum ersten Mal im landesweit ausgestrahlten Fernsehen, vermittelte er die Wahrheit dessen, was er sagte, mit einer Energie, einer Kraft, die geradezu mit Händen zu greifen war. »Wir erschaffen unsere eigene Realität. Jede Erfahrung, die wir machen, machen so nur wir. Zwei Menschen können dasselbe tun, dasselbe Ereignis beobachten, aber was sie dabei empfinden, kann verschieden sein – manchmal kaum merklich, manchmal deutlich. Das liegt daran, dass unser Karma unterschiedlich ist. Wir erleben Dinge auf eine bestimmte Art und Weise – der Ursachen wegen, die wir in der Vergangenheit geschaffen haben.

Etwas sehr Kostbares an unserem Leben als Menschen besteht darin, dass wir bei dem Karma, das wir erschaffen können, so viel Freiheit und Macht haben. Wenn wir uns dafür entscheiden, uns auf Waffen, Konflikte und Gewalt zu konzentrieren, legen wir die Ursachen dafür, dass wir dies in Zukunft verstärkt erleben. Wenn wir uns hingegen auf die Förderung des Lebens und Wohlergehens anderer konzentrieren, schaffen wir die Ursachen dafür, eben dies zu erleben. Einfach ausgedrückt: Wie wir denken, so werden wir.«

Wie viele Zuschauer hörte auch Dan Kavana den Worten Lama Tashis aus sehr persönlicher Perspektive zu und bezog sie unmittelbar auf das, was ihm am meisten am Herzen lag. Er dachte an Maddie, die durch den Autounfall gelähmt war, deren jüngstes Video aber zeigte, dass sie über neu gewonnene Freiheiten verfügte, nachdem sie ihre Aufmerksamkeit darauf gerichtet hatte, Seevögeln wieder zur Flugfähigkeit zu verhelfen.

In Montpelier, Vermont, stimmte Grace Arlingham laut und vernehmlich zu, als Lama Tashi die transformative Wahrheit aussprach, die sie vor ein paar Stunden für sich entdeckt hatte: dass sie dadurch, dass sie das Leben eines anderen gerettet hatte, selbst gerettet worden war.

Amy Robbins sah Lama Tashi mit einem Gefühl tiefer Dankbarkeit zu, als er erklärte, was sie an diesem Tag erlebt hatte. Als sie ihren Eltern die Kreuzfahrt geschenkt hatte, hatte sie nur deren Wohl im Sinn gehabt.

Was für ein wunderbares Paradoxon, dass sie damit die Ursachen für die Verwirklichung ihrer eigenen Träume gelegt hatte. Allerdings gab es eine Kleinigkeit, die sie beunruhigte: der Überfall. Da hatte sie Spenden an Obdachlose verteilt und ihnen die frohe Botschaft von Instant Karma verkündet, und im nächsten Moment wurde ihr die Tasche gestohlen. Was hatte *das* zu bedeuten?

In White Oak, Maryland, stand der Leiter der *Food & Drug Administration*, Dr. Saul Applebaum, wie angewurzelt da und sah Lama Tashi zu. Könnte dieser Lama der Schlüssel zur Lösung der Frage sein, auf die jeder eine Antwort haben wollte, der Frage nach der Ursache der Lebensmittelvergiftungen?

Im ganzen Land nickten Hunderttausende zustimmend, als Lama Tashi erklärte, warum ihre Großzügigkeit an diesem Tag zu Geldregen, Überweisungen, Vermächtnissen und Preisen geführt hatte. Zu einer Vielzahl an lebensverändernden Ereignissen, die sie rasch anderen erzählten, zu denen sie Fragen stellten und die sie, wie Amy, austesteten. Die außerdem schnell zu noch mehr Reichtum geführt hatten, da sich die Nachricht schneller von Küste zu Küste verbreitete als jede Pandemie.

Andere Zuschauer empfanden jedoch ganz anders.

In seinem Motelzimmer in Omni Springs wusste Bob Martin nicht, wie er die Worte seines Lehrers, der jetzt landesweit im Fernsehen zu sehen war, deuten sollte. Wir erschaffen unsere eigene Realität. Ja, sicher, dem stimmte er zu – das hatte Lama Tashi immer gesagt. Wir haben die Freiheit und die Macht, die Wirklichkeit zu erschaffen, die wir wollen. Tat er nicht genau das, wenn er von zu Hause wegging, um mit Beth zusammen zu sein? Er wollte glauben, dass es absolut das Richtige war. Aber etwas tief in seinem Inneren, etwas, das er nicht richtig fassen konnte, beunruhigte ihn. Obwohl er schon seit mehreren Jahren ins *Lone Pine Meditation Center* ging, konnte er im Moment kaum noch klar denken.

In einem großzügigen Warteraum direkt neben dem großen Festsaal des Hotels Piccard in Washington D.C. stand Mick Mackenzie, Chief Executive Officer der *National Rifle Association*, kurz vor der Begegnung seines Lebens: seiner ersten Unterredung mit dem Präsidenten der Vereinigten Staaten. In nicht einmal einer Minute wäre er da.

Mackenzie hatte sich diskret vom Mittagessen entfernt, um Präsident Grey zu begrüßen und ihn persönlich zur Jahrestagung der NRA zu führen. Ein kurzer Gang, aber seine bisher bedeutendste Aufgabe.

Auf einem stumm geschalteten Fernsehbildschirm im an den Festsaal angrenzenden Warteraum des Hotels war zu sehen, wie Lama Tashi Dan Kavanas Fragen beantwortete. Mackenzie blickte auf, und seine Miene verfinsterte sich. Der cholerische Mann, der alles verachtete, was er als ausländisch wahrnahm, und der den Schießbefehl gegen illegale Einwanderer entschieden befürwortete, stieß mit dem Finger wütend auf den Bildschirm. »Gottverdammter Immigrant, wahrscheinlich auch noch illegal. Schalten Sie das verdammte Ding ab!«

»Ja, Sir!« Sven Persson, der Direktor des Piccard und selbst ein ›gottverdammter Einwanderer‹, kam dem Befehl umgehend nach.

Sie waren vor Mackenzies Jähzorn gewarnt worden. Die Warnungen waren nicht unberechtigt gewesen.

»Bevor Sie gehen, Lama Tashi«, leitete Dan zu einem Abschluss über, »es ist viel von Instant Karma als Erklärung für die heutige Pandemie von Lebensmittelvergiftungen die Rede. Möchten Sie etwas dazu sagen?«

»Die FDA hat gesagt, keine Fleischprodukte?«, vergewisserte sich Lama Tashi.

»Richtig.«

»Na ja,« meinte er schulterzuckend, »das leuchtet ein.« Wie so oft bei Lama Tashi stand die Leichtigkeit, mit der er die Frage beantwortete, in deutlichem Kontrast zu der vorangegangenen Flut angstbetonter Meldungen.

»Viele Menschen verstehen nicht, warum. Wenn wir tatsächlich einen Karma-Klimawandel erleben, was ist dann die Ursache dafür, dass Menschen krank werden, weil sie Fleisch essen?«, hakte Dan nach.

»Wenn wir andere Lebewesen zwingen zu leiden und zu sterben, schaffen wir die Ursache dafür, dass wir dasselbe erleben.«

»Aber Menschen, die Burger kaufen, verursachen Leid und Tod nicht. Nicht persönlich. Das geschieht im Schlachthof.«

Lama Tashi schwieg, und es war, als mache bereits die bloße Kraft seiner Anwesenheit deutlich, wie unsinnig das eben Behauptete war. »Jeder Strichcode auf einem Fleischprodukt, das an der Kasse gescannt wird, jeder bestellte Rindfleisch-Burger, jedes verzehrte Gericht mit Geflügel, Lamm oder Fisch löst den Befehl aus, weitere Tiere zu töten. Nur weil das Töten nicht vor unseren Augen geschieht, heißt das nicht, dass wir es nicht verursacht haben.«

»Manche würden einwenden, dass diese Tiere nur gezüchtet werden, damit wir sie essen können.« Dan versuchte die Fragen zu stellen, auf die die Leute seinem Eindruck nach eine Antwort wollten. »Wenn wir sie nicht bräuchten, würde es sie gar nicht geben. Was ist daran so schlimm?«

»Jedes Hähnchen, jedes Lamm, jedes Kalb ist empfindungsfähig. Es hat Bewusstsein. Genau wie Sie und ich, möchte es Glück erleben und Leiden vermeiden. Die Art und Weise, wie wir nach Glück streben, ist sogar die gleiche, wir alle sind fühlende Wesen. Wir möchten schmackhaftes und nahrhaftes Essen und ein Dach über dem Kopf. Wir suchen körperliches Wohlbefinden. Die meisten Wesen suchen auch emotionale Bindung und Unterstützung durch unsere Mütter, Familien und Artgenossen. Und vor allem messen wir unserem Leben den allerhöchsten Wert bei. Wir wollen nicht sterben. Wir wollen nur leben und glücklich sein. Wenn wir einem anderen fühlenden Wesen das Leben nehmen, sagen wir damit, dass mein Wunsch, einen Burger zu essen, wichtiger ist als dein Wunsch zu leben. Das hat Auswirkung auf unseren Geist, es hinterlässt kausale Spuren.«

»Karma ist ein großes Thema.« Dan musste für eine Werbepause unterbrechen. »Mit vielen verschiedenen Dimensionen.«

»Ja«, stimmte Lama Tashi mit sanftem Lächeln zu. »Aber andererseits auch ganz einfach. Wenn Sie einmal überlegen, ob eine Handlung positiv oder negativ ist, fragen Sie sich einfach: ›Was wäre, wenn alle anderen das auch täten? Wäre die Welt dann glücklicher oder nicht?‹«

»Danke, Lama Tashi«, sagte Dan. Er wollte sich gerade bei Professor Smugg bedanken, aber als er auf den Feed des Studios in New Jersey schaute, war der Schreibtisch, an dem sein zweiter Gast gesessen hatte, leer. Associate Professor Dr. Stanley Montgomery Smugg, New-York-Times-Bestseller-Autor, digitaler Disruptor und Influencer, hatte das Gebäude verlassen.

In der Nachrichtenredaktion war Trent Garvey, der Quoten-Verantwortliche, ganz aus dem Häuschen.

»Solche Einschaltquoten haben wir noch nicht erlebt!«, berichtete er über das Lama-Tashi-Interview. »Wir haben unser bisheriges Allzeithoch verdoppelt! 60 Prozent mehr als unser nächster Konkurrent. Die Leute sind verrückt nach diesem Typ!« Er deutete auf einen Bildschirm, auf dem immer noch live die Übertragung von *Flourish* in Boulder, Colorado, lief, und Lama Tashi, entspannt und gut gelaunt, offenbar Anstalten machte, sein Mikrofon zu entfernen.

»Lassen Sie mich mit ihm reden!« Mit dieser, einer seiner äußerst seltenen Interventionen bat Harvey O'Sullivan weniger um eine Verbindung zum Lama, sondern verlangte sie.

Wenige Augenblicke später sprach er: »Lama Tashi, ich bin Harvey O'Sullivan, Eigentümer von Galaxy Television«, stellte er sich vor.

Lama Tashi nickte augenzwinkernd: »Sehr gut! Hallo Harvey!«

»Ich habe gerade Ihr Interview gesehen. Großartig! Die Menschen hungern danach, was Sie uns lehren können.« Die meisten im Galaxy-Team hatten Harvey noch nie so charmant erlebt und waren überrascht, was für ein äußerst angenehmer und bescheidener Mann er sein konnte. »Ich habe eine Frage, und ich hoffe, dass Sie mir helfen können«, sagte er in seinem leicht irischen Singsang. »Was ist der karmische Grund dafür, dass Galaxy mehr Zuschauer anzieht?«

Lama Tashi schmunzelte. »Im Allgemeinen gilt: Geben Sie anderen, was Sie sich selbst wünschen.«

»Ich soll für meine Konkurrenten werben?«, fragte er nach einer Pause.

»Möchten Sie, dass sie das für Sie tun?«

»Himmel, ja!« Galaxy war zwar bereits einer der stärksten Sender, aber mit der kollektiven Reichweite aller anderen Privatsender und der öffentlich-rechtlichen Rundfunkanstalten im Rücken war gar nicht abzusehen, wo es für sie noch hingehen könnte. »Ein bisschen … kontraintuitiv, diese Strategie?«, fühlte er vor.

»Ob Sie dran glauben oder nicht, spielt keine Rolle«, wiederholte Lama Tashi seine häufig gebrauchte Wendung. »Bleiben Sie einfach aufgeschlossen. Probieren Sie es aus. Finden Sie es selbst heraus.«

»Oh, äh, noch etwas, Lama«, Harvey schnippte die Asche seiner Zigarette auf den Studioboden. »Ich rauche Zigaretten. Ist das eine karmische Ursache für Krebs?«

»Nein«, schüttelte der sofort verneinend den Kopf. »Es ist ein Umstand. Aber wenn Sie bereits die karmische Ursache für Krebs besitzen, schafft das Rauchen einen Umstand, unter dem dieses Karma ausreifen kann.«

Kurz danach wies Harvey Nalder an, für alle Konkurrenten Werbung zur besten Sendezeit zu arrangieren. Nalder, der schon bei der bloßen Vorstellung fast einen Schlaganfall bekam, musste seine Empörung wohl oder übel zügeln, immerhin kam die Anordnung ja von ganz oben. Und bildeten sich das alle bloß ein, oder war der Leberfleck auf seiner rechten Wange, der während seines Wutanfalls vorhin größer und dunkler geworden war, irgendwie geschrumpft und verblasst, als er sich gezwungen sah, sich in Geduld zu üben?

»Wir haben bereits Anhaltspunkte dafür, dass diese Strategie funktioniert«, bemühte sich Trent Garvey eifrig, den Galaxy-Gott zu beeindrucken.

Harvey drehte sich um und warf ihm einen prüfenden Blick zu.

»Heute Morgen hat sich Dan Kavana in der Sendung positiv über Bart Bracking von Channel 60 geäußert. Wir haben einen Anstieg der Einschaltquoten beobachtet.«

Harvey brummte.

»Trotzdem, so etwas hat es noch nie gegeben. Hohes Risiko«, sagte Nalder. »Sind Sie absolut sicher, dass Sie das machen wollen?«

Harvey sah ihn scharf an. »Immer die Ersten«, mahnte er ihn.

»Okay.«

»Und ich möchte, dass Sie Lama Tashi einstellen.«

»Einstellen?«

»Als Kommentator. Experte. Egal was. Zahlen Sie ihm, was er will. Er ist Quotengold!« Harvey nahm einen langen Zug von seiner Zigarette und drückte sie dann entschlossen im Aschenbecher aus. »Und das ist die letzte von diesen Scheißdingern, die ich jemals rauchen werde.«

Bekämpfung

☯

13:00 Uhr (Eastern Standard Time)
11:00 Uhr (Mountain Standard Time)
10:00 Uhr (Pacific Standard Time)

Physikalische Begriffe sind freie Schöpfungen des Geistes
und ergeben sich nicht etwa,
wie man sehr leicht zu glauben geneigt ist,
zwangsläufig aus den Verhältnissen in der Außenwelt.*

Albert Einstein (Theoretischer Physiker 1879-1955)

*   Aus: Albert Einstein, Leopold Infeld; *Die Evolution der Physik*, aus dem Englischen von Werner
     Preusser, Zsolnay 1950

34

B EI DEN ERSTEN SCHÜSSEN ZUCKTE DAS PERSONAL DES HOTELS Piccard zusammen, war aber nicht weiter beunruhigt. Der Lärm war zu erwarten gewesen. Die NRA hielt ihre Jahrestagung regelmäßig in diesem Hotel ab. Meistens wurde in einem Demonstrationsvideo eine neue Waffe vorgestellt. Hinter den breiten Flügeltüren des Großen Festsaals, in den warm beleuchteten Empfangsräumen und in den Küchen wurde weiter alles für die nächste Kaffeepause der Delegierten vorbereitet.

Der Schusswechsel ging mit schnellen Salven weiter. Laute Stimmen waren zu hören. Aber selbst das löste kein Entsetzen aus. Erst als ein Pulk unkenntlicher Gestalten aus einer Seitentür stürmte, eine davon offensichtlich verletzt, wurde Alarm geschlagen.

Vier große Männer in Anzügen bewegten sich in hohem Tempo auf einen Notausgang zu. Einer rief etwas, und zunächst war nicht klar, wem es galt. Erst als sie vorbeikamen, konnte man erkennen, dass der verletzte Mann, der sich nicht mehr bewegen konnte, von den anderen drei getragen wurde. Einer rechts, der andere links und der dritte hinter ihm. Hemd und Jackett waren blutverschmiert. Er versuchte zu sprechen, aber aus seinem Mund kam nur ein zusammenhangloses Gurgeln. Seine gesamte rechte Gesichtshälfte war blutüberströmt. Aber trotz seiner Verletzungen und seiner verzerrten Stimme war klar, um wen es sich handelte.

Der Präsident der Vereinigten Staaten war soeben angeschossen worden.

In diesen ersten Momenten, nachdem Geheimdienstleute den Präsidenten rasch nach draußen gebracht hatten, und noch bevor irgendetwas anderes geschah, schien für die wenigen Augenzeugen vom Personal die Zeit stillzustehen, und nur langsam begriffen sie die Ungeheuerlichkeit dessen, was gerade geschehen war.

War dies ein Attentat? Würde Präsident Grey überleben? Welche schrecklichen Dinge gingen im Großen Festsaal noch vor sich? Weitere Schüsse fielen. Dann wurde es plötzlich still. Als Nächstes stürmte ein Hotelkellner aus dem Haupteingang, Juan Garcia. »Schüsse!«, schrie er verzweifelt und deutete hinter sich.

Unmittelbar danach folgten die ersten NRA-Mitglieder, benommen und aufgelöst. Einige redeten wirres, unverständliches Zeug. Andere schienen nichts zu sehen, als ob sie schlafwandelten.

Sven Persson, dem Direktor des Hotels Piccard, der im Großen Festsaal gewesen war, bis ein Scheich auf der 5. Etage seine persönliche Aufmerksamkeit verlangt hatte, bot sich bei seiner Rückkehr der Anblick eines grauenhaften Gemetzels. Leichen lagen auf dem Boden. Blutüberströmte Gäste kauerten unter Tischen, einige von ihnen stöhnten, konnten sich nicht bewegen.

Persson zückte sofort sein Telefon und rief den Notarzt. Er konnte es selbst kaum glauben, dass er die Worte »Massenschießerei« und »Hotel Piccard« im selben Atemzug nannte.

Von draußen hörte man das Heranheulen der Sirenen. Die Leibwächter des Präsidenten hatten den Rettungsdienst gerufen. Im Großen Festsaal halfen einige Gäste anderen, die überall auf dem Boden oder unter den Tischen lagen. Journalisten, die die Absperrung in der Lobby durchbrochen hatten, interviewten Gäste. Große Männer in teuren Anzügen lagen auf den Knien und schluchzten.

Auf dem Weg zum vordersten Tisch suchte Persson nach seinem wichtigsten Ansprechpartner bei der NRA.

»Haben Sie Mick Mackenzie gesehen?«, fragte er eine Teilnehmerin, die zum Ausgang humpelte.

»Der Scheißkerl ist tot«, sagte sie und deutete mit dem Kopf hinter sich. »Zumindest hätte er es verdient.«

Persson drehte sich um und suchte den Raum hinter dem ersten Tisch ab. Mehrere männliche Leichen lagen auf dem Boden. Reglos – mit Ausnahme desjenigen, den er als seinen Ansprechpartner erkannte, aber nur knapp. Mick Mackenzie lag auf dem Rücken und war bewusstlos. Sein Gesicht war von einer Art spontanem Furunkel-Ausschlag überzogen. Neben ihm auf dem Teppich lag eine vergoldete halb automatische Waffe. Und ein metallenes Serviertablett.

35

Montpelier, Vermont

G RACE ARLINGHAMS TAG WURDE EINFACH IMMER BESSER! Grace
war zwar vieles – sentimental, altmodisch, eingefahren in ihren Gewohnheiten – aber sie war nicht naiv. Ihr war durchaus bewusst, dass
Galaxy sich nur wegen ihrer Remission für sie interessierte und dass man
ihr wohl kaum Sendezeit zugestehen würde, um über ihre neue Idee, die
Arlingham Foundation, zu sprechen. Als sie das Konzept live im Fernsehen vorstellen durfte, war sie überrascht. Noch erstaunter war sie, als sie
nach ihrer Telefonnummer gefragt wurde. Die Verseuchungsängste hatten dazu geführt, dass selbst Nachrichtenredaktionen die Art von Fragen
stellten, denen sie normalerweise lieber aus dem Weg gingen. Sie öffneten
sich für Möglichkeiten, die sie unter normalen Umständen sofort unter-
bunden hätten.

Seither stand ihr Telefon nicht mehr still. Während sie mit der einen
Person sprach, konnte sie bereits hören, wie andere Anrufer versuchten,
sie zu erreichen. Sobald sie auflegte, wurde ihr angezeigt, dass sie zehn,
20, 50 neue Nachrichten hatte.

Und hier kam Scott ins Spiel. Ihr Neffe betrieb ein Telekommunika-
tionsunternehmen. Kaum hatte sie mit ihm gesprochen, leitete der aufgeweckte Jungunternehmer ihre eingehenden Anrufe an ein Callcenter
weiter, in dem sich Dutzende geschulter Kräfte mit den Worten melde-
ten: »*Arlingham Foundation*, wie kann ich Ihnen helfen?«

Außerdem richtete er auf den wichtigsten Social-Media-Kanälen Seiten für die *Arlingham Foundation* ein. Sie zeigten ein gescanntes Foto von Grace mit der Zeile »Mögen alle Wesen frei von Leiden sein«. Überall war ihr Fernsehbeitrag das erste Posting. Kristina und Charlie waren die ganze Zeit bei ihr geblieben. Nach dem Galaxy-Interview hatten sie mit Sekt auf ihre Befunde angestoßen – nur ein Glas für Grace, da sie auf ärztlichen Rat seit Monaten keinen Alkohol mehr getrunken hatte und nicht zu benommen sein wollte, wenn sie mit Anrufern sprach. Sie nahmen abwechselnd Spendenzusagen entgegen, schrieben Namen und E-Mail-Adressen auf und gaben die Daten eines PayPal-Kontos auf den Namen *Arlingham* an, über das Grace noch aus ihrer Zeit als selbstständige Musiklehrerin verfügte.

Als Grace den Plan entwickelt hatte – das war ja erst ein paar Minuten her –, hatte sie an etwas Regionales gedacht, an eine Möglichkeit, wie kranke Menschen in Vermont John Caruso dabei unterstützen könnten, seine Schweine für den Rest ihres natürlichen Lebens zu versorgen. Dabei hatte sie nicht mit sonderlich viel Interesse gerechnet. Sie wusste, dass die meisten Menschen sich Nutztiere nicht gerne als bewusste Wesen vorstellen, die einfach nur glücklich und frei sein wollen. Vor diesem Thema wollten sie die Augen lieber fest verschließen. Diese Menschen davon zu überzeugen, dass es einen Zusammenhang zwischen der Hilfe für andere – vor allem für nicht menschliche Wesen – und der Hilfe für sie selbst gibt, erschien noch schwieriger.

Und doch klingelte ihr Telefon immer noch ununterbrochen – selbst nachdem Scotts Firma das Anrufmanagement übernommen hatte und nur die wichtigsten Anrufe an sie weitergeleitet wurden. Die Leute waren nicht bloß interessiert. Ihre Idee stieß im ganzen Land auf eine Resonanz, die sie sich nie hätte vorstellen können.

Schon bald riefen Landwirtschaftsverbände bei ihr an und fragten, ob ihre Mitglieder für das Programm infrage kämen. Und das war auch gut so. Denn die Schweine von John Caruso waren innerhalb einer Viertelstunde nach ihrem Fernsehauftritt versorgt.

Patienten-Selbsthilfegruppen, Krebsverbände und sogar Arztpraxen riefen an und wollten lebenslange Spendenzusagen machen, um so dafür zu sorgen, dass die Tiere aus der Massentierhaltung befreit würden und ihr Leben in Zufriedenheit verbringen könnten. Und mit jedem Moment, in dem dies geschah, verspürte Grace mehr Energie. Sie fühlte sich fitter, stärker, jünger. Sie gewann den Eindruck, dass das, was sie sich ausgedacht hatte, nicht mehr nur ihre Idee war – falls das überhaupt je so gewesen sein sollte. Sie war lediglich die Initiatorin gewesen, diejenige, die den Funken zuerst aufgegriffen und ihm Leben eingehaucht hatte. Jetzt war er zu einem ausgewachsenen Feuer geworden und hatte ein Eigenleben entwickelt. Die Umstände waren perfekt, und es war eine große Freude, das mit anzusehen!

Grace hatte sich nie sonderlich für die Welt des Investmentbankings interessiert, aber selbst sie erkannte den Namen des Anrufers, der von Scotts Team zu ihr durchgestellt wurde. Wenn Warwick Bates nicht der reichste Mann Amerikas war, so ganz sicher einer der reichsten. Außerdem war er für seinen Lebensstil ebenso berühmt wie für seinen Reichtum – seine Frau und er lebten immer noch in demselben bescheidenen Einfamilienhaus, das sie vor 40 Jahren in ihrer Anfangszeit gekauft hatten.

»Ich glaube, Sie sind da an etwas dran, Mrs. Arlingham«, sagte er unaufdringlich, als sie den Anruf entgegennahm. »Sehen Sie, meine Frau und ich waren heute auf unserem Morgenspaziergang. Dabei begegnen wir immer einem älteren Ehepaar, das seinen Hund ausführt. Der ältere Mann war in letzter Zeit nicht mehr dabei. Heute wirkte die Frau sehr verstört. Meine Frau – sie ist die Gesprächige – fragte, ob alles in Ordnung sei. Die Frau meinte, nein, das sei es nicht. Ihr Mann sei vor einigen Wochen ins Pflegeheim gekommen, und bei ihr sei gerade Alzheimer diagnostiziert worden. Auch sie würde ins Pflegeheim müssen. Es sei ihr nicht gelungen, ein neues Zuhause für ihren Hund zu finden. Deshalb wäre dies sein letzter Spaziergang. Heute müsse sie ihn zum Tierarzt bringen, um ihn einschläfern zu lassen.

Meine Frau und ich haben uns angeschaut. Wir mussten gar nicht erst miteinander reden. Wir haben diesen kleinen Hund – Harry, so heißt er – immer bewundert. Ein Maltipoo. Wir boten an, ihm ein Zuhause zu geben. Wir haben ihn gleich mitgenommen.

Später ging ich zu einer Blutuntersuchung. Es wissen nicht viele, aber ich habe schon seit einiger Zeit Prostatakrebs. Der PSA-Wert ist stark angestiegen. Aber als heute der Wert kam: 3,0.«

»Das ist normal«, reagierte Grace, die mit ihrem verstorbenen Mann Teddy den Weg durch den Prostatakrebs gegangen war.

»Ganz genau. Ich habe mir Gedanken darüber gemacht, wissen Sie, ich habe in dieselbe Richtung gedacht wie Sie. Dann hat mir jemand einen Link zu Ihrem Galaxy-Interview geschickt.«

»Wie es aussieht, haben wir beide noch einmal eine Gnadenfrist bekommen«, bemerkte Grace.

»Und wir sollten das Beste draus machen«, sagte der Milliardär bewegt. »Ich möchte Sie gerne mit Ihrer Arlingham Foundation unterstützen. Ich glaube, das ist eine Idee auf der Höhe der Zeit. Die Sache wird richtig einschlagen, und Sie brauchen ein ganzes Management-Team, das sich um Spendende und Begünstigte kümmert, das die erhaltenen Spenden investiert, Ihr Anliegen vermarktet, sich um Verwaltung und Steuern kümmert – der gemeinnützige Sektor ist komplex. Auf lange Sicht könnte Sie das vollkommen auffressen.

Aber ich habe Leute, die das alles für Sie erledigen können. Professionelle Leute. Gute Leute. Sie können sich um Struktur, Personal und Management kümmern, sodass Sie entlastet sind und als Aushängeschild fungieren können. Und Ihr Leben genießen!«

Noch während er sprach, erkannte Grace, dass er recht hatte. Im Moment war es noch aufregend zu sehen, was für eine enorme Wirkung sie hatte. Aber ihr wurde auch klar, dass sie möglicherweise unabsichtlich ein Monster erschaffen hatte.

»Ich verstehe, was Sie sagen, Mr. Bates«, sagte Grace. »Aber das klingt alles sehr teuer.«

»Nicht für Sie«, versicherte er ihr schnell. »Nicht für die Arlingham

Foundation. Es wäre ein Geschenk von meiner Organisation an Ihre. Sie könnten es als eine Art Partnerschaft betrachten.«

»Ich ... ich weiß gar nicht, was ich sagen soll!«

Warwick Bates am anderen Ende schmunzelte: »›Ja‹ ist das Wort, das ich hören will.«

36

Hotel Piccard
Washington D.C.

VOR DEM EINGANG HERRSCHTE BALD EIN CHAOS AUS Einsatzfahrzeugen. Die Polizei riegelte im Umkreis von zwei Blocks jede Straße ab. Zum Heulen der Sirenen kam das ohrenbetäubende Dröhnen der Helikopter. Die Überlebenden wurden von einem kleinen Park auf der anderen Straßenseite aus ins Krankenhaus geflogen.

Die Polizei und Leute von der *Homeland Security* taten ihr Bestes, um die Lage in den Griff zu bekommen. Sie waren von Anfang an im Hintertreffen. Sowohl vor dem Piccard als auch im Gebäude waren Journalisten gewesen. Viele NRA-Delegierte – überwiegend Männer, aber auch ein paar Frauen – waren Prominente, Gallionsfiguren der Lobby für den zweiten Verfassungszusatz. Jetzt kamen die heraus, die Glück gehabt hatten, blutverschmiert und gebrochen. Diejenigen, die kein Glück gehabt hatten, wurden identifiziert sowie an Ort und Stelle fotografiert, bevor man sie in Leichensäcke legte und ein Stockwerk tiefer in Bestattungswagen brachte.

Trotz der Bemühungen der Sicherheitskräfte, die Nachrichtenströme zu kontrollieren, hatten einige Delegierte selbst Teile des Geschehens mit dem Handy aufgenommen. Fotos und Videos wurden hochgeladen und geteilt, und die Nachricht von dem Grauen in Washington verbreitete sich schnell landesweit. Weltweit.

Präsident Grey wurde operiert, eine Kugel entfernt. Sein Zustand galt als ernst. Außerdem hatte er eine oberflächliche Wunde an der Stirn. Sei-

231

ne Stellvertreterin, Vizepräsidentin Jane Nelson, war vorübergehend die amtierende Präsidentin.

Alle versuchten zu begreifen, was genau passiert war. Vor allem – wer hatte das getan? War es ein terroristischer Anschlag? Waren die Todesschützen während der Rede des Präsidenten der Vereinigten Staaten in die Jahrestagung eingedrungen? Wo waren die Mörder jetzt? Rasch wurde klar, dass mindestens ein Mitglied der NRA für die Morde verantwortlich war. Immer wieder fiel der Name Mick Mackenzie, CEO der National Rifle Association. Wen hatte er beseitigen wollen? Hatte er Erfolg gehabt? Wie viel von dem Schaden war kollateral?

Juan Garcia war der zweite Mensch, von dem die Überlebenden sprachen – auch wenn sie ihn nicht beim Namen nannten. Nach allem, was man hörte, war der Kellner des Hotels Piccard der Held des Tages gewesen. Derjenige, der dem Terror ein Ende gesetzt hatte, nur um Minuten später zu verschwinden. Wer war er eigentlich genau?

So viele Fragen im Nebel der unmittelbaren Nachwirkungen. So wenige Antworten. Aber als die Zahl der Toten die 68 überschritten hatte, wusste Hans Ziegler, der Polizeichef von Washington D.C., dass er die Ankündigung machen musste, vor der jedem Polizisten graut: In seinem Zuständigkeitsbereich und unter seiner Aufsicht hatten die Vereinigten Staaten gerade die schlimmste Massenschießerei aller Zeiten erlebt.

37

I AN TURNER ÜBERPRÜFTE SEIN AUSSEHEN IM SPIEGEL DER TOILETTE des Early Settler Coffee House. Frisur, Blazer, Taschentuch. Er atmete tief ein, richtete sich zu voller Größe auf, straffte die Schultern und wappnete sich für das, was ihm bevorstand.

Er hatte im Leben kaum einmal mit Anwälten zu tun gehabt. »Halte dich von Krankenhäusern und Gerichten fern, und du bist fein raus«, das war der Rat seines Vaters gewesen. Und daran hatte er sich immer gehalten.

Aber nach dieser Entdeckung hatte er das Gefühl, dass ihm gar nichts anderes übrig blieb, als juristischen Rat einzuholen. Es war ein echter Schock gewesen. Der größte in seinem Leben, seit er von Colorado nach Arizona gezogen war. Er hatte den Rechtsweg nicht einschlagen wollen. Konfrontationen und Unannehmlichkeiten versuchte er aus dem Weg zu gehen. Aber manche Dinge waren so wichtig, dass ein Showdown nicht zu vermeiden war.

Als er die Buchhandlung in die Hände einer Geschäftsleitung gegeben hatte, hatte er nicht erwartet, dass er damit viel Geld verdienen würde. Über 30 Jahre lang hatte er für Paige Turner die Buchhaltung gemacht, daher kannte er die wirtschaftliche Lage genau. Wenn nach Abzug aller Kosten einschließlich des Gehalts der Geschäftsführung ein Einkommen von 1000 Dollar im Monat übrig bliebe, stünde er gut da.

Der Hauptgrund, warum er das Geschäft überhaupt weiterführte, war das Gebäude. Paige und er hatten es gekauft, als sie geheiratet hatten, und in den letzten vierzig Jahren war es erheblich im Wert gestiegen. Er hatte nicht viel, was er den Söhnen nach seinem Tod hinterlassen könnte, aber das Gebäude wäre ein schöner Geldregen für die beiden. Solange sich der Laden trug, war er zufrieden.

Nachdem die ersten beiden Geschäftsführerinnen gekommen und gegangen waren, hatte er eine dritte eingestellt, Beth Owens. Oberflächlich betrachtet lief alles wie gewohnt. Beth kam gut mit den Kundinnen und Kunden zurecht, und Ian hatte sogar einen bescheidenen Anstieg der Einnahmen verzeichnet.

Er hatte nicht allzu sehr darauf geachtet, die Details der eingehenden E-Book-Abrechnungen zu analysieren. Er wusste, dass der Umsatz mit gedruckten Büchern rückläufig war, wohingegen die Buchhandlung mehr Einnahmen aus dem Verkauf von E-Books über die Website des Unternehmens generierte – ein Thema, das ihn nicht sonderlich interessierte. Seiner Meinung nach konnte nichts ein gedrucktes Buch ersetzen, idealerweise gebunden und mit dem angenehmen Duft nach Papier, Druckerschwärze und Buchbinderleim.

Als sein achtjähriger Enkel Jasper vor einem Monat zu Besuch gekommen war, hatte er den Laptop entdeckt, den Ian für seine E-Mails und zum Onlinebanking nutzte. Aus Spaß hatte Jasper die Namen seiner Eltern, Tanten und Onkel in eine Suchmaschine eingegeben, um zu sehen, was herauskommen würde. Sie hatten über einige Fotos und Berichte über Ereignisse von früher geschmunzelt. Dann hatte Jasper den Namen »Paige Turner« eingegeben. Ian hatte Hinweise auf die Buchhandlung erwartet, aber nichts dergleichen erschien auf dem Monitor. Es erschien Link um Link zu Büchern, aber nicht mit den Covern, die in den Regalen der Buchhandlung zu finden waren. Diese hier zeigten allesamt halbnackte Frauen in anzüglichen Posen und trugen ausgesprochen zweideutige Titel. Schnell nahm er seinem Enkel den Laptop weg. Trotzdem konnte Jasper noch fragen:

»Opa, was ist B&D?«

»B&B stand da«, antwortete er blitzschnell. »B&B. Das heißt Bed &

Breakfast und ist eine Abkürzung für Übernachtung mit Frühstück. Zeit für einen Schokokeks, was meinst du?«

Später, nachdem Jasper gegangen war, wiederholte er die Übung und fragte sich, wie Jasper auf eine solche Seite geraten war. Dabei entdeckte er, dass Paige Turner Books unter der Leitung von Beth Owens zu einem hochaktiven digitalen Umschlagplatz für Erotika geworden war. Ungläubig scrollte er durch Seite um Seite mit schlüpfrigen Einträgen. Er fragte sich, ob er in eine digitale Dauerschleife geraten war und kehrte zur Startseite zurück. Dort bestätigte sich, dass nur ein paar vereinzelte neue Mainstream-Titel zu finden waren. Der größte Teil der Website von Paige Turner Books galt reinem Schund.

Ian war fassungslos. Früher hatte es nie eine Nachfrage nach so etwas gegeben. Er holte seine letzte Quartalsabrechnung hervor und stellte zu seinem Leidwesen fest, was für ein hoher Anteil der Gesamteinnahmen aus dem Verkauf von Softpornos stammte. Er dachte an die Bevölkerung von Omni und konnte sich nur schwer vorstellen, dass die Leute Bücher wie *Slave to Desire* und *Daddy Love* in solch gewaltigen Mengen kauften. Je mehr er der Sache nachging, desto klarer wurde ihm, dass das alte Paige Turner Books nichts weiter war als eine Fassade, ein Feigenblatt für ein digitales Geschäft, das eine groteske Entstellung des erbaulichen Salons darstellte, den seine verstorbene Frau ursprünglich hatte schaffen wollen. Die Buchhandlung war vor seinen Augen gekapert worden.

Wie Gabby Martin vor ihm, entdeckte auch Ian bald den Grund für diese gravierende Veränderung: Beth Owens als selbst ernannte Venusgöttin, die die Buchhandlung benutzte, um Follower für ihre angeblich echten Tagebücher aufzubauen. Und mit über 80.000 regelmäßigen Besucherinnen und Besuchern waren das tatsächlich ziemlich viele. Alle scharf darauf, über die sexuellen Eskapaden der Venusgöttin und ihres derzeitigen Partners, eines Mannes namens Endless Love, zu lesen.

Ian hatte nicht länger stillsitzen können. Unruhig war er in seinem Stadthaus in Scottsdale auf- und abgegangen. Omni war seine Heimat. Hier hatten Paige und er ihr Leben aufgebaut und ihre Familie großgezogen. In der Gemeinde, die eng zusammengewachsen war, lebten noch immer die meisten seiner liebsten Freunde. Zwar verbrachte er jetzt einen Großteil des Jahres im Nachbarstaat, aber der Gedanke, dass seine Freunde die gleiche Entdeckung machen könnten wie er, erfüllte ihn mit Entsetzen. Selbst wenn sie erkannten, dass das Ganze nichts mit ihm zu tun hatte, war es ein unrühmlicher Schandfleck auf Paiges Vermächtnis. Er musste der Sache ein Ende setzen. Und zwar schnell.

Deshalb der Anwalt. Nach der Lektüre des Vertrags zwischen ihm und Beth Owens riet ihm der seriöse junge Mann zu einem umsichtigen Vorgehen. Mit der Werbung für ein bestimmtes Buchgenre, auch wenn ihm dieses persönlich zuwider war, hatte seine Geschäftsführerin nichts Illegales getan. Wenn Ms. Owens allerdings auf andere Weise von Besucherzahlen, die die Buchhandlung generierte, profitiert hatte – etwa durch den Verkauf ihrer »Tagebücher« –, dann war das etwas anderes. Aber wie sollte man das beweisen?

»Der Laptop«, hatte Ian Turner vorgeschlagen.

»Welcher Laptop?«

»Der, den ich im Laden gelassen habe, weil da so viel Geschäftliches drauf ist. Als ich das letzte Mal dort war, hat diese Frau«, er deutete auf den Vertrag und brachte es nicht über sich, den Namen Beth Owens auszusprechen, »gefragt, ob ich einen neuen kaufen könnte.«

Der Anwalt hörte ihm aufmerksam zu.

»Was, wenn der Laptop zeigt, dass sie Besucher von der Website der Buchhandlung auf ihre eigene Website umleitet, um ihr Zeug zu verkaufen?«, fragte Ian.

»Das sind genau die Indizien, die wir brauchen, um einen Vertragsbruch nachzuweisen.«

Heute hatte Ian lediglich vor, den Laptop zu holen. Er hatte einen IT-Experten an der Hand, einen Freund seines Sohnes, der den Inhalt analysieren sollte. Er hatte ihm bereits die Zugangsrechte zum gesamten IT-System und zur Website von Paige Turner Books eingeräumt. Bei seinem heimlichen Besuch in der Buchhandlung am Vormittag hatte er gesehen, dass der Laptop unter dem Ladentisch verstaut war.

Zu den Merkwürdigkeiten im Vertrag zwischen der Geschäftsführerin und ihm gehörte, dass es keinen separaten Mietvertrag für die Wohnung im Obergeschoss gab. Darauf hatte ihn der Anwalt hingewiesen. Sie war im selben Vertrag miteingeschlossen. Daher war Ian Turner berechtigt, die Räumlichkeiten während der Geschäftszeiten jederzeit zu betreten, wenn er wollte. Falls die Venusgöttin aus irgendeinem Grund ihren Laptop mit nach oben genommen hatte – Ian besaß einen Schlüssel zu ihrer Wohnungstür. Er hätte keine Hemmungen, ihn zu benutzen.

38

Food & Drug Administration
White Oak, Maryland

SEIT SEINER DESASTRÖSEN PRESSEKONFERENZ STAND FDA-Leiter Saul Applebaum unter enormem Druck. So sehr sogar, dass er sich fragte, ob seine Position unhaltbar geworden war.

Seit dem Vorfall im *Golden Drumsticks* am Flughafen JFK am frühen Morgen saß ihm die Bundesluftfahrtbehörde im Nacken. Jede Minute, die die Flughäfen geschlossen blieben, verursachte unbeschreibliche Störungen und kostete das Land Millionen. FBI und CIA waren beunruhigt wegen der Möglichkeit eines terroristischen Angriffs mit biologischen Waffen. General Hickman verlangte Auskunft über gesundheitliche Folgen für die Angehörigen der Streitkräfte, falls diese zum Einsatz kommen müssten. Der Stabschef des Präsidenten höchstpersönlich rief ständig an, sowohl im Namen von Präsident Grey als neuerdings auch in dem der amtierenden Präsidentin Jane Nelson.

Wie alle anderen im Land wollten auch sie eine Antwort auf die grundlegendste aller Fragen: Was war die Ursache der Lebensmittelvergiftungen?

Applebaums wissenschaftliche Leiterin und ihr Team nahmen am Besprechungstisch in seinem Büro Platz. Gleich sollten sie an einer Telefonkonferenz teilnehmen, die Stabschefin Teagan Chase einberufen hatte.

Wie Teagan richtig vorausgesagt hatte, war das Mem»Ich habe keine Ahnung« allgegenwärtig geworden, sobald im Internet Applebaums Name fiel. Der ranghöchste Gesundheitsexperte des Landes hatte Ame-

238

rikanerinnen und Amerikanern verordnet, dass sie Vegetarier werden sollten, erbosten sich die Menschen im Internet. Auf die Frage, warum, hatte es geheißen »Ich habe keine Ahnung«. Die öffentliche Empörung war so groß, dass im Internet satirische Videos, Karikaturen und sogar Lieder kursierten, in denen Applebaums übergroßer kahler Kopf parodiert wurde.

Es war immer wesentlich einfacher, den Boten zu erschießen, bemerkte Applebaum. Was wäre ihnen denn lieber gewesen –, dass er sie belogen hätte?

»Wir haben immer noch keine Antwort«, teilte ihm seine wissenschaftliche Leiterin Melinda Myers im weißen Kittel mit. Sie stand ebenfalls unter beispiellosem Stress, und so war ihr normalerweise ordentlich frisiertes dunkles Haar zerzaust und ihr Gesicht wirkte abgespannt. »Alle Lebensmittelproben, alle menschlichen Proben und sämtliche Tests in Schlachthöfen haben keinerlei Hinweise auf eine bekannte bakterielle oder virale Infektion ergeben. In den letzten Stunden haben wir unsere Bemühungen auf die bekannten Unbekannten konzentriert. Selbst das ...«

Applebaum musterte seine wissenschaftliche Leiterin mit einem langen, strengen Blick. Sie arbeiteten schon seit Jahren zusammen. Bei allen Schwächen, die sie in ihrem professionellen Auftreten haben mochte, Melinda Myers konnte er vertrauen, das wusste er. Für diese Sache hatte sie alle Kräfte mobilisiert. Sie hatte nicht nur die gesamten Ressourcen der FDA aufgeboten, sondern auch Leute aus dem privaten Sektor hinzugezogen, darunter einige der besten Diagnosetechniker des Landes. Trotzdem gab es nichts. Null. Nada.

»Mal sehen, was diese Besprechung bringt«, meinte er und deutete mit dem Kopf auf sein Telefon, das in der Tischmitte für eine Telefonkonferenz eingerichtet war. »Ich bin nicht optimistisch.«

»Ich habe mich mit London in Verbindung gesetzt«, stimmte seine wissenschaftliche Leiterin zu. »Denen geht es genau wie uns.«

Lebensmittelvergiftungen waren ein globales Phänomen. Nicht nur die

Bevölkerung der Vereinigten Staaten war betroffen – weltweit geschah das Gleiche. In wenigen Augenblicken sollten sie unter der Schirmherrschaft der Weltgesundheitsorganisation eine Notfallkonferenz mit ihren Kolleginnen und Kollegen aus Großbritannien, Europa und mehreren asiatischen Ländern abhalten.

Gerade als sie sich einwählen wollten, flog die Tür auf. Applebaums Chefassistentin wollte dringend ihren Chef sprechen. »Das müssen Sie sich sofort ansehen!«

Applebaum und Chase eilten zur Tür.

»Soeben zugestellt worden.« Die Assistentin übergab einen großen weißen Umschlag, adressiert an Saul Applebaum, mit dem Stempel »Persönlich & Vertraulich« und einer diskreten, aber unübersehbaren Kennung: Das Weiße Haus.

Applebaum machte sich aufs Schlimmste gefasst. Er nickte seiner Assistentin zu, sie solle den Umschlag öffnen, und beobachtete, wie sie den Brieföffner geschickt über die gesamte Länge des Umschlags zog, bevor sie ihm das einseitige Schreiben überreichte.

Er stammte aus der Feder des Präsidenten und war nur einen Absatz lang. In Anerkennung der Verdienste von Dr. Applebaum um das Gesundheitswesen, insbesondere seiner bahnbrechenden Studie über Nanopartikel zur kontrollierten Medikamentenabgabe, freute sich der Präsident, ihm die *National Medal of Science* zu verleihen. Eine Einladung zu einer Verleihungszeremonie im Weißen Haus würde bald folgen.

Applebaum zeigte das Schreiben seiner Stabschefin.

»Herzlichen Glückwunsch, Sir.« Sie streckte ihm die Hand entgegen.

Sofort fielen ihm die Auszeichnungen und Belobigungen für seine Mitarbeitenden wieder ein, die er am Morgen unterzeichnet hatte. Sein persönlicher Test. Als er die Mappe seiner Stabschefin übergeben hatte, hatte er sie gebeten, die Übergabe sämtlicher Belobigungen zu beschleunigen. Sie war überrascht gewesen, angesichts all dessen, was heute so los war. Er fragte sich, ob sie die Verbindung hergestellt hatte.

Sie gingen wieder ins Büro und klinkten sich in eine Telefonkonferenz ein, die bereits seit einigen Minuten lief. Unter der – mit teutonischer Effizienz ausgeübten – Leitung des WHO-Direktors in Genf musste die Sprecherin oder der Sprecher jedes Landes in maximal zwei Minuten über den aktuellen Stand der Dinge in seinem oder ihrem Land berichten.

Doch die Statusmeldungen beanspruchten sogar noch weniger Zeit: Sie saßen alle im selben Boot. Schwere Fälle von Lebensmittelvergiftungen in der Bevölkerung, die zur Schließung von Restaurants führten, Angst vor Verseuchung, massenhafte Krankmeldungen, Einstellung öffentlicher Verkehrssysteme, Verbot des Verkaufs von Fleischprodukten – und trotz aller Bemühungen waren keinerlei Hinweise auf eine bakterielle oder virale Ursache zu finden.

»Wir stehen unter extremem Druck von der Kanzlerin«, kam aus Berlin.

»Von unseren Wissenschaftlerinnen und Wissenschaftlern kann niemand eine Ursache nennen«, sagte Rom.

»Was ist, wenn die Ursache keine wissenschaftliche ist?«, fragte Neu-Delhi.

Die WHO bat um Klarstellung.

»Was, wenn die Ursache Karma ist?«

Allgemeines Schweigen. Nach einer Weile erklärte die WHO: »Aber wer wäre bereit, mit einer solchen Aussage an die Öffentlichkeit zu gehen?«

In Berlin erinnerte sich der Staatssekretär aus dem Bundesministerium für Ernährung und Landwirtschaft an das erfreuliche und völlig unerwartete Eintreffen eines Ersatzteils, das er für die Restaurierung seines Mercedes-Oldtimers benötigte, nachdem er dem Nachbarsjungen geholfen hatte, einen Bremsbelag an seinem Fahrrad zu montieren.

In London dachte der Minister für Umwelt, Ernährung und ländliche Angelegenheiten an einen Vorfall von aggressivem Verhalten im Straßenverkehr, den er vor wenigen Augenblicken von seinem Fenster in Whitehall aus beobachtet hatte. Ein wütender Autofahrer war aus seinem

Wagen gestiegen und hatte dem Autofahrer vor ihm ins Gesicht schlagen wollen. Dabei hatte er seine Faust mit solcher Wucht erhoben, dass er aus dem Gleichgewicht geraten und auf den Asphalt gestürzt war. Dabei hatte er das Bewusstsein verloren.

In Maryland warf FDA-Leiter Applebaum einen Blick auf den Brief aus dem Weißen Haus auf seinem Schreibtisch.

»Ich wäre dazu bereit«, sagte er. »Weil ich zufällig glaube, dass das stimmt.«

»Ich glaube das auch, als Privatmensch«, meinte Berlin in einem Ton, der deutlich machte, dass es sich um eine persönliche Meinung handelte.

»Wir haben Karma *erfunden*«, insistierte Indien und beanspruchte die Lorbeeren für sich.

»Unserer Öffentlichkeit wäre es leichter zu verkaufen«, versuchte Großbritannien einen internationalen Konsens herzustellen, »wenn die Vereinigten Staaten es zuerst sagen würden.«

Kurz danach wurde eine Einigung erzielt.

☯

14:00 Uhr (Eastern Standard Time)
12:00 Uhr (Mountain Standard Time)
11:00 Uhr (Pacific Standard Time)

39

Miami, Florida

Feng Wangs Herz pochte. Seine Hände am Lenkrad waren klamm. 20 Minuten dauerte die Fahrt vom Powerball House zu The Atlantic Bar & Grill, wo er sich mit Park und Hu zur Feier ihres Lebens verabredet hatte.

Alles an diesem Tag fühlte sich immer noch surreal an, als würde er eine Rolle in einem Film oder einem luziden Traum spielen, nur, dass er wusste, dass dem nicht so war. Er sagte sich, dass ihm das so vorkomme, sei ja zu erwarten gewesen. Wie viele Menschen waren denn schon im Laufe eines einzigen Vormittags aus Parks, Hus und seiner Lage heraus zu Lenkern einer 2,1 Milliarden Dollar schweren gemeinnützigen Stiftung geworden?

Er versuchte sich einzureden, dass er deshalb so nervös war, genau wie es jeder andere in seiner Situation auch gewesen wäre. Aber er glaubte seinen Lügen selbst nicht. Das hatte er noch nie gekonnt. Nein, wenn die halbe Million Dollar in der Reißverschlusstasche unter dem Beifahrersitz nicht wäre, würde er sich in einem Zustand unbändiger Euphorie mit seinen Freunden treffen. Stattdessen hatte er ein höllisch schlechtes Gewissen.

Doch das musste er nicht haben, beruhigte er sich. Er bereute die Entscheidung nicht. Wenn er die Szene noch einmal zurückspulen und dem Powerball-Typen eine andere Antwort geben könnte, würde er das nicht tun. Die *Blue Caps* bekamen immer noch 2,1 Milliarden Dollar, oder

245

etwa nicht? Er nahm doch nichts von der Gesamtsumme weg, die alle im Kopf hatten. Das Gewinnlos, das *er* gekauft hatte und das *seine* Idee gewesen war, würde immer noch eine Stiftung ermöglichen, die unermesslich viel für ihre satzungsgemäßen Zwecke bewirken konnte, und lukrative Stellen für sie alle drei wären außerdem noch drin.

Bis dahin brachte er die Dinge eigentlich nur in Ordnung. Er bereinigte seine Finanzen, bevor er das nächste Kapitel aufschlug. Seine Kreditkartenschulden würde er sofort begleichen. Später oder realistischerweise morgen würde er zur Bank gehen, das Geld einzahlen und Überweisungen veranlassen, um seine Kreditkarten- und anderen Schulden zu tilgen. Er würde das neue Gefühl genießen, schuldenfrei zu sein. Er würde seine Auftritte in Bars aufgeben. Es ruhig angehen lassen. Er würde das Geld nicht verprassen, zumindest nicht offensichtlich. Vielleicht würde er irgendwo diskret Urlaub machen. Die süße Kellnerin Caley aus der Bar, in der er auftrat, in die Karibik einladen.

Du hättest das Geld nicht nehmen sollen!, dröhnte eine Stimme in seinem Inneren immer wieder.

Nun ja, eigentlich hatte er es nicht genommen – nicht endgültig. Nicht unwiderruflich. Er könnte mit der Tasche voller Geld in der Bar auftauchen und den Jungs sagen, Powerball habe ihm dazu geraten. Powerballs Gedanke sei gewesen, dass sie etwas Liquidität haben sollten. Andererseits konnte er sich nicht vorstellen, dass Hu, der Anwalt, oder Park, der Buchhalter, mit 500.000 Dollar in bar glücklich wären. Mit 500 Dollar vielleicht.

Nein, das war eine dumme Idee. Außerdem wollte er das Geld nicht abgeben. Im Gegensatz zu ihnen, die über ein regelmäßiges Einkommen verfügten, hatte er jahrelang dicke Bretter bohren müssen. Er hatte Risiken auf sich genommen und manchmal schwer eingesteckt. Aber hin und wieder hatte er die Chancen, die er selbst geschaffen hatte, auch zu nutzen gewusst. Wie jetzt.

Er fuhr in eine Parkbucht auf dem fast leeren Parkplatz gegenüber der Bar. Die Tasche würde er unter dem Beifahrersitz lassen. Normalerweise hätte er nicht im Traum daran gedacht, eine halbe Million Dollar im Auto zu lassen. Aber es blieb keine Zeit mehr, zur Bank zu gehen. Sein Auto würde schon nicht aufgebrochen werden. Dieser Vorort war so sicher, sicherer ging es gar nicht.

Reiß dich zusammen, Feng! Er atmete ein paar Mal tief durch, erhob sich dann vom Fahrersitz, schloss die Tür und vergewisserte sich, dass der Wagen verriegelt war, nachdem er die Fernbedienung betätigt hatte. Er schlenderte über den Parkplatz und straffte sich innerlich, um sich auf die Begegnung mit seinen Partnern vorzubereiten. Er warf einen Blick auf seine Uhr. Park und Hu müssten jetzt in der Bar sein, bereit für ein Mittagessen wie kein zweites. Würden sie danach überhaupt wieder zur Arbeit gehen?

Noch während er auf die Tür von *The Atlantic Bar and Grill* zuging, das einen tollen Meerblick bot, wurde er plötzlich gegen die Wand des Restaurants geschleudert. Er rutschte ab, und ihm blieb die Luft weg. War er angegriffen worden? Ohrenbetäubender Lärm entstand, als ganz in der Nähe mehrere Mülltonnen herunterkrachten, die von einer starken Windböe aufgewirbelt worden waren. Erschrocken sah er sie fallen. Doch dann fesselte etwas noch viel Entsetzlicheres seine Aufmerksamkeit.

Sein Auto war von einem Mikro-Tornado erfasst worden. Wie ein Kleidungsstück in einer Waschmaschine wirbelte das Fahrzeug in dem unheimlichen schwarzen Sog herum, der schnell aufs Meer hinauszog. Er rappelte sich vom Boden auf, kam auf die Füße, trat ein paar Schritte vom Eingang des Restaurants zurück und sah, wie sein Auto in der Mitte der davonziehenden Säule weit fort von der Küste und weiß Gott wohin getrieben wurde.

Erschüttert blieb er eine Zeit lang so stehen und sah ihm nach. Dann taumelte er zum Eingang und ging hinein.

Park und Hu saßen an einem der exklusiven Tische auf dem Balkon mit Blick aufs Meer. Er ging zu ihnen und gestikulierte in Richtung des düsteren Wirbels, der schnell davonzog.

»Mein Auto ist gerade von einem Mikro-Tornado erfasst worden«, sagte er und deutete hinaus.

Sie sahen seine Verzweiflung und folgten seinem Blick zu der rasch kleiner werdenden Säule. Dabei wirkte ihre Miene recht ungerührt. Hu zückte sein Handy und machte ein paar Fotos. »Könnte helfen wegen der Versicherung«, meinte er.

Feng nickte. Anwalt durch und durch, dachte er.

Er sah, dass beide ihr übliches mexikanisches Standoff-Bier tranken – nicht die festlichen Shots oder den Champagner, die er sich vorgestellt hatte. Er dachte an die halbe Million Dollar, die gerade auf- und davonflog. Das überschattete seine Freude über den Lottogewinn. Ihr Verlust bedeutete, dass er immer noch vor seinem ganzen finanziellen Schlamassel stand – und jetzt hatte er nicht einmal mehr ein Auto.

Noch während er dastand wie ein begossener Pudel fragte Hu: »Du bist direkt von Powerball hierhergekommen?«

»Ja …«

»War etwas Wertvolles im Auto?«

Feng merkte, dass sowohl Hu als auch Park ihn scharf musterten. »Nein. Ich meine … nein.« Todunglücklich schüttelte er den Kopf.

Seine beiden Partner wechselten einen kurzen Blick, dann zückte Park sein Telefon und zeigte einen Screenshot des Bankkontos der *Blue Caps*. »Nur weil bei der Überweisung eine halbe Million Dollar gefehlt hat. Ich habe das mit den Angaben verglichen, die du vorhin geschickt hast. Spielgemeinschaft. Wir haben uns gefragt, ob du etwas in bar mitgenommen hast?«

»Und warum«, ergänzte Hu.

»Ja«, pflichtete Park mit saurer Miene bei, »und warum.«

40

Omni, Colorado

Seit seinem Auftritt bei Galaxy TV wollen *Alle* etwas von Lama Tashi. Was Megan nicht im Geringsten überraschte. Inzwischen wollte ihn nicht nur Nick Nalder für eine schwammig definierte, aber lukrative Rolle als »Karma-Korrespondent« engagieren, sondern alle anderen großen Sender ebenso.

Flourish wurde überhäuft mit E-Mails und Textnachrichten. Große Hollywood-Agenturen konkurrierten darum, ihn vertreten zu dürfen. Onlinegurus wandten sich an ihn, in der Hoffnung, dass etwas von seiner Magie auf sie abfärben würde. Große Wirtschaftsmagnaten wollten ihn als Berater.

Dabei war es durchaus nicht so, dass nicht auch andere buddhistische Lehrer und Mönche in den Medien aufgetreten wären. Ganz zu schweigen von den vielen selbst ernannten Karma-Gurus, die auf den Zug aufsprangen. Aber Lama Tashi besaß etwas Unbezahlbares, etwas, das alle spüren konnten, die ihm auch nur eine Minute zusahen – er war der einzig Wahre. Authentisch. Er verstand das Thema nicht nur, er verkörperte es.

Megan stellte fest, dass auch sie durch die Verbindung mit ihm berühmt wurde. Als sie an diesem Morgen einen schwarzen Blazer angezogen und einen roten Schmuckanhänger umgehängt hatte, als sie ihr glattes, schulterlanges Haar wie immer gebürstet und nicht mehr als fünf Minuten für ihr Make-up aufgewendet hatte, hätte sie sich nie träumen lassen, dass ihr Äußeres eine derartige Reaktion hervorrufen würde.

Sie war zwar als Schülerin von Lama Tashi und Gründerin von *Flourish* bekannt geworden, hatte dadurch aber völlig überraschend auch eigenständige Berühmtheit erlangt. In Kommentaren wurde sie als »Lama Megan« bezeichnet. Eine Karikatur von ihr mit schwarzem Blazer und strahlend blauen Augen erschien neben der von Lama Tashi. Plötzlich schrieb man ihr alle möglichen transzendenten Eigenschaften zu.

Was Lama Tashi ihr kurz vorher über den Geist und das Karma anderer Menschen gesagt hatte, wurde ihr plötzlich und eindringlich vor Augen geführt. *Sie* hatte sich im Laufe des Morgens nicht verändert. Nicht grundlegend. Sie war immer noch dieselbe Megan Mitchell wie zuvor, mit all ihren Stärken und Schwächen. Nur andere Menschen betrachteten sie auf einmal ganz anders. Sie schufen ihre eigene, völlig andere Realität, was sie, Megan, anbetraf.

Nicht dass sie Zeit gehabt hätte, länger darüber nachzudenken. Lama Tashi, Anton und sie hielten einen Moment inne, um live die neuesten Fernsehbilder aus Washington D.C. zu verfolgen. Verwundete Männer und Frauen, die eilig in Krankenwagen verfrachtet und ins Krankenhaus gebracht wurden. Zwei große Leichenwagen, die in die Tiefgarage des Hotels Piccard fuhren. Der Präsident hatte die Operation vermeintlich überstanden, war aber immer noch ohne Bewusstsein. Eine Reihe von Fernsehreportern stand vor der Hotellobby und sprach in die Kameras nationaler und internationaler Medien. Sie alle versuchten zu begreifen, was passiert war.

Nicht, dass das, was in Washington geschah, für Megan im Moment Priorität gehabt hätte, noch nicht einmal die spektakulären Entwicklungen bei *Flourish*. Es war nach 13 Uhr, und sie hatte Gäste. Als sie ihnen etwas zu essen anbot, nahmen sie dankend an.

Sie bat sie wieder ins Haus, wo sie am Küchentisch saßen und Fruchtsaft tranken, während Megan Toast-Sandwiches und Salat zubereitete. Unterdessen kamen ihre Kinder Hayden und Shelley von der Schule nach Hause und freuten sich, als sie ihren Besuch antrafen. Lama Tashi war eine geradezu legendäre Gestalt in ihrem Haus, ein magischer Onkel.

Normalerweise mussten sie zu ihm kommen, aber heute war er mitten unter ihnen, bei ihnen zu Hause. Die achtjährige Shelley setzte sich sofort auf seinen Schoß. Der sechzehnjährige Hayden schlich sich von der Seite an, um ihn zu umarmen.

Als die Sandwiches fertig waren, traten sie mit ihren Tellern und Gläsern durch die Küchentür auf die hintere Veranda. Von dort blickten sie auf einen kleinen Garten, der in den Wald überging. Es war ein warmer und wolkenloser Tag geworden, die Luft war erfüllt vom Duft der Frühlingsblumen, der vom Garten heraufwehte. Lama Tashi tauchte den Ringfinger seiner linken Hand in sein Getränk und schnippte winzige Wassertröpfchen zunächst vor sich, dann in die anderen drei Himmelsrichtungen – ein Ritual, das er immer vollzog, bevor er etwas trank, und das symbolisch für den Wunsch steht, dass sich alle Wesen im ganzen Universum ebenfalls guten Trinkens, guten Essens und der Freiheit von Leiden erfreuen mögen. Dass es allen Wesen gut gehen möge.

Sie folgten Lama Tashis Beispiel und gingen in der Schönheit des Augenblicks, der Sonne auf ihrer Haut und der Köstlichkeit ihrer Mahlzeit völlig auf. In der Ferne schnüffelte Retriever Rusty durchs Unterholz. Was könnte ihre Aufmerksamkeit mehr lohnen als das Hier und Jetzt? Megan warf einen Blick auf ihre Kinder, die beide ungewohnt ruhig und zufrieden einfach nur dasaßen. Lama Tashi fing ihr Lächeln auf und schaute zu Hayden und Shelley hinüber. Schon bald lächelten sie nicht nur, sondern kicherten, ganz so, als hätten sie bereits einen Insiderwitz darüber, wie viel Zufriedenheit darin liegt, einfach nur zu sein.

Nach dem Essen fragte Lama Tashi Hayden, ob er ihm wohl einen Gefallen tun könne. Er hätte gerne, dass Hayden eine Zusammenfassung aller Nachrichten verfasste, die auf dem Telefon seiner Mutter eingegangen waren. Außerdem sollte er am Nachmittag ans Telefon gehen und die Kontaktdaten der neuen Anruferinnen und Anrufer aufnehmen. Zielstrebig setzte sich Hayden an den Küchentisch und begann mit seiner Liste.

Megan fragte Rinpoche, was er als Nächstes vorhabe. Inzwischen war ihr klar, dass das Fernsehstudio von *Flourish*, das ursprünglich Lama

Tashis Vorschlag gewesen war, der Vorbereitung auf den heutigen Tag gedient hatte. Er hatte genau gewusst, was passieren würde, sogar so genau, dass er Anton mitgebracht hatte. Wie sollte es nun weitergehen?

»Von diesen Leuten haben viele Sie bei Galaxy gesehen und nun haben sie Fragen zu Karma«, sagte Megan und warf einen Blick auf die Liste.

»Gibt es viele Fragen?«

»Dutzende«, bestätigte sie und warf einen Blick auf Haydens Liste, der eifrig weiter zuhörte und schrieb. »Oh, und alle großen Fernsehsender fragen nach Ihnen – genau wie alle anderen auch. Sie haben es eilig. Im Moment können Sie machen, was Sie wollen, Rinpoche. Ein beliebiges Angebot annehmen. Man bietet Ihnen gecharterte Flugzeuge an. Alle wollen Sie zu sich holen.«

Lama Tashi schüttelte ablehnend den Kopf. »Nein. Wir bleiben hier. Hayden kann das Telefon übernehmen. Wir drei können wieder ins Studio gehen und die Fragen beantworten.«

Megan war überrascht. »Glauben Sie nicht, dass ein großer Sender Ihnen mehr Möglichkeiten bietet, Ihre Botschaft unter die Leute zu bringen, als ein Studio im Wald?«

Lama Tashi erkannte ihre Großzügigkeit und lächelte sanft. »Falls ich mich für einen Sender entscheide, wollen die anderen mich nicht mehr«, sagte er.

»Stimmt.«

»Wenn ich mich für *Flourish* entscheide, bringen es alle.«

Megan hob die Augenbrauen. Lama Tashi hatte zwar keinen Fernseher, wusste aber anscheinend intuitiv sehr genau, wie das Fernsehen funktionierte. Außerdem war seine Idee gewagter, als ihr selbst je in den Sinn gekommen wäre.

»Alle?«, hakte sie nach.

Er zuckte mit den Schultern. »Das werden wir sehen.«

So kam es, dass sie sich wieder im *Flourish*-Studio mit seiner überragenden Kulisse befanden und Megan in allen ihren Social-Media-Feeds auf eine weitere Live-Übertragung von Lama Tashi hinwies.

»Heute Morgen habe ich die allgemeinen Aspekte von Karma erklärt«, sagte er vor einem landesweit schnell anwachsenden Publikum. »Dass karmische Wirkungen karmische Ursachen spiegeln. Positive Wirkungen können nur durch positive Ursachen entstehen, und negative Wirkungen durch negative Ursachen. Ich habe erklärt, wie Karma zunimmt. Dass selbst kleine Ursachen Wirkungen besitzen, aber dass man niemals Wirkungen ohne Ursachen erwarten sollte. Das ist doch ganz einfach, oder? Leicht zu verstehen?«

Sie nickte.

»Vor Kurzem habe ich über die vier Faktoren gesprochen, die Karma seine Kraft verleihen. Sein Gewicht. Dass je nach Subjekt, Objekt, Handlung und Absicht alle diese Faktoren das Resultat beeinflussen.«

»Das stimmt«, sagte Megan, und veranschaulichte es anhand der Beispiele, die er in seinem Galaxy-Interview verwendet hatte. Sie merkte, dass Lama Tashi sprach, als würde er ein Seminar über Karma halten, und es war ihm völlig gleichgültig, ob die Leute es online oder über einen Nachrichtensender gesehen hatten.

»Jetzt bin ich gerne bereit, ein paar Fragen zu beantworten. Karma ist ein komplexes Thema. Es hat viele Dimensionen und es ist sehr viel damit verbunden. Vielleicht kann ich dazu beitragen, dass manches ein bisschen klarer wird.«

Megan nickte. »Ich würde gerne mit einer sehr speziellen Frage beginnen, aber sie taucht in unseren Sozialen Medien immer wieder auf. Mit einer Frage, die sozusagen das Anliegen vieler Zuschauerinnen und Zuschauer widerspiegelt.«

»Okay?«, Lama Tashi wirkte heiter.

»Wenn Großzügigkeit die karmische Ursache für Reichtum ist, was ist dann die karmische Ursache für gutes Aussehen?«

Lama Tashi lachte so, dass seine Schultern bebten, dann antwortete er:

»Geduld natürlich! Wenn wir uns in Selbstbeherrschung und Verständnis üben, hilft uns das nicht nur im Hier und Jetzt. Wir legen die Ursachen für künftige Attraktivität.«

»Manchen ist der Zusammenhang vielleicht nicht gleich klar«, äußerte Megan. »Wenn man gibt, bekommt man, das verstehen die Leute. Aber welcher Zusammenhang besteht zwischen Geduld und Schönheit?«

»Wahrscheinlich lässt sich das leichter anhand des Gegenteils – Wut – veranschaulichen. Wenn ein Mensch wütend ist, finden Sie ihn dann attraktiv, oder wollen Sie so weit von ihm weg wie nur möglich? Wenn Sie möchten, dass jemand Sie mag, ist es dann besser, ihm einen weit aufgerissenen, mürrisch verzogenen Mund und einen wütenden Gesichtsausdruck zu zeigen oder eine fröhliche, offene Miene?« Lama Tashi machte eine Pause, um den Zuschauerinnen und Zuschauern die Möglichkeit zu geben, dies zu verarbeiten.

»Wut ist die zerstörerischste Verblendung von allen«, fuhr er fort. »Wer Wut hat, kann keinen Frieden und kein Wohlbefinden haben. Ebenso wenig die Person, gegen die sich die Wut richtet. Da ist es doch viel besser, sich in Geduld zu üben. Falls unter den Zuschauerinnen und Zuschauern Leute sind, die Schwierigkeiten im Umgang mit Wut haben –«, er schmunzelte, »vielleicht könnte es hilfreich sein, einmal darüber nachzudenken, welche Situationen und Menschen Sie wütend machen. Und wenn Sie Ihre Liste nerviger Leute haben, benennen Sie sie alle um als ›Kostbares Gut‹. Warum ›Kostbares Gut‹? Weil *sie* im Gegensatz zu unseren Freunden und lieben Angehörigen, im Gegensatz zu allen anderen, denen wir in unserem Leben normalerweise begegnen, diejenigen sind, die uns die Möglichkeit geben, uns jetzt in Geduld zu üben – und künftig sehr gut auszusehen. Sie könnten sie sogar als Ihre persönlichen Schönheitstherapeutinnen und -therapeuten betrachten!«

»Viel Stoff zum Nachdenken.« Megan hatte den Feed von *Flourish* in den Sozialen Medien beobachtet, denn landesweit folgten ihnen immer mehr Zuschauerinnen und Zuschauer. Diese Sendung war nicht im Voraus geplant und angekündigt worden, und doch stieg die Zahl der Zuschauenden schnell in die Zehntausende. Und noch nie hatte es eine so große Anzahl von Fragen auf ihrem Bildschirm gegeben.

Mit ein paar Tastenanschlägen klickte sie sich zu einem Bildschirm durch, der die Feeds aller großen Sender zeigte. Sie musste zweimal hinsehen. Channel 60 streamte sie. Live! Hing ihnen am Rockzipfel! Lama Tashi wurde in der Mitte des Bildschirms gezeigt, das *Flourish*-Logo unübersehbar links neben ihm. Und als Anton auszoomte, um sie mit ins Bild zu nehmen, sah sie aus den Augenwinkeln, dass Channel 60 das genauso übernahm.

Aber das *Gefühl* war immer noch dasselbe wie vorher. Rinpoche und sie genossen die Wärme, die Spontaneität dieser gemeinsamen Zeit und sprachen über Dinge, auf die es ankam.

»Ich habe eine Frage von Amy aus New York City«, sagte sie, von ihrem Bildschirm ablesend. »Heute Morgen hat Amy ein paar Obdachlosen Geld gespendet. Kurz darauf hat sie von ihrem Arbeitgeber einen hohen Bonus erhalten. Aber es ist noch etwas passiert. Sie wurde überfallen. Amy möchte wissen: Wenn positive Ursachen nur zu positiven Ergebnissen führen, wie konnte das dann passieren?«

»Eine sehr gute Frage«, nickte Lama Tashi. »Wie ich schon erklärt habe, Karma ist komplex. Wir schaffen in jedem Moment nicht nur eine einzige karmische Ursache und erleben auch nicht nur ein einziges ausreifendes Karma. Wir alle haben unendlich viele karmische Ursachen geschaffen, aus denen sowohl positive als auch negative Wirkungen hervorgehen. Es müssen nur bestimmte Ursachen auf bestimmte Umstände treffen und schon ...«, er schnippte mit den Fingern, »erleben wir die Auswirkungen.

Was passiert nun, wenn die Bedingungen für eine negative Wirkung gegeben sind? Vielleicht für etwas sehr Schädliches, sogar Lebensveränderndes? Aber Sie tun etwas Positives, kurz bevor dieses Karma ausreift. Tugend hat zehnmal mehr Kraft als Nicht-Tugend. Die Auswirkung dieser tugendhaften, großzügigen Handlung sorgt dafür, dass man weniger negatives Karma erfährt. Wir erleben vielleicht immer noch etwas Schlimmes, aber weniger gravierend. Erträglicher. Etwas Negatives, ja, aber vielleicht nur ein Bruchteil dessen, was sonst passiert wäre. Negative Ereignisse können nicht durch positive Ursachen hervorgerufen werden. Aber sie können durch sie abgemildert werden.«

Galaxy und ein landesweiter, öffentlich-rechtlicher Sender nutzten inzwischen den *Flourish*-Feed, stellte Megan fest. Nicht, dass sie Zeit gehabt hätte, irgendetwas zu tun, sie konnte nur im Auge behalten, was vor sich ging. Denn das schnell wachsende Publikum – nicht nur aus den gesamten Vereinigten Staaten, sondern aus der ganzen Welt –, das nach Lama Tashis Rat gierte, bombardierte sie mit Fragen. Viele bezogen sich auf das, was er gerade gesagt hatte.

»Lama Tashi, die Zuschauerinnen und Zuschauer stellen viele Fragen zu negativem Karma. Dazu, was Sie darüber gesagt haben, dass wir möglicherweise die Ursachen für unzählige schlimme Dinge geschaffen haben. Das beunruhigt die Menschen. Ich bekomme viele besorgte Fragen, ob wir dazu verdammt sind, die Folgen von etwas zu erleben, von dem wir womöglich nicht einmal mehr wissen, dass wir es getan haben?«

Lama Tashi nickte, ernst, aber mitfühlend. »Es ist gut, wenn wir um dieses negative Potenzial wissen. Unwissenheit erweist uns keinen Dienst. Aber die Vorstellung, dass Karma wie Schicksal ist und wir nichts dagegen tun können, ist ein Missverständnis. Wie ich bereits gesagt habe, kann eine positive Handlung eine negative Auswirkung, die wir erleben müssen, stark abmildern. Karma ist dynamisch. Es spielt sich in unserem Geist ab. Unser Geist ist ständig aktiv. Um also Ihre Fragen zu beantworten«, stoppte er und blickte direkt in die Kamera: »Eines der wichtigsten Dinge, die wir mit unserem kostbaren Menschenleben anstellen können, besteht darin, unser Karma zu bereinigen.«

»Gibt es dazu eine Praxis, die Sie empfehlen würden?« Megan wusste genau, worauf er hinauswollte.

»Kultivieren Sie Bodhichitta«, sagte Lama Tashi. »Bodhichitta ist der Wunsch, zum Wohle anderer Erleuchtung zu erlangen. Wir alle möchten dauerhaft frei von Unzufriedenheit und Schmerz sein und nichts als ständiges Wohlbefinden erleben. Das haben wir mit allen fühlenden Wesen gemeinsam, ob sie nun Menschen sind oder nicht. Wissen Sie, was die Hauptursache für unser Unglück ist?«, fragte er rhetorisch.

Er schaute immer noch direkt in die Kamera, und für alle Zuschauer war es, als spräche Lama Tashi sie ganz persönlich an. Das war seine Art, die Menschen aus ihren alltäglichen Sorgen herausholen. Indem er sie mit einer Erkenntnis über sich selbst überraschte, die sie nie vermutet hätten. Sie hingen an seinen Lippen, als er sagte:»Wir denken zu viel an unser ›Ich‹. Ich, mein, mir, mich. Wie *ich* von anderen verletzt worden bin. Warum es ungerecht ist, dass *mein* Handeln nicht belohnt wurde. All die Probleme, die sich *mir* stellen.

Wir haben diese Gedanken an unser Ich, und anstatt sie als bloße Gedanken zu behandeln, beginnen wir, an sie zu glauben, als wären es Tatsachen. Sie uns selbst abzukaufen, als ob sie wahr wären. Wir sagen uns immer wieder die gleichen, oft negativen Dinge, bis wir schließlich unsere eigene unglückliche Realität erschaffen.

Denken Sie an den Moment, als Sie am unglücklichsten waren: Wer stand da im Mittelpunkt Ihrer Gedanken? War es nicht Ihr Ich?« Er nickte und berührte sein Herz.»Denken Sie an die Momente, als Sie einem anderen Menschen oder vielleicht einem Haustier oder sogar einem Wildtier einmal wirklich helfen konnten. Wie gut hat sich das hier drin angefühlt?«, er berührte immer noch sein Herz.

Er senkte die Stimme, um eine besondere Wahrheit zu vermitteln, und seine Worte hatten sowohl etwas Selbstverständliches als auch etwas von Grund auf Erhebendes. Noch außergewöhnlicher wurden sie durch das Bewusstsein, dass in diesem Moment viele Millionen Menschen im ganzen Land ebenfalls innerlich aufgerichtet wurden.

»Wenn wir Bodhichitta praktizieren, trainieren wir unseren Geist bewusst darauf, sich auf das Wohlergehen anderer zu konzentrieren. Nicht nur auf ihr vorübergehendes Glück, sondern auf ihr dauerhaftes Wohlergehen und ihre Freiheit. Und zwar nicht nur für bestimmte Wesen, die wir zufällig kennen, sondern für alle Lebewesen – uns selbst natürlich eingeschlossen. Indem wir bewusst größer denken, indem wir den Kreis unserer Aufmerksamkeit und unseres Mitgefühls bewusst erweitern, öffnen wir unseren Geist. Wir lassen das Licht herein. Wir schaffen die Möglichkeit der Freiheit.

Die Wahrheit lautet: Wenn wir unsere Aufmerksamkeit darauf richten, anderen zu helfen, helfen wir auch uns selbst. Die Vorstellung, ihr Wohlergehen sei getrennt von unserem, ist eine Illusion, denn wir sind alle miteinander verbunden. Wenn wir lernen, so zu denken, und uns von dem Gegensatz zwischen dem ›Ich‹ und dem ›Anderen‹ lösen, handeln wir im Sinne eines erleuchteten Eigeninteresses.« Er lächelte. »Wir werden in weiser Weise eigennützig.«

Megan nickte nachdenklich und nahm dies in sich auf. »Bodhichitta ist psychologisch hochwirksam«, fasste sie zusammen. »Aber was macht es so wirkungsvoll hinsichtlich des Karmas?«

»Die Stärke von Karma wird von mehreren Faktoren beeinflusst«, erklärte Lama Tashi. »Einer davon ist die Absicht. Es gibt keine stärkere Absicht als den Wunsch nach Erleuchtung für jedes Lebewesen. Ist Ihnen je eine ehrgeizigere Idee begegnet? Ein selbstloseres Ziel?

Ein weiterer Faktor ist das Objekt. Es gibt kein größeres Objekt als jedes fühlende Wesen im universellen Raum. Wir konzentrieren uns nicht nur auf einige wenige Wesen, die uns am Herzen liegen. Bringen Sie diese beiden Faktoren zusammen«, er führte Zeige- und Mittelfinger zueinander, »und Sie haben den mächtigsten Karma-Bereiniger, den man sich vorstellen kann. Die mächtigste Kraft, um Ihr eigenes Glück voranzutreiben, sowohl jetzt als auch in Zukunft.«

Die Zuschauerzahl, die auf Megans Bildschirm angezeigt wurde, war so groß geworden, dass sie sie nicht mehr mit einem kurzen Blick erfassen konnte – sie war einfach zu lang. Aber sie merkte, dass Lama Tashis gewagte Vorhersage eingetroffen war: Alle nationalen Fernsehsender übertrugen jetzt *Flourish*.

»Ganz praktisch verstanden«, fragte sie ihren Lehrer. »Wie sollten wir Bodhichitta praktizieren?«

»Unsere Hauptaufgabe besteht darin, Bodhichitta zu unserer normalen

Denkweise zu machen«, erwiderte er. »Wir versuchen, Mitgefühl für uns selbst und für andere quasi als Standardeinstellung zu kultivieren. Wenn Sie also aufwachen, trainieren Sie, dass Sie als Erstes denken: ›Möge jede Handlung meines Körpers, meiner Sprache und meines Geistes heute dazu beitragen, dass ich erleuchtet werde, damit ich allen anderen Wesen helfen kann, denselben Zustand zu erreichen.‹ Viel besser«, und dabei funkelten seine Augen, »als: ›Neuer Tag, neues Geld!‹«

Jedes Mal, wenn Sie etwas Nettes für jemanden tun – ihm einen Kaffee oder eine Mahlzeit kochen, eine Packung Katzenfutter öffnen, ein Leben hegen und pflegen –, denken Sie an Bodhichitta: ›Möge dieser Akt der Großzügigkeit eine Ursache dafür sein, dass ich erleuchtet werde, damit ich allen anderen Wesen helfen kann, denselben Zustand zu erreichen.‹ Wenn Sie auf die Toilette gehen, duschen, das Geschirr oder das Auto waschen: ›Möge diese Handlung der Reinigung‹ und so weiter. Bei jedem Getränk oder jeder Mahlzeit, die Sie zu sich nehmen: ›Möge diese Nahrung …‹ Wir müssen achtsam sein für Gelegenheiten. Denken Sie immer daran.«

»Manchen Zuschauerinnen und Zuschauern mag das aufgesetzt vorkommen«, warf Megan ein. »Als ob man versucht, einer Sache, die man sowieso getan hätte, eine bestimmte Motivation aufzupfropfen.«

»Gekünstelt? Am Anfang schon, bis zu einem gewissen Grad. Aber das ist subtiles Geistestraining. Schritt für Schritt lernen wir eine neue Art zu denken. Eine umfassendere Perspektive. Wir fangen bewusst an, unser Denken, das ja unsere Realität erschafft, zu erweitern. Wenn Sie sich Tag und Nacht immer wieder auf Bodhichitta besinnen, ist es nach einer Weile nicht mehr aufgesetzt. Es ist uns zur Natur geworden. Wir müssen nicht mehr daran denken, sondern es kommt spontan und von Herzen. Wenn auf Mitgefühl beruhendes Bodhichitta zu unserer wahren Motivation wird, werden wir von dem stärksten tugendhaften Karma angetrieben, das es gibt.«

Wie immer bei Lama Tashi bescheinigte seine Präsenz die Wahrheit seiner Worte. Einige Augenblicke lang fühlte sich überall auf der Welt jeder Zuschauer und jede Zuschauerin als Mittelpunkt seines grenzenlosen Wohlwollens. Auf eine Art und Weise, die sie vielleicht nicht in Worte fassen konnten, entdeckten sie, dass das Leiden, das sie empfanden, auf einem Selbstbild beruhte, das hoffnungslos begrenzt und vergänglich war. Lama Tashi hatte ihnen eine viel tiefere Realität offenbart, die ebenso allumfassend wie wohlwollend war. Und die zuversichtliche Erwartung in seinen Augen, die herzliche Versicherung, dass es sich dabei um einen Zustand handelte, in dem sie dauerhaft verweilen konnten, war so aufrichtig, so unerwartet, dass viele zu Tränen gerührt waren.

»Bodhichitta«, fasste Lama Tashi zusammen, »ist die höchste Manifestation unserer reinen, großen Liebe und unseres reinen, großen Mitgefühls. Man könnte sagen, es ist unsere wahre Natur.«

41

Hotel Piccard
Washington D.C.

Einige Überlebende der NRA-Schiesserei gaben dem Wagyu-Rind die Schuld. Durch ein Mittagessen mit marmoriertem dry-aged Texas-Steak habe man gegen die Anordnung der FDA verstoßen, kein Fleisch zu essen, und das habe sich als tödlich erwiesen, erklärten sie. Andere waren schnell dabei, diese Theorie zu entkräften und behaupteten, die Wahrheit sei viel prosaischer: In dem ganzen Durcheinander an diesem Vormittag habe Mick Mackenzie vergessen, seine Medikamente zu nehmen.

Wie dem auch sei, nachdem Polizeichef Hans Ziegler seinen zehnten Augenzeugen befragt und dabei zum zehnten Mal die identische Aussage erhalten hatte, hatte er keinerlei Zweifel mehr, was geschehen war. Es fiel ihm nur schwer, es zu glauben.

Die einschlägigen Ereignisse waren wie folgt: Die Jahrestagung war von Anfang an holprig gelaufen. Massive Verkehrsprobleme am Morgen hatten die Delegierten in Verzug gebracht. Statt wie geplant um 9 Uhr zu beginnen, waren sie erst gegen 10 Uhr beschlussfähig gewesen.

Es standen verschiedene Formalien an. Die Wiederwahl von 75 Direktoren und die Bestätigung des NRA-Vorstands. Überlebende beschrieben Mackenzies Stimmung als »angespannt«. Er bestand auf straffer Führung. Der Zeitplan musste eingehalten werden. Und an diesem Tag lief nichts nach Plan.

Viel Zeit war für eine langwierige, außerplanmäßige Debatte darüber

261

draufgegangen, ob es zum Mittagessen Fleisch geben sollte. Mitglieder, die die Einhaltung der FDA-Richtlinien für wichtig hielten, wurden von anderen, die der Meinung waren, dass es NRA-Mitgliedern freistehen sollte zu essen, was sie verdammt noch mal mögen, heftig angegriffen. Mackenzie versuchte, die Debatte zu beenden. Verweise auf Karma hatten seinen Zorn erregt. In einer gottesfürchtigen Nation sei kein Platz für subversive ausländische Ideen, donnerte er und zitierte die morgendlichen Äußerungen des Präsidenten.

Aber NRA-Delegierte waren ein aufmüpfiger Haufen. Sie ließen sich nicht gerne sagen, was sie zu tun oder zu denken hatten. Der Streit ums Fleisch ging weiter, ebenso die Verweise auf Karma. Mackenzie wurde sichtlich wütend. Jemand schlug vor, einfach per Handzeichen abzustimmen, wer eine vegetarische Alternative haben wollte. Man schickte der Küche eine revidierte Bestellung fürs Mittagessen. Aber der CEO konnte sich nur mühsam zusammenreißen. Und mit seinem Gesicht geschah etwas Merkwürdiges. Seine Hautfarbe wurde vor Wut nicht einfach nur dunkler. Es entstanden richtiggehend Blasen.

Sie beeilten sich, die Tagesordnung vor dem Auftritt des Präsidenten am Mittag abzuarbeiten. Anträge wurden in noch nie da gewesenem Tempo angenommen, abgelehnt oder verschoben. Ein vormittäglicher Höhepunkt war bisher immer die Vorstellung einer neuen Waffe gewesen. Waffenhersteller auf der ganzen Welt würden alles tun, um ein neues Produkt auf der NRA-Jahrestagung vorzustellen. Und Mackenzie hatte versprochen, im Austausch für eine Summe, die die Kassen der NRA beträchtlich aufbessern würde, ein Video der neuesten halb automatischen Waffe mit sagenhaften 25 Schuss pro Magazin vorzuführen. Die Waffe selbst, die speziell für diesen Anlass mit Echtgold überzogen worden war, stand auf einem Ehrenplatz, einem mit schwarzem Samt bezogenen Podest, neben ihm, nachdem sie vom Sicherheitsteam des Präsidenten genauestens überprüft worden war.

Auf ein hastig eingenommenes Mittagessen folgte der Auftritt des Präsidenten mitsamt dem üblichen imposanten Protokoll. Wenn Präsident

Grey vor seiner Ankunft die angespannte Stimmung im Saal wahrgenommen oder wenn ihn das hoch entzündete Gesicht des Vorstandsvorsitzenden beunruhigt hatte, so ließ er sich dies während seiner perfekten Kurzpräsentation nicht anmerken. Nach 15 Minuten endete seine Rede mit stehenden Ovationen für den Schutzpatron all derer, die voll und ganz für ihr Recht auf Waffenbesitz lebten.

Mackenzie dankte ihm formell im Namen der NRA. Auf den anschließenden Applaus hin erklärte er, wie im Protokoll vorgesehen, der Präsident habe keine Zeit für Fragen.

Angetan von der ungewöhnlich lebhaften Versammlung wollte Präsident Grey Bereitwilligkeit zeigen, warf einen kurzen Blick auf seine Uhr und verkündete dann, sehr gerne beantworte er eine einzige Frage.

Ein blasser Delegierter aus Kalifornien fragte ihn rundheraus: »Sind die heutigen beispiellosen Ereignisse eine Folge von Karma?«

Präsident Grey kam nie dazu, die Frage zu beantworten.

»Nehmen Sie dieses Wort nicht in den Mund!«, hatte Mackenzie weniger angeordnet als vielmehr gebrüllt. »Ich verbiete es!«

»Schon in Ordnung, Mick.« Präsident Grey zeigte seine übliche gelassene Fassade.

Doch seine Worte gingen im allgemeinen Aufruhr unter; denn die Mitglieder der NRA reagierten wütend auf ihren CEO. Wie konnte er es wagen, den Präsidenten oder einen Delegierten zu beleidigen, schrien sie! Er hatte kein Recht, ihnen etwas zu verbieten.

Da brach in Mackenzie etwas aus. Ein Hirnkrampf. Tosende Wut. Wer weiß? Sicher war nur, dass er mit eitertriefendem Gesicht die schimmernde halb automatische »Waffe des Tages« von ihrem samtbezogenen Podest riss und sich ein Magazin schnappte, das er versteckt gehalten hatte. Mit geübter Leichtigkeit ließ er das Magazin einrasten und begann zu schießen.

Es gab ungläubige Schreie. Die Leibwächter des Präsidenten warfen ihren Chef zu Boden. Ihr einziges Ziel: ihn bloß von hier wegzubringen. Mit weiteren Gewehrsalven mähte der NRA-Boss gekonnt seine eigenen

Direktoren nieder. Der Schatzmeister der NRA, ein stattlicher ehemaliger Delta-Force-Mann, hatte in der Nähe gestanden und rannte jetzt auf ihn zu. Mackenzie schoss ihn aus nächster Nähe nieder. Er zog einen weiten Bogen – die Kugel durchschlug einen Tisch und traf den Präsidenten in die Schulter.

Als Mackenzie die Patronen ausgingen, zog er ein zweites Magazin hervor. Während dieser kurzen Unterbrechung wurde der Präsident von seinen Sicherheitsleuten nach draußen gebracht.

Während des gesamten Geschehens verhielt sich Mackenzie nicht wie in rasender Hysterie. Eher war er wie in Trance. Obwohl sich die meisten Delegierten jetzt unter den Tischen befanden, feuerte er auf alle, die noch da waren. Das Grauen hatte erst ein Ende, als Juan Garcia, ein junger Kellner aus Mexiko, hinter ihm auftauchte, bewaffnet nur mit einem Serviertablett aus Edelstahl. Er schlug es ihm mit voller Wucht auf den Kopf und brachte ihn damit zu Fall.

»Ein einzelner Schütze hat heute die größte Massenschießerei in unserer Geschichte verübt«, hieß es kurz danach in einer Erklärung von Polizeichef Hans Ziegler.»Der Vorstandsvorsitzende der National Rifle Association, Mick Mackenzie, hat heute Nachmittag auf deren Jahrestagung 68 Delegierte erschossen. Er hat auch den Präsidenten angeschossen und verwundet. Mackenzie befindet sich derzeit in Polizeigewahrsam.«

Der Held des Tages, Juan Garcia, war unterdessen nirgends zu finden. Hotelmitarbeiter hatten das Gebäude durchsucht und probiert, ihn auf seinem Handy zu erreichen. Er war spurlos verschwunden.

42

Wall Street, New York

A MY HATTE SICH KAREL SHARMAS RAT ZU HERZEN GENOMMEN. Nach ihrem Besuch ganz oben kehrte sie an ihren Schreibtisch zurück, zückte ihr Telefon und prüfte den Kontostand: etwas über 2000 Dollar. Karels außerordentlicher Dankeschön-Bonus in Höhe von 80.000 Dollar würde erst später auf dem Konto eingehen. Das Geld von Onkel Gerry bräuchte noch eine Woche. Im Moment hatte sie nicht viele frei verfügbare Mittel. Aber in ihrer Euphorie über die Ereignisse des Tages, und nachdem sie sich selbst bewiesen hatte, dass es Instant Karma tatsächlich gab, war sie entschlossen, das Beste daraus zu machen.

Sie erstellte auf ihrem Geschäfts-Notebook eine Liste und erlaubte sich ein Spendenbudget von 1500 Dollar, bis der Bonus eintraf. Instinktiv entschied sie sich für *Bluegrass Horse Sanctuary* als Hauptbegünstigten, nicht nur, weil sie als Kind so oft dort gewesen und weil Mr. Deal immer so nett zu ihr gewesen war, sondern auch, weil sie wusste, dass jeder Dollar, der dort ankam, sowohl wertgeschätzt als auch klug verwendet werden würde. Sie wusste, wie wertvoll *Bluegrass* war, nicht nur als schützender Raum für Pferde, sondern auch für Menschen. Noch bevor die pferdegestützte Therapie allgemein anerkannt war, hatte Mr. Deal instinktiv verstanden, was schon die alten Griechen wussten – dass der Umgang mit einem Pferd für Menschen, die Schwierigkeiten in der Kommunikation mit anderen Menschen haben, erstaunlich heilsam wirken kann. Etliche autistische Kinder und mehrere Vietnam-Veteranen waren regelmäßige Klienten bei *Bluegrass*, und ihr Leben hatte sich dadurch verändert.

Innerhalb weniger Minuten waren 1000 Dollar auf dem Weg zum Bankkonto des Gnadenhofs, verbunden mit einer Nachricht an Mr. Deal. Die übrigen 500 Dollar teilte Amy auf andere sinnvolle Zwecke auf, darunter auch die Organisation, mit der diese ganze Reise begonnen hatte – das Orang-Utan-Projekt. Dabei war außerdem die Parkinson-Hilfe, die ihren Vater unterstützte. Und der Pflegedienst, der zu Onkel Gerry gekommen war, bevor er in ein Heim umziehen musste.

Bei jeder Überweisung war es ihr ein Anliegen, die Motivation zu sprechen, die Karel von einem Karma-Experten erhalten und für sie aufgeschrieben hatte:»Möge diese Großzügigkeit eine Ursache dafür sein, dass ich zum Wohle aller Lebewesen Erleuchtung erlange.« Sie hielt einen Moment inne und stellte sich vor, dass jedes Pferd so gut versorgt wird wie die Tiere bei *Bluegrass*, dass jeder Orang-Utan durch die unberührten Wälder streift, weit weg von den Verwüstungen durch Palmölpflanzungen. In ihrem Herzen hatte sie einen besonderen Platz für Menschen wie ihren Vater, der an Parkinson litt, und Onkel Gerry. Wie die ausgemusterten Rennpferde auf *Bluegrass* sahen auch diese beiden mit stoischer Ruhe einem körperlichen Verfall entgegen, der nicht mehr rückgängig zu machen war. Amys Mitgefühl galt ihnen und allen, denen es ebenso erging.

Sie musste nicht lange warten, da erhielt sie eine E-Mail vom Kryptowährungs-Trader *Akara Foon*. Er hatte einen Personalfonds eingerichtet, in den sie damals in ihrer ersten Arbeitswoche 100 Dollar eingezahlt hatte. Nach den Transaktionen dieses Tages freute er sich, ihr mitteilen zu können, dass ihr Anteil nun einen Wert von 3215,89 Dollar hatte. Wollte sie das Geld überwiesen bekommen oder wollte sie weiter handeln?

Noch besser war die E-Mail von Mr. Deal, der zufällig gerade an seinem Schreibtisch saß, als ihre Spende eintraf. Er schrieb ihr, wie tief ihn ihre Großherzigkeit berührte und wie sehr er ihre Spende schätzte. *Bluegrass* stand vor einer ungewissen Zukunft, denn ihr Verpächter hatte beschlossen zu verkaufen, und ein gleich großes Grundstück für eine ebenso geringe Pacht war schwer zu finden. Er und alle bei *Bluegrass* dachten oft an sie, sagte er, und Flash ganz bestimmt auch, da war er sich ziemlich sicher. Wenn sie aus Big Apple einmal nach Hause käme, wäre sie jederzeit bei allen herzlich willkommen, darauf könne sie sich verlassen. Amy kamen die Tränen, als sie seine Worte las. Eine Zeit lang starrte sie auf den Bildschirm und presste die Finger gegen die Wangen, um ein Schluchzen zu unterdrücken. Unweigerlich fiel ihr der scharfe Kontrast zwischen dem Kampf von Mr. Deal und dem *Bluegrass Horse Sanctuary* und ihrem heutigen außergewöhnlichen Geldregen auf. Sie verglich ihr großes Glück, zur richtigen Zeit am richtigen Ort zu sein, mit dem, was hätte passieren können, wenn sie andere Entscheidungen getroffen hätte oder woanders gewesen wäre.

Sie ließ ihren Blick über ihre Kolleginnen und Kollegen schweifen. Jaye an der Rezeption, die sich die Zeit zwischen den Anrufen mit Sudoku vertrieb. Andere in der Buchhaltung, die ihre Excel-Tabellen abarbeiteten oder gerade in der Teeküche Pause machten.

Da packte sie ein plötzlicher, unausweichlicher Drang. Sie musste Karel Sharma sprechen. Sie stand vom Schreibtisch auf und ging den Korridor hinunter zum Treppenhaus.

Ganz oben hatte der Chef von Sharma Funds sein Unternehmen zu den spektakulärsten Erfolgen geführt, die es in all den Jahren seines Bestehens zu verzeichnen hatte – und das innerhalb weniger Stunden. Die ersten Testläufe, die er mit seinen Top-Händlern, den »drei Gekkos«, unternommen hatte, hatten den Grundstein für alles Weitere gelegt. Nachdem er mit dem *Algobright Infrastructure Fund* spektakuläre Ergebnisse erzielt hatte, wies er alle seine Traderinnen und Trader an, bei jedem einzelnen Kundenkonto nach genau demselben Modell zu verfahren.

Zunächst sollten zehn Prozent der Einlagen gespendet werden. Sobald das Kundenkonto bei Instant-Karma-Renditen zwischen 100 und 1000 Prozent wieder den Stand erreicht hatte, mit dem es in den Tag gestartet war, sollten alle überschüssigen Gelder gespendet – und erneut gespendet – werden.

Mit der immer gleichen Liste von Wohltätigkeitsorganisationen und der immer gleichen Motivation, die er von dem Lama erhalten hatte, dauerte es nicht lange, bis die Sharma Fonds sowohl im Privat- als auch im Geschäftskundenbereich um mehrere Hundert und schließlich sogar um mehrere Tausend Prozent gestiegen waren.

Wäre er nicht an seinem Schreibtisch gesessen und hätte die ganze Sache selbst geleitet, hätte er das nicht für möglich gehalten. Diese ganze Entwicklung hatte schon etwas Fantastisches. Aber wenn man verfolgte, was auf dem Börsenparkett und auch in der Außenwelt vor sich ging – erkennbar an den Nachrichtenmeldungen, die über seine Bildschirme auf dem Schreibtisch liefen –, dann war das Ganze, durch die Brille von Instant Karma betrachtet, vollkommen vorhersehbar.

Selbstverständlich war Geben die unmittelbare Ursache von Bekommen. Selbstverständlich würden Menschen, die anderen das Leben retteten, auch selbst Rettung erfahren. Selbstverständlich würden alle, die das Leid ignorierten, das sie anderen zufügten, selbst leiden. Wo sonst sollte die größte Massenschießerei in der Geschichte des Landes stattfinden, wenn nicht unter denen, die am energischsten die Freiheit einforderten, schießen zu dürfen?

Er hatte sich den Widerstand gegen das neue Paradigma angesehen. Die lautstarken Aufrufe von Reverend Bellow, gottlose Glaubensüberzeugungen von sich zu weisen. Die Pseudo-Wissenschaft eines Stan Smugg. Die heftige Reaktion von Mick Mackenzie. Confirmation Bias oder Bestätigungsfehler. Und eine Vielzahl anderer Altlasten, Gewohnheiten und Überzeugungen. All das würde bald verschwinden. Wie sollte es angesichts dieser Erfahrungen auch Bestand haben?

Während der Rest der Welt sich allmählich mit der neuen Realität arrangierte, machten Early Adopters wie er bereits das Beste daraus. An einem einzigen Tag war Sharma Funds um das Hundertfache gewachsen. Sein eigenes Nettovermögen war sogar noch stärker gestiegen. Selbst wenn er sein ganzes Geld bei drei Prozent Zinsen auf der Bank parken und ein Leben in ungeheurem Überfluss führen würde, könnte er sein gesamtes Barvermögen unmöglich jemals durchbringen. Was die Frage aufwarf: Was nun?

An seiner offenen Tür bewegte sich etwas. Amy Robins. Er winkte sie herein.

»Gute Resultate aus Ihren Spenden?«, erkundigte er sich.

Sie nickte und lächelte. »Und Sie?«

»Sehr gut.«

»Ich habe einen Vorschlag.«

»Schießen Sie los.«

»Was Sie vorhin gesagt haben, dass es keinen Grund gibt, warum nicht jeder schnell zum Millionär werden sollte. Ich habe darüber nachgedacht, wie viel Glück ich habe, dass ich das weiß. Ich bin sozusagen selbst über etwas gestolpert – und habe es an den Obdachlosen ausprobiert, wie Sie wissen. Aber als ich gehört habe, wie Sie das so direkt ausgesprochen haben, ist mir klar geworden, was für eine unglaubliche Chance wir jetzt haben. Alle sollten es wissen!«

»Ja, das sollten sie.«

»An einer einzigen Kerze können Tausende andere angezündet werden, ohne dass die erste deswegen ausginge. Stimmt doch, oder?«

»Klingt nach Gandhi.«

Sie nickte. »Warum fangen Sie nicht gleich hier an, bei Sharma Funds?«

»Die Trader wissen inzwischen alle Bescheid. Ich habe sie noch nie so glücklich erlebt. Ein Siegerlächeln nach dem anderen.«

»Was ist mit allen anderen? Die Leute im 25. Stock. Die Verwaltungsangestellten. Die Buchhaltung. Das Support-Team.«

Er nickte.

»Und sie sollten es von Ihnen erfahren.« Sie sah ihm direkt in die Augen.

Sie sah die Beklemmung in seinem Gesicht und fühlte sich wieder an den befangenen Byron erinnert.

»Ich schicke eine Nachricht an alle.«

»Es wäre besser, wenn Sie es ihnen selbst sagen. Wenn man es hört, ist das etwas ganz anderes, als wenn man es liest.«

269

Er schüttelte verneinend den Kopf.»In solchen Dingen bin ich nicht gut. Redenhalten vor der Öffentlichkeit.«

»Das ist nicht die Öffentlichkeit. Das sind Ihre Angestellten.«

Er wand sich unbehaglich in seinem Stuhl. Sie wusste, dass er ihrer Meinung war. Dass seine Angestellten es verdient hatten, dass man es ihnen sagte.

»Sie respektieren, was Sie sagen, Karel.« Sie nahm einen zweiten Anlauf. »Sie verkörpern Autorität – Ihr Name steht auf dem Gebäude.« Sie deutete nach oben. »Alle halten große Stücke auf Sie.«

»Tatsächlich?«

Sie nahm eine Veränderung wahr. »Sie sind die geheimnisvolle Gestalt, die man kaum zu Gesicht bekommt«, sagte sie und wackelte mit den Fingern, was ihn zum Lächeln brachte. »Niemand weiß, woher Sie kommen oder was Sie tun, aber irgendwie wirken Sie Wunder.«

Er schmunzelte.

»Und jetzt haben Sie die Chance, ihnen zu zeigen, wie sie für sich selbst Wunder wirken können. Kommen Sie!« Sie ging zu seinem Schreibtisch, nahm seine Hand und zog ihn auf die Füße.

Vor heute hätte sie nicht im Traum daran gedacht, sich solche Freiheiten herauszunehmen. Aber aus ihren vorherigen Gesprächen hatte sie das Gefühl, dass sie Karel Sharma ziemlich gut durchschaut hatte. Er mochte brillant im Geldverdienen sein, aber wenn es um Menschen ging, gab es bestimmte Dinge, die er gerne tun wollte, aber nicht tat, weil er schüchtern war. Wie der befangene Byron, den sie ebenfalls einmal bei der Hand genommen hatte, als er sich am Rand herumgedrückt hatte, anstatt wie die kontaktfreudigeren Kinder auf einen Ausflug zum Holey-Moley-Minigolfplatz mitzugehen. Doch einmal dort angekommen, machte es ihm großen Spaß, denn Schüchternheit hindert einen nicht daran, einen Ball präzise einzulochen.

Und so wie sich Byron zu ihrer Überraschung bereitwillig in den Bus hatte führen lassen, nachdem sie ihn bei der Hand genommen hatte, folgte auch Karel ihr willig, als sie ihn zu seiner Bürotür und in den Flur hinausführte. Sie gingen auf die Treppe zu, und sie plauderte drauflos, um ihn von der Vorstellung abzulenken, dass er gleich vor Leuten sprechen musste.

Sie erzählte ihm von ihrem Budget über 1500 Dollar und der Spende, die sie an das *Bluegrass Horse Sanctuary* gemacht hatte. Wie schnell sie die E-Mail von Akara Foon erhalten hatte – und die dankbare Nachricht von Mr. Deal. Sie erzählte Karel von den Herausforderungen, vor denen Mr. Deal stand, da er ein neues Zuhause für den Gnadenhof finden musste, und wie sehr ihr dies bewusst machte, welch unglaubliches Glück sie heute hatte. Wie wichtig sie es fand, dass jeder über Instant Karma Bescheid wusste.

Trotz der Ablenkung war Karel Sharma immer noch unsicher. »Ich weiß nicht so recht«, meinte er, als sie an der Rezeption ankamen.

»Sie können wunderbar erklären!«, schwärmte sie. »Zum Beispiel, was Sie mir über den Confirmation Bias erzählt haben. Mir ist wirklich ein Licht aufgegangen, als Sie das gesagt haben. Ich werde direkt vor Ihnen stehen. Stellen Sie sich vor, Sie würden nur mit mir sprechen. Seien Sie einfach Sie selbst.«

Da er zögerte, teilte sie Jaye daraufhin mit, Mr. Sharma werde gleich eine improvisierte Betriebsversammlung abhalten, sie solle bitte alle im 25. Stock zusammenrufen. Dann ging sie zu ihrem Schreibtisch und winkte ihre Kollegen heran. Das Ereignis war so ungewöhnlich, dass sich die Lobby innerhalb weniger Minuten mit Angestellten füllte. Amy holte eine robuste Aktenkiste aus Plastik aus dem Büroschrank und stellte sie als stabiles Podest umgekehrt auf den Boden.

Karel sah sie mit einem intensiven, unergründlichen Blick an und stieg dann auf die Kiste.

Wie versprochen, stellte sie sich in wenigen Metern Entfernung direkt vor ihn und schenkte ihm ein warmes Lächeln und ein aufmunterndes Kopfnicken.

Er begann, zunächst etwas zurückhaltend, über die ungewöhnlichen Verhaltensmuster zu sprechen, die ihm an diesem Tag aufgefallen waren. Und über eine Menge merkwürdiger Meldungen im Fernsehen. Darüber, wie er zur Bestätigung dessen, was da vor sich ging, mit den erfahrensten Tradern des Unternehmens einige Markttests durchgeführt hatte.

Zunächst schaute er immer wieder zu ihr, um sich Unterstützung zu holen, doch als er zu beschreiben begann, was passiert war, kam er richtig in Fahrt. Den Leuten blieb die Luft weg, als er seinem Team erklärte, sie sollten keinen Zweifel am Phänomen des Instant Karmas haben – auch nicht an dessen Auswirkungen auf Geld. Die Angestellten von Sharma Funds wussten, dass ihr oberster Chef nicht zu denjenigen gehörte, der zu Übertreibungen neigte. Ganz im Gegenteil. Sie waren wie gebannt, als er erklärte, es gebe überhaupt keinen Grund, warum nicht jeder von ihnen extrem schnell extrem reich werden könne.

Karel Sharma spürte die Dynamik der Gruppe, und das stärkte sein Selbstvertrauen weiter. Plötzlich sahen alle ihren Chef von einer ganz anderen Seite – auch Karel selbst. Er wurde geradezu überschwänglich, als er ihnen genaue Anweisungen gab, wie sie die Auswirkungen von Instant Karma maximieren konnten. Er erklärte ihnen die Macht des Objekts – die Zwecke, für die sie spenden sollten. Und die Macht der Absicht. Er ließ sie den genauen Wortlaut der zu verwendenden Bodhichitta-Motivation in ihr Smartphone sprechen.

Wie er so auf der Aktenkiste stand und seine Leute in der Hand hatte – und es genoss – war es, als kanalisiere er eine neue Energie, neue Ziele. Und als er fertig war, gab es einen herzlichen Applaus, bevor er allen mitteilte: »Gehen Sie jetzt wieder an Ihren Schreibtisch und verdienen Sie Geld – für sich selbst. Oder gehen Sie nach Hause, wenn Sie wollen. Immerhin ist Freitagnachmittag.«

Als er von der Kiste herunterstieg, strahlte Amy. »Das war wunderbar! *Sie* waren wunderbar!«

Er lächelte, wieder ganz schüchtern, und ging dann in Richtung Treppe.

43

Pacific Seabird Rescue
Santa Monica

M ADDIE HATTE KEINE AHNUNG, WARUM IHR VATER WOLLTE, dass sie an diesem Tag die Physiotherapie ausfallen ließ und zur *Pacific Seabird Rescue* ging. Jacinda sagte, er habe darauf bestanden. Sie selbst konnte eine Abwechslung von der Alltagsroutine gut gebrauchen. Seit dem Unfall hatte sie das Gefühl, dass jeder Tag ein zermürbender Marathon aus Reha-Kursen und Übungen, Physiotherapie-Terminen und Reaktionstests war. Ihr medizinisches Team war stets hilfsbereit, aber vorsichtig. Häufig hieß es, sie solle ihre Erwartungen nicht zu hoch schrauben. Ja, es bestand die Chance, dass sie mit enormer Anstrengung und viel Training wieder eine gewisse Kontrolle über ihren Oberkörper erlangen könnte, ebenso über ihre Hände und vielleicht etwas mehr Beweglichkeit in den Armen. Das, so sagten sie ihr, wäre ein hervorragendes Ergebnis.

Was das Gehen ohne Unterstützung oder das Aufstehen aus einem Stuhl anbetraf – das würde definitiv nicht mehr wiederkommen. Ihr Gehirn war nicht mehr in der Lage, mit den Muskeln im unteren Teil ihres Körpers zu kommunizieren. Kein Patient mit einer Verletzung wie der ihren hatte es jemals geschafft, aus eigener Kraft aufzustehen. Für ihren Seelenfrieden sei es am besten, rieten ihr die Ärzte, wenn sie akzeptieren könne, dass dies nicht mehr möglich sei. Das war ihre neue Normalität.

Die Koordinatoren für den Einsatz der freiwilligen Helferinnen und Helfer waren überrascht gewesen, als die beiden eintrafen und Jacinda sie, im Rollstuhl sitzend, schob. Aber sie brauchten jede Hand. Und angesichts der verrückten Dinge, die heute auf der Welt passierten, erwies es sich als echte Herausforderung, die Aufmerksamkeit freiwilliger Helferinnen und Helfer zu gewinnen.

Den beiden wurde beigebracht, wie man eine Westmöwe hält, insbesondere wie wichtig es ist, die Vögel beim Waschen warm zu halten, damit sie keinen Schock erleiden. Dann wurden sie mit Gummihandschuhen, Stiefeln, Schutzoveralls und Schutzbrillen ausgestattet und in den Reinigungsraum geführt. Bald hatten sie ihren Platz zwischen den flachen Waschbecken eingenommen, Maddie auf der einen Seite, Jacinda auf der anderen. Zunächst noch etwas zögerlich, aber dann mit zunehmendem Selbstvertrauen hatten sie begonnen, beim Reinigen der Vögel zu helfen.

Maddie war schon immer eine Tierfreundin gewesen. Beim Anblick der armen Vögel, die sich nicht bewegen konnten, weil sie unter der dicken Ölschicht geradezu erstarrt waren, wäre ihr das Herz gebrochen, wenn sie nicht hätte helfen können. Doch zum ersten Mal seit dem Unfall fühlte sie sich nützlich. Sie konnte aktiv etwas tun, um einem anderen Wesen das Leben leichter zu machen.

Jacinda passte gut auf ihre Patientin auf, wie von Anfang an, seit sie für die Kavanas arbeitete. Sie beobachtete, wie liebevoll Maddie auf die Seevögel einging, wie sie ihr natürliches Mitgefühl zum Ausdruck brachte. So zielstrebig hatte sie Maddie noch nie erlebt. Auch wenn Maddie darauf angewiesen war, dass Jacinda die Möwen ruhig hielt – sie war es, die die schwarze Schmiere von ihren Gesichtern, Schnäbeln und Flügeln entfernte, und sie war es, die dabei die ganze Zeit liebevoll auf sie einredete.

Es war harte Arbeit, aber sehr lohnend, dachte Maddie! Einer unglücklichen, bewegungsunfähigen Möwe wieder zu ihrer ursprünglichen Schönheit mit orangenem Schnabel und klarem Blick zu verhelfen – was könnte es Besseres geben? Natürlich erkannte sie sich in jeder einzelnen wieder. Ihre Empathie kam wie von selbst. Sie wusste, wie sie sich fühlten.

Sie war so sehr in ihr Tun vertieft, dass sich eine Zeit lang jeder Gedanke an sie als die Helferin und die Möwe als die Leidende aufzulösen schien. Es gab kein Ich, kein Anderes und auch keine Grenzen dazwischen. Nur Reinigung, Heilung, Genesung. Ein Gewahrsein des Geschehens, in dem Zeit und Ich nicht mehr vorhanden waren.

In ihrer tiefen Konzentration merkte sie zunächst gar nicht, dass sich ihre Bewegungen veränderten. Dass Hände und Handgelenke beweglicher wurden. Dass sie mit mehr Geschick und Selbstsicherheit agierte. Als sie ihren rechten Arm ausstreckte und schließlich den Ellenbogen beugte, warf sie Jacinda, die gerade eine Möwe in Händen hielt, einen überraschten Blick zu.

Noch sagten beide nichts. Auch nicht, als Maddie zwischen zwei Vögeln absichtlich beide Arme parallel ausstreckte und kraftvoll die Finger spreizte, ehe sie die Hände zu Fäusten ballte und mal in die eine, mal in die andere Richtung kreisen ließ. Vielmehr machten die beiden einfach weiter mit den Reinigungsarbeiten, und anderthalb Stunden, nachdem sie angefangen hatten, spürte Maddie, wie ihre Schultern warm wurden, weil Energie in sie einströmte. Unter Jacindas beobachtendem Blick rollte sie gekonnt die Schultern zurück und strahlte.

»Gebt, so werdet ihr empfangen«, zitierte Jacinda mit Tränen in den Augen aus der Bibel. Sie stand auf und beugte sich über das Waschbecken, um Maddie zu umarmen.

Maddie schüttelte verwundert den Kopf. »Unglaublich!«, sagte sie. Die Verbesserung, die sie gerade erlebt hatte, entsprach endlosen Stunden in der Reha. Es war ein persönlicher Meilenstein, den sie sich für die nächsten 18 Monate vorgenommen hatte.

»Bist du müde, Liebes?«, fragte Jacinda, als sie sah, wie eine Gruppe freiwilliger Helferinnen und Helfer durch Schwingtüren in ein Büro ging, wo Snacks und Getränke angeboten wurden.

»Ich fange doch gerade erst an!« Maddie schüttelte energisch den Kopf. »Aber lass uns ein Video für Mama und Dad drehen.«

Das war der kurze Clip gewesen, den Dan vor einer Weile bekommen hatte.

Da sie an diesem Tag keine Nachrichten gesehen hatten – wie die meisten Führungskräfte beim Fernsehen hatte Dan zu Hause außerhalb des Medienzimmers ein striktes Fernsehverbot verhängt – und nicht in den Sozialen Medien unterwegs gewesen waren, hatten Maddie und Jacinda nur wenig von den Ereignissen mitbekommen. Nicht, dass das wichtig gewesen wäre. Die wunderbare, unumstößliche Wahrheit war, dass Maddie, je mehr sie half, Westmöwen zu befreien, auch selbst umso freier wurde.

Eine halbe Stunde später konnte sie sich auf ihrem Stuhl umdrehen und dazu ihren ganzen Oberkörper nach rechts und links wenden. Eine Stunde später spürte sie ein leichtes, spannungsgeladenes Kribbeln, als würden ihr Blitze in die Beine fahren. Darauf folgten Hitzewellen, das erste Gefühl, das sie seit dem Unfall in ihrer unteren Körperhälfte verspürte.

Sie konzentrierte sich weiter auf die Möwen. Es gab so viele, die Hilfe brauchten. Und obwohl an ihr selbst auch gerade ein Wunder geschah, wusste sie, dass das einzige Wunder für die Möwen durch ihre Hände und die weiterer Helferinnen und Helfer bewirkt werden würde. Also bloß keine Zeit verlieren.

Von nun an hielten und reinigten Jacinda und sie die Möwen abwechselnd. Sie war jetzt stark genug, dass sie beides konnte. Mit der Zeit begann sie, in ihrem Rollstuhl herumzurutschen. Sie spürte ein schwaches, aber unverkennbares Stechen in Knien, Waden und Knöcheln.

Zu den Reha-Maßnahmen gehörte auch die Stimulation eben jener Muskeln in ihren Beinen, die sie nach Verlautbarung ihrer Ärzte nie wieder zum Gehen würde benutzen können, die aber trotzdem nicht verkümmern durften. Nun spürte sie sie allmählich wieder. Sie wackelte absichtlich mit den Zehen in ihren Stiefeln und konnte kaum glauben, dass sie spürte, was vor sich ging. Sie pochte mit der Ferse auf den Fußboden. Unter dem Waschbecken hob und schwang sie erst einen Fuß, dann den anderen.

Das alles tat sie, ohne dass Jacinda es merkte. Die ganze Zeit über reinigten sie weiter Möwen. Bis Jacinda schließlich sagte:»Ich weiß ja nicht, wie es dir geht, aber ich brauche eine Pause. Nur ein paar Minuten. Vielleicht etwas zu essen?«

»Okay.« Maddie schaute sich zu den anderen Helferinnen und Helfern um, die an ihren Waschbecken kamen und gingen.

Jacinda stand auf und wollte gerade hinter ihren Rollstuhl treten, da hob Maddie die Hand.

»Stopp mal! Ich möchte was probieren!« Sie stieß ihren Rollstuhl vom Waschbecken weg und arretierte ihn. Sie hob einen Fuß auf den Boden, dann den anderen und rutschte mit den Oberschenkeln an die Sitzkante. Dann schloss sie beide Hände um die Armlehnen und drückte sich nach oben.

Ihre Kraft reichte nicht ganz. Aber sie erhob sich kurz aus dem Stuhl und fiel dann wieder zurück. Beim zweiten Mal ließ sie sich von Jacinda helfen.

Andere Helferinnen und Helfer, die nichts von Maddies Situation wussten, fragten sich vielleicht, warum die beiden Frauen gleichzeitig weinten und lächelten, als sie so dastanden und einander umfangen hielten, sprachlos angesichts des Wunders, das gerade geschah.

»Ich stehe«, schluchzte Maddie.

»Du stehst!«, bestätigte Jacinda. Beide wussten, dass das, was sie gerade getan hatte, medizinisch unmöglich war.

»Nächstes Mal mache ich es ganz alleine!«

☯

15:00 Uhr (Eastern Standard Time)
13:00 Uhr (Mountain Standard Time)
12:00 Uhr (Pacific Standard Time)

44

Pentagon
Washington

GENERAL ALEXANDER HICKMAN HATTE DIE EREIGNISSE DES TAGES mit zunehmender Skepsis und Sorge verfolgt. Nach all den Geheimdienstinformationen, die an diesem Tag laufend in seinem Büro eintrafen, war er sich nun sicher, dass sich die Einsatzregeln dramatisch geändert hatten. Wie, das musste er allerdings erst noch definieren. Wie ein Fanal tönten Sunzis Worte aus *Die Kunst des Krieges* in seinem Kopf: »Wenn du weder den Feind noch dich selbst kennst, bist du in Gefahr.«

Den ganzen Tag über hatte er damit gekämpft, in der Flut unterschiedlichster Nachrichten einen Sinn zu erkennen. Friedenstruppen erreichten plötzlich Herz und Verstand von Gruppen, die bis dahin eingefleischte Feinde gewesen waren. Routinemäßige Patrouillen in besetzten Gebieten wurden aus dem Hinterhalt angegriffen, und es kam zu schweren Verletzungen. Alles war zugespitzt, unverhältnismäßig, widersprüchlich.

In der Heimat lag sein Oberbefehlshaber im Krankenhaus und wurde operiert. Das Land hatte gerade seine schlimmste Massenschießerei erlebt. Die Verkehrsnetze waren blockiert. Die Öffentlichkeit war gelähmt von der Angst vor einer Verseuchung von Lebensmitteln. Dies war genau der Moment, in dem die Feinde Amerikas zuschlagen würden.

Im Hinterkopf hatte der General eines der ersten Gespräche, das er an jenem Tag geführt hatte – das mit seinem alten Freund Tom Jackson. »Man hat mir gesagt, dass heute ein Tag ist, an dem sich alles Handeln besonders stark auswirkt. Sofort. Unerwartet.« Wer auch immer Toms geheimnisvoller Berater war, dachte General Hickman, seine Worte waren die einzigen, die Sinn ergaben.

Oder vielleicht nicht ganz die einzigen. Wie alle anderen, die die Nachrichten verfolgten, hatte auch der General das Interview mit Lama Tashi gesehen. Der Mann hatte eine faszinierende Ausstrahlung, daran gab es keinen Zweifel. Er hatte etwas an sich, bei dem man alles stehen und liegen lassen wollte, um ihm ungeteilte Aufmerksamkeit zu schenken.

General Hickman würde nicht behaupten, die Wirkungsweise von Karma vollständig zu verstehen. Aber er hatte genug gehört, um einige der wichtigsten Prinzipien zu begreifen. Und er erkannte, dass die divergenten Geheimdienstinformationen, mit denen er sich auseinandersetzen musste, auf einer normalen Ebene zwar verwirrend waren, aber vor dem Hintergrund von Karma betrachtet einen gewissen Sinn ergaben. Tatsächlich könnte das Ganze vorhersehbarer kaum sein. Greife ein Ziel an, egal welches, und du wirst zweiter Sieger. Gewähre Hilfe, Unterstützung, Erleichterung, und die Welt gehört dir.

Aber welcher U.S.-Army-General würde sich schon aus dem Fenster lehnen und sagen, das Zeitalter des Krieges sei vorbei? Aggression in jeglicher Form sei ab sofort kontraproduktiv? Das Militär solle nur noch zur Unterstützung von Hilfseinsätzen und friedenserhaltenden Maßnahmen eingesetzt werden?

Das wären die Konsequenzen aus Karma, wie General Hickman sie verstand. Und wenn das tatsächlich stimmen sollte, wäre er auf jeden Fall hocherfreut. Er hatte genügend kriegerische Auseinandersetzungen erlebt, um sie zu verabscheuen. Er hatte an genügend Beerdigungen wie der von Generalmajor Greg Travis teilgenommen, um zu wissen, dass der Krieg auch viele Jahre, nachdem die Schlachten am Boden geschlagen sind, in den Köpfen derer, die darin gekämpft haben, immer noch weitergeht. Wie kaum ein anderer verstand er, welche verheerenden Folgen militärische Interventionen haben können und wie selten sie – wenn überhaupt je – zu einem dauerhaften Frieden führen.

Aber wenn es stimmte, dass heute Instant Karma ins Spiel gekommen war, hatte er eine sehr ernste Sorge. Und ihm fiel nur eine Person ein, die dabei helfen konnte.

45

Omni, Colorado

U NVOREINGENOMMEN. DIESER BEGRIFF GING BOB MARTIN DURCH den Kopf, seit Beth ihm vorgeschlagen hatte, er solle am Nachmittag kommen.

Soweit es ihn betraf, war in den letzten Wochen ihrer sexuellen Eskapaden bereits alles erlaubt gewesen. Er war noch nie mit einer Frau zusammen gewesen, die so ungehemmt ihr Verlangen zum Ausdruck brachte, die so neugierig auf seine sexuellen Vorlieben war und so sehr bereit, ihnen nachzugeben – je durchgeknallter, desto besser. Was genau sollte nun mit »unvoreingenommen« gemeint sein?

Die Treppe zu ihrer Wohnung nahm er noch flotter als sonst. Er war schon erregt, bevor er überhaupt an die Tür klopfte. Sie öffnete sich gerade so weit, dass er eintreten konnte. Drinnen, hinter der Tür, erwartete sie ihn bereits nackt.

Das war nicht zum ersten Mal so. Worte waren unnötig. Niemand konnte sich etwas vormachen, worum es hier ging. Nichts sollte von dem zielstrebigen Hinsteuern auf Befriedigung ablenken. Während er seine Jacke ablegte und sein Hemd aufknöpfte, zerrte sie an seinem Gürtel, bis sie die Schnalle gelöst hatte. Sie zog ihm Schuhe und Socken aus und streifte ihm die Hose herunter. Schnell war auch er nackt.

In seinem entblößten Zustand spürte er, dass etwas anders war. Nicht ihr Aussehen, nicht die Wohnung – chaotisch wie immer – und auch nicht die Tatsache, dass sie die Vorhänge so zugezogen hatte, dass das

Wohnzimmer im Halbdunkel lag. Es war eine Veränderung anderer Art, die er nicht einordnen konnte, etwas, das er erst im Nachhinein an ihrem Gesichtsausdruck erkannte, als sie mit ironischer Distanz einen kurzen Blick nach unten warf. Eine Verwandlung in der Art und Weise, wie sie ihn zu dem hochflorigen Zottelteppich in der Mitte des Zimmers führte und ihm mit einer Geste zu verstehen gab, dass er sich zuerst darauflegen sollte. Nicht mit so viel Vorfreude wie sonst. Sondern eher wie die Moderatorin einer Show, die die Vorgruppe vorstellt, während der eigentliche Wahnsinn noch hinter den Kulissen wartet.

Sie stand rittlings über ihm und er blickte auf, um ihre pralle, üppige Figur zu betrachten. Seine Intuition flüsterte ihm zu, dass irgendetwas schieflief, doch sein Begehren war stärker als alles andere. Er wollte nur noch, dass sie sich auf ihn niederließ. Dass ihre Körper zueinander fänden.

Als Ian Turner seine Buchhandlung betrat, erkannte ihn die Verkäuferin hinter der Kasse sofort.

»Mr. Turner!« Sally Seddon lächelte strahlend. »Wir haben Sie gar nicht erwartet.«

Die Familien Turner und Seddon waren seit Langem befreundet, und Ian kannte Sally schon als Baby. Für ihn war sie immer noch das brave kleine Mädchen, auch wenn sie inzwischen selbst Mutter war.

»Ich werde wohl senil«, spulte Ian seinen vorbereiteten Satz ab. »Ich habe ein paar Steuerdateien nicht vom Laptop kopiert, als ich nach Arizona gezogen bin, und jetzt will die Bank sie haben. Es dauert nur ein paar Minuten.«

»Den Laptop habe ich heute noch gar nicht gesehen.« Sally warf einen Blick unter den Tresen, um sich zu vergewissern. »Beth nimmt ihn manchmal mit nach oben, um irgendwas im Internet zu machen.«

Ian nickte. »Weißt du, ob sie da ist?« Er deutete nach oben.

Sally zuckte mit den Schultern. »Ich bin sicher, dass sie nichts dagegen hat, wenn du ihr einen Besuch abstattest.« »Danke, Sally. Und wie geht es der Familie?«

Während Ian und Sally Neuigkeiten austauschten, wurde oben Bobs sehnlichster Wunsch erfüllt und Beth umfing ihn. *Aber selbst in dieser Intimität hatte ihr Verhalten etwas Ausweichendes.* Sie heizte ihn an und war doch zugleich irgendwie abwesend.

Bis sie sich zu ihm herunterbeugte und ihm ins Ohr flüsterte: »Bist du bereit für Fantasie, Endless Love?«

»Ja«, brummte er und fragte sich, was wohl als Nächstes käme.

Sie richtete sich wieder auf und drehte sich um. »Komm rein, Hot Rod!« Dabei winkte sie über ihre Schulter.

Aus dem Schlafzimmer trat ein junger Mann, bis auf ein Handtuch um die Hüften völlig nackt. Bob, erschrocken über diese unwillkommene und unangenehme Entwicklung, war schon auf den ersten Blick klar, dass er den Jungen von irgendwoher kannte. Er brauchte einen Moment, bis er ihn als den Klempnerlehrling einordnen konnte.

Im vergangenen Sommer hatte Bob die Wasserhähne im Garten versetzen lassen und den Arbeitern wegen der Hitze ein Tablett mit kaltem Wasser gebracht. Damals war ihm aufgefallen, dass der Lehrling, der mit freiem Oberkörper arbeitete, einen schönen, muskulösen Körperbau hatte. Später hatte Margarita ihm erzählt, der Junge sei Rodney Turner, Ians Neffe.

»Nur nicht so schüchtern.« Rittlings auf Bob sitzend, hatte Beth Endless Love genau da, wo sie ihn haben wollte. »Lass das Handtuch fallen!«

Er hätte sie von sich herunterschieben können, dachte Bob später. In dem Moment, in dem Rod Turner seinen unerwünschten Auftritt hatte, hätte er sie wegstoßen sollen. Doch er versuchte es nicht einmal, denn wie sie so mit dem Rücken zu ihm saß und den Jungen ansah, kam ihm eine Erleuchtung. Über die unterschwellige Stimmung an diesem Tag, natürlich –, aber viel mehr noch über seine ganze Beziehung zu Beth. Oder besser gesagt, ihre Beziehung zu ihm. Denn den Ausdruck auf ihrem Gesicht, als sie den jungen Mann ansah, hatte er bei ihr noch nie gesehen. Es war ein Blick glühenden Verlangens. Rückhaltloser Anbetung. Eine Anziehung, die sie nie auch nur annähernd für ihn empfunden hatte und auch nie empfinden würde, das war ihm klar.

286

In diesem Moment wurden seine Vorstellungen, sie von dem Ganzen hier wegzuholen, sich in New York oder San Francisco miteinander ein neues Zuhause aufzubauen, als die absurden Fantastereien entlarvt, die sie offensichtlich gewesen waren – Hirngespinste, die keinerlei Grundlage in der Realität hatten.

Was hatte er Beth zu bieten im Vergleich zu einem jungen Mann in ihrem Alter mit einem solchen Körper, zu dem sie sich so offensichtlich hingezogen fühlte? Wie hatte er sich jemals einbilden können, er sei mehr als eine vorübergehende Laune, ein Spielzeug für eine sexuell so unersättliche Frau?

Hätte er von dem jungen Mann gewusst, wäre er heute niemals die Treppe zu ihrer Wohnung hinaufgestiegen – so wie es übrigens Ian Turner in diesem Moment tat. Bob fand die ganze Idee eines Dreiers mit einem anderen Mann pervers und entwürdigend. Er hatte keine Lust, noch weiterzugehen. Wahrscheinlich hätte er auch gar nicht gekonnt.

Rod Turner nahm das Handtuch von der Hüfte und warf es über die Sofalehne. Als er auf die beiden zuging, streckte Beth die Hand aus und zog ihn zu sich.

Da klopfte es an der Tür – drei kräftige Schläge.

Beide Männer sahen sie an.

Sie hob einen Finger an die Lippen. »Wartet, bis sie weg sind!«, flüsterte sie. Die drei auf dem Zottelteppich bildeten ein surreales Tableau, erregt und auf der Hut.

Wieder Türklopfen. Dann, völlig überraschend, drehte sich ein Schlüssel im Schloss. Ian Turner betrat sein ehemaliges Zuhause. Er erfasste das Geschehen mit einem Blick.

»Entschuldigen Sie die Unterbrechung«, sagte er und sah sich um, bevor sein Blick auf den Laptop fiel, der auf dem Küchentisch zwischen einem Stapel benutzter Teller und einem großen Vaseline-Spender klemmte. »Ich muss mir das nur kurz ausleihen«, erklärte er, nahm den Laptop an sich und wandte sich zum Gehen.

»Mit dir geht's ja steil aufwärts, Rod«, rief er, bevor er die Tür hinter sich zuzog.

»Na, das ist ja ganz toll!«, rief Beth sarkastisch, stieg von Bob und stürmte ins Schlafzimmer.

»Was ist hier los?«, wollte Rod wissen.

»Ich bin aufgeflogen! Das ist los!«

Bob rappelte sich auf und zog sich schnell an.

»Aufgeflogen? Wieso?« Rod wurde schlaff.

»Dein Onkel wird das ganze Venusgöttin-Zeug finden, oder? Der wirft mich raus.«

Enttäuscht deutete Rod auf seine Genitalien: »Willst du nicht ...?«

»Ich kann nicht, Schatz.« Sie zog sich ihr Höschen an. »Nicht jetzt.«

Bob fühlte sich komplett überfordert und blieb unter der Schlafzimmertür stehen. »Das habe ich nicht gewollt.«

»Ich auch nicht.«

»Ich meine, das alles.« Damit gestikulierte er in Richtung Rod.

»Das haben Geschichten so an sich.« Beth schaute ihn nicht einmal an und klickte den BH-Verschluss an ihrem Rücken ein. »Sie enden immer da, wo man es nie gedacht hätte.«

46

Food & Drug Administration
White Oak, Maryland

DER FDA-LEITER, DER JETZT ZUR PRESSEKONFERENZ ERSCHIEN, WAR ein ganz anderer Mensch als der hölzerne Akteur bei dem zögerlichen Auftritt am Vormittag. Und obwohl seither auf Präsident Grey geschossen worden war und die Vereinigten Staaten gerade die schlimmste Massenschießerei aller Zeiten erlebt hatten, saß eine Meute lautstarker Journalisten im Presseraum der FDA. Sie verlangten eine Antwort auf eine einfache, aber folgenschwere Frage: Hatte eine ansteckende Krankheit das Land im Griff? Es gab nur einen Mann, der diese Frage glaubwürdig beantworten konnte.

Saul Applebaum hatte jetzt keinerlei Zweifel mehr. Dass er vom Präsidenten die Wissenschaftsmedaille erhalten sollte, hatte ihn bereits ermutigt, und die Eilmeldung, die er in seinem Büro mitbekommen hatte, unmittelbar bevor er hierherkam, bestätigte den ganzen Sachverhalt noch. Die Ermittlungen von Polizeichef Hans Ziegler im Piccard Hotel hatten ergeben, dass der Mann, der dem Schrecken ein Ende bereitet hatte, indem er den »wahnsinnigen« Mick Mackenzie, den Verfechter des Schießbefehls gegen illegale Einwanderer, niedergeschlagen hatte, selbst ein illegaler Einwanderer war. So etwas konnte man nicht erfinden.

Er schritt zum Rednerpult, unbeeindruckt von der Meute aufgeregter Reporter vor ihm. Er hatte weder seine Lesebrille dabei noch eine Erklärung, die er verlesen konnte. Seine Stabschefin, Ms. Chase, hatte keine Ahnung, was das einfältigste Genie des Landes gleich sagen würde. Seit der Telefonkonferenz mit der WHO hatte sie den Versuch aufgegeben, ihren Chef zu beeinflussen. Stattdessen stand sie nun an einer Seite des Raums, hatte sein Telefon in der Hand und versuchte, ihr Unbehagen hinter einer ausdruckslosen Miene zu verbergen. Sie hielt es inzwischen für unvermeidlich, dass sie beide bei Geschäftsschluss gefeuert wären. »Es tut mir leid, dass es so lange gedauert hat, bis ich diese Ankündigung machen konnte.« Applebaum kam direkt zur Sache, und im Saal wurde es still. »Meine Aufgabe ist es, in Fragen der Lebensmittelsicherheit in unserem Land zu beraten. Ich gehe lieber auf Nummer sicher, bevor ich etwas falsch verstehe.«

Die ganze Zeit schon surrten Blitzlichter, und einer nach dem anderen begannen die großen Sender, ihn live zu übertragen.

»Unsere Wissenschaftlerinnen und Wissenschaftler haben Proben von Personen mit einer Lebensmittelvergiftung sowie aus der gesamten Lebensmittelkette umfassend untersucht. Unter der Leitung der Weltgesundheitsorganisation in Genf haben wir mit Kolleginnen und Kollegen aus anderen Ländern konferiert, in denen das Phänomen ebenfalls auftritt.«

Applebaum hielt kurz inne und ließ den Blick über die voll besetzten Sitzreihen schweifen. Dann fuhr er fort: »Die Ergebnisse der verschiedenen Diagnoseteams weltweit zeigen übereinstimmend: Es handelt sich *nicht* um eine Infektion. Wir haben keine bakterielle oder virale Ursache für die Lebensmittelvergiftung identifiziert. Es wurden keine Fälle einer Übertragung von Mensch zu Mensch oder von Tier zu Mensch gemeldet. Dementsprechend empfehlen wir den Verkehrsbehörden sowie öffentlichen und privaten Organisationen, dass sie gefahrlos ihren Betrieb wiederaufnehmen können.«

»Man kann also wieder Fleisch essen?«, rief ein Reporter von Channel 60.

»Nein.« Applebaums Miene war streng. »Die Menschen müssen sich weiterhin pflanzlich ernähren.«

Eine Zeit lang herrschte unter den Medienvertretern eine unheimliche, ungekannte Stille. Was er gerade gesagt hatte, mussten sie erst verarbeiten. Dann brachen die Fragen, Forderungen und Zurückweisungen los. Mit erhobenen Händen und gesenktem Kopf wartete Applebaum, bis sich die Wogen geglättet hatten. Dann zeigte er auf die Reporterin von Galaxy TV. Ihre Frage brachte die Salve, die gerade abgefeuert worden war, auf den Punkt. »Wollen Sie damit sagen«, sie wählte ihre Worte mit Bedacht, »dass Sie keine Ahnung haben, was die Lebensmittelvergiftung verursacht hat?«

»Ich will damit sagen«, Applebaum wusste genau, welches Spielchen sie spielte, »dass es keine *wissenschaftliche* Erklärung für die Lebensmittelvergiftungen gibt.« Dann, inmitten eines Ansturms weiterer Fragen: »Die FDA ist zuständig für die Lebensmittelsicherheit. Ich kann nochmals bestätigen, dass der Verzehr von Fleischprodukten nicht mehr unbedenklich ist. Ich will damit auch sagen, dass unsere wissenschaftlichen Fachkräfte keine *biologische* Grundlage für diese Gefahr finden können. Aber das ändert nichts daran, dass es sich um eine Gefahr handelt, und die Menschen den Rat der FDA befolgen sollten.«

»Wenn es keine wissenschaftliche Erklärung gibt«, rief ein anderer Journalist, »welche Erklärung können Sie dann geben?«

»Ich bin wissenschaftlich ausgebildeter Mediziner«, erwiderte Applebaum. Ms. Chase an der Seite des Raumes konnte sich nur mit Mühe beherrschen, nicht zusammenzuzucken.

»Als Leiter der FDA ist es meine Aufgabe, die Öffentlichkeit über evidenzbasierte Erkenntnisse zu unterrichten. Wie ich bereits gesagt habe, gibt es derzeit keine empirischen Beweise, die erklären, was wir gerade erleben.

Über meine Tätigkeit als Leiter der FDA hinaus beobachte ich die Intensivtierhaltung sehr genau. Ich finde diese Praktiken sowohl aus ethischer Sicht als auch im Hinblick auf den Klimawandel zutiefst beunruhigend.«

Irgendetwas an Saul Applebaum hatte sich verändert. Das zeigte sich darin, dass er sie nicht mehr nur als hochrangiger Beamter ansprach, sondern als Mitmensch, wenn auch als einer mit einem besonders großen und glänzenden Kopf. Es war ein subtiler Wandel, der seiner Glaubwürdigkeit keinerlei Abbruch tat, sondern sie eher noch steigerte. Hier legte er offen, was er glaubte, und ging dabei ein gewisses persönliches Risiko ein. Und bildete sich seine Stabschefin das nur ein, oder hatte sich die Stimmung im Raum irgendwie verändert?

»Können wir das Ausmaß an Schmerz, Leid und Tod, das wir so vielen Tieren durch unser gnadenloses Verlangen nach Fleisch in jeder Sekunde zufügen, immer weiter steigern, ohne dass dies irgendwelche Konsequenzen hat? Die weit überproportionalen Mengen an Land und Wasser, die für die Fleischproduktion benötigt werden? Können uns die steigenden Methanwerte, die bei diesem Prozess entstehen, auf Dauer egal sein? Oder müssen wir irgendwann den Preis dafür zahlen?«

Auch wenn er es nicht wusste, Kommissar Applebaum wurde inzwischen von allen großen Sendern live übertragen. Seine Worte deckten sich überzeugend mit dem, was Lama Tashi bereits gesagt hatte.

»Sie sagen also, dass dies eine Art Vergeltung der Natur ist?«, wollte der Wissenschaftsjournalist einer großen Tageszeitung wissen.

»Als Privatperson gesprochen«, Applebaum sah ihn direkt an, »will ich damit sagen, dass sich heute die Regeln geändert haben. Wenn Sie nicht leiden wollen, verursachen Sie kein Leid für andere.« Es herrschte überraschende Stille im Raum, während die Pressemeute dies aufnahm. »In gewisser Weise ist es wirklich ganz einfach.« Er hob beide Hände, kehrte die Handflächen nach oben und zuckte mit den Schultern. »Es ist Karma.«

Applebaum brauchte keine lenkende Hand von Stabschefin Chase, um das Rednerpult zu verlassen. Im Moment seiner größten Wirkung drehte er sich um und verließ den Raum. Die Medienmeute überflutete ihn mit Dutzenden von Fragen, die er gelassen mit einem Schulterzucken abwehrte.

»Da haben Sie es also, Ms. Chase«, bemerkte er auf dem Rückweg durch den Flur. »Ich schätze, die beißen sich jetzt am Stichwort Karma fest.«

»Das glaube ich auch«, stimmte sie ihm zu.

»War vielleicht nicht mein Auftrag …«

»Aber authentisch«, entgegnete sie. »Die haben zugehört.«

»Meinen Sie?« Für den Bruchteil einer Sekunde begegneten sich ihre Blicke.

»Definitiv.«

In seinem Büro angekommen, ging er zum Aktenschrank hinter seinem Schreibtisch. »Was meinst du, Miguel?«, fragte er und betrachtete versunken das seltsame rosafarbene Geschöpf, das ihn anstaunte. Es dauerte einen Moment, bis beide merkten, dass noch jemand im Raum war. Ein Mann stand reglos und stumm am anderen Ende des Büros. Er sah aus, als sei er dem Bild »American Gothic« entsprungen – ihm fehlte nur die Mistgabel – eine kahle, glatzköpfige Gestalt mit runder Nickelbrille, weißem kragenlosem Hemd und dunkler Jacke.

»Sie zerstören unsere Lebensgrundlagen«, sagte er mit belegter Stimme.

»Wie sind Sie hier reingekommen?«, wollte Ms. Chase wissen. Der Zugang zur Leitungsetage war strikt kartengesteuert, mit Überwachungskameras und Sicherheitsleuten als sichtbarer Präsenz.

Applebaum hob die Hand in ihre Richtung und antwortete dann dem Mann: »*Ich* zerstöre gar nichts, Sir. Meine Aufgabe ist es, dafür zu sorgen, dass Amerikanerinnen und Amerikaner unbeschadet bleiben. Wäre es Ihnen lieber, wenn ich zulasse, dass Menschen krank werden?«

Der Eindringling sagte nichts, sondern zog als Antwort seine rechte Hand aus der Jackentasche. Darin hielt er einen Revolver, den er direkt auf Applebaum richtete.

Ms. Chase wollte schreien, war aber vor Schreck wie erstarrt.

»Das ist keine Lösung«, sagte Applebaum ruhig. »Legen Sie die Waffe weg. Wir haben heute eine Situation mit sehr schnell wirkendem Karma. Wenn Sie versuchen, mich zu erschießen, werden Sie selbst erschossen.«

»Besser als zu verhungern«, erwiderte sein Gegenüber mit zitternden Händen und umklammerte den Revolver fester. Er drückte den Abzug.

Die Kraft der Entladung war so stark, dass seine Hand nach oben gerissen wurde und er über Applebaums Kopf hinwegschoss. Im selben surrealen Zeitfenster fiel von der Tür her ein zweiter Schuss, und der Eindringling stürzte zu Boden, aus seiner Schulter drang Blut. Zwei Sicherheitsleute stürmten herein.

Applebaum wandte sich seiner Stabschefin zu und deutete auf einen Stuhl vor seinem Schreibtisch. »Bitte setzen Sie sich, Ms. Chase. Sie stehen vielleicht unter Schock.«

Sie tat wie ihr geheißen und starrte dabei ihren medaillendekorierten Chef an, der unter Beschuss so ruhig geblieben war.

Die Sicherheitsleute brüllten in ihre Funkgeräte und spekulierten hektisch, wie der Eindringling hereingekommen sein könnte.

Applebaum warf einen Blick auf seinen Computer und war schnell wieder in seiner intellektuellen Welt, die offensichtlich viel fesselnder war als seine unmittelbaren realen Umstände. Während die Sicherheitsleute den Mann auflasen und zur Tür schleppten, wandte sich Applebaum mit einem Ausdruck unbedingter Dringlichkeit an seine Stabschefin – ihm war blitzartig eine Erkenntnis gekommen. »Es gibt da jemanden, mit dem ich sprechen muss«, sagte er.

»Mit dem Sie sprechen müssen«, wiederholte sie, immer noch erschüttert.

»Lama Tashi«, nickte er. »Aus dem Fernsehen.«

»Okay.«

»Es ist sehr wichtig. Können Sie ihn für mich erreichen?«

47

Galaxy Television
Galaxy City, Los Angeles

D IE REAKTION AUF APPLEBAUMS KARMA-ERKLÄRUNG KAM unmittelbar und heftig. Reverend Jeremiah Bellow rief umgehend bei Galaxy
TV an und forderte Sendezeit, um Applebaums blasphemischen Vorschlag abzukanzeln. *Tongues of Praise* sei ein wichtiger Kunde von Galaxy, donnerte er. Er verlange Sendezeit in den Nachrichten, sonst würde
er seine Werbegelder woandershin tragen.

FDA-Leiter Applebaum war der erste hochrangige Beamte, der das
»K-Wort« benutzte. Mehr noch, er war ein angesehener Wissenschaftler – und der jüngste Empfänger der *National Medal of Science.* Dass zig
Millionen in den Sozialen Medien mit dieser Idee um sich warfen, war
das Eine. Oder ein tibetischer Lama. Wenn das Wort aber aus dem Mund
von jemandem wie Applebaum kam, hatte es den Ruch einer offiziellen
Bestätigung. Es war, als würde man Öl in ein Feuer gießen, das ohnehin
bereits außer Kontrolle geraten war.

In der Nachrichtenredaktion von Galaxy war es noch nie so hektisch
zugegangen, ein monumentales Ereignis folgte rasend schnell aufs andere. Nick Nalder war froh, dass er seinen obersten Chef hinzugezogen hatte, denn er hätte wichtige Entscheidungen ohnehin mit ihm besprechen
müssen. Und jetzt war Harvey O'Sullivan wieder fest am Ruder – und in
seinem Element.

Es war Harvey, der entschieden hatte, die *Flourish* Sendung, in der
Lama Tashi Zuschauerfragen beantwortete, live zu übertragen. Und Har-

vey war es auch, der den Rat des Lamas befolgte und 30-sekündige Werbespots für die wichtigsten Konkurrenten von Galaxy drehen ließ. Er ließ Dan Kavana in die Kamera blicken und mitreißend über seinen Respekt für den Channel-60-Moderator Bart Bracking sprechen. Die Reporterin Kim Dayton drehte einen ergreifenden Livebericht über die Wertschätzung, die ihre Rivalin von NBC in journalistischen Kreisen genoss. Diese und weitere Beiträge gingen auf Sendung und entfalteten innerhalb weniger Minuten ihre Wirkung. Der für die Einschaltquoten zuständige Trent Garvey platzte ständig in die Nachrichtenredaktion, wo Harvey jetzt Hof hielt, und präsentierte die neuesten Rekordwerte, die zeigten, dass immer mehr Menschen zu Galaxy wechselten.

»So wie ich das verstehe«, erklärte er, »glauben die Leute, dass wir eine Art Nachrichten-Aggregator geworden sind. Wenn sie Galaxy sehen, bekommen sie das Beste aus allen Sendern.«

»Was habe ich euch gesagt!«, jubelte Harvey. »Dieser Lama Tashi weiß ganz genau, was da los ist. Er ist der Einzige hier, der durchblickt!«

Als er von Nick Nalder über die Forderungen von Jeremiah Bellow und bald darauf auch von Marvin Swankler nach Sendezeit unterrichtet wurde, sprang Harvey sofort darauf an: »Selbstverständlich! Wir sind für freie Meinungsäußerung. Bringen Sie sie auf Sendung.« In seinen Augen blitzte ein teuflisches Funkeln auf: »Aber wir wollen dabei auch ein bisschen Spaß haben.«

»Lama Tashi ebenfalls einladen?« Nick Nalder erriet den Gedankengang seines Chefs. »Noch mal Mann gegen Mann?«

»Lama gegen die religiöse Rechte!«, gluckste Harvey. »Zu konfrontativ. Machen wir doch eine Diskussionsrunde daraus.«

»Ich frage mal nach, ob der Lama dazu bereit ist.« Nalder trat einen Schritt zurück und schickte eine Nachricht an Megan Mitchell, bevor er die Nachrichtenredaktion verließ, um dem Ruf der Natur zu folgen.

Als er sich danach die Hände wusch, schaute er in den Spiegel und sah den Leberfleck. Er hatte ihn an diesem hektischen Vormittag natürlich gespürt. Ein Brennen, als ob er während seines Streits mit Tracey Kramer größer geworden wäre. Er hatte sogar danach getastet und gespürt, dass er zu wachsen schien – aber er hatte diesen Gedanken sofort wieder verworfen. Leberflecke wachsen nicht. Nicht in diesem Tempo. Dann hatte er nicht weiter darüber nachgedacht. Es war ja auch gar keine Zeit dazu gewesen. Obwohl Harveys spöttische Bemerkungen über sein Gesicht ihn schon einen Moment lang stutzig gemacht hatten.

Als er sich jetzt im Spiegel betrachtete, war nicht mehr zu leugnen, was geschehen war. Schlagartig fiel ihm wieder ein, was Lama Tashi über den Zorn als karmische Ursache für Hässlichkeit und seine Gegenspielerin, die Geduld, als Ursache für Schönheit gesagt hatte. Es gab keinen Zweifel – der ehemals kleine, harmlose Leberfleck, der bisher nur ein unbedeutendes Merkmal auf seinem mittelalten Gesicht gewesen war, war gewachsen und angeschwollen und zu einem unansehnlichen Makel geworden. Erschrocken brachte er sein Gesicht näher an den Spiegel und bekam die Bestätigung für seine schlimmsten Befürchtungen.

Was war zu tun? Ausgerechnet heute wurde er bei Galaxy gebraucht. Er hatte keine Zeit für Besuche bei Ärzten oder Dermatologen, und außerdem spielte die Welt da draußen verrückt. Alle nicht zwingend notwendigen medizinischen Termine würden warten müssen.

Als er aus der Toilette trat, fühlte er sich ungewöhnlich unsicher. Er hob die Hand und berührte den Leberfleck mit den Fingerspitzen. Und ausgerechnet jetzt musste er beinahe mit der leidigen Tracey Kramer zusammenstoßen, die gerade aus der Damentoilette kam.

Sie ahnte gleich, was mit ihm los war. Wie so oft. »Er wurde größer, als Sie mich angeschnauzt haben«, sagte sie mit einem Nicken in Richtung seiner erhobenen Hand.

Innerlich hatte er sofort eine Antwort parat. Doch statt den Ball zurückzuschlagen, fiel ihm das mit der Wut und dem Karma wieder ein und er hielt sich zurück. Er sah sie unverwandt an. Dabei spürte er, wie seine Wange sich verkrampfte.

Sie sah das Zucken und hob die Augenbrauen. »Wenn der Lama recht hat, könnte ich dafür sorgen, dass es vollständig weggeht.«

»Wie das?« Er konnte ihren Ton nicht einordnen.

»Ich könnte Ihr ›Kostbares Gut‹ sein«, stichelte sie. »Ich könnte wütend sein, und Sie müssten sich in Geduld üben. Für Ihr gutes Aussehen.«

»Das würde Ihnen so gefallen.«

Sie zuckte mit den Schultern. »Es müsste gegenseitig sein.«

Er erinnerte sich an die erste Sitzung mit Lama Tashi, die sie gestreamt hatten. Daran, dass er gesagt hatte, es spiele keine Rolle, ob man an Karma glaube oder nicht. Man müsse nur unvoreingenommen sein und es ausprobieren.

»Mädels können eine Kosmetikbehandlung immer gebrauchen.« Sie näherten sich der Nachrichtenredaktion.

»Okay«, stimmte er zu.

»Wann?«

»Jetzt gleich«, sagte er und blieb vor der Tür zu Studio B stehen. »Da drin.«

Das Studio war viel kleiner als das Hauptstudio. Nur eine Kamera vor einem Schreibtisch und keine Glaswand zur Nachrichtenredaktion.

»Sie zuerst«, bestimmte er und lehnte sich gegen den Schreibtisch.

Sie rieb sich die Hände. »Im Geiste dessen, Ihr ›Kostbares Gut‹ zu sein«, erklärte sie: »Sie sind bestimmt der arroganteste Scheißkerl, für den ich je das Pech hatte zu arbeiten.«

Nalder stand da, die Hände an den Seiten, keine Reaktion.

»Die Art und Weise, wie Sie alle herumkommandieren, selbst Ihre verdientesten Journalistinnen und Journalisten, Leute, die drei-, viermal so viel verdienen wie Sie. Ich meine, wenn irgendjemand da draußen wüsste, was hier vor sich geht, er würde es nicht glauben.«

Nalder musste alle Kraft aufbringen, um nicht auf die Beschimpfungen dieser arroganten Aufsteigerin zu reagieren – was ihr sehr wohl bewusst war. Er hatte Untergebene schon für weniger gefeuert. Das tat weh – bei Gott! Und das, so vermutete er, war wohl auch der Sinn der Sache. Anstatt aus der Wut heraus zu reagieren, holte er tief Luft.

Tracey Kramer ihrerseits trug genüsslich dick auf. War an ihren Vorwürfen ein Körnchen Wahrheit? Natürlich – sie mussten ja wehtun. Aber sie tobte nicht vor Wut. Sie sprach aus echtem Zorn. Und als sie sah, wie Nalder zusammenzuckte, wusste sie, dass sie ins Schwarze getroffen hatte.

»Weiter!«, verlangte er.

Ohne dass es den beiden bewusst gewesen wäre, übertrug sie ein automatischer Auslöser an der Kamera in Studio B bereits auf einen Bildschirm in der Nachrichtenredaktion und zog damit das wachsende Interesse ihrer Kolleginnen und Kollegen auf sich.

»Sie sind so ein rechter Fanatiker, dass Sie nicht einmal merken, wie abstoßend Sie sind. Journalisten sollten neugierig sein. Offen. Sie sind so engstirnig – sehen Sie nur an, wie Sie heute Morgen auf die bloße Andeutung von Karma reagiert haben.«

Nalder musste die Zähne zusammenbeißen, um den Mund zu halten. Die ganze Zeit zuckte seine Wange unkontrolliert.

»Nur weil Harvey hier war, haben wir Lama Tashi überhaupt zu sehen bekommen. Und jetzt schauen Sie sich mal unsere Quoten an!«

Nalder fuhr sich mit der Hand an die Wange und hielt sie fest, so heftig waren die Zuckungen.

»Und apropos Frauenfeindlichkeit – Sie behandeln Frauen, als ob wir nur dazu da wären, Ihre Wünsche zu erfüllen. Warum müssen immer Julieta oder Chieko oder ich Kaffee holen, und nie Guido oder Drew? Und meinen Sie, bloß weil Sie einen Schwanz haben, kommen Sie drum herum, im Sitzungssaal aufzuräumen?«

Das Zucken war so dramatisch, dass Nalder zusammenklappte.

Tracey griff in ihre Handtasche und zog einen kleinen Spiegel heraus. Als er sich wiederaufrichtete, hielt sie ihm den Spiegel hin. Der Leberfleck war auf seine normale Größe geschrumpft, stellte Nalder fest. Vielleicht sogar kleiner. Seine Augen hatten eine jugendliche Klarheit. Sein Gesicht wirkte irgendwie weniger zerknittert.

»Scheiße!« Mit beiden Händen bedeutete er ihr, dass sie ihn weiter beschimpfen sollte.

Sie schüttelte verneinend den Kopf.

»Nur noch eine Minute.«

»Ich bin dran«, beharrte sie.

»Das ist wieder mal typisch für ein privilegiertes Millennial.« Er merkte, dass er jetzt, da er die Erlaubnis hatte, aus beiden Läufen voll auf sie zu feuern, seine Empörung merkwürdigerweise künstlich fabrizieren musste. »Schlappt hier jeden Morgen ganz gemütlich um neun herein und schlürft ihren verdammten Chai Latte, während wir alle seit halb acht schuften wie die Tiere.«

Traceys Augen weiteten sich. Die Arbeitszeiten waren in ihrem Vertrag klar geregelt. Unter normalen Umständen hätte sie ihn direkt auf die Work-Life-Balance hingewiesen.

Aber mit ihrer grobporigen Haut war sie noch nie glücklich gewesen. Mit den blauen Augen, die ein bisschen zu weit auseinanderstanden, als dass sie wirklich attraktiv gewesen wäre. Mit ihrem fliehenden Kinn.

»Sie halten sich für so ›woke‹ und ›politisch korrekt‹«, spöttelte er gekünstelt. »Mit den ganzen Floskeln, die Sie verwenden, und den Spielchen, die Sie treiben, um so zu tun, als seien Sie so verdammt integrativ und moralisch überlegen. Gleichzeitig lästern Sie über jeden, der männlich oder ein Babyboomer ist, als ob die Jagd eröffnet wäre, als ob es bestimmte Gruppen gäbe, über die man gar keine Vorurteile haben *darf.* Sie sind so eine Heuchlerin und dass Sie das selbst nicht merken, wäre zum Lachen, wenn es nicht so verdammt abstoßend wäre.«

Es kostete Tracey jedes Quäntchen Willenskraft, ihre Zunge im Zaum zu halten. Ihre Wangen röteten sich und ein seltsames, fast knirschendes Gefühl machte sich in ihrem Gesicht breit. Noch nie in ihrem Leben hatte sie eine so harsche Kritik schweigend hingenommen.

»Und dass Sie nächste Woche CEO werden wollen, das ist doch nicht zu fassen! Sie hatten kaum die Probezeit hinter sich und wollten schon befördert werden« und eine Gehaltserhöhung bekommen. Sie sitzen da und dozieren über dieses und jenes, und in der Zwischenzeit haben wir anderen in diesem Raum schon alles erledigt, was Sie vorschlagen – und viel klüger noch dazu – wie Sie merken würden, wenn Sie einfach mal die Klappe halten würden, anstatt auf ihr Recht zu pochen, ›sich einzubringen‹.«

Wie Nalder wurde auch Tracey von der verbalen Schimpftirade körperlich getroffen. Es war weniger ein Schmerz als vielmehr eine seltsame, quasi übernatürliche Neujustierung, die sie die Hände an ihr gerötetes Gesicht legen ließ. Und kurz darauf entdeckte sie beim Blick in ihren Taschenspiegel, dass ihre Augen etwas näher zusammenstanden als vorher. Ihre Haut war irgendwie feiner. Sie drehte das Gesicht zur Seite, um mit einem Ausdruck der Freude ihr Profil zu prüfen.

»Wir sollten lieber wieder reingehen«, sagte Nalder und deutete mit dem Daumen in Richtung der Nachrichtenredaktion.

»Nur noch eine Beleidigung!«, bettelte sie.

Er stockte einen Moment, um dann zu ergänzen:»Das altmodische Kleid vom letzten Freitag – als was sind Sie da eigentlich gegangen?« Das Kleid hatte ihn gar nicht so sehr gestört. Aber er wusste, dass ihr das Outfit gefallen hatte. Er deutete ihr an, dass sie etwas erwidern sollte.

»Hat Ihnen noch nie jemand geraten, im Büro ein Deo zu benutzen?« Sie starrte ihn gespielt ungläubig an.»Nachmittags um vier ist der Körpergeruch hier puuh …« Sie hielt sich theatralisch die Nase zu.

»Schon über 30 und wohnt immer noch bei Mama?«, stichelte er.

»Immer noch Single, Sie Charmeur? Wie ist das möglich?«

Wieder zückte sie den Spiegel, und dieses Mal wollte auch er hineinschauen. Er drückte seinen Kopf gegen ihren, damit sie beide die Wirkung sehen konnten.

»Gute Arbeit!«, betonte Nalder.

»Bin für jede Beschimpfung zu haben!«, entgegnete sie.

Die willkommene Streiterei zwischen den beiden hatte irgendwie die Dynamik zwischen ihnen verändert. Es hatte etwas irre Katharsisches, wenn man die übertriebenste Gehässigkeit, die man sich vorstellen kann, herauslassen – und sogar akzeptieren – konnte und die Folgen so erfreulich waren.

Als sie wenige Augenblicke später in die Nachrichtenredaktion kamen, wurden sie von einzelnen Kolleginnen und Kollegen mit Applaus begrüßt. Ein Blick auf die Wand zeigte ihnen, dass der Bildschirm von Studio B eingeschaltet war.

»Wenn nur alle meine Mitarbeiter so offen und reif wären, wenn sie ihrem Unmut Luft machen«, bemerkte Harvey. »Ich könnte die halbe Personalabteilung entlassen.«

Wenig später erhielt Nalder eine Nachricht von Megan Mitchell. »Lama Tashi nimmt an einer Diskussionsrunde teil«, meldete er Harvey zurück. »Aber er möchte, dass sie breiter angelegt ist, nicht nur er und ein paar Evangelikale.«

»Katholiken?«, erkundigte sich Harvey. »Episkopale?«

»Ein Neuropsychologe«, las Nalder von seinem Telefon ab. »Und ein Quantenphysiker.«

»Ich weiß nicht, worauf er damit hinauswill«, meinte Harvey verwundert. »Aber machen Sie das so.«

48

Auf der sicher geschützten Privatstation schlug Präsident Grey für einen Moment die Augen auf. Vor ihm stand ein Fernseher, auf dem sein Lieblingssender lief. »Ich sage, dass sich heute die Spielregeln geändert haben.« FDA-Leiter Applebaum war auf dem Bildschirm zu sehen. »Wenn Sie nicht leiden wollen, verursachen Sie kein Leid für andere. In gewisser Weise ist das wirklich ganz einfach.« Er hob beide Hände und zuckte mit den Schultern. »Es ist Karma.«

»Stimmt«, schien der Präsident zu murmeln.

Stabschef Salt stand neben ihm und reagierte als Erster auf seinen Chef. »Sind Sie wieder bei uns, Mr. President?«, fragte er.

»Maus.«

»Oh Schatz!« First Lady Lucy Grey, die auf einem Besucherstuhl neben dem Bett saß, sprang auf und küsste ihn auf die Wange, als er die Augen erneut kurz öffnete. »Wir haben uns solche Sorgen gemacht!«

»Weißaa … Maus.« Seine Stimme kam von sehr weit her.

»Nein, nicht im Weißen Haus«, sagte sie ihm. »Du bist im Krankenhaus.«

Der Präsident brauchte eine Weile, bis er begriff, wo er sich befand und was los war. Er blickte von seiner Frau zu seinem Stabschef, dann zur Krankenschwester am Fußende seines Bettes. Zu den Geheimdienstleuten, die die Tür bewachten.

»Weißt du noch, was passiert ist?«, fragte sie.

Sie waren vorgewarnt worden, dass sein Kurzzeitgedächtnis vernebelt sein könnte. In manchen Fällen konnten sich Menschen nach einem Trauma überhaupt nicht mehr an das Geschehen erinnern.

»Dieser irre Mackenzie hat auf mich geschossen.«

Der First Lady stiegen Tränen in die Augen, und sie streichelte ihm mit der rechten Hand übers Gesicht. »Das hat er, mein Schatz«, nickte sie. »Die Kugel ist direkt unter deiner linken Schulter eingedrungen. Aber keine Knochenbrüche und keine Verletzungen an lebenswichtigen Organen. Dem Himmel sei Dank für deine Leibwächter! Sie haben dir das Leben gerettet.«

»Wie viele Tote?« Er erinnerte sich an die schrecklichen Momente, als er auf den Teppich des Großen Saals gedrückt wurde, während Mackenzie Amok lief.

»Über 60«, sagte Salt düster. »Wir warten immer noch auf die endgültigen Zahlen. Es gab viele Schwerverletzte. Mindestens ein Dutzend NRA-Delegierte bekommen lebenserhaltende Maßnahmen.«

Präsident Grey ließ die schweren Lider sinken. »Die schlimmste Massenschießerei aller Zeiten«, bestätigte er. »Was ist mit Mackenzie passiert?«

»Bewusstlos geschlagen von einem Kellner mit einem Serviertablett. Juan Garcia. Illegaler Einwanderer, wie sich herausgestellt hat. Er ist verschwunden.«

»Ausgleichende Gerechtigkeit«, brummte Präsident Grey.

»So heißt es allgemein.«

Nach einer Pause fuhr er fort. »Wenn man Garcia findet, möchte ich ihn kennenlernen. Ihm persönlich danken. Finden Sie eine Möglichkeit, ihn legal zu machen.«

»Dafür werde ich sorgen, Sir.«

»Schatz, du solltest wissen, dass Jane Nelson amtierende Präsidentin ist«, sagte ihm die First Lady. »Nimm dir so viel Zeit, wie du brauchst, und ruhe dich aus.«

»Ja, ja.« Präsident Grey nahm alles in sich auf. Normalerweise war er der Erste, der eine Situation einschätzte, der beurteilte, wie sie zustande gekommen war und welche politischen Auswirkungen sie hatte. Doch nun, gerade erst aus der Narkose aufgewacht, war er sehr verlangsamt. Er verarbeitete die Dinge Schritt für Schritt.

Die First Lady wandte sich an die Krankenschwester am Fußende des Bettes.

»War das der FDA-Typ im Fernsehen?«, fragte Präsident Grey.

»Ja, Sir«, antwortete sein Stabschef. »Er hat bestätigt, dass es keine Infektion ist. Die Verkehrsnetze werden wieder in Betrieb genommen. Öffentliche Gebäude können öffnen. Aber keine Fleischprodukte.«

Es dauerte einen Moment, bis der Präsident murmelte: »Karma?«

»So hat es der FDA-Leiter ausgedrückt.«

»Wissen Sie noch, worüber wir im Auto gesprochen haben?«

»Ja, Sir. Und ich erinnere mich an Ihre Entscheidung, Applebaum die *National Medal of Science* zu verleihen. Was umgehend geschehen ist.«

»Was meinen Sie, wie meine Umfragewerte im Moment sind?« Präsident Grey lächelte finster.

»Allzeithoch«, erwiderte Salt.

Sie wussten beide, dass die Menschen in den Vereinigten Staaten nichts so sehr dazu bringt, sich um ihren Präsidenten zu scharen wie ein Attentatsversuch. Wenn jetzt Wahl wäre, würde er mit dem größten Vorsprung aller Zeiten gewinnen.

»Es stimmt also. Wir haben jetzt Instant Karma«, sinnierte der Präsident. »Nicht, dass ich das jemals offiziell sagen könnte. Ich würde die Unterstützung der religiösen Rechten verlieren.«

»Wenn wir wirklich Instant Karma haben, Mr. President, dann brauchen Sie deren Unterstützung nicht. Und auch nicht die von irgendjemand anderem. In diesem Umfeld gewinnt man Anerkennung, indem man sie anderen erweist, die sie verdienen – wie Sie es bei Applebaum getan haben.«

Präsident Grey öffnete zum ersten Mal die Augen ganz und hob den

Kopf vom Kissen, denn ihm kam ein Gedanke.»Bei Gott, Sie haben recht!«

Die Krankenschwester verließ das Zimmer, um seinen Chirurgen zu holen. First Lady Lucy Grey kehrte an seine Seite zurück. Er schob seinen rechten Arm unter dem Laken hervor und nahm ihre Hand.»Stell dir vor, Lucy, wenn ich diese Bastarde bei der NRA nicht verhätscheln müsste. Sie reden die ganze Zeit von Bürgerrechten, dabei sind das einfach nur Waffennarren. Wir könnten Kontrollen einführen. Den Massenschießereien einen Riegel vorschieben.«

Seine Frau lächelte nachsichtig.

»Dann müsste ich mich nicht bei Psychopathen wie Bellow und Swankler einschleimen. Stell dir vor, ich könnte jeden Tag aufstehen und einfach das tun, was ich für Amerika für richtig halte.«

Die First Lady massierte seinen linken Arm und begegnete Will Salts Blick.»Du hast gerade eine Menge Anästhetika bekommen, mein Schatz«, sagte sie zärtlich.»Warten wir einfach, bis die Wirkung nachlässt.«

»Ich will alles über Karma wissen«, drängelte der Präsident mit einem Blick auf seinen Stabschef,»alles darüber, wie es funktioniert.«

Die Tür zur Station öffnete sich, und in Begleitung von zwei Krankenschwestern und einer Ärztin trat der Chirurg des Präsidenten ein. Der Chirurg war ein hochgewachsener junger Mann mit professionellem Auftreten.

»Schön, Sie wach zu sehen, Sir!«, wandte er sich an den Präsidenten.

Präsident Grey nickte abwesend. Er dachte immer noch über Karma nach, da kam ihm plötzlich ein zwingender Gedanke.»Lama Tashi – ist das der Typ, von dem Sie gesprochen haben?« Er sah seinen Stabschef durchdringend an.

Will Salt nickte.

»Treiben Sie ihn auf! Ich muss da etwas wissen!«

☯

16:00 Uhr (Eastern Standard Time)
14:00 Uhr (Mountain Standard Time)
13:00 Uhr (Pacific Standard Time)

49

Omni Motor Lodge
Omni, Colorado

SCHOCKIERT KEHRTE BOB IN SEIN HOTELZIMMER ZURÜCK. Gedemütigt musste er feststellen, wie falsch er seine Beziehung zu Beth eingeschätzt hatte. Nicht nur, dass seine Fantasien von einem gemeinsamen Zuhause in New York oder Los Angeles jeglicher Realität entbehrten. Sie mochte ihn noch nicht einmal. Er hatte seine Frau, mit der er seit 24 Jahren verheiratet war, heute Morgen für eine Person verlassen, die sich nicht einmal dazu durchringen konnte, ihm in die Augen zu sehen, als er ihre Wohnung verließ.

Zudem war es beschämend, unter solch elenden Umständen von Ian Turner entdeckt zu werden, einem Mann, der ein fester Bestandteil von Margaritas und seinem Bekanntenkreis gewesen war. Jemand, für den er echte Zuneigung und Hochachtung empfand. Er erinnerte sich an den Ausdruck auf seinem Gesicht. Sein unfehlbarer trockener Humor beim Anblick seines nackten Neffen.

Wie er aus dem Schlamassel wieder herauskommen sollte – diese Frage war viel zu überwältigend, als dass er jetzt darüber nachdenken konnte. Außerdem hatte er eine sehr viel beängstigendere Sorge. Etwas, das ihm erst klar geworden war, als Ian wieder weg war und Beth von Venusgöttin, Auffliegen und Geschichten gefaselt hatte. Bob war noch nie der Fantasievollste gewesen, aber er war auch nicht dumm. Schon während er in seine Klamotten gestiegen und zur Omni Motor Lodge gefahren war, hatte er sich die ganze Zeit gefragt, wie er nur so verflucht dumm gewesen sein konnte.

In seinem Zimmer wartete er ungeduldig darauf, dass sein Laptop hochfuhr. Er konnte nicht glauben, dass er bis jetzt gebraucht hatte, um endlich eine Suchmaschine aufzurufen und das Wort »Venusgöttin« einzugeben. Die Seite öffnete sich und zeigte Beth, spärlich bekleidet und verführerisch in Netzstrümpfen und mit Reitgerte. Der Anblick ihrer Tagebücher, noch dazu so prominent präsentiert, ließ sein Herz so laut schlagen, dass es ihm vorkam, als hämmerte es in seinem Kopf. Er scrollte wahllos durch die letzten Einträge. Da stand alles drin – Details ihrer sexuellen Begegnungen, genüsslich pornografisch ausformuliert. Ihre distanzierte, oft herabsetzende Reaktion auf seine körperliche Liebe beschrieben als die einer selbst ernannten Venusgöttin, für die Männer nur Spielzeug waren.

Noch schlimmer waren die Kommentare ihrer Follower, der sogenannten Venusengel. Sie waren es, die Beth aufgefordert hatten, einen »echt alten Typen« auszuprobieren. Sie waren es, die jedes biologische Detail über seine Performance erfahren wollten. Sie waren es, die nach einem Dreier mit Endless Love und Hot Rod verlangt hatten.

Wie konnte er nur so unfassbar naiv gewesen sein, dass er sich an einer schmuddeligen Online-Sexshow beteiligt hatte, ohne auch nur einmal etwas zu merken? Immerhin hatte Beth zahlreiche Andeutungen fallen lassen. Auch wegen ihrer sexuellen Ausdrucksfähigkeit hatte er sich ja zu ihr hingezogen gefühlt. Was würde passieren, wenn das alles herauskäme? Sobald das alles herauskäme, korrigierte er sich innerlich. Die Wahrheit kam immer ans Licht. Wie sagte Rinpoche manchmal? »Drei Dinge können nie für immer verborgen bleiben: die Sonne, der Mond und die Wahrheit.« Nicht, dass er jetzt an Lama Tashi denken wollte. Die Lage war schon schlimm genug, auch ohne einen Haufen moralischer Überlegungen, die ihn natürlich von vornherein davon hätten abhalten sollen, sich überhaupt auf diese Sache einzulassen.

Ruhelos strich er durch das kleine, altmodische Zimmer mit den holzverkleideten Wänden, dem abgenutzten Teppich und dem deprimierenden Geruch – feuchter Muff, überlagert von Desinfektionsmittel mit Fichtennadelaroma.

Was tun? Sollte er Ian anrufen und ihn beschwören, Margarita nichts zu sagen, und auch sonst niemandem? Sollte er einen befreundeten Anwalt anrufen und sich erkundigen, ob er die Website der Venusgöttin abschalten lassen könnte? War das überhaupt möglich, ohne dass er seine eigene Rolle in dieser unrühmlichen Angelegenheit preisgeben musste? Und was genau hatte Beth eigentlich gemeint, als sie gejammert hatte, sie sei »aufgeflogen«?

So viele widerstreitende Gedanken, dass er glaubte, ihm platze gleich der Kopf. Er fühlte sich wie ein eingesperrter Tiger, der in diesem Loch auf- und ab- und auf- und abtappte und sich fragte, wie er sich jemals in diese Zwickmühle hatte bringen können.

Um sich eine Pause zu gönnen und dem Albtraum – wenn auch nur vorübergehend – zu entfliehen, griff er zur Fernbedienung und schaltete den Fernseher ein, in der Hoffnung auf eine geistlose Ablenkung. Doch der erste Nachrichtensender berichtete live aus dem Hotel Piccard – und erstmals erfuhr er von den Schüssen auf Präsident Grey und der größten Massenschießerei in der Geschichte der USA durch Mick Mackenzie. Im nächsten Nachrichtensender drehte sich alles um die Verlautbarung der FDA – das Land sei nicht von einer ansteckenden Lebensmittelvergiftung betroffen, sagten die Reporter. Laut Behördenleiter Applebaum hatte Karma das Land im Griff. Und für alle, die es noch nicht wussten: Amerika war von nun an eine Nation von Vegetarierinnen und Vegetariern.

Er war doch bereits vollauf mit seinen eigenen dramatischen Entwicklungen beschäftigt – und nun, da er das Fenster zu dem Geschehen um sich herum geöffnet hatte, wurde das Gefühl der Überforderung noch größer. In der Hoffnung auf etwas Banaleres schaltete er um, doch wer tauchte da auf und richtete sich scheinbar ganz persönlich an ihn? Lama Tashi.

»Warum tun Menschen schädliche Dinge, karmisch gesehen? Das ist eine gute Frage«, sagte der Lama. Hinter ihm der Panoramablick über das Tal, den Bob wiedererkannte – in seiner Rekonvaleszenz hatte er Megan sogar geholfen, dem *Flourish*-Studio den letzten Schliff zu geben.

»Wir alle erleben Unzufriedenheit. Leiden. Vielleicht glauben wir, dass wir zum Beispiel mehr Geld brauchen, um in einer besseren Wohnung zu leben. Oder vielleicht ist die Beziehung zu unserer geliebten Person schal geworden. Oder wir möchten einen Meilenstein erreichen, etwa einen Vertrag oder eine bestimmte Leistung.

Wir denken, wie wunderbar es wäre, gerade dieses neue Haus, die neue Liebe oder den neuen Job zu haben. Im Kopf übertreiben wir die positiven Seiten des Gewünschten und denken gar nicht an die Probleme, die damit verbunden sein könnten – oder wenn doch, dann blenden wir sie aus. Und je mehr es unsere Gedanken beschäftigt, desto mehr stört es unseren inneren Frieden. Das nennt man Verblendung.«

Diese Erklärung hatte Bob von Lama Tashi im Laufe der Jahre schon in unzähligen Kursen gehört. Die gleichen logischen Schritte. Oft mit denselben Worten. Doch als er nun wie gebannt dastand und seinem Lehrer zuhörte, war es, als hörte er sie zum ersten Mal. Zum ersten Mal *wirklich*.

»Sobald wir einer Verblendung verfallen sind, wie etwa einem heftigen Verlangen auf der einen Seite oder Abneigung und Hass auf der anderen, beginnen wir zu glauben, dass wir gar keine andere Wahl haben, als entsprechend zu handeln. Zu besitzen. Zu genießen. Zu erreichen. Oder vielleicht zu zerstören. Zu unterdrücken. Loszuwerden.

Diese Verblendung nimmt immer mehr zu. Zunächst ist sie nur ein Gedanke, eine Idee. Aber irgendwann glauben wir, sie sei eine Wahrheit. Eine unumstößliche Tatsache. Und wenn wir entsprechend handeln, erzeugen wir Karma. Karma ist Handlung. Ursache – und Wirkung. Wenn Handlungen von Verblendung geleitet werden, können sie nur negative Folgen haben.

Sie sehen also, Leiden führt zu Verblendung, die zu Karma führt, das wiederum zu noch mehr Leiden führt. Und so wiederholt sich der ganze Kreislauf immer wieder. Wir nennen das *Samsara*: ein Geist, der von

Karma und Verblendung befallen ist. Sein Gegenteil ist *Nirvana*: ein Geist, der nicht mehr von Karma und Verblendung befallen ist.«

Weiter konnte Bob nicht mehr zusehen. Er schaltete den Fernseher aus und saß am Fußende des Motelbetts, den Kopf in die Hände gestützt. Wie hatte er nur so dumm sein können? So dumm, seine Motive als weniger eigennützig zu verbrämen, als sie tatsächlich waren? So dumm, die Person, die seine treueste Freundin, seine Geliebte und die Mutter seiner Kinder gewesen war, für jemanden zu verlassen, die er nicht einmal kannte – und für die er nicht mehr war als eine lächerliche Figur in einer schmutzigen Geschichte?

Lama Tashi hatte recht. Er hatte gerade alles in einfachen Worten dargelegt. Bobs Unzufriedenheit war seine Langeweile gewesen. Durch sie war er reif geworden für die Verblendung der Begierde. Der Lust. Es hatte viele Gelegenheiten gegeben, bei denen er hätte gehen können. Es abbrechen. Dem Ganzen ein Ende machen. Aber nein. Stattdessen hatte er ein ganzes Fantasiegebilde um das Geschehen herum erfunden. Eine imaginäre Geschichte erschaffen über neue Kapitel, jugendlichen Elan, das Leben 2.0. Und das Karma, das er aufgrund dieser Verblendung erzeugt hatte, hatte sich sofort in Form von akutem Leiden manifestiert.

Noch keine acht Stunden waren vergangen, seit er Margarita völlig aufgelöst in der Küche ihres Hauses hatte sitzen lassen, in der Hand den Koffer, der nun ungeöffnet auf einem Stuhl neben ihm lag. Er fragte sich, was sie seither getan hatte. Hatte sie die Kinder angerufen – Matthias und Gabby? Mit wem hätte sie wohl noch gesprochen?

Wäre sie bereit, ihm zu verzeihen, wenn er zugeben würde, dass er einen schrecklichen Fehler gemacht hatte?

50

Was trendet mit Digital Dave
Cyberspace

Hallo Leute,

ich hoffe, ihr habt nicht vergessen, wo ihr zum ersten Mal von Karma gehört habt? Ja, genau. Ich war der Cyber-Analyst, der die Nachricht über die Häufung des Stichworts Karma seit Mitternacht verbreitet hat.

Seitdem ist es Mainstream geworden. Im Zusammenhang mit der schlimmsten landesweiten Lebensmittelvergiftung in der Geschichte. Mit der größten Massenschießerei. Mit der Einlieferung des Präsidenten ins Krankenhaus. Es gibt ein Wort dafür, Leute: Karmageddon!

Im größten digitalen Gedränge, das ich je erlebt habe – der Gesamttraffic ist um 1000 Prozent gestiegen – spricht online jeder über Karma. Die meisten haben den Tag als »Nichtswisser« begonnen. Ich will ehrlich sein: Ich auch.

Von Stunde zu Stunde polarisieren sich die Leute. Den Early Adopters sind wunderbare oder schreckliche Dinge passiert. Manchmal beides. Und sie haben sich Instant Karma zunutze gemacht, im großen Stil. Sie folgen dem Rat von Lama Tashi – kaum zu glauben, dass bis vor sechs Stunden noch niemand etwas von dem Typ gehört hat, und jetzt können wir nicht genug von ihm bekommen. Wenn du noch nicht über die wichtigsten Ursachen und Wirkungen Bescheid weißt oder darüber, was Karma ausmacht, dann tut es mir leid, aber ich muss dir sagen, dass du kein Geld verdienst, keine Follower gewinnst und nicht flachgelegt wirst. Und das ist erst der Anfang.

Zu den größten Early-Adopter-Gruppen im Internet, die wie aus dem Nichts aufgetaucht sind und inzwischen zig Millionen Follower haben, gehören auch ein paar überraschende Konstellationen, etwa Karma Climate Change – eine Fusion aus Ökos und Pro-Karmas – und Christen für Karma mit dem Slogan:»Mit welchem Maß ihr messt, wird man euch zumessen, und man wird euch noch dazugeben.« Jesus in Markus 4,24.

Auf der digitalen Gegenspur sind diejenigen unterwegs, die Karma aus wissenschaftlichen oder religiösen Gründen ablehnen. Wissenschaftler verweisen auf fehlende evidenzbasierte Forschung. Die religiöse Rechte sagt, Karma sei Blasphemie. Selten, dass man diese Leute im selben Lager antrifft, und sie machen keine Gefangenen. Ihre Online-Attacken sind gewaltvoll und spiegeln damit genau das wider, was wir heute im Hotel Piccard erlebt haben.

Die Zeit wird zeigen, wie sich Instant Karma auswirkt. Aber gegen persönliche Erfahrungen ist schwer anzukommen. Wie Lama Tashi sagt: Ihr müsst an nichts glauben – probiert es einfach aus. Ich habe es ausprobiert. Ich habe online für einige meiner bevorzugten Digital Analysts geworben und innerhalb von zwei Stunden wurde ich von der renommierten Bluechip-Consultingfirma McIntley zu einem der zehn besten Digital Experts der USA ernannt. Ich wusste nicht einmal, dass die mich auf dem Schirm hatten.

Am allermeisten interessiert mich dabei aber, was mit Lama Tashi passiert. Er kam aus dem Nichts und jetzt wollen ihn alle haben. Innerhalb weniger Stunden ist er der wichtigste Mensch im Land geworden. Viele würden sagen, der beliebteste. Karma Climate Change sagt, er sei zwar buddhistischer Lama, aber in Colorado geboren. Könnte das bedeuten, Lama Tashi for President?

Hier habt Ihr es zuerst gehört.

51

Wall Street, New York

A MY WAR SPRACHLOS ÜBER DAS, WAS NACH KAEL SHARMAS mitrei-ßender Personalversammlung passierte. Die Leute gingen wieder an ihre Schreibtische, und zunächst gab es eine Welle der Begeisterung. Auf die Spenden der Kolleginnen und Kollegen folgten schnelle Renditen – genau wie sie es auch erlebt hatte.

Einige Spenderinnen und Spender folgten Karels Vorschlag und spendeten den größten Teil der Summe, die sie erhalten hatten, sofort wieder. Aber nicht alle. Viele waren damit zufrieden, ihre Gewinne einzustreichen und beließen es dabei. Sie standen von ihrem Schreibtisch auf, schnappten sich ihre persönlichen Sachen und machten sich auf den Weg zur Tür, das Angebot des Chefs annehmend, früher nach Hause zu gehen. Wieder andere waren sofort gegangen, mit der Begründung, wegen der Krise des öffentlichen Nahverkehrs hätten sie einen langen Fußmarsch vor sich.

Nach einer halben Stunde befanden sich nur noch wenige Menschen im 25. Stock von Sharma Funds. Das verblüffte Amy. Wie konnten die Leute nur so wenig Interesse daran haben, reich zu werden? Nachdem sie von einem Mann mit tadellosen Referenzen gehört hatten, wie es geht, und eingeladen worden waren, es während der Arbeitszeit selbst auszuprobieren, wie konnten sie da so desinteressiert sein, so halbherzig gegenüber der Chance ihres Lebens? Vor allem, wenn das Ganze so einfach war?

Sie wusste, dass sie deshalb so überzeugt war, weil sie an diesem Tag bereits eigene Erfahrungen gemacht hatte. Trotzdem konnte sie nicht verstehen, warum nicht alle an ihrem Schreibtisch saßen, genau wie sie, und Geld verschenkten – und allen, die ihnen wichtig waren, sagten, sie sollten es genauso machen.

Sie forderte die Kryptowährungs-Dividende von Akara Foon an und sobald die 3215,89 Dollar auf ihrem Konto eingegangen waren, spendete Amy das Geld an die von Karel vorgeschlagenen Wohltätigkeitsorganisationen – mit Bodhichitta-Motivation.

In der Zwischenzeit postete sie Nachrichten auf allen ihren Social-Media-Kanälen und teilte ihre persönlichen Beweise dafür, dass man für alles, was man gibt, tatsächlich etwas bekommt. An die Leute in der Heimat, die nicht in den Sozialen Medien unterwegs waren, schrieb sie E-Mails mit der gleichen Nachricht.

Als sie eine E-Mail von Peter Sharp erhielt, in der er ihr mitteilte, dass sie aufgrund einer Lebensversicherung auf den Namen von Larry Denis, die er entdeckt habe, weitere 35.000 Dollar erben würde, war sie nicht einmal sonderlich überrascht. Trotzdem hielt sie inne und starrte auf den Bildschirm. Hätte man ihr heute Morgen gesagt, dass sie bald einen Geldregen in dieser Höhe erhalten würde, hätte sie ihrem Glück kaum getraut. Doch jetzt waren nicht nur die 35.000 Dollar unterwegs zu ihr. Sondern auch die 80.000 Dollar Bonus von Karel Sharma, die 1,6 Millionen Dollar aus Onkel Gerrys Nachlass und die laufenden Tantiemen in Höhe von 50.000 Dollar pro Jahr.

Sie wollte nicht gierig sein, sie wünschte bloß, sie hätte *jetzt* Geld für das *Bluegrass Horse Sanctuary* auf der Bank. Mr. Deal war rührend dankbar für ihre Spende von vorhin gewesen, aber eigentlich brauchte er Hilfe in viel größerem Umfang. Die tausend Dollar, die sie ihm gegeben hatte, würden eine Weile für das Pferdefutter reichen, aber die Kosten für den Umzug, die Pacht für ein neues Grundstück und die Summen für die Versorgung seiner alternden, edlen Pfleglinge, darunter ihr lieber Flash, bewegten sich in völlig anderen Regionen. Sobald das Geld von ihrem

Bonus eingetroffen wäre, würde sie einen erheblich höheren Betrag an *Bluegrass* überweisen.

Um 16:45 Uhr war sie die Einzige, die sich noch auf ihrer Seite des Empfangs befand. Am anderen Ende des Foyers konnte sie ein paar Leute hinter ihren Trennwänden erkennen. Sie war so sehr ins Kopieren ihrer E-Mail vertieft, die sie an weitere Freunde in Aubrey schicken wollte, dass sie zusammenzuckte, als sie bemerkte, dass jemand neben ihr stand.

»Mr. Sharma!«

Er ließ den Blick über die verlassenen Arbeitsplätze schweifen. »Ganz allein hier?«

»Sieht so aus.« Sie schüttelte ungläubig den Kopf. »Ich kann nicht glauben, dass nicht alle hier sind und verschenken, was sie nur können. Ich wünschte bloß, ich hätte mehr Ersparnisse – im Moment bin ich pleite.«

»Der Bonus sollte auf Ihrem Konto eingehen, aber vielleicht erst später oder morgen.«

Sie nickte.

»Jemand Bestimmtes, dem Sie helfen wollen?«

»Dem *Bluegrass Horse Sanctuary*«, platzte es aus ihr heraus. »Wissen Sie noch, ich habe erzählt von …«

»Charles Deal. Dass er umziehen muss.«

Amy horchte auf. Sie hatte nicht geglaubt, dass Karel ihr vorhin zugehört hatte bei ihrem Geplapper, mit dem sie ihn davon ablenken wollte, was gleich passieren würde. Charles, sagte Karel. Hatte sie seinen Vornamen erwähnt? Im Dorf nannte man ihn »Charlie«, aber für sie war er immer »Mr. Deal« gewesen.

»Er ist einer dieser stillen Heiligen, von denen man nie etwas hört. Sein Leben lang hat er sich dafür eingesetzt, dass Rennpferde das Gnadenbrot bekommen, das sie verdient haben.«

»Stille Heilige.« Karel lächelte. »Gefällt mir. Aber egal, ich sehe das auch so.«

Etwas verunsichert fragte sie: »Sie sehen das auch so?«

»Ich sehe das auch so, dass man ihm helfen muss. Ich habe einen meiner Immobilienmakler beauftragt, sich mit dem Verkäufer in Verbindung zu setzen. Wir haben das Grundstück gekauft.«

»Was?« Amy konnte ihm kaum folgen.

»Er kann so lange bleiben, wie er will.«

»Oh, Mr. Sharma, ich kann ja gar nicht glauben, dass Sie das für ihn getan haben!« Amy sprang auf, streckte die Arme aus und drückte ihn. »Ich habe es nicht für ihn getan«, widersprach er, ihr über die Wange streichend. »Ich habe es für Sie getan.«

»Für mich?« Sie ließ los.

»Für das, was Sie da drüben getan haben.« Er drehte sich Richtung Foyer. »Sie haben mich gezwungen, aus meiner Komfortzone rauszukommen.«

»Rauf auf die Aktenkiste.«

»Es hat mir sogar Spaß gemacht!«

»Das habe ich gesehen!«

»Es hat mir klar gemacht, dass ich mehr kann. Meinen Horizont erweitern. Ich muss nicht mein Leben lang allein in einem Büro sitzen.«

»Sie können alles tun, was Sie wollen«, strahlte sie. »Erzählen Sie mir von Mr. Deal. Er muss ganz …« Sie schüttelte den Kopf und stellte sich vergnügt seine Reaktion vor.

»Ich wollte es Ihnen überlassen, ihm die Nachricht zu überbringen«, antwortete er. »Die Transaktion wurde mit dem Verkäufer vereinbart, aber es wird eine Weile dauern, bis sie juristisch über die Bühne gegangen ist.«

»Sie haben es ihm noch gar nicht gesagt?«

»Es wäre doch passender, wenn Sie das täten«, sagte er.

Sie sah ihn fragend an.

»Sie sind die neue Eigentümerin«, grinste er. »Es wird auf Ihren Namen übertragen.«

»Oh, Mr. Sharma!« Die Tränen kullerten vor lauter Rührung übers Gesicht. »Das ist so schön!«

Er zog sie an sich. »Du bist so schön!«

52

Eccles Building
Washington D.C.

R OSE MULROONEY, DIE PRÄSIDENTIN DER FEDERAL RESERVE BANK,
nahm ihre Brille ab, legte sie auf ihren lederbezogenen Schreibtisch
und seufzte tief. Es war der volatilste Tag in der Geschichte des US-ame-
rikanischen Bankwesens, und obwohl die Nachrichten nicht nur schlecht
gewesen waren – einige sogar erstaunlich gut – hatte sie immer noch
keine Ahnung, welche treibenden Kräfte dahinterstanden. Warum die
beispiellosen Geldtransfers, inländisch wie international? Warum waren
einige der riesigen Bankguthaben, die selten angetastet wurden, plötzlich
im Umlauf? Wie sollten sie und ihre Kolleginnen und Kollegen wichtige Entscheidungen für eine solide Finanzlage treffen, wenn alle üblichen
Normen auf den Kopf gestellt worden waren?

Die BIP-Zahlen von heute Morgen, die fast einen ganzen Prozentpunkt
über den Erwartungen lagen, waren für sie der erste Hinweis darauf
gewesen, dass wirtschaftliche Turbulenzen die Märkte überrollten, die
ebenso unerwartet waren wie die Ängste vor einer Lebensmittelvergiftung. Wirtschaftswachstum mochte ja etwas Gutes sein – aber *unerwartetes* Wachstum, Zahlen, die aus dem Nichts kamen, waren beunruhigend, und zwar aus einem einfachen Grund: Sie bedeuteten, dass die *Federal Reserve* die Dinge nicht solide im Griff hatte.

Seitdem prasselte es von allen Seiten auf sie ein. An einem Tag, an dem
viele Menschen zu Hause blieben, wären die Geldeingänge und -ausgän-

ge auf den Bankkonten normalerweise ruhig. Heute lagen die Transaktionen um mehrere tausend Prozent über dem Durchschnitt. Der Aktienmarkt befand sich auf einer steilen Achterbahnfahrt. Aktien im Zusammenhang mit Nutztierhaltung verloren 90 Prozent ihres Wertes, Unternehmen, die pflanzliche Proteine herstellen, stiegen ins Unermessliche, und ein Tumult, der Pharmaunternehmen, das Transportwesen und andere Sektoren betraf, markierte eine grundlegende Neuausrichtung der Unternehmenswerte. Selbst die Mediengiganten wurden von dem Chaos erfasst – die Aktien von Galaxy TV stiegen um 24 Prozent über ihr Allzeithoch.

Rose hatte sich auf Arbeitsmarktzahlen gefasst gemacht, die einen betrüblichen Abwärtstrend bei der Beschäftigung bestätigten, aber die Zahlen, die sie gerade erhalten hatte, zeigten genau das Gegenteil – einen Anstieg um fast zwei Prozent bei den offenen Stellen trotz der aktuellen Lebensmittelvergiftungswelle. Woher, in Gottes Namen, war das gekommen?

Sie ging quer durch ihr Büro zum Fenster. Normalerweise war die Aussicht über die Constitution Avenue zum *Lincoln Memorial Reflecting Pool* beruhigend konstant und änderte sich nur im vorhersehbaren Rhythmus der Jahreszeiten. Heute jedoch wogte ein großer wütender Mob auf der Straße in Richtung Kapitol. Reverend Jeremiah Bellow hatte zu einem Marsch Against Karma aufgerufen, und der spontane Aufstand der lautstarken, Plakate schwenkenden Aktivisten steuerte auf den Kongress zu.

Rose hatte den größten Teil des Tages den Fernseher im Auge behalten und wusste, was alle schauten. Sie kannte die Debatte um Karma sehr gut. Sie war genauso gefesselt gewesen wie alle anderen, als Lama Tashi auf fast allen Kanälen auftauchte und die eigennützige Oberflächlichkeit von Professor Stanley Smugg als solche entlarvte sowie die verschiedenen Faktoren, die Karma seine Bedeutung verleihen, mit überraschender Logik erklärte. Aber Instant Karma? Also wirklich!

Sie beschloss, Will Salt anzurufen. Der Stabschef des Präsidenten und sie hatten ein freundschaftliches Arbeitsverhältnis, da er früher Wirtschaftswissenschaftler gewesen war. Sie sprachen die gleiche Sprache. »Die Zahlen zu den offenen Stellen sind gerade eingetroffen«, berichtete sie ihm.

»Und?«

»Um 1,94 Prozent gestiegen.«

»Aha.«

»Sie klingen nicht überrascht?«

»Das wird wohl Swasiland sein.«

»Swasiland?« Sie runzelte die Stirn. Sie konnte sich nicht erinnern, das Wort ausgesprochen zu haben. Wie Timbuktu und El Dorado war Swasiland einer jener Orte, die eher mythische als reale Bedeutung hatten.

»Wir haben heute ein Programm zur Schaffung von Arbeitsplätzen für sie finanziert. Callcenter für Bundesbehörden.«

»Der Präsident glaubt an Instant Karma?«, fragte sie und ihre Stimme hob sich.

Noch vor wenigen Minuten, als sie FDA-Leiter Applebaums Pressekonferenz verfolgte, hatte sie seine Erklärung für die Lebensmittelvergiftungspandemie für verschroben gehalten. Auch wenn er klargestellt hatte, dass seine »Karma«-Begründung eine persönliche und keine wissenschaftliche Meinung war, hätte sie solche Äußerungen eher von metaphysischen Koryphäen als von einem Vertreter des öffentlichen Gesundheitswesens erwartet. Nie hätte sie geglaubt, dass eine hochrangige Persönlichkeit, ob aus dem öffentlichen oder dem politischen Leben, je in einer solchen Richtung denken würde.

»Der Präsident ist dafür durchaus aufgeschlossen.«

»Aber heute Vormittag hat er doch noch gesagt …«

»Haben Sie gesehen, wer da bei ihm war?« Will ließ ihr Zeit, dies zu verarbeiten, bevor er fortfuhr: »Die Swasiland-Sache war ein Experiment. Wir wollten die Theorie testen. Was Sie gerade gesagt haben, ist die Bestätigung dafür.«

»Außergewöhnlich!« Rose beobachtete, wie der wütende Mob des *March Against Karma* aufgebracht in Richtung Kapitol drängte.

»Ich arbeite an einer Möglichkeit, von seiner vorherigen Bemerkung zurückzurudern.«

»Woher erhält der Präsident seine Ratschläge zum Thema Karma?«

»Aus derselben Quelle wie alle anderen auch«, ließ er sie wissen.

Wenige Augenblicke später beendete sie das Telefonat und ging zu ihren führenden Assistentinnen und Assistenten, die am Schreibtisch in ihre Arbeit vertieft waren.

»Margaret«, wandte sie sich an ihre ranghöchste Vorstandsassistentin. »Ich muss mit Lama Tashi sprechen. Und zwar sofort.«

☯

17:00 Uhr (Eastern Standard Time)
15:00 Uhr (Mountain Standard Time)
14:00 Uhr (Pacific Standard Time)

53

Omni, Colorado

Seit dem Termin bei Dr. Ralph Sharp war Tom so leicht ums Herz wie seit Jahren nicht mehr. Damit brach der erste Sonnenstrahl durch eine dichte Wolkendecke, die so bedrohlich und unerbittlich war, dass er die Wolken schon fast für den Himmel gehalten hatte. Zum ersten Mal war er sich sicher, dass es tatsächlich einen Ausweg gab. Er war nicht der einzige Mensch auf der Welt, der unter PTBS litt. Andere hatten da auch wieder herausgefunden. Warum nicht auch er?

Als er heute Morgen losfuhr, hatte er gar nicht vorgehabt, die Karten auf den Tisch zu legen. Er hatte eine Aufklärungsmission zum Amt für die Angelegenheiten der Kriegsveteranen geplant. Aber die Dynamik der Situation hatte sich verändert, was zweifellos auch auf Dr. Sharps Kenntnis der Materie zurückzuführen war, und er hatte sich unvermittelt geöffnet. Das Seltsame war, dass er sich nicht bloßgestellt gefühlt hatte. Ganz im Gegenteil. Selbst als er darüber sprach, war es, als würde er die schweren Ketten abwerfen, die ihn so lange belastet hatten. Dr. Sharp hatte es möglich gemacht, dass er zugeben konnte, was er jahrelang verheimlicht hatte, und statt Scham oder Angst verspürte er nur Erleichterung. Befreiung. Und zugleich die einfache Frage: Warum hatte er so lange dazu gebraucht?

Er wusste, wem er das alles zu verdanken hatte. Wenn Lama Tashi ihm gestern nicht einen solchen Schrecken eingejagt hätte, wäre er in seinem alten Trott stecken geblieben. Sein Nachbar hatte es schon seit Jahren versucht, erst andeutungsweise, dann immer direkter. Aber Tom hatte alle seine Bemühungen abgewiesen und sich über die Einmischung geärgert, während zugleich ein Teil von ihm wusste, dass er nicht so weitermachen konnte wie bisher. Der Zeitpunkt von Lama Tashis Intervention, das wurde Tom langsam klar, war kein Zufall gewesen.

Auf der Heimfahrt vom Veteranenbüro in Boulder hatte er das Autoradio eingeschaltet und gehört, was für ein Wahnsinn im Land vor sich ging. Dass Präsident Grey vom Vorsitzenden der NRA beinahe ermordet worden wäre. Die größte Massenschießerei der Geschichte, während gleichzeitig die Spontanremissionen bei Krebs in noch nie da gewesenem Ausmaß zunahmen. Die Nachricht, dass sich ein gewisser *March Against Karma* in Washington D.C. selbst zerstört hatte, als Brandbomben Marke Eigenbau, die von einer Gruppe gewalttätiger Demonstranten geworfen worden waren, von Fenstern abprallten und die Hauptgruppe der Demonstranten trafen, wo sie ein heilloses Chaos auslösten.

Noch während Tom von der Flut der Nachrichten überschwemmt wurde, ertönte plötzlich die Stimme seines Nachbarn im Autoradio. In all den Jahrzehnten, in denen sie Tür an Tür gewohnt hatten, hatte Tom Lama Tashi nie nach seinen Überzeugungen oder seiner Glaubenspraxis gefragt. Er hatte nicht daran rühren wollen, denn es hätte ja persönlich werden können. »Leben und leben lassen«, war sein Motto gewesen, das er zugleich als Freibrief genutzt hatte, nie auch nur einen Moment über die großen Lebensfragen nachdenken zu müssen. Jetzt, da er zuhörte, wie Rinpoche in gemessenem Ton die Wirkungsweise von Karma erklärte, fragte er sich, wie er nur so dämlich desinteressiert gewesen sein konnte.

Als er nach Hause kam, hatte Tina sich gerade ein wenig hingelegt. Er schloss die Tür zum Schlafzimmertrakt, trat wieder in die Diele und ging ins Wohnzimmer. Seit er mit 18 Jahren in die Armee eingetreten war, hatte er das Klavier kaum noch angerührt. Ganz im Gegensatz zu seinen Jugendjahren, als er jeden Tag stundenlang gespielt hatte. Er hörte immer noch gerne klassische Musik, und während seiner Dienstzeit war er bekannt dafür gewesen, dass er unbedingt Klavierkonzerte besuchten wollte, vor allem, wenn ihn die Armee in ferne Städte führte. Aber sich selbst ans Klavier setzen? Er hatte das Gefühl, dass er mit seiner Entscheidung für die Armee diesen Teil seines Lebens aufgegeben hatte. Mit 18 hatte er geglaubt, er habe nicht die Zeit für beides.

Doch jetzt gab es keinen Grund, warum er nicht wieder damit anfangen konnte. Er zog den Klavierhocker hervor, setzte sich hin und öffnete den Deckel über der Klaviatur. Da spürte er, wie seine Hände an die Seiten des Hockers griffen, um die Höhe einzustellen. Es war eine automatische Bewegung. Instinktiv. Und als er merkte, was er gerade getan hatte, lächelte er. War sie noch da, fragte er sich, die Fähigkeit zu spielen?

Tina hatte ihn in diesem Glauben bestärkt. Vor ein paar Jahren hatte sie einen Klavierstimmer kommen lassen, der einen ganzen Vormittag lang die Saiten eingestellt und schließlich verkündet hatte, der Steinway sei so gut wie neu. Wie Dr. Sharp hatte Tina ihm zweifellos ein anderes Betätigungsfeld bieten wollen, ein anderes Terrain, das er erkunden konnte, statt der immer enger werdenden Fallgrube, in der er sich gefangen wähnte. Sie hatte in all den Jahren weiß Gott nie nachgelassen in dem Versuch, ihm zu helfen. Nicht nur dadurch, dass sie das Klavier stimmen ließ, sondern auch mit den vielseitigsten Vorschlägen aller Art, von männlich-kernigem Reiten und Wildwasserfahren bis hin zu Töpfern und Musikkursen für seine eher künstlerische Seite. Nichts von alledem hatte er aufgegriffen.

Tina war das unschuldige Opfer gewesen. Dass sie ihre goldenen Jahre neben einem erbärmlichen Häufchen Elend verbringen würde, hatte sie sich so nicht vorgestellt, aber so war es nun gekommen. Seine eigene Dunkelheit hatte unweigerlich ihren Schatten auch auf sie geworfen. Sie hatte sich immer mehr in sich zurückgezogen, war unscheinbarer geworden. Die fröhliche Lebendigkeit, die er so anziehend an ihr fand, hatte einen deutlichen Dämpfer erlitten.

Eine Zeit lang saß er da, ließ seine Fingerspitzen über die Tasten gleiten und machte sich wieder mit dem Instrument vertraut, das in seiner

Jugend so sehr im Mittelpunkt seines Lebens gestanden hatte. Es war ein seltsames Gefühl, nach einem halben Jahrhundert wieder an diesem Punkt zu sein, wieder zurückzufinden zu einem alten Freund.

Was spielen? Kaum hatte er sich die Frage gestellt, stieg die Antwort in ihm auf, weniger als ein Gedanke, eher als ein aufwallendes Gefühl, das zum Ausdruck gebracht werden musste. Es war ein Stück, das er schon früh geübt und technisch beherrscht hatte, auch wenn er das Gefühl, das darin zum Ausdruck kam, erst viel später im Leben kennenlernen sollte. Er begann mit dem *Adagio Cantabile* aus Beethovens Klaviersonate Nr. 8. »Pathétique«.

Anfangs war sein Spiel zögerlich. Ungläubig fast. Sollte es tatsächlich möglich sein, dass er dort weitermachen konnte, wo er aufgehört hatte? Doch die Bewegungen und Akkordfolgen waren ihm so tief in Fleisch und Blut übergegangen und der drängende, unaufhaltsame Fluss seinem Bewusstsein so tief eingegraben, dass es ihm vorkam, als würde er von der Musik getragen – geleitet auf dahinfließenden Wegen, die er bereits kannte, die aber jetzt, wie er entdeckte, noch tiefere Bedeutung gewonnen als damals, als er sie zum ersten Mal erkundet hatte.

Er brauchte keine Notenblätter. Nicht für die Beethoven-Sonate und auch für keines der folgenden Stücke. Seine Technik war etwas eingerostet – er stolperte, wenn er versuchte, etwas schneller zu spielen. Die Muskeln in seinen Händen begannen zu schmerzen. Aber er spielte den ganzen Nachmittag und merkte gar nicht, dass er nicht mehr allein war. Auf dem Wohnzimmersofa, das zum Esszimmer hin ausgerichtet war, folgten ihm zwei aufmerksame Augenpaare.

Er machte eine Pause, und entdeckte Tina hinter sich. Sie weinte, und sie weinen zu sehen, rührte auch ihn. Sie ging zu ihm und nahm ihn in den Arm. Lange hielten sie einander umfangen.

»Das war wunderschön!«, flüsterte sie schließlich.

»Alles wird gut«, sagte er. Dann, nach einer Pause: »Wann ist sie gekommen?«

Beide drehten sich um und sahen zu Shanti hinüber, Lama Tashis Siamkatze, die es sich auf dem Sofa bequem gemacht hatte, als wäre es ihr angestammter Platz und keineswegs das erste Mal, dass sie hier war.

»Vor ein paar Minuten«, antwortete Tina.

Tom warf einen Blick auf seine Armbanduhr und erschrak. »Ist es schon so spät? Lama Tashi hat mich gebeten, sie um diese Zeit zu füttern.«

»Man könnte glauben, sie kennt sie die Abmachung ...«

»Und erspart mir die Mühe rüberzugehen«, sagte Tom. »Haben wir eine Dose Thunfisch?«

»In der Speisekammer.«

Wenige Minuten später – er sah geradezu, wie Shanti sich mit hörbarem Genuss über eine Untertasse mit ihrem Futter hermachte – klingelte Toms Telefon. Alexander Hickman.

»Tom. Wie ist es gelaufen?«, fragte der General.

»Besser als erwartet.«

»Ich habe gesehen, dass Dr. Sharp da war. Er versteht sein Handwerk.«

»Sehe ich auch so.«

»Hör mal. Du wirst das vielleicht seltsam finden, aber ich möchte dich danach fragen. Du hast heute Vormittag von einem Berater gesprochen. Jemand, der dir empfohlen hat, heute zu handeln.«

»Ja.«

»Würdest du mir sagen, um wen es sich handelt?«

Alle Vorbehalte, die Tom in Bezug auf diese Frage gehabt haben mochte, waren nun endgültig verflogen. »Gern. Lama Tashi.«

»Du *kennst* Lama Tashi?« General Hickmans Stimme war voller Bewunderung.

»Seit 20 Jahren.«

»Du bist ein stilles Wasser, Colonel Jackson.«

»Wir wohnen Tür an Tür.«

»Er ist heute in allen Medien.«

»Er hat damit gerechnet, dass er vollauf beschäftigt sein würde. Deshalb füttere ich auch gerade seine Katze.«

Tom ging hinter Shanti her, die, entschlossen auch noch das letzte Stückchen Futter von der Untertasse zu klauben, diese leckend über den Balkonboden schubste.

»Ich nehme an, du hast seine Telefonnummer?«, fragte der General.

»Er hat keins«, antwortete Tom.

Am anderen Ende der Leitung war ein frustriertes Schnauben zu hören. »Er kommt heute Abend nicht nach Hause?«

»Hat gesagt, er sei möglicherweise ein paar Tage weg.«

»Anscheinend hält er sich in einem gewissen *Flourish* auf.«

»Das ist eine Schülerin von ihm aus dem *Lone Pine Meditation Center*. Über sie kannst du ihn wahrscheinlich am besten erreichen.«

»Ich versuch's. Wenn du ihn in der Zwischenzeit siehst, kannst du ihn bitten, mich anzurufen?«

»Gern«, erklärte Tom. »Suchst du buddhistische Weisheit als Ergänzung zu Sunzi?«

»Wer in jeder Schlacht die gleiche Strategie anwendet, wird am Ende den Krieg verlieren«, zitierte Hickman.

»Touché, General«, antwortete Tom. »Und heute schlagen wir eine vollkommen andere Schlacht.«

54

Boulder, Colorado

KAUM WAR DAS ROTE »ON-AIR«-LICHT VOR DEM FLOURISH-STUDIO auf Grün umgesprungen, klopfte es an der Tür. Es war Hayden in einem Zustand höchster Aufregung.

»Rinpoche! Mama! Ihr glaubt nicht, wer angerufen hat!« Er sah zu Lama Tashi, der seine Kopfhörer abnahm, aufstand und die Arme streckte. »Wir hatten Anrufe von der FDA, der *Federal Reserve* und von General Hickmans Büro im Pentagon!«, verkündete er überschwänglich und hakte seine Liste ab. »Sogar« – das Beste hatte er sich bis zum Schluss aufgehoben – »aus dem Weißen Haus. Präsident Grey möchte mit Ihnen sprechen!«

Megan warf Rinpoche einen begeisterten Blick zu. Ihre gemeinsame Frage-und-Antwort-Runde hatte nicht nur den Weg in alle großen Nachrichtensender gefunden und Lama Tashi in Kontakt mit einem riesigen Publikum auf der ganzen Welt gebracht. Die mächtigsten Menschen des Landes wandten sich an ihn.

Wenn Rinpoche überhaupt überrascht war, dann zeigte er es nicht. »Gehen wir an die frische Luft«, schlug er vor, wartete, bis Megan von ihrem Stuhl aufgestanden war, und geleitete sie zur Tür.

Sie traten aus dem Studio in die Nachmittagssonne. Rusty erhob sich von der Stelle, an der er gedöst hatte, und kam schwanzwedelnd auf sie zu. Nachdem er im Studio quasi eingesperrt gewesen war, wirkte Lama

Tashi vollauf damit zufrieden, dass er jetzt die friedvolle Aussicht genießen und die Wärme der Sonne auf seiner Haut spüren konnte.

Hayden war unsicher, was er von seiner offensichtlichen Gleichgültigkeit gegenüber den Anrufern halten sollte, und schaute seine Mutter fragend an. Sie deutete nur mit dem Kopf in Richtung Rinpoche, der eine Hand schützend über die Augen gelegt hatte und in die Ferne sah. Erst nach einigen Minuten kam er zurück und beugte sich herunter, um Rusty ausgiebig den Hals zu kraulen. »Sag mal, Hayden«, fragte er, »hat irgendwer von diesen wichtigen Leuten persönlich angerufen?«

Hayden verneinte kopfschüttelnd. »Sie haben ihr Personal anrufen lassen.« Er sah auf seine Liste eingegangener Nachrichten: »Es war das Büro des Stabschefs von Präsident Grey –«.

Bevor er mit seiner Aufzählung weitermachen konnte, warf Lama Tashi ein: »Okay. Das ist in Ordnung.« Er klang, als wäre er erleichtert. »Ich vermute, die wollen gar nicht unbedingt reden.«

Hayden schaute verwirrt drein. »So arbeiten die nun mal.«

Rinpoche nickte, und ein schelmisches Blitzen trat in seine Augen: »Sag mal, Hayden. Wenn du ein Mädchen zu einem Date einladen wolltest, würdest du dann deine Mutter bitten, sie anzurufen?«

Beim Anblick von Haydens angewidertem Gesichtsausdruck brachen alle in Gelächter aus.

»Sie haben auch Unmengen Nachrichten von anderen Leuten«, fuhr Hayden fort und schaute wieder auf seine Liste. »Demokraten und Republikaner wollen, dass Sie ihrer Partei im Schnellverfahren als Kandidat beitreten.«

»Ja, ja«, nickte Lama Tashi zu diesem abgedroschenen Vorschlag.

»Jede Menge *Fortune* Top 50 Unternehmen wollen Sie für ihren Vorstand haben. Wohltätigkeitsorganisationen fragen, ob Sie ihr Schirmherr sein wollen. Das Rathaus von Omni hat sich gemeldet und bittet Sie um die Erlaubnis, eine Statue von Ihnen vor der Bibliothek aufstellen zu dürfen!« Seine Augen strahlten. »Interviewanfragen von so ziemlich jeder Nachrichtenagentur. Alle wollen Sie, Rinpoche. Alle haben Fragen.«

Lama Tashi sah ihm in die Augen, und seine Gelassenheit und Leichtigkeit übertrugen sich auf Hayden, der fortfuhr:»Aber das sind alles die falschen Fragen, oder?«

Lama Tashi lächelte breit, trat auf Hayden zu und umarmte ihn.»Meine Arbeit hier ist getan.«

»Wenn du eine hilfreiche Antwort willst, dann stelle eine hilfreiche Frage?«, vergewisserte sich Hayden.

»Genau.«

Die Diskussionsrunde bei Galaxy war für 17:30 Uhr angesetzt. Die Galaxy-Produzenten hatten sowohl einen Vertreter der kognitiven Neurowissenschaften als auch einen Quantenphysiker verpflichten können, wie Lama Tashi vorgeschlagen hatte. Danach, so Lama Tashi, würde er Anton nach Hause fahren, da er ihm zuvor versprochen hatte, ihn am Nachmittag rechtzeitig zu seinem üblichen Squashspiel zurückzubringen.

Megan war so viele Jahre zu Füßen ihres Gurus gesessen, dass sie ihn inzwischen sehr gut kannte. Sie hatte beobachten können, wie er in den verschiedensten Situationen mit Menschen umging, und verstanden, dass er, egal was sich ihm bot, immer er selbst blieb. Gelassen, niemals beunruhigt, ohne Verlangen.

Dennoch hatte sie noch nie erlebt, dass jemand auf ein Angebot verzichtete, das die meisten Menschen wohl als den Höhepunkt ihres Erfolgs im Leben betrachten würden. Dass jemand es mit einem Achselzucken abtat, wenn die einflussreichsten Führungspersönlichkeiten der Nation ihn um Rat ersuchten. Er hatte wirklich keinerlei Interesse an den weltlichen Bestrebungen und Ablenkungen, die fast alle anderen Menschen völlig vereinnahmen, in manchen Fällen sogar bis zur Besessenheit.

Und genau deshalb suchten alle seine Nähe. Um Zugang zu dieser lebendigen Verkörperung eines leichteren Seins zu haben. Um Inspiration zu erfahren, dass es möglich ist, anders in der Welt zu sein.

»Bevor wir die Diskussionsrunde bei Galaxy machen«, sagte er,»würde ich gerne eine Nachricht aufzeichnen.«

»Okay.«

»Nicht allzu lang. Nur ein paar Minuten.«

Sie nickte.

»Für dich, damit du sie bei *Flourish* verwenden kannst, sobald es dir passend erscheint. Aber erst ab morgen«, erklärte er mit Nachdruck.

»Ja, Rinpoche«, versicherte Megan ihm. Und schob nach, um es völlig klarzustellen: »Also, irgendwann morgen oder …?«

»Das entscheidest du«, sagte er. »Morgen oder übermorgen oder irgendwann bald.«

»Okay.«

»Ich hoffe, das beantwortet ihre Fragen.« Damit nickte er in Richtung der Liste in Haydens Hand.

55

Galaxy Television
Los Angeles

FÜR UNSERE HEUTIGE DISKUSSIONSRUNDE ZUM THEMA KARMA sind
bei uns«, verkündete Dan Kavana,»in unseren Studios in Washington D.C., Reverend Jeremiah Bellow von *Tongues of Praise Churches* und
Marvin Swankler, CEO der *Prosperity Ministries*, zwei der größten Kirchen unseres Landes. In Boston ist die klinische Neuropsychologin Professor Golda Roth zugeschaltet, in San Francisco der Quantenphysiker
Dr. Karl Bohn und in Boulder, Colorado, der buddhistische Lehrer Lama
Tashi. Herzlich willkommen, verehrte Gäste!«

Es war eine seltsame Mischung. Die beiden Gottesmänner sahen hinter ihrem Tisch recht beunruhigt aus. Reverend Bellow konnte offenbar
kaum noch an sich halten. Professor Roth, zierlich und mit grauem Haarschopf, vermittelte den Eindruck intelligenter Heiterkeit. Der asketische
Dr. Karl Bohn wirkte mit seiner Nickelbrille, dem beigefarbenen Jackett
und der Krawatte in undefinierbarer Farbe recht europäisch. Lama Tashi
in seiner üblichen heiter-gelassenen Präsenz.

»Reverend Bellow«, sagte Dan, »Sie haben sich wegen der Vermutung
an uns gewandt, die Dr. Applebaum von der FDA heute im Lauf des Tages geäußert hat. Eine wissenschaftliche Ursache für die Lebensmittelvergiftungen, die heute landesweit durch den Verzehr von Fleisch ausgelöst wurden, lässt sich nicht finden. Dr. Applebaum schlug Instant Karma
als Ursache vor. Sie wollten Gelegenheit zur Stellungnahme?«

»Ja, ich möchte dazu Stellung nehmen ...« Reverend Bellows großes, bärtiges, wutentbranntes Gesicht füllte den gesamten Bildschirm. »Weil das Blasphemie ist! Eine Beleidigung des Herrn. ›Rufe laut, halte nicht an dich! Erhebe deine Stimme wie eine Posaune und verkündige meinem Volk seine Abtrünnigkeit und dem Hause Jakob seine Sünden!‹« Er schrie fast vor Empörung.

»Karma hat im Herzen gottesfürchtiger Amerikaner nichts zu suchen«, schloss sich Marvin Swankler mit weniger biblischen Worten an.

»Wahrhaftig, Bruder!«, stimmte Reverend Bellow zu.

»Es ist ein Glaube des arroganten Stolzes!« Swankler lief sich für sein Thema warm. »Eine List Satans, um einfachen Sterblichen weiszumachen, sie hätten zu bestimmen und nicht der allmächtige Herrgott.«

»Amen!« Bestätigend hieb Reverend Bellow mit der Faust auf den Tisch.

»Mr. Swankler«, setzte Dan zu einer der Fragen an, die sein Rechercheteam vorbereitet hatte. »*Prosperity Ministries* fordert seine Anhänger auf, zehn Prozent ihres Einkommens an die Kirche zu spenden, in der Erwartung künftigen Wohlstands. Der Slogan Ihrer Kirche lautet ›Ernte, was du säst‹. Ist diese Idee nicht fast schon Karma?«

»Ganz und gar nicht«, Marvin Swanklers klare blaue Augen zeigten sich von diesem Hinweis unbeeindruckt. »Sie können nur Wohlstand erlangen, wenn Sie den Herrn Jesus Christus als Ihren persönlichen Erlöser angenommen haben. Machen Sie sich nichts vor. Gott lässt sich nicht spotten!«

»Aber wenn man den richtigen Glauben hat – aus Ihrer Sicht«, wollte Dan klarstellen, »wenn man den Herrn als seinen Erlöser angenommen hat, dann erntet man, was man sät?«

»Natürlich! ›Einer teilt reichlich aus und hat immer mehr; ein anderer kargt, wo er nicht soll, und wird doch ärmer. Wer reichlich gibt, wird gelabt, und wer reichlich tränkt, der wird auch getränkt werden.‹«

»Lama Tashi, man erntet, was man sät, ist das eine Standard-Definition für Karma?«

Die Leichtigkeit, mit der Lama Tashi den Bildschirm erfüllte, war eine Erleichterung nach der Heftigkeit der beiden Männer in Washington D.C. »Es ist eine sehr gute Metapher«, sagte er lächelnd. »Es lässt an einen karmischen Samen denken, der keimt und wächst, wenn er mit bestimmten Umständen in Kontakt kommt – Erde, Feuchtigkeit, Wärme. Es geht also nicht nur um die karmische Ursache. Es geht auch um die Umstände. Dabei sind viele Faktoren im Spiel. Alle tragen zu einer Erklärung dafür bei, warum wir die Realität so erleben, wie wir sie erleben. Professor Roth ist eine hervorragende Expertin auf diesem Gebiet. Sie kann erklären, wieso die Realität für jeden Menschen einzigartig ist.«

»Professor Roth«, überrascht wandte Dan den Blick zu der zierlichen Frau mit den vielen Fältchen im Galaxy-Studio in Boston. Wie alle anderen in der Nachrichtenredaktion von Galaxy hatte er nicht gewusst, warum Lama Tashi eine wissenschaftliche Expertin als Gast hatte einladen wollen. »Gibt es eine Verbindung zwischen Neuropsychologie und Karma?«

Sie schmunzelte, und ihr Gesicht legte sich vor Belustigung in noch mehr Falten. »Ich glaube, Lama Tashi spielt auf die Subjektivität der Erfahrung an«, sagte sie in ihrem geschliffenen britischen Tonfall.

Lama Tashi nickte.

»Die meisten Menschen glauben immer noch an die sogenannte Theorie der direkten Wahrnehmung, die besagt, dass wir alle passive Beobachter der Außenwelt sind. Dass unser Gehirn lediglich Empfänger von Sinneseindrücken ist, die wir über unsere Augen, Ohren und so weiter aufnehmen. Aber diese Ansicht hat die Neurowissenschaft schon lange aufgegeben. 80 Prozent der Fasern in dem Teil des Gehirns, der visuelle Bilder verarbeitet, stammen aus der Hirnrinde – die Funktionen wie das Gedächtnis steuert – und nur 20 Prozent aus den Netzhäuten.

Wir sind also nicht passive Empfänger, die alle dasselbe sehen, sondern wir projizieren sozusagen vorausschauende Hypothesen über das Geschehen auf die Welt. Attraktiv oder unattraktiv werden die Dinge erst durch unsere Wahrnehmung. Das kommt nicht von den Dingen. Es kommt von uns. Deshalb können zwei Menschen das gleiche Gemälde sehen, die gleiche Musik hören, das gleiche Essen schmecken und dennoch zwei völlig unterschiedliche Wahrnehmungen haben.«

Im Studio in Washington D.C. wollte Reverend Bellow diese Diskussion ungeduldig wieder in die richtigen Bahnen lenken. Er wollte sich kein obskures Gerede über Neurowissenschaften oder vorausschauende Hypothesen anhören müssen. »Denn von Gott und durch Gott und zu Gott sind alle Dinge«, warf er dazwischen. »Römer 11,36!«

Mr. Swankler nickte nachdrücklich.

»Wir Buddhisten sagen genau das Gleiche über *Shunyata*«, bemerkte Lama Tashi, entspannt und freundlich. »Da gibt es vielleicht interessante Parallelen. Im Moment konzentrieren wir uns darauf, *wie* die Dinge von Gott kommen – oder von *Shunyata*. Und warum das so sehr vom Geist abhängt.«

»Diese Abhängigkeit ist für die meisten Menschen eine Überraschung«, bestätigte Professor Roth. »Aber das sollte sie eigentlich nicht sein, denn wir nehmen die gleichen Dinge ganz unterschiedlich wahr.«

»Das können die meisten Menschen wahrscheinlich nachvollziehen«, wollte Dan die Diskussion wieder etwas bodenständiger machen. »Manchmal kann man kaum glauben, dass man über denselben Film oder dieselbe Fernsehsendung spricht wie sein Gegenüber, weil man eine völlig andere Sichtweise darauf hat. Sie wollen damit sagen, Lama Tashi«, wollte er klarstellen, »dass diese Unterschiede auf Karma zurückzuführen sind?«

»Genau«, bestätigte Rinpoche.

Während die beiden Gottesmänner leicht verwirrt dreinblickten, kam plötzlich Leben in Dr. Karl Bohn in San Francisco.

»Möchten Sie dazu etwas sagen, Dr. Bohn?«, ermunterte ihn Dan.

»Aus quantenphysikalischer Sicht ist es sogar noch subtiler.« Er sprach mit einem leicht deutschen Akzent. »Das Konzept der Substanz ist aus der Grundlagenphysik verschwunden. Selbst ein Füller«, mit elegantem Schwung zog er einen ›Montblanc Meisterstück‹ aus der Innentasche seines Jacketts, »besteht aus Atomen. Diese Atome sind größtenteils Raum mit nur wenigen, winzigen subatomaren Teilchen darin. Wenn wir subatomare Teilchen untersuchen, entdecken wir, dass die kleinste Einheit dessen, was Sie als Substanz bezeichnen, auch Energie sein kann. Das Teilchen ist auch eine Welle. Wo ist also der Füller?«, fragte er schulterzuckend. »Und was ist er? Wie Einstein sagte: ›Physikalische Begriffe sind freie Schöpfungen des Geistes und ergeben sich nicht etwa, wie man sehr leicht zu glauben geneigt ist, zwangsläufig aus den Verhältnissen in der Außenwelt.‹«

»Wir denken sie uns aus!«, bestätigte Lama Tashi. »Und genau deshalb leiden wir. Wir glauben, dass die Außenwelt eine objektive Realität hat, die wir alle genau und auf dieselbe Art und Weise wahrnehmen. An dieser irrigen Ansicht halten wir fest. Wenn etwas in der äußeren Welt wirklich eine wahre Ursache für Freude wäre und aus sich selbst heraus glücksbringende Eigenschaften hätte, dann würden wir das alle so empfinden. Wir würden es alle wollen. Aber so etwas oder eine solche Situation gibt es nicht.

Was wir für die Realität halten, ist in Wirklichkeit das Spiel unseres Geistes. Wir erschaffen sie. Wenn wir also das Glück suchen – und das tun wir alle – müssen wir erkennen, dass wahres Glück nicht von außen kommt. Es entsteht dadurch, dass wir selbst Liebe und Mitgefühl kultivieren. Wenn unsere Handlungen auf diesen Eigenschaften beruhen, können die Resultate nur Glück und Fülle sein. Beruhen sie nicht darauf, erleben wir das Gegenteil. Wenn Sie sich ansehen, was heute überall in den Vereinigten Staaten passiert ist, dann entspricht dies genau diesem Muster.«

»Würden Sie als Quantenphysiker dem zustimmen, Dr. Bohn?«, fragte Dan.

»Zustimmen würde ich dem, dass das Weltbild jedes Menschen ein Konstrukt seines eigenen Denkens ist«, sagte dieser. »Beobachter und Beobachtetes sind nicht zu trennen. Was wir Realität nennen, entsteht aus dem Geist.«

Im Studio in Washington D.C. regte sich bei den beiden Kirchenmännern sichtlich Widerstand.

»Sie akzeptieren diese Erklärung nicht, Mr. Swankler?«, fragte Dan.

»Mir scheint, diese Herren verkomplizieren etwas, das eigentlich ganz einfach ist«, erklärte er. »Die Wirklichkeit kommt von Gott. Gott ist nicht zu begreifen.«

»Wie unbegreiflich sind seine Gerichte und wie unerforschlich seine Wege!«, ergänzte Reverend Bellow.

»Amen, Bruder. Wenn du den Herrn, deinen Gott, als deinen persönlichen Erlöser annimmst, wirst du Gnade erfahren.«

»Was Lama Tashi über die Kultivierung von Liebe und Mitgefühl sagt«, suchte Dan nach einer gemeinsamen Basis, »das gehört doch auch zum Christsein dazu, oder?«

Reverend Bellow ließ das nicht gelten. »Sie müssen sich der Gerechtigkeit des Herrn unterwerfen!«, dröhnte er. »Und nicht Ihre eigene Gerechtigkeit aufrichten!«

»Die einzige Möglichkeit, mit den heutigen Ereignissen umzugehen, ist also …?«

»Geben Sie Ihr Leben in die Hände des Herrn!«, antwortete Marvin Swankler, noch bevor Dan die Frage zu Ende gestellt hatte. »Nehmen Sie ihn als Ihren persönlichen Erlöser an.«

»Lama Tashi, würden Sie sagen, dass die Menschen Buddhisten werden müssen?« Dan wollte überprüfen, ob er eine ähnliche Position vertrat.

Lama Tashi schmunzelte: »Oh, nein!«, antwortete er. »Ziel des Buddhismus ist es nicht, Menschen zu bekehren. Es geht darum, ihnen Werkzeuge an die Hand zu geben, damit sie glücklicher werden. Egal, ob Sie dadurch ein glücklicherer Christ, ein glücklicherer Atheist oder ein glücklicherer Wer-weiß-was werden. Etiketten und Selbstbezeichnungen sind nicht so wichtig wie die Kultivierung eines guten Herzens.«

Die Zeit saß ihnen im Nacken. Dan war sich bewusst, dass er die Diskussion noch vor den 18-Uhr-Nachrichten abschließen musste.

»Wenn das Weltbild jedes Menschen ein Konstrukt seines Denkens ist, Reverend Bellow, wie sieht die Welt dann für Sie heute aus?«

»Ich sehe bittere Spaltung und Verachtung, weil die Menschen sich von der Erlösung abwenden«, wetterte er. »Ich sehe die Anbetung falscher Propheten! Nicht wir denken uns Gott aus. Er denkt sich uns aus!«

»Gelobt sei der Herr!«, rief Marvin Swankler, begeistert von dem rhetorischen Schwung.

»Merken Sie sich meine Worte.« Damit hob er gewichtig den Zeigefinger. »Wir befinden uns jetzt am Ende der Tage. Wir nähern uns der Zeit der Endabrechnung. Dem Jüngsten Gericht!«

»Oh ja!«

»Wenn ich aber rufe und ihr euch weigert, wenn ich meine Hand ausstrecke und niemand darauf achtet, wenn ihr fahren lasst all meinen Rat und meine Zurechtweisung nicht wollt, dann will ich auch lachen bei eurem Unglück und euer spotten, wenn Schrecken über euch kommt.‹«

»Und Mr. Swankler«, wandte sich Dan an seinen etwas gemäßigteren Kollegen. »Ihr Weltbild?«

»Ich stimme mit meinem Bruder in Christus überein«, sagte er. »Deshalb wird *Prosperity Ministries* die finanzielle und ideelle Unterstützung aller Mediennetzwerke und politischen Parteien einstellen, die versuchen, die Seele unserer großen, christlichen Nation mit einer fremden Ideologie zu verunreinigen.«

»Amen, Bruder!«

»Und Ihres, Lama Tashi?«, fragte Dan.

»Was wir heute erleben, ist eine seltene und wertvolle Gelegenheit.« Es hat große Tragödien und Nöte gegeben, aber wir haben auch einen Wandel erlebt, der wirklich außergewöhnlich ist. In dem Maße, wie die Menschen zum Gesetz von Ursache und Wirkung erwachen, werden wir zunehmend unsere wahre Natur erkennen. Egal, welche Vorstellungen uns zu trennen scheinen, im Herzen sind wir alle gleich. Mögen unsere angeborene Liebe und unser angeborenes Mitgefühl rasch sichtbar werden!«

56

Boulder, Colorado

WÄHREND LAMA TASHI AUF SENDUNG GEWESEN WAR, hatte Hayden, der in der Nähe am Küchentisch mit einer Physik-Hausaufgabe kämpfte, Anrufe von den mächtigsten Leuten in Amerika entgegengenommen.

Besonders hartnäckige Anrufer waren die Stabschefs, deren Vorgesetzte mit Lama Tashi sprechen wollten. Ja, sagte ihnen Hayden, er hätte ihre Nachricht weitergeleitet. Nein, Lama Tashi wäre nicht zu sprechen – er wäre live auf Galaxy TV. Natürlich, sagte er, würde er ihre Nachricht erneut weitergeben, aber er hätte gewisse Zweifel, dass Rinpoche darauf eingehen würde. Er ertappte sich dabei, wie er jedem immer wieder die Geschichte von dem Mädchen erzählte, mit dem man ausgehen möchte, und mit jedem Mal wuchs sein Selbstvertrauen.

Das Resultat war vorhersehbar. Dr. Saul Applebaum, Leiter der FDA, rief als Erster persönlich an. »Würden Sie ihm bitte sagen, dass ich angerufen habe?«, bat er Hayden.

»Selbstverständlich.«

»Ich muss eine bestimmte Frage stellen.« Er erinnerte sich an den Moment, in dem es ihn wie ein Blitz getroffen hatte, nachdem der Mann in seinem Büro einen Schuss abgegeben hatte – nur um dann selbst verwundet zu Boden zu gehen. »Ich frage mich«, so der FDA-Leiter, »ob *Sie* vielleicht mitbekommen haben, dass Lama Tashi darüber gesprochen hat?«

Er vertraute Hayden an, was plötzlich so wichtig geworden war. Hay-

344

den musste ihm sagen, nein, dieses Thema sei bisher noch nicht zur Sprache gekommen.

Die Nächste war Rose Mulrooney gewesen, die Präsidentin der Federal Reserve. Dann der Direktor des FBI. Hayden war erst zu einem Drittel mit seiner Thermodynamik-Hausaufgabe fertig, als Präsident Trent Grey am Telefon war.

»Hayden Mitchell, es ist mir eine Freude, mit Ihnen zu sprechen.« Der Präsident gab ihm das Gefühl, plötzlich wichtig und mit ihm verbunden zu sein –, als würden sie sich schon lange kennen. Als gäbe es zwischen ihnen ein gewisses Einverständnis. Als wolle Hayden ihm unbedingt behilflich sein.

Auch der Präsident hatte eine konkrete Frage. Die gleiche konkrete Frage wie alle anderen. Wieder einmal musste Hayden zugeben, er habe nicht mitbekommen, dass Lama Tashi über diesen speziellen Punkt gesprochen hätte.

Nach einem so aufregenden Nachmittag war es schwierig, sich auf seine Hausaufgaben zu konzentrieren. Doch er versuchte es, behielt dabei aber die ganze Zeit die Leuchte vor der Studiotür im Auge.

Als die Diskussionsrunde bei Galaxy endete und das Licht wieder hereindrang, wirkte es heller als zuvor. Die Nachmittagssonne drang durch das Blätterdach und tauchte die Pflanzen und den Waldboden in ein goldenes Licht. Lama Tashi, Megan und Anton verließen das Studio und rieben sich die Arme, als sie in die Sonne traten.

Hayden lief zu ihnen, um Rinpoche von den Anrufen zu erzählen. Er hatte Namen und Telefonnummern auf einen Zettel geschrieben, was Lama Tashi dankbar zur Kenntnis nahm, bevor er den Zettel faltete und in eine verborgene Tasche seines Gewandes steckte.

»Und Rinpoche, es gab eine bestimmte Frage, die alle Ihnen stellen wollten.«

Er lächelte. »Ich glaube, ich kann es mir denken.« Dann wandte er sich Anton zu, und zum ersten Mal an diesem Tag vermittelte er den Eindruck einer gewissen Eile: »Wir gehen bald?«

Anton hatte bereits eine Kamera in der einen Hand und trug eine Tasche mit Kabeln in der anderen. Er nickte und ging zügig zu Rinpoches Auto hinüber.

»Ich kann helfen, Sachen zu tragen, wenn Sie möchten.«

Nach ein paar Minuten Schlepperei war Antons Ausrüstung verstaut, und Lama Tashi saß hinter dem Lenkrad, Anton auf dem Beifahrersitz. Flankiert von Hayden, Shelley und Rusty stand Megan da, um sie zu verabschieden. Sie wusste nicht, was sie sagen sollte, am Ende eines Tages, der in fast jeder Hinsicht unvorstellbar gewesen war. In tiefer Dankbarkeit führte Megan die Handflächen vor dem Herzen zusammen.

»Wir sprechen uns bald wieder«, sagte Lama Tashi lächelnd.

»Ich bringe Ihre Botschaft morgen raus, Rinpoche.«

»Dann bin ich weg«, nickte er. »Nur für kurze Zeit. Du kennst doch die Geschichte von dem Hirsch, der durch den Wald gejagt wird?«

»Ja, Rinpoche.«

Es war ein Gleichnis, über das sie schon lange nicht mehr nachgedacht hatte. Es erklärt, was man tun soll, wenn man sich in einem Wald befindet und einen Hirsch durchs Unterholz laufen sieht, auf den kurz darauf Jäger folgen, die hinter ihm her sind. Wenn die Jäger fragen: »Wo ist der Hirsch hin?«

Unter diesen Umständen war es richtig, schulterzuckend zu sagen: »Ich weiß es nicht.« Der Schutz des Lebens eines empfindungsfähigen Wesens hatte Vorrang vor der Notwendigkeit, die ganze Wahrheit zu sagen.

»Du erinnerst dich?!«, wies er sie an.

»Okay«, sie lächelte.

Und auf Haydens besorgte Miene hin sagte er: »Mach dir keine Sorgen um deinen neuen Freund, den Präsidenten. Alles ist gut!«

Sie schauten dem lindgrünen Volvo nach, wie er die lange Einfahrt hinauf und in den Spätnachmittag hineinfuhr, bis er schließlich um die Ecke bog und nicht mehr zu sehen war. Eine Weile standen sie da, und selbst die Kinder verstummten angesichts der Außergewöhnlichkeit dieses Tages, an dem ihr lieber Rinpoche vom einfachen Mönch – der einzige Titel, den er für sich zuließ – zur begehrtesten Berühmtheit des Landes geworden war. Er hatte sie zwar mitgenommen auf diese Reise, von der er mit Sicherheit schon vorher gewusst hatte, war aber die ganze Zeit so gelassen und gütig geblieben wie immer.

Für Megan war das Geschehen zu viel auf einmal. Und der Hinweis auf die Geschichte mit dem Hirsch im Wald war typisch für den undurchschaubaren Rinpoche. Was sollte das nun wieder?

Eine kühle, frühabendliche Brise wehte durch die Äste über ihr, ließ die Blätter rascheln und holte sie in die Gegenwart zurück. Sie warf einen Blick auf ihre Uhr. Keith würde bald von der Arbeit nach Hause kommen. Und trotz all der Aufregung würde es nicht mehr lange dauern, bis die Familie etwas zu essen brauchte.

»Hausaufgaben, Hayden, während ich das Abendessen vorbereite«, befahl sie und ging voraus zum Haus. »Shelley, hast du deine Sportsachen für morgen gepackt?«

In der Küche öffnete sie den Kühlschrank und sah sich den Inhalt an. Dann warf sie einen Blick in Speisekammer und Gefrierschrank. Sie ging die Optionen durch.

Megan hatte sich für eine Quiche mit einem fertigen Teigboden entschieden. Als sie etwa 40 Minuten später gerade dabei war, die Mischung auf den Boden zu gießen, hörte sie das erste ungewöhnliche Geräusch. In der Stille auf dem Land trug der Schall weit.

Auf der Veranda wurde Rusty unruhig und fing an zu bellen. Hayden hörte es offenbar auch und kam die Treppe heruntergesprungen, froh um jede Ablenkung von der Thermodynamik. Megan hörte, wie er nach draußen ging, dann jagte er schnurstracks wieder zu ihr herein.

»Mam, es ist die Polizei.«, rief er. »Sie sind am Anfang der Zufahrt.«

Megan gefror das Blut in den Adern und sie dachte sofort an ihren Mann, der auf der Heimfahrt war.

Draußen drehte Rusty durch.

»Bring Rusty bitte ins Hinterzimmer.« Sie zog den Knoten der Schürze um ihre Taille auf und hängte sie hinter die Küchentür. Wie Hayden gesagt hatte, war ein Polizeifahrzeug mit Blaulicht auf dem Weg zum Haus. Und nicht nur eines. Außer den Polizeiautos konnte sie mehrere glänzende, schwarze SUVs erkennen. Alle fuhren zielstrebig auf sie zu. Sie allein waren nicht die Ursache für das laute Rattern, das immer näherkam. Erst als Megan aufblickte, sah sie den Hubschrauber, der immer tiefer über dem Haus kreiste. Einen Moment lang schien er gefährlich dicht über die Wipfel der Douglasien zu gleiten, dann schwenkte er ab auf ein leeres Feld neben der Zufahrt.

Die traumgleiche Surrealität des heutigen Tages war noch nicht vorbei. Selbst jetzt, da die Sonnenstrahlen bereits länger wurden, kam noch Neues hinzu. Die Polizeiautos an der Spitze des Konvois schalteten das Blaulicht aus und fuhren langsamer auf das Haus zu. Dies war ganz offensichtlich kein normaler Besuch. Und was hinter ihnen kam, zog Megans Aufmerksamkeit noch viel stärker auf sich. Denn es waren nicht nur eine Handvoll Fahrzeuge, sondern ein ganzer Konvoi. Groß, exklusiv und mit einer Straßenpräsenz, die Bedeutung signalisierte, folgten sie den Polizeifahrzeugen bis zum Haus und kamen dort würdevoll zum Stehen. Türen wurden geöffnet. Führungskräfte in Anzügen und Polizeibeamte stiegen aus. Auf dem benachbarten Feld kletterten Armeeoffiziere in Uniform aus dem Cockpit des Hubschraubers und liefen geduckt unter den langsamer werdenden Rotorblättern hindurch. Mit scharfem Schritt näherten sie sich dem Haus. Es war noch kein Wort gesprochen, doch die Rivalität zwischen den auf die Haustür zueilenden Besuchern war bereits spürbar.

»Mrs. Mitchell, ich bin der County-Sheriff.« Ein Mann in Polizeiuniform war als Erster bei ihr. »Ich bin hier auf persönliche Anordnung des Direktors des FBI.«

»Bonny Ratcliff, Megan«, eine Frau in tadellosem Kostüm und mit funkelnden Ohrringen schlug einen weniger formellen Ton an und sprach eher von Frau zu Frau. »Rose Mulrooney, die Präsidentin der Federal Reserve, hat mich gebeten, vorbeizuschauen.«

Als immer mehr Leute kamen – Gott sei Dank war Rusty im hinteren Teil des Hauses – ahnte Megan bereits, dass die Besucher nichts mit Keith zu tun hatten, der in seinem bescheidenen Wagen hinter allen anderen feststeckte und einen Umweg um die Zufahrt herum nehmen musste, ehe er in die Garage neben dem Haus fahren konnte.

Aus dem Augenwinkel sah sie, wie er aus der Garage kam, eine Umhängetasche über der Schulter, und mit leicht verwirrter Miene auf die Menge zuging, die sich vor seiner Haustür versammelt hatte.

Ein Mann im Tweed-Jackett versuchte, im Auftrag von FDA-Leiter Applebaum ihre Aufmerksamkeit zu gewinnen, der, wie er betonte, als erster Amtsträger von Karma gesprochen hatte.

Genau wie bei einer Horde Journalisten bei einem Pressetermin gewann jedoch der Lauteste die Aufmerksamkeit. Der war offenbar ein hochgewachsener, gut gekleideter Afroamerikaner mit der Statur eines professionellen Wrestlers, der vom Rücksitz eines glänzenden, schwarzen Stretch-Hummers gestiegen war und rief:»Mrs. Mitchell, der Präsident der Vereinigten Staaten wartet auf einer Direktleitung, genau hier«, er deutete hinter sich.»Er muss mit Lama Tashi sprechen.«

Was sollte das noch toppen?

Die Militärs gaben sich Mühe. Als sie eintrafen, riefen sie leicht außer Atem:»Mrs. Mitchell! General Alexander Hickman *muss* Lama Tashi sprechen. Die Sicherheit der Vereinigten Staaten hängt davon ab!«

»Das gilt auch für unsere Lebensmittelsicherheit!«, rief der Mann in Tweed.

»Die Integrität unserer Wirtschaft steht auf dem Spiel!« Das Glamour-Girl ließ sich nicht unterkriegen.

»Ma'am«, mahnte der Afroamerikaner mit dem Hummer sie.»Hier ist der Präsident!«

Megan holte gerade Luft, um zu erklären, dass Lama Tashi bereits gegangen war, da surrte etwas, das wie ein Rasentrimmer klang, über das Dach des Hauses und blieb über der Gruppe in der Luft stehen. Es war eine Drohne von der Größe eines Rasenmähers. Sie zog sofort die Aufmerksamkeit aller Anwesenden auf sich. Köpfe flogen herum und Hälse reckten sich, um zu sehen, was zur Hölle da vor sich ging.

Die Drohne wiederum schien die gleiche Einschätzung vorzunehmen und schwang hin und her, wobei unter ihren Rotoren eine Kamera zu sehen war. Dann wurde aus dem Unterbau ein Display von der Größe eines Fernsehers ausgeklappt. Darauf war das Gesicht des Chefs von Galaxy zu sehen, der live aus Los Angeles gestreamt wurde.

»Megan, wir haben vorhin miteinander gesprochen – hier ist Harvey O'Sullivan von Galaxy.« In dem ganzen Getöse klang seine Stimme recht freundlich. »Sie wissen schon, der erste und engste Medienpartner von Lama Tashi. Wie ich sehe, haben Sie ein paar Leute hier, zweifellos im Auftrag ihrer Chefs. Aber ich bin praktisch selbst hier. Und ich muss unbedingt mit Rinpoche sprechen, deshalb mache ich das.«

»Er ist nicht da!«, rief sie Harvey und der versammelten Meute zu. »Er ist vor einer Stunde gegangen.«

»Wohin?«, wollten alle wissen.

»Hat er nicht gesagt. Nur, dass er eine Weile weg wäre. Ich vermute, er hat sich für ein paar Tage in ein Retreat begeben.«

Der Zweifel war mit Händen zu greifen. Wie konnte sich der Mann, der zum beliebtesten Guru der Nation geworden war, der einzige Mann, der im Besitz aller Antworten war, plötzlich auf- und davonmachen? Wie konnte er einfach verschwinden? Welcher Prominente tut so etwas?

In welche Richtung war er gefahren, rief die Polizei? Wohin könnte er unterwegs sein, fragte das FBI? Alle wussten, dass Lama Tashi telefonisch nicht erreichbar – und damit unauffindbar – war. Harvey O'Sullivan, immer der Erste, bot an, Rinpoche während seines Retreats finanziell zu unterstützen. Der Afroamerikaner mit dem Hummer bot spontan Camp David als Meditationsort an.

In dem ganzen Aufruhr musste Megan wieder an die letzte Unterweisung denken, die Rinpoche ihr erteilt hatte – die Geschichte von dem Hirsch, der durch den Wald gejagt wird. Und jetzt wusste sie auch, warum er sie daran erinnert hatte.

»Ich habe wirklich keine Ahnung, wo Lama Tashi hingegangen ist«, erklärte sie. »Er ist mein Lehrer. Mein Guru. Er schuldet mir keine Rechenschaft.«

Genau wie bei Hayden löste diese Nachricht einen Ausbruch ganz anderer Art aus. Es gab eine bestimmte Frage, die der Präsident beantwortet haben wollte. Eben jene konkrete Frage, die er bereits Hayden anvertraut hatte – genau wie die Chefs von Federal Reserve, FBI, FDA, CIA und U.S. Army. Und eine ganze Reihe weiterer Anrufer, deren kommerzielle Absichten offensichtlicher waren. Auf dem Display unter der schwebenden Drohne hoben sich sogar Harvey O'Sullivans Augenbrauen angesichts der Einhelligkeit, mit der die Menschenmenge, die sich vor Megans Haustür versammelt hatte, wissen wollte, zu erfahren verlangte, um Auskunft bat, ob Lama Tashi etwas zu diesem Thema gesagt hatte.

Im goldenen Sonnenschein dieses außergewöhnlichen Tages stand Megan vor der Gruppe. »Das hat er nicht«, sagte sie. »Ich kann Ihnen also nicht helfen. Es tut mir leid.«

Sie gingen nicht sofort. Wie angewurzelt blieben sie stehen und versuchten zu begreifen. Sie fragten sich, was sie als Nächstes tun und wie sie vermelden sollten, dass es ihnen nicht nur nicht gelungen war, Lama Tashi zu erreichen, sondern dass die dringende Frage, auf die alle eine Antwort von ihm wollten, auf unbestimmte Zeit würde unbeantwortet bleiben müssen.

Keith war der Einzige, der sich bewegte. Er bahnte sich einen Weg durch die Gruppe und ging die drei Stufen zur Veranda hinauf, wo er seine Kinder umarmte und seiner Frau einen Kuss gab.

»Hast du einen guten Tag im Büro gehabt?«, fragte er mit ironischem Lächeln.

»Du bist früh daheim.«

»Der Tag war entsprechend.«

Man überreichte Visitenkarten und bat um Nachricht, sobald bekannt würde, wo Lama Tashi sich aufhielt. In der Dämmerung war Megan klar, dass die Polizei bereits am Funkgerät saß und nach Lama Tashis Autokennzeichen fahndete. Das FBI scharte sich um die Beamten, begierig darauf, sich auf den meistgesuchten Mann Amerikas zu stürzen. Harvey O'Sullivan schwirrte nicht ab, ohne Megan das Versprechen abzuringen, dass sie über seine persönliche Bitte nachdenken würde, am nächsten Wochenende in einer Magazinsendung darüber zu sprechen, wie es ist, Lama Tashis Schülerin zu sein. Und der Afroamerikaner mit dem Hummer bestand darauf, dass Hayden einen Blick in das Fahrzeug warf, das unverkennbar seine Aufmerksamkeit erregt hatte.

Es dauerte zehn Minuten, bis Megan endlich die Haustür hinter ihrer Familie zuzog und ausnahmsweise auch abschloss. »Shelley, lässt du Rusty bitte aus dem Hinterzimmer?«, bat sie, bevor sie wieder in die Küche ging, die Schürze vom Haken hinter der Tür nahm und am Rücken eine Schleife band.

Trotz allem, was geschehen war, ruhte sie merkwürdigerweise immer noch gelassen in sich. Vielleicht färbte Lama Tashis Einfluss auf sie ab? Auf der anderen Seite des Küchentisches plapperte Hayden aufgeregt über das im Hummer installierte Kommunikationssystem. Shelley wollte wissen, ob die hübsche Dame, die vorbeigekommen war, aus der Serie *The Real Housewives of Key West* stammte – sie sah genauso aus wie sie! Keith wirkte derweil einfach nur baff.

Aus dem Ofen duftete es wohlig, und Megan sah ihre Familie strahlend an. »Quiche zum Abendessen. Tut mir leid, nichts Besonderes. Der heutige Tag war ...« Sie hob die Hände, die Handflächen zur Decke gerichtet, und suchte nach der richtigen Beschreibung. Dann gab sie auf. »Dafür gibt es keine Worte«, sagte sie.

AUF EINER NEBENSTRASSE ZWISCHEN BOULDER UND OMNI verlangsamte Lama Tashi, der hinter dem Lenkrad saß, das Tempo und blinkte links. »Dauert nur zwei Minuten«, sagte er Anton.

Sein Schüler nickte. Es war ein unbefestigter Weg, der in einen Wald führte, eine Abzweigung, an der Anton schon dutzende Male vorbeigefahren sein musste, ohne sie zu bemerken. Sie fuhren nur ein kurzes Stück, dann erreichten sie eine Grundstückseinfahrt mit einem weißen wuchtigen Holztor in einer imposanten Steinmauer.

Lama Tashi zog die Handbremse an und wandte sich zu Anton um. »Den Rest der Strecke fährst du selbst, okay?«

»Wohin gehen Sie?«

»Freunde.« Der Lama deutete auf den Eingang neben sich, und stieg aus dem Auto. »Mach, dass du in die Gänge kommst!«, sagte er mit gebieterischer Geste.

Anton löste eilig den Sicherheitsgurt, stieg aus dem Auto und saß bald dort, wo Lama Tashi gesessen hatte. Er schaute sich um. Abgesehen von dem unüberwindlich wirkenden Eingang schienen sie mitten im Niemandsland angehalten zu haben. »Sind Sie sicher, dass das Ihre Freunde ...«

»Ja, ja«, antwortete Lama Tashi und schlug energisch aufs Dach. »Ich sage dir Bescheid, wenn ich das Auto wieder abholen will.«

Offenkundig

Man kann ja auf viele Weisen betrogen werden;
man kann betrogen werden,
wenn man an das Unwahre glaubt,
aber man wird doch auch betrogen,
wenn man das Wahre nicht glaubt ...*

Søren Kierkegaard (existentialistischer Philosoph 1813–1855)

*   Aus: *Das verborgene Leben der Liebe und wie es an seinen Früchten erkannt wird*, übertragen von
    Friedrich Aage Hansen-Löve, Schriftenreihe »Symposion«, Amandus Edition 1948, S. 5.

Später

57

Galaxy Television
Los Angeles

D AN KAVANA UND TARA GREEN STANDEN HINTER IHREN Nachrichtenpulten, als die große, neonfarbene Uhr herunterzählte: 3, 2, 1.

»Heute, an Tag Eins von Instant Karma in der gesamten Geschichte«, eröffnete Dan die Sendung mit Worten aus der Feder von Harvey O'Sullivan höchstpersönlich, »haben wir eine erweiterte Ausgabe der Abendnachrichten.«

Sie lasen die Schlagzeilen abwechselnd, Tara begann: »Die Vereinigten Staaten haben heute die schlimmste Massenschießerei ihrer Geschichte erlebt. Auf der Jahrestagung der National Rifle Association in Washington D.C. richtete deren Präsident eine halb automatische Waffe auf die Mitglieder, tötete 68 Menschen und verletzte viele weitere schwer. Präsident Trent Grey wurde bei der Schießerei verletzt und erholt sich derzeit von einer Operation im Walter-Reed-Militärkrankenhaus.«

»Durch beispiellose Bewegungen auf Bankkonten sind heute so viele Millionäre und Multimillionäre geworden wie noch nie seit Beginn der Aufzeichnungen. Rose Mulrooney, die Präsidentin der Federal Reserve Bank, führt den Trend auf tätige Großzügigkeit zurück. Einzelpersonen und Unternehmen, die Geld spenden, erleben eine sofortige Vermögensmehrung in bisher nicht gekanntem Ausmaß.«

»Die Flughäfen öffnen wieder und die Verkehrsnetze nehmen ihren Betrieb wieder auf, nachdem die Angst vor einem Lebensmittelvirus den Alltag vieler Amerikanerinnen und Amerikaner heute empfindlich gestört hat. Die FDA hat der Öffentlichkeit versichert, dass keine Ansteckungsgefahr besteht, aber die Warnungen, dass der Verzehr von Fleischprodukten zu schweren Lebensmittelvergiftungen führen kann, werden aufrechterhalten. Amerika ist jetzt eine vegetarische Nation.«

»Die Spontanremissionen bei Krebs sind sprunghaft angestiegen und haben ein Niveau erreicht, wie es vom *American College of Radiology* noch nie vermeldet wurde: 52 Krebspatientinnen und -patienten im Endstadium zeigten plötzlich unauffällige Befunde, und von Küste zu Küste wurden zahlreiche weitere wundersame Heilungen gemeldet. Grace Arlingham von der Nutztier-Rettungsorganisation *The Arlingham Foundation*, die als eine der ersten eine Spontanremission erlebt hat, sagt, die Rettung des Lebens anderer sei der Grund dafür, dass das eigene Leben gerettet wird.«

»Wie das FBI mitteilt, starben heute die zehn wichtigsten Bosse des organisierten Verbrechens und Dutzende ihrer Handlanger. Eine exklusive Analyse von Galaxy Television zeigt, dass alle zehn Männer, die Drogenhandel, Erpressung, Sexhandel und Geldwäsche betrieben, während schwerer Mikro-Wetterereignisse wie Mikro-Tornados und Erdbeben getötet wurden. Laut FBI sind die Todesfälle ein Beleg dafür, dass die Verbrechersyndikate die Ermordung anderer geplant hatten.«

»Überall im Land hat sich das Aussehen der Menschen dramatisch verändert. Wutausbrüche haben zu einer deutlichen Verschlimmerung von Schönheitsfehlern, Hautunreinheiten und entstellenden Läsionen im Gesicht geführt. Aber auch das Gegenteil ist der Fall: Missbildungen verschwinden und sowohl die Attraktivität des Gesichts als auch die körperliche Attraktivität nehmen in einer Art und Weise zu, wie dies bisher noch nicht beobachtet wurde. Das *American College of Cosmetic Practitioners* teilt mit, Wut führe ursächlich zu Entstellungen und Geduld zu Schönheit. Für nächste Woche lädt das College zu einem Dringlichkeitsgipfel, der sich mit neuen, nicht invasiven Behandlungsmethoden beschäftigt.«

»Das umstrittene Klatschmagazin *Celebrity Scoop* ist heute zusammengebrochen. Ein Erdfall in Manhattan hat das 25-stöckige Gebäude verschlungen, in dem das Magazin untergebracht war. Es wird vermutet, dass sich bis auf den Eigentümer und das Team des Magazins, die an der nächsten Ausgabe arbeiteten, keine Personen in dem Geschäftsgebäude aufhielten. Ein Sprecher von *Media Monitors International* stellte fest, dass Lügen, eine polarisierende Sprache und unnützes Geschwätz zu den zehn schlimmsten Untugenden gehören.«

»Zur besseren Einordnung all dieser und weiterer Entwicklungen …«, die letzte Schlagzeile war wieder Dan überlassen, »bringen wir nun einen ausführlichen Bericht über Karma, einschließlich eines exklusiven Interviews mit Lama Tashi.«

58

Woodrow Wilson Building, Brooklyn

IM DRITTEN STOCK DES WOODROW BUILDINGS KONNTE AMY IHRE Aufregung kaum verbergen, als der Hausmeister den Schlüssel aus seiner Jackentasche zog und ihn im Schloss umdrehte.

»Zehn Minuten«, sagte er. »Ich warte hier.«

Karel hatte sie dazu ermutigt, den Immobilienmakler anzurufen, als sie ihm erzählt hatte, sie träume schon davon, in diesem Gebäude zu wohnen, seit sie es zum ersten Mal gesehen habe. Nur Minuten später hatte sie eine Website gefunden, auf der Wohnungen zum Verkauf angeboten wurden. Der Makler selbst stand an diesem Abend für eine Besichtigung nicht zur Verfügung. Aber er sagte, er würde mit dem Hausmeister sprechen; der habe die Schlüssel zu einer der Wohnungen. Sie könne sofort eine erste Besichtigung vornehmen.

»Was meinen Sie?«, fragte sie begeistert, als sie in den Wohnbereich trat, ein geräumiges Zimmer mit beigen Wänden und hoher Decke. »Ist das nicht einfach umwerfend?!«

Hinter ihr schaute sich Karel Sharma um, um das zu sehen, was sie sehen konnte. Er hatte noch nie ein gutes Auge für Ästhetik gehabt. Aber er hatte ein Auge für Amy, und er genoss ihre ungekünstelte Freude, den Zauber, den sie schon allein durch ihre Anwesenheit verströmte. Die Frauen, die er privat und vor allem beruflich kannte, bemühten sich um Eleganz und Kultiviertheit, und er wusste nie so recht, woran er bei ihnen war. Amy besaß eine Direktheit und Liebenswürdigkeit, die ihm alle

Befangenheit nahm und einen Beschützerinstinkt in ihm weckte, der ihn überraschte.

Einen Moment lang fragte er sich, wie viele seiner Freundinnen wohl regelmäßig stehen blieben, um Obdachlosen Geld zu geben. Er hatte seine Zweifel.

Er schaute dorthin, wo Amy sich aus dem Fenster lehnte, das auf den Eastern Parkway hinausging. Schlank, zierlich, feine Gesichtszüge mit einer süßen Stupsnase.

»Die Aussicht von hier ist ziemlich toll«, sagte er.

Sie drehte sich halb zu ihm um und lachte, als sie sein Kompliment bemerkte. »Ich würde die ganze Wohnung weiß streichen«, fachsimpelte sie und deutete auf die Wände. »Damit sie größer wirkt. Und über den Türen und Fenstern vielleicht ein paar geometrische Ornamente anbringen. Helles Buntglas in der Küche. Es ist ein Art-déco-Gebäude. Man muss das Haus wieder mit seinen Wurzeln verbinden!«

Sie wusste nicht, was sie von seinem leicht belustigten Gesichtsausdruck halten sollte. Fragte er sich etwa, wie sie sich so für eine Dreizimmerwohnung in Brooklyn begeistern konnte, die unbestreitbar Zuwendung brauchte? »Ich weiß, es ist wahrscheinlich nichts im Vergleich zu dem, wo Sie wohnen«, sagte sie.

Es stimmte, dass er das Penthouse eines Gebäudes an der Upper East Side besaß. Aber durch die Arbeitsbelastung war er nur selten dort, und wenn, dann nahm er es kaum noch wahr und betrat höchstens die Hälfte der Räume. Die Dachterrasse war eine Schande. Sie war einmal üppig grün gewesen, aber er hatte den Landschaftsgärtnern gekündigt und war nie dazu gekommen, neue zu beauftragen. Das ganze Haus brauchte die Zuwendung von jemandem, dem etwas an ihm lag.

»Was?«, fragte sie und versuche, seine Miene zu deuten.

Er zuckte mit den Schultern. »Ich freue mich über Ihre Begeisterung.«

»Na dann«, antwortete sie und ging den kurzen Flur entlang, um sich die Schlafzimmer anzusehen, immer noch unsicher, was sie von dem geheimnisvollen Karel Sharma halten sollte.

Nach seinem äußerst unerwarteten Grundstücksgeschenk für das *Bluegrass Horse Sanctuary* und seiner noch weniger erwarteten Umarmung hatte sie Mr. Deal sofort anrufen wollen, um ihm die freudige Nachricht mitzuteilen. Mr. Deals Gesundheit war schon seit einigen Jahren nicht mehr die beste, und sie wusste, dass der Stress, alle seine Pferde neu unterbringen zu müssen, eine große Belastung für ihn wäre.

Doch bevor sie anrief, bat sie Karel um Rat. Sie wollte Mr. Deal sagen, er müsse sich nie wieder Sorgen machen, dass das *Bluegrass Horse Sanctuary* bedroht sein könnte. Gleichzeitig konnte sie nicht außer Acht lassen, dass er schon älter war und die Einrichtung mit einer Gruppe ehrenamtlicher Helferinnen und Helfer betrieb. Was würde mit den Pferden passieren, wenn er krank werden oder sterben würde?

Karel hatte nur mit den Schultern gezuckt.»Das ist ganz einfach«, hatte er gesagt.»Gründen Sie eine Stiftung. Bringen Sie das Grundstück ein und ernennen Sie Treuhänder, die dafür sorgen, dass das Gelände satzungsgemäß dauerhaft als Gnadenhof für Pferde erhalten bleibt.«

Amy hatte ihn kopfschüttelnd angeschaut.»Sehen Sie. Deshalb sind Sie so erfolgreich. Sie kennen sich einfach damit aus!«

Kurz danach hatte sie Mr. Deal angerufen, um ihm zu sagen, was passieren würde, und dass er sich nie wieder Sorgen um die Pferde oder sein Lebenswerk machen müsste. Er hatte kaum etwas gesagt, als sie ihm alles erklärte, und seiner Dankbarkeit nur mit wenigen stockenden Worten Ausdruck gegeben. Sie wusste warum. Er hatte die Hand über den Hörer gelegt, damit sie nicht hörte, dass er weinte.

Inzwischen sah sie sich den Rest der Wohnung im Woodrow Wilson an und inspizierte die Schlafzimmer – langweilig und altmodisch. Doch mit ein paar Schichten Farbe und etwas Fantasie könnte man hier einen echten Wow-Effekt erzielen.

Rasch waren die zehn Minuten um, und es war Zeit zu gehen. Karel und Amy fuhren mit dem Aufzug hinunter in die Lobby, und dabei knurrte ihr Magen. Bis zu ihrer Wohnung war es nur eine kurze Busfahrt oder ein langer Spaziergang, der an ihrem Lieblingslebensmittelladen vorbeiführte. Während sie noch überlegte, was sie tun sollte, fragte Karel: »Darf ich Sie zum Essen einladen?«

»Oh!« Der Gedanke, dass er dies vorschlagen könnte, war ihr bereits gekommen. Aber sie hatte ihn sofort wieder verworfen. Sie stellte sich vor, dass er seine Abende mit den Reichen und Mächtigen verbrachte und tat, was reiche und mächtige Leute in ihrer Freizeit eben so tun.

»Ein fleischloses Abendessen?«, vergewisserte sie sich.

»Natürlich. Pizza Margherita?«, schlug er vor.

»Das wäre wunderbar!«

»Ein Glas Syrah?«

»Woher wissen Sie das?«

»Was?«

»Das ist mein Lieblingswein.«

Die Türen glitten auf. »Das wusste ich nicht«, antwortete er und geleitete sie hinaus.

Ihre Augen strahlten. »Gleich um die Ecke gibt es ein tolles Lokal«, sagte sie.

59

Omni, Colorado

ES KLINGELTE. AUF DEM WEG ZUR HAUSTÜR BLIEB MARGARITA KURZ stehen, um im Wohnzimmerspiegel ihr Aussehen zu überprüfen. Nicht zum ersten Mal. Sie hatte keinen Grund, nervös zu sein, sagte sie sich immer wieder. Aber sie war es trotzdem, eine seltsame Mischung aus banger Erwartung und Vorfreude. Margarita öffnete die Tür, und keiner von beiden sagte ein Wort. Sie standen nur da und sahen sich an, dann machte er einen Schritt auf sie zu und nahm sie in den Arm. Sie hielten sich lange umfangen.

Ihr Entschluss, nicht den ganzen Tag im Haus Trübsal zu blasen, hatte unerwartete Folgen gehabt. Als sie Izzy angerufen und gesagt hatte, sie wolle ihr etwas geben, hatte weder ihre Freundin nachgefragt noch war sie selbst mit der Sprache herausgerückt. Izzy hatte wahrscheinlich gedacht, es sei ein Buch oder ein Steckling oder eines der vielen kleinen Dinge, die sie miteinander teilten – greifbare Zeugnisse einer lebenslangen Freundschaft.

Margaritas einzige Unsicherheit vor dem Besuch war, was sie Izzy von Bob erzählen sollte. Eigentlich musste sie überhaupt nichts sagen. Es war ja nicht so, dass es in jedem ihrer Gespräche um ihn ging. Sobald sie mit dem Ganzen besser zurechtkäme, dachte die logische Seite in ihr, könnte sie die Neuigkeit immer noch verkünden.

Doch im selben Moment, in dem sie in Izzys Küche aufgetaucht war

– wo das typische Chaos herrschte und ihre Freundin gerade zwei Dutzend Muffins glasierte –, hatte Izzy sie nur angeschaut und rundheraus gefragt:»Was ist passiert?«

Es hatte keinen Sinn, so zu tun, als wäre nichts. Wie konnte sie sich einbilden, sie könnte ihrer ältesten Freundin etwas vormachen? Schließlich war sie ja auch für Izzy da gewesen, als ihre erste Ehe zerbrach und als die Beziehung zu ihrem zweiten Mann extrem schwierig wurde. Er hatte sie verlassen und dann mit so vielen Klagen überzogen, dass sie von ihm nur noch als»der Kläger« sprach.

Sie erzählte Izzy, was passiert war, und Izzy war energisch auf ihrer Seite, ohne jedoch ein dogmatisches Urteil zu fällen. Margarita hatte Tränen vergossen, ihre Freundin hatte sie umarmt und bei Tee und frisch gebackenen Muffins hatten sie ewig geredet.

Erst danach war sie in der Lage gewesen, zum eigentlichen Zweck ihres Besuchs zu kommen. Sie erzählte Izzy von der Signierstunde in New York vor drei Tagen. Von dem Mann, der sie angesprochen hatte und ihr unerklärlicherweise entfernt bekannt vorgekommen war. Dass er sich als Norman Manderson entpuppt hatte.

Izzy war überrascht über die Geschichte. Gebannt. Die ganze Sache, wie Norman die Familie verlassen hatte, war schon so lange her – inzwischen waren ihre Kinder so alt wie Norman, als er ging –, dass die Wunden schon längst verheilt waren. Aber er war immer noch ihr Bruder. Und als Margarita ihr den Umschlag und die in Geschenkpapier verpackte Schachtel überreichte, um deren Übergabe er sie gebeten hatte, riss Izzy zuerst gespannt den Umschlag auf, um die Karte zu lesen.

»Ich weiß, ich hätte das schon vor Jahrzehnten tun sollen. Es war kompliziert. Ich würde die Verbindung gerne wiederaufnehmen, wenn du dazu bereit bist. Ich denke oft an dich. Alles Liebe, Norman.«

Izzy reichte Margarita die Karte zum Lesen und packte unterdessen die Schachtel aus. Sie war von der Größe, in die ein Juwelier ein Paar Ohrringe verpacken würde, aus braunem Kunstleder mit einem Scharnier. Als sie sie öffnete, lag darin ein kleines, durchsichtiges Beutelchen mit, für

Margaritas Augen, matten Metallspänen. Dem Beutel lag ein kleines Zertifikat bei, auf dem stand, dass es sich bei dem Inhalt um präsolare Körner handelt, die auf ein Alter von über sieben Milliarden Jahren geschätzt werden. Sie gehörten zu einer winzigen Probe, die zur Finanzierung astrogeologischer Forschungen an die Öffentlichkeit verkauft wurde. Die Körner waren am Fundort eines Meteoriten geborgen worden.

Izzy hielt das Päckchen gegen das Licht und betrachtete es genau. Dann reichte sie es Margarita.

»Präsolare Körner?«, fragte diese.

»Materie, die noch vor unserem Sonnensystem entstanden ist.« Mit versonnenem Lächeln schüttelte Izzy den Kopf. »Typisch Norman, dass er mit sowas Obskurem ankommt.«

Als Margarita die Schachtel erhielt, hatte sie ein Schmuckstück darin vermutet. Izzy zweifellos auch. »Hat das eine Bedeutung für dich?«

Izzy nickte. »Im letzten Sommer, bevor Norman aufs College ging, saßen wir eines Abends draußen und redeten miteinander, als alle anderen schon im Bett waren. Ich weiß nicht, was diese Nacht an sich hatte, aber es war wahrscheinlich das erste Mal, dass wir uns wie zwei Erwachsene unterhalten haben und nicht wie zankende Kinder. Norman war sehr gesprächig und erzählte mir, wie sehr er sich darauf freue, fortzugehen und Architektur zu studieren. Er erklärte mir architektonische Theorien, alles sehr erwachsen und wichtig und weit über meinem Horizont. Ich fragte ihn, was sein höchstes Ziel im Leben sei, genau wie in dem Teenagerfilm *Der Frühstücksclub*, und er erklärte, er wolle das schönste Gebäude der Welt entwerfen.

Dann fragte er mich nach meinem höchsten Ziel. Ich hatte keine Ahnung. Ich war immer gut in Naturwissenschaften gewesen. Und wie es der Zufall wollte, zog in dem Moment eine Sternschnuppe über den Himmel hinter ihm. Ich hatte das Gefühl, dass ich mit seinen beeindruckenden Architekturtheorien mithalten musste, also sagte ich, ich wolle Astrophysikerin werden. Die Worte sind einfach so aus mir herausgesprudelt. Ich glaube nicht, dass ich sie vorher schon einmal gesagt hatte.

Ich hatte definitiv nicht lange darüber nachgedacht.« Izzy wirkte verlegen. »Na ja, zur Astrophysikerin habe ich es ja nicht gerade gebracht, bestenfalls bis zu den Silbersternen auf meinen Cupcakes.«

Margarita neigte den Kopf zur Seite. Izzy hatte zwar ein chaotisches Privatleben, aber sie war nicht dumm. Wer weiß, wie weit sie es gebracht hätte, wenn sie diesen Weg eingeschlagen hätte? »Das Entscheidende ist doch, dass er noch daran gedacht hat«, erwiderte sie und deutete auf die Schachtel mit den präsolaren Körnern.

»Er hat noch daran gedacht, obwohl ich es schon längst vergessen habe.« Sie nahm die Karte in die Hand. »Ich rufe ihn an. Heute noch.«

Margarita verließ Izzy in einer völlig anderen Verfassung als bei ihrer Ankunft. Es war eine Erleichterung gewesen, davon erzählen zu können, was mit Bob passiert war. Befreiend. Es hatte dem Ganzen nichts von seiner Heftigkeit und seinem Schmerz genommen. Aber sie fühlte sich nicht mehr allein. Mit Freundinnen wie Izzy würde sie es überstehen, das wusste sie. Fürs Erste würde sie Izzys einzigen Rat annehmen: Betrachte jeden Moment für sich. Denke nicht darüber nach, was in den kommenden Monaten oder Jahren passieren könnte oder nicht. Denke vor allem nicht an Bob und die andere Frau. Halte dich an das, was zählt, hier und jetzt.

Zufällig musste der Kühlschrank aufgefüllt werden, und so fuhr sie nach dem Besuch bei Izzy in die Stadt, ging in den Supermarkt und besorgte, was sie fürs Wochenende brauchte. Sie stieg wieder ins Auto und fuhr langsam auf die Ausfahrt des Parkplatzes zu, als ihr ein Wagen ebenso vorsichtig entgegenkam. Gerade wollten sie aneinander vorbeifahren, da erkannten sie sich und traten im selben Moment auf die Bremse.

»Margarita!«

»Ian! Bist du länger hier?«

»Nur bis Sonntag. Entschuldige, dass ich nicht angerufen habe. Ist nur eine Stippvisite. Der Laden.«

Seit Ian und Paige Turner nach Scottsdale gezogen waren, hatten sie Margarita und Bob bei ihren regelmäßigen Aufenthalten in der alten

Heimat oft besucht, waren mit ihnen essen gegangen oder hatten sich mit gemeinsamen Freunden getroffen. Das war auch nach Paiges Tod so geblieben. Und obwohl sie sich alle vier gut verstanden hatten, hatte sie doch vor allem die Verbindung zwischen Margarita und Ian zusammengehalten. Diese Verbindung reichte bis in ihre Schulzeit zurück. Ein unausgesprochenes Band, das Gefühl, auf der gleichen Wellenlänge zu sein, den gleichen Humor zu haben.

Margarita wusste, dass Ian am letzten Samstag eines Besuchs seine Gastgeber – seinen Bruder und dessen Frau, bei denen er immer übernachtete – üblicherweise zum Essen einlud.

Spontan sagte sie:»Wenn du heute Abend noch nichts vorhast, komm doch vorbei.«

Tatsächlich hatte Ian nichts vor. Das heißt, eigentlich hatte er etwas vorgehabt, aber das hatte sich zerschlagen. Er dachte an seine Begegnung mit Bob von vorhin, eingeklemmt unter seiner nackten Buchhändlerin, und die Vorstellung von einem Abend mit ihm und Margarita, die versuchten, so zu tun, als sei alles wie immer, war so unangenehm, dass er gerne darauf verzichten konnte.

»Ist dann nur mit mir«, sagte Margarita.

»Oh!«, antwortete Ian. »Zufällig habe ich nichts vor.« Hinter ihm dröhnte eine Hupe. Er musste weiterfahren.

»Komm vorbei. So gegen sieben.«

Beide fuhren davon.

Und nun stand er auf ihrer Schwelle mit einem Strauß leuchtend rosafarbener Tulpen und einer Flasche Chianti. Nach der Umarmung bat sie ihn herein. Sie hatte Auberginen Parmigiana gemacht, dazu einen Rucola-Birnen-Salat. Vor ihrem Besuch bei Izzy hätte sie sich nicht in der Lage gefühlt zu sagen, was sie jetzt sagen wollte – sie wäre immer noch zu aufgewühlt gewesen, dachte sie. Tatsächlich wäre sie ohne den Besuch bei Izzy mit ziemlicher Sicherheit nicht in den Supermarkt gegangen und dort nicht zufällig Ian begegnet.

Sie nahm die Tulpen entgegen und ging in die Küche, um eine Vase zu holen. Sie stellte sie in die Spüle, ließ Wasser hineinlaufen und reichte Ian einen Korkenzieher für den Chianti.

»Angesichts unserer langen Freundschaft«, begann sie, »sollte ich dir sagen, warum Bob nicht da ist.« Sie sah ihn direkt an. »Er hat mich wegen deiner Geschäftsführerin verlassen.«

Ians Schock war echt. Was er vorhin gesehen hatte, entsprach nicht seiner Vorstellung von Spaß. Ein Dreier mit einem viel jüngeren Paar. Er hatte sofort vermutet, dass Bob in einer Midlife-Crisis stecken musste. Die Vorstellung, dass er Margarita für diese Frau verlassen hatte, war ihm unbegreiflich.

»Heute Morgen.« Margarita war selbst überrascht, wie ruhig sie die Neuigkeit verkünden konnte. »Das geht schon seit einigen Monaten. Anscheinend seit der Buchpremiere.« Sie verdrehte die Augen.

»Ebenfalls angesichts unserer langen Freundschaft«, sagte Ian und blickte über die Frühstückstheke: »Ich musste heute Nachmittag in ihre Wohnung, um unseren Laptop zu holen. Bob war da. Falls es dich tröstet, er wirkte nicht glücklich.«

Sie zuckte mit den Schultern. »Das ist jetzt sein Leben. Er hat seine Entscheidung getroffen.«

Die Vase war mit Wasser gefüllt. Margarita nahm sie aus dem Spülbecken, trocknete sie mit einem Handtuch ab und stellte sie vorne auf die Theke. Ian schraubte den Korkenzieher in die Flasche und zog den Korken heraus. Dann schenkte er den Wein in zwei Gläser, die Margarita schon bereitgestellt hatte.

Sie trat zu ihm, und er reichte ihr ein Glas. Sie stießen miteinander an.

»Auf lange Freundschaften«, sagte Margarita.

»*Vecchi amici*«, wiederholte Ian mechanisch.

Bevor er die Omni Motor Lodge verliess, hatte Bob ein frisches Hemd und eine frische Hose angezogen. Nach der Begegnung am Nachmittag hatte er geduscht, das heißt, er hatte sich unter den Duschkopf über der altmodischen Badewanne gekauert und versucht, nass zu werden, ohne auf dem gesamten verschrammten Badezimmerboden Wasser zu verspritzen, und sich mit dem Stück Seife aus dem Motel einzuschäumen, das so winzig war, dass er es weggeworfen hätte, hätte er es zu Hause in einer Seifenschale vorgefunden.

Nachdem ihm brutal und eindeutig klar geworden war, was er Beth wirklich bedeutete, hatte er ihre Wohnung mit einem schäbigen und billigen Gefühl verlassen.

Und nachdem er einen Vortrag von Lama Tashi über Verblendung gehört hatte, wenn auch im Fernsehen und nicht im *Lone Pine Meditation Center*, war kein Platz mehr für hochtrabende Selbstgerechtigkeit. Wenn er in den letzten Jahren eines von seinem Guru gelernt hatte, dann wie zwingend notwendig es ist, echt zu sein. Authentisch. Dass man nicht versucht, eine einfache Wahrheit mit ausgeklügelten Inszenierungen zu verschleiern.

Jetzt stand ihm nur noch *eine* Handlungsoption offen. Nachdem er seine Frau, mit der er seit 24 Jahren verheiratet war, an diesem Morgen hintergangen hatte, musste er zurückkehren und sie um Vergebung bitten. Sie bitten, ihn zurückzunehmen. Akzeptieren, dass er es wiedergutmachen musste. Sühne leisten. Ihr Vertrauen zurückgewinnen. Er musste alles tun, was notwendig war, denn die Alternative war bloße Leere. Ein zielloses Dahintreiben in die Zukunft.

Nachdem er sich angezogen und gekämmt hatte, überlegte er, was er mit dem Koffer machen sollte. Sollte er ihn hierlassen, weil er davon ausging, dass seine besondere Bittmission scheitern würde? Oder ihn mitnehmen, aus dem gegenteiligen Grund?

Von Natur aus optimistisch, verließ Bob das Motelzimmer mit dem gepackten Koffer und stellte ihn auf den Rücksitz. Bald war er auf dem Heimweg.

Als er abbremste, um in die Einfahrt einzubiegen, entdeckte er selbst in der zunehmenden Dämmerung den grauen BMW, der vor dem Haus parkte. Er erkannte ihn sofort als den von Ian Turner.

Dieser Mistkerl! Der ließ echt nichts anbrennen! Kaum entdeckte er Bob unter den denkbar kompromittierendsten Umständen, schon stand er vor Margaritas Tür, um es ihr brühwarm zu erzählen.

Anstatt hineinzugehen, fuhr Bob an dem Haus vorbei und parkte am Straßenrand vor dem Nachbarhaus. Er ging zu Fuß zu seinem eigenen Haus. Er hatte keine konkrete Vorstellung, was er sagen wollte. Die Sache lief nicht nach Plan.

Es war kein Geheimnis, dass Margarita und Ian damals in der Schule etwas miteinander gehabt hatten. Anscheinend alles ganz harmlos. Von Zeit zu Zeit hatten Paige und er sie deswegen aufgezogen, natürlich immer nur im Scherz. Es hatte ihn nie gestört, dass seine Frau Ian gernhatte. Er hatte Paige gerngehabt – was war schon dabei?

Glühend eifersüchtig fragte er sich, welche Absichten Ian Turner mit seiner Frau hatte. War er nur da, um sich mit seiner spektakulären Indiskretion zu brüsten? Oder hatte er vor, Margarita nach Scottsdale zu holen? Wie viel würde er ihr von diesem Nachmittag erzählen? Auch ohne Ausschmückungen war die Szene, die er erlebt hatte, obszöner, als selbst Bob es sich je hätte ausmalen können.

Er ging näher ans Haus heran. Die Vorhänge waren nicht zugezogen, das Licht im Haus brannte, und die Dunkelheit verbarg ihn. Er nahm eine Bewegung in der Küche wahr und trat hinter ein Spalier, wo ihn eine Kletterpflanze abschirmte.

Dort waren die beiden gut zu sehen. Margarita füllte am Spülbecken Wasser in eine Vase mit Tulpen. Ian schenkte Rotwein aus einer Flasche in zwei Gläser. Ganz anders als in dem Melodram, das sich in seinem Kopf abgespielt hatte, unterhielten sich die beiden genauso, wie wenn Paige und er im Zimmer nebenan sitzen würden. Er fragte sich, ob Ian ihr schon erzählt hatte, was er in Beths Wohnung gesehen hatte. Wollte er es sich für später aufheben? Oder hatte er vielleicht doch nicht vor, es ihr zu sagen?

Und Margarita? Wie hatte sie seine Abwesenheit an diesem Abend erklärt? Hatte sie ihm gesagt, dass er sie verlassen hatte? Oder hatte sie nicht vor, so weit zu gehen? Er beobachtete, wie sie anstießen und lächelten. Dabei wurde ihm klar, dass sein spontanes Erscheinen jetzt nicht nur schlecht wäre, sondern dass es ihm auch gar nicht zustand. Wenn er jetzt dort hineinplatzte, wäre er ein noch größeres Arschloch, als er seinem Empfinden nach ohnehin schon war.

Er war derjenige, der sich aus der Szene, die sich nun vor ihm abspielte, ausgeschlossen hatte. Nur wenige Stunden zuvor hatte er das Haus federnden Schrittes verlassen. Hätte man ihn in dem Moment gefragt, was er von einem Besuch von Ian Turner am Abend halten würde, hätte ihn das nicht im Geringsten gestört.

Ein Gemüt wie ein Papiertaschentuch. Lama Tashis Worte gingen ihm nach, wie immer im denkbar schlechtesten Moment. *Im einen Moment hoch oben* – er konnte förmlich sehen, wie der Lama mit den Fingern durch die Luft wirbelte – *im nächsten schon ganz unten. Lasst nicht zu, dass eure Verblendung die Regie über euer Denken und Fühlen übernimmt. Übernehmt ihr die Regie!*

Bob ging zurück zu seinem Auto und stieg ein. Er saß auf dem Fahrersitz und schaute mit leerem Blick in die Dunkelheit. Er dachte an die vielen Male, die er auf dem Weg zum *Lone Pine Meditation Center* auf ebendiesem Sitz gesessen hatte. An die unzähligen Stunden, in denen er Lama Tashis klaren und überzeugenden Belehrungen zugehört hatte. Daran, dass sich Rinpoches Lehren in den letzten Monaten stark auf Karma konzentriert hatten. Er hatte seine Schülerinnen und Schüler zu diesem Thema eingehend geschult, damit sie das Gesetz der Kausalität und alle Faktoren, die dabei eine Rolle spielen, ganz genau verstehen konnten.

Bob hatte zu der besonderen Gruppe gehört, das konnte er jetzt erkennen, die der Guru darauf vorbereitet hatte, das Beste aus der Dynamik des heutigen Tages zu machen. Sie sollten durchschauen, was vor sich ging, um aus einer außergewöhnlichen Chance größtmöglichen Nutzen zu ziehen.

Aber er hatte es vermasselt. Er war so sehr in seine Begierden und Fantasien verstrickt, dass er erst am späten Nachmittag mitbekam, was vor sich ging. Doch selbst dann noch hatte er sich auf nichts anderes konzentrieren können als auf »ich«, »mein« und »mich«. Egozentrisch, ganz in seiner eigenen kleinen Welt gefangen – er war ein Paradebeispiel für die Nutzlosigkeit von Wissen, das nicht umgesetzt wird. Es spielte keine Rolle, ob man alles über Karma wusste, was es darüber zu wissen gibt. Wenn sich das eigene Verhalten dadurch nicht änderte, war alles Wissen sinnlos. Der Glaube an Karma brachte einen nicht weiter, es sei denn, er hatte Auswirkungen auf das eigene Handeln. Was in seinem Fall nicht so gewesen war.

Aber es war noch nicht vorbei. Karma hörte nicht auf zu wirken, nur, weil die Sonne unterging. Zum ersten Mal begann er, seine Gedanken zu ordnen. Er wurde sich darüber im Klaren, was er wirklich wollte. Er entwickelte die tief empfundene Motivation, dass er durch sein Handeln alle Lebewesen von genau dem Leiden, das er gerade durchlebte, befreien und in einen Zustand jenseits des Schmerzes führen wollte.

Er zog sein Mobiltelefon hervor, scrollte durch die Liste seiner Kontakte und tippte auf »Anrufen«. Vlad Zekulic hatte er in der Reha nach seinem Fahrradunfall kennengelernt. Der junge Mann saß im Rollstuhl und lebte in einer Sozialwohnung. Er war isoliert, weniger, weil er keine Freunde wollte, sondern vielmehr deshalb, weil er nicht *mit* den Leuten sprach, sondern *zu* ihnen. Kaum hatte man Hallo gesagt, war er auch schon bei einem seiner beiden wichtigsten Themen: Star Trek oder der Peloponnesische Krieg. Er ignorierte die meisten Versuche, das Thema zu wechseln, war unempfänglich für nonverbale Signale und verstand nie, warum er kein zweites Mal eingeladen wurde. Eines Tages hatte er Bob auf dem Heimweg von der Physiotherapie gestanden, es sei sein Lebenstraum, einmal in Quark's Restaurant zu speisen. Dieses Ziel hatte er nie erreicht, da er nie jemanden fand, der mit ihm dorthin gegangen wäre. Bob hatte diese Information als künftige Gelegenheit für eine Turboladung an mitfühlender Akzeptanz, Großzügigkeit und Geduld gespeichert – alles in einem.

»Hier ist Bob«, meldete er sich, als Vlad gleich nach dem ersten Klingeln ranging. »Was machst du heute Abend?«

60

Montpelier, Vermont

Zur Feier ihrer Spontanremissionen essen zu gehen, war Kristinas Idee gewesen. Nach einem Tag voller Wunder war das für Grace genau das Richtige –, aber sie hatte ein schlechtes Gewissen Hens wegen. »Ich würde wirklich gerne, Liebes. Aber es waren doch immer wir vier«, sagte sie, als Kristina es am späten Nachmittag vorschlug.

»Wir wissen nicht, wie Hens Tomographie ausgefallen ist. Und wenn diese nicht gut ist …«

»Hmm.« Kristina dachte einen Moment nach und sagte dann: »Wie wäre es, wenn ich Hen eine Einladung simse? Dann kann sie mitkommen, wenn sie will, gerät aber nicht unter Druck.«

Grace musste daran denken, wie Hen mit großen Schritten vom Schneckenfriedhof weggegangen war und Karma als etwas Unlogisches abgetan hatte. Wie sie sich geweigert hatte, auch nur eine einzige Schnecke aufzusammeln, weil das zu leichtgläubig wäre. Unwissenschaftlich.

Grace machte sich Sorgen um ihre Freundin. Wenn sie keine Ursachen dafür geschaffen hatte, dass ihr Leben gerettet würde, auf welcher Grundlage konnte man dann ein günstiges Resultat erwarten?

»Charlie ist ganz scharf drauf«, legte Kristina nach.

»Charlie ist immer scharf drauf«, bemerkte Grace, und beide lachten, denn da war etwas dran. Charlies Kinder waren noch klein und anstrengend. Der Besuch einer »Veranstaltung der Krebshilfe« war die perfekte Gelegenheit, die Kinder zu ihren Eltern zu bringen und Greg und sich einen freien Abend zu gönnen.

»Blake muss außer sich sein vor Freude«, erkundigte sich Grace nach Kristinas Mann.

»Ja, das ist er. Du weißt, was ihm das abverlangt hat.« Mehr musste Kristina gar nicht sagen. »Er freut sich, wenn ich heute einen Mädelsabend machen kann«, sagte sie, bevor Grace das Thema ansprach. »Wir werden jetzt viel mehr Abende haben als gedacht, um das Ganze unter uns zu feiern«, meinte sie aufatmend.

»Das werden wir wirklich«, stimmte Grace zu. »In Ordnung. Ich bin dabei. Um 19.30 Uhr im *Blue Elephant*?«

»Ich simse Hen eine Einladung«, versicherte Kristina. »Bis nachher!«

Grace, Kristina und Charlie kamen pünktlich und wurden an ihren Tisch geführt. Im *Blue Elephant* gab es Wandmalereien mit Dschungelmotiven, eine hölzerne Zierbrücke über einem flachen Bach und Plastikorchideen auf den Tischen. Die Frauen hatten dort schon einmal gegessen und – kitschiges Dekor hin oder her – das thailändische Essen war ausgezeichnet.

Sie plauderten eine Weile und warteten auf Hen. Sie hatte nicht auf die Einladung reagiert, aber wahrscheinlich war sie gerade in der Röhre, als Kristina sie verschickte. Wie Grace und Kristina war auch Hen Patientin von Dr. Roberts, und gegen Ende des Arbeitstages konnte es gut sein, dass er hinter dem Terminplan herhinkte. Wahrscheinlich musste sie hierhin und dorthin und hatte keine Gelegenheit, ihre Nachrichten zu lesen.

Als sie nach zehn Minuten immer noch nichts gehört hatten, beschlossen sie, zur Feier des Tages eine Flasche Sekt zu bestellen.

»Besonderer Anlass?« Der Oberkellner entkorkte die Flasche an ihrem Tisch mit einem gedämpften, aber unverkennbaren »Plopp«, und schenkte drei Sektflöten ein.

»Das kann man wohl sagen!«, antwortete Kristina. »Wir sind alle drei krebsfrei!«

Das war wahrscheinlich nicht der besondere Anlass, an den der Oberkellner gedacht hatte. Aber er gratulierte ihnen trotzdem.

»Selbst wenn man es laut ausspricht, kommt es einem irgendwie unmöglich vor«, meinte Kristina, als er ging.

Die anderen beiden nickten. Es würde noch einige Zeit dauern, bis sie die Realität der totalen Kehrtwende in ihrem Schicksal verinnerlicht hätten.

Sie erhoben die Gläser. »Auf die Heilung!«, schlug Kristina vor.

»Und auf die *Arlingham Foundation*.« Charlie strahlte Grace an. »Du hast da etwas ganz Erstaunliches erreicht. Und das an nur einem Tag!«

Jetzt war Grace an der Reihe, einen Toast auszubringen. »Mögen alle Wesen frei von Leiden sein!«, sagte sie.

Zehn Minuten später, sie hatten gerade Vorspeisen bestellt, die sie sich teilen wollten, piepte Kristinas Telefon. Sie las Hens kurze Nachricht laut vor: »Bin unterwegs.«

Kurz darauf traf Hen ein. Sie wurde über die Holzbrücke geführt, und die drei Frauen beobachteten sie genau. Als sie sie entdeckte, lächelte sie übers ganze Gesicht.

»Tomographie ohne Befund!«, verkündete sie im Näherkommen und hob triumphierend die Hände.

Sie sprangen auf und umarmten sie. Unterdessen brachte ein Kellner eilends ein weiteres Sektglas.

»Ich komme gerade von Dr. Roberts«, erklärte sie aufgeregt, als sie sich setzten. »Es war das Gleiche wie bei dir, Grace. Er wollte bei mir noch einmal alles abklären, weil das heute schon seine dritte Remission war. Deshalb habe ich so lange gebraucht.«

»Und, hast du eine Ahnung, warum das passiert ist?«, fragte Kristina.

»Instant Karma«, sagte Hen im Brustton der Überzeugung. »Ganz offensichtlich.«

»Ich dachte, du glaubst nicht an Karma?«, fragte Grace.

»Habe ich auch nicht, zumindest nicht, bis ich Dr. Bohn im Fernsehen gesehen habe.«

An ihren verblüfften Mienen war zu erkennen, dass die anderen keine Ahnung hatten, von wem sie sprach.

»Er war auf Galaxy, als ich auf die Ergebnisse gewartet habe. Er hat mir ein paar grundlegende quantenwissenschaftliche Prinzipien wieder in Erinnerung gerufen. Die Art und Weise, wie wir über Materie denken, ist grundlegend falsch, denn alles existiert in Abhängigkeit von anderen Faktoren, und wenn sich diese Faktoren – einschließlich unseres Geistes – ändern, ändert sich auch unser Erleben der Sache als solcher.«

Hens Augen strahlten mit der Leidenschaft einer frisch Bekehrten. »So wurde mir Karma noch nie erklärt, und deshalb habe ich auch den Zusammenhang zwischen Ursache und Wirkung nie verstanden. Aber es spielt sich alles in unserem Kopf ab«, erläuterte sie leidenschaftlich. »Wenn man darüber nachdenkt, ist ja alles, was passiert, ein ständiger Fluss, eine Entfaltung, und die Ursachen, die wir schaffen, sorgen dafür, dass sie sich auf eine bestimmte Art und Weise entfalten.« Ein paar Augenblicke herrschte Stille, dann meinte Charlie: »Das klingt sehr tiefschürfend, Hen.«

»Eigentlich nicht. Es dauert nur ein bisschen, bis man es kapiert hat«, erklärte sie.

Ob tiefschürfend oder nicht, in ihren Gesichtern stand die helle Freude. Dann sagte Kristina. »Eins noch, Hen. Du hast gesagt, du hättest Karma erst verstanden, als du Dr. Bohn im Fernsehen gesehen hast.«

Sie nickte.

»Nachdem du in der Röhre warst.«

»Ja.«

»Was war denn dann die karmische Ursache?«

Mit reumütigem Lächeln lehnte sich Hen in ihrem Stuhl zurück. »Ach, das!«, sagte sie.

»Als ich heute Morgen nach Hause kam, nachdem ich von euch weg bin, ohne Schnecken aufzuheben, habe ich Shirkhan auf der Terrasse mit einer Eidechse im Maul entdeckt.«

Alle Frauen kannten Hens großen und verwöhnten Tigerkater. »Ich bin kein Fan von Eidechsen, aber ich fand sein Verhalten nicht in Ordnung. Es ist einfach nicht nötig. Ich sage ihm immer wieder, dass er sie in Ruhe lassen soll, aber glaubt ihr, der hört mal auf mich?«, beschwerte sie sich stirnrunzelnd.

Grace war nicht die Einzige, die es amüsant fand, wie Hen von der nüchternen Rationalistin zur überdrehten Sentimentalistin wurde, sobald es um ihre Katze ging.

»Er wollte das Ding nicht rauslassen, also habe ich die Sache selbst in die Hand genommen. Vielleicht lag es daran, dass ich gerade zugesehen hatte, wie ihr die Schnecken gerettet habt. Jedenfalls habe ich ihm den Finger auf die Nasenlöcher gelegt, sodass er nicht atmen konnte. Er musste sein Maul öffnen und ließ los. Die Eidechse war offenbar nicht verletzt. Sie hatte sogar noch ihren Schwanz. Als sie sich unter der Terrasse verkroch, fiel mir dein Spruch wieder ein, Grace: ›Mögen alle Lebewesen frei von Leiden sein.‹ Ich sprach ihn laut aus und nahm mein ungezogenes Vieh mit ins Haus, um ihn abzulenken. Also«, meinte sie mit Blick auf Kristina, »das war wahrscheinlich die Ursache.«

Offensichtlich spielte es keine Rolle, wenn man überhaupt nichts über das Wirken von Karma wusste. Ein Glaube daran war völlig unnötig. Es kam einzig und allein darauf an, was man tat – auf das eigene Verhalten.

Sie hob das Glas, das Kristina ihr gerade eingeschenkt hatte, und sagte: »Auf die Eidechsen.« Grace auf der anderen Seite des Tisches zwinkerte ihr zu. »Und auf die ungezogenen Viecher, die Erlösung möglich machen.«

61

Walter-Reed-Militärkrankenhaus
Bethesda, Maryland

»ICH MÖCHTE, DASS TRENT SO SCHNELL WIE MÖGLICH nach Hause kommt. Das ist doch klar.« Die First Lady sah den Stabschef des Präsidenten stirnrunzelnd an. »Aber so?«

Die beiden standen vor der Privatstation, kurz nachdem der Chirurg zur zweiten Nachuntersuchung gekommen war. Sechs Stunden waren seit Abschluss der Operation vergangen, und der Facharzt sagte, er sei mit dem Ergebnis sehr zufrieden. Mit der Stelle, an der die Kugel in seinen Körper eingedrungen war, hatte Präsident Trent Glück gehabt. Sie hatte knapp die großen Arterien verfehlt und war auch nicht auf Knochen getroffen. Stattdessen hatte sie Muskel- und Fettgewebe durchschlagen. Nachdem die Wunde gesäubert und genäht worden war, blieb nur noch, der Natur ihren Lauf zu lassen und dem Körper des Präsidenten Zeit zur Heilung zu geben.

Er ließ seinem Patienten ein paar starke Schmerzmittel da, obwohl er nicht glaubte, dass er sie über Nacht brauchen würde. Morgen würde er noch einmal nach ihm schauen, und er sah keinen Grund, warum der Präsident danach nicht sofort entlassen werden könnte.

»Großartige Nachrichten!«, hatte der Präsident erklärt und seinem medizinischen Team gedankt.

Die First Lady und sein Stabschef teilten seine Erleichterung. Aber hinter ihrem Lächeln machte Lucy Grey sich Sorgen.

»Sie haben gehört, was er gerade gesagt hat«, ging sie Will Salt an.

»Ich weiß«, nickt er ernst.

»Das wirkt völlig außer Kontrolle.«

»Ich verstehe Sie.«

»Und es liegt noch nicht einmal am Anästhetikum«, brauste sie auf.

»Lucy«, er schaute sie direkt an. »Sie kennen den Präsidenten zweifellos sehr viel besser als ich. Aber politisch gesehen ist er kein Überzeugungstäter. Er ist Pragmatiker. Und genau das braucht das Land jetzt. Jemanden, der sich an die neue Ordnung anpassen kann. Und das macht er großartig! Darauf müssen Sie vertrauen. Sie müssen an seine Fähigkeit glauben, den Zeitgeist zu kanalisieren.«

»Der Zeitgeist macht mir keine Sorgen. Sondern diese Proleten, diese sogenannten ›Patrioten‹, die versuchen werden, ihn umzubringen.«

Beide schauten in den Raum, in dem der Präsident im Bett sitzend über eine sichere Laptop-Verbindung eine Telefonkonferenz abhielt. Seit er wieder zu sich gekommen war, hatte er die Idee des Instant Karma offenbar mit Begeisterung aufgegriffen. Freitagnachmittag hin oder her, er verlangte von den Spitzen der wichtigsten Ministerien, dass sie ihm einfallsreiche, richtungsweisende Maßnahmen vorlegten, die der neuen Ära des Instant Karma angemessen waren. Erste Ideen trudelten ein, und weder die First Lady noch sein Stabschef hatten ihn je so enthusiastisch erlebt.

Das Gesundheitsministerium schlug eine durch steuerfreie Spenden finanzierte allgemeine Gesundheitsversorgung vor. Wer würde *nicht* spenden, um die Gesundheitsfürsorge für andere zu unterstützen, wenn in der Folge die eigene Gesundheit garantiert wäre – und das im Verbund mit einem sofortigen finanziellen Gewinn, der weit über die Höhe der Spende hinausginge?

Um die US-Wirtschaft so stark anzukurbeln wie noch nie, empfahl das Finanzministerium eine einseitige und sofortige Abschreibung aller Auslandsschulden.

Das Handelsministerium wollte alle Zölle aufheben, in der Hoffnung auf sofortige weltweite Gegenseitigkeit – und Bürokratieabbau.

Das Militär schlug einen Rückzug aus allen Offensivaktionen und eine Umwandlung der Streitkräfte in eine Truppe für Friedenssicherung und Katastrophenschutz vor.

Was die First Lady so beunruhigte, war allerdings ein Vorschlag von einigen führenden Vertretern des Kongresses. Sie empfahlen, den zweiten Verfassungszusatz und damit das Recht auf Waffenbesitz aus der *Bill of Rights* zu streichen. Wenn das Erschießen anderer nur den Grund dafür legte, dass man selbst erschossen wurde, so argumentierten sie, welches Motiv könne es dann geben, das Instrument seiner eigenen Hinrichtung zu kaufen oder zu behalten?

Weitere Ermittlungen von Polizeichef Hans Ziegler im Hotel Piccard hatten zu einer verblüffenden Analyse geführt: Alle Delegierten, die an jenem Mittag erschossen worden waren, gehörten zum harten Kern einer Lobbygruppe innerhalb der NRA, die sich noch am Morgen im Kongress intensiv für eine Lockerung der Beschränkungen für Angriffswaffen eingesetzt hatte.

»Und was ist mit dir?«, hatte die First Lady gerade erst vor wenigen Minuten eingewendet, als der Präsident ihr von dem Vorschlag erzählt hatte. »Du hast heute Morgen keine Lobbyarbeit betrieben. Und du wurdest angeschossen.«

»Eine unbedeutende Verletzung.« Er hatte sie über seine Lesebrille hinweg angeschaut. »Wäre ich nicht der, der ich bin, hätten sie mich schon entlassen. Und so beschämend es ist, ich muss zugeben, dass ich selbst die Ursache für die Verletzung war.«

Ihre Augen verengten sich.

»Heute Morgen im Fitnessstudio war das Fenster offen und eine Maus kam herein. Mein Personal Trainer hat sie gar nicht bemerkt. Sie war hinter ihm. Ich sagte ihm, er solle etwas tun. Er warf einen Tennisball nach ihr. Sie humpelte davon. War mir völlig entfallen, bis ich aus der Narkose aufgewacht bin.«

»Maus«, die First Lady erinnerte sich. Sie hatte geglaubt, er habe etwas mit »Haus« gemurmelt.

»Selbst wenn das stimmt«, sie schlang die Arme um sich, »du weißt doch, wie die Waffenlobby ist.« Ihre Lippen begannen zu zittern und Tränen stiegen ihr in die Augen. »Die kreuzigen dich!«

Der Präsident beendete seine Telefonkonferenz. Die First Lady und Will Salt kamen wieder ins Zimmer. Er ahnte offenbar, worüber sie gesprochen hatten, denn er streckte die Hand nach ihr aus: »Ich weiß, dass du dir Sorgen um mich machst, Schatz, aber ich möchte dir etwas sagen. Ich habe gerade mit Applebaum telefoniert, du weißt schon, von der FDA.«

Sie nickte.

»Ein Farmer hat heute Nachmittag versucht, ihn umzubringen. Irgendwie war er in sein Büro gelangt. Er hat aus drei Metern Entfernung auf ihn geschossen. Und ihn verfehlt. Applebaums Sicherheitsdienst hat auf den Farmer geschossen – nicht um ihn zu töten, nur um ihn auszuschalten. Siehst du«, er drückte ihre Hand. »Ab heute kann einen niemand mehr umbringen, es sei denn, man hat selbst den Grund dafür gelegt, dass man umgebracht wird. Wenn sie es versuchen, schaden sie sich nur selbst.«

Lucy kannte ihren Mann gut genug, um zu wissen, dass er seine Meinung nicht ändern würde. Zumindest nicht jetzt. Es war zwecklos, weiter über das Thema zu diskutieren.

»Und was machen wir nächstes Mal, wenn die Maus zu Besuch kommt?«, wollte sie wissen.

»Eine humane Mausefalle, und dann ab aufs Land. In die blauen Berge ziehen wir ...«, sagte er.

»In die blauen Berge ziehen wir ...«, wiederholte sie. »Da werde ich ja richtig neidisch.«

62

Galaxy Nachrichtenredaktion
Los Angeles

BEI GALAXY GINGEN DIE MERKWÜRDIGKEITEN BIS TIEF in den Abend weiter. Dan Kavana und Tara Green moderierten gemeinsam die Nachrichtensendung, die bis in die späten Abendstunden dauerte, da immer neue News über dramatische Ereignisse aus aller Welt hereinkamen. In Kolumbien hatten die Bosse der mächtigsten Drogenkartelle an Friedensverhandlungen teilgenommen, die scheiterten: Bei der anschließenden Schießerei hatten sie sich mitsamt ihrer Führungsriege gegenseitig ausgelöscht.

Im Pazifik wurde Tierschützern, die sich für die Rettung der bedrohten Orang-Utans einsetzen, eine ganze Insel geschenkt, die auf Dauer als Schutzgebiet für die roten Menschenaffen erhalten bleiben sollte.

Außergewöhnliche Wetterereignisse führten dazu, dass Diktatoren in Unterdrückerregimen auf allen Kontinenten von Erdrutschen verschlungen wurden, bei Überschwemmungen ertranken oder in ihrem eigenen Bett verbrannten. Die Weltgeschichte wurde über Nacht neu geschrieben.

Da so viele Leute bis spät in die Nacht arbeiteten, hatte Harvey O'Sullivan für Essen und Wein aus einem nahegelegenen veganen Restaurant gesorgt. Neben der vielen Arbeit und der großen Intensität herrschte eine seltsam festliche Zeitenwende-Stimmung. Früher war Harvey eine ferne, ja gottähnliche Figur gewesen, doch jetzt, wo sie Gelegenheit hatten, mit ihm zu arbeiten, schätzte das Nachrichtenteam seinen klugen, messerscharfen Verstand. Seine Bereitschaft, Risiken einzugehen. Seinen beträchtlichen Charme.

Er und der rundliche Trent Garvey waren den ganzen Tag über in ständigem Kontakt, während Galaxy Lama Tashis Rat umsetzte und Werbung für seine Konkurrenten machte. Als sich das Wagnis ausgezahlt hatte, war Harvey konsequent gewesen. »Werbt für sie, was das Zeug hält!«, lautete seine Anordnung. Zur großen Verwunderung ihrer Mitbewerber wurden diese schon bald von den beliebtesten Moderatoren und Reportern von Galaxy überschwänglich gelobt. Und die Einschaltquoten von Galaxy schossen weiter in die Höhe.

»Die müssen doch inzwischen herausgefunden haben, was wir machen«, merkte Trent an, als die Einschaltquoten am frühen Abend senkrecht nach oben schnellten. »Warum machen sie nicht das Gleiche?«

»Angst«, antwortete Harvey. »Sie haben Angst, sich zum Narren zu machen. Wenn du das erst einmal überwunden hast«, dabei legte er Trent onkelhaft die Hand auf die Schulter, »liegt dir die Welt zu Füßen, mein Freund.«

Wieder in der Nachrichtenredaktion, war Harvey ganz in seinem Element und hatte bereits mit der Rechercheurin Chieko über eine Social-Media-Zusammenarbeit mit *Flourish* nachgedacht: Er wollte, dass Megan Mitchell mit Galaxy zusammenarbeitete, um ihre Marke weltweit bekannt zu machen.

Schon bei seinem dritten Drink an diesem Abend angelangt, drückte er Nick Nalder ein Glas Wein in die Hand. »Sie sind ein guter Kerl, Nick. Sie haben den Laden fest im Griff. Das weiß ich zu schätzen.«

Nalder nickte.

»Ich will zusehen, dass Sie mehr Ressourcen bekommen …«

»Dafür wäre ich echt dankbar«, antwortete Nalder.

»… aber ich möchte eine Gegenleistung.«

Nalder schluckte. »Aha?«

»Ihre HR-Methode.« Er deutete mit dem Kinn in Richtung Tracey Kramer. »Erfrischend.«

»Die …« Nalder wollte gerade erklären, dass Kostbares Gut bloß eine heutige Idee war.

»Ich möchte, dass Sie sie auf die ganze Organisation ausweiten.«

»Sie meinen …«

»Zwei Personen in einem Raum. Alles rauslassen. Keine Hemmungen. Und dann …«, Harvey, rieb sich die Hände, »… nach vorne schauen. Sie sollten mal sehen, wie viel Geld wir für Mediation, Schlichtung, Schiedsverfahren verschwenden. Für Therapeuten. Für Anwältinnen. Und Monate später sind die Leute immer noch verbittert und fühlen sich als Opfer. *Sie* haben die richtige Idee.«

»Nun ja …«, Nalder senkte den Blick.

»Noch dazu werden wir zum bestaussehenden Fernsehsender aller Zeiten.«

»Das ist Ihnen aufgefallen?«

»War ja nicht zu übersehen. Geduld ist eine Ursache für Schönheit. Oder nicht?«

Später stand Nalder zufällig neben Tracey Kramer, die gerade eine Portion Tiramisu in eine Dessertschale hievte.

»Nalder möchte, dass ich diese ›Kostbares-Gut‹-Geschichte auf ganz Galaxy ausweite.«

Tracey, die weder Technikerin war noch vor der Kamera stand, hatte an diesem Abend mehrere Gläser Wein getrunken und war entsprechend gut drauf. Kichernd schaute sie Nalder an.

»Was?«

»Bis Sie damit durch sind, sehen Sie so gut aus, dass Sie als James Bond gecastet werden.«

»Ich bin mir nicht sicher, ob ich das als Kompliment oder als Beleidigung verstehen soll.«

»Ich auch nicht«, erwiderte sie schulterzuckend und griff zu der Dessertschale. »Übrigens: Mein Kleid vom letzten Freitag. Fanden Sie das wirklich altbacken?«

Er brauchte einen Moment, bis er begriff, wovon sie sprach. »Ach das.«

Er schüttelte verneinend den Kopf. »Ich wusste, dass es Ihnen gefällt. Nur deshalb war ich so gehässig. In Sachen Frauenmode sollten Sie echt nicht auf mich hören. Was weiß ich denn schon?«

Sie reichte ihm das Dessert und nahm sich dann selbst ein Stück.

»Das Problem mit dem Körpergeruch …« Jetzt war er dran mit der Empfindsamkeit. »Wie echt ist das?«

Sie schnitt sich eine Scheibe ab. »Ich wollte nur, dass Sie sich Sorgen machen.«

Sie lachten beide, dann meinte sie nachdenklich: »Weiß nicht, ob ich darin noch mal so gut bin.«

»In was?«

»Ihr Kostbares Gut zu sein.«

»Da drin waren Sie aber saumäßig gut darin«, betonte er und deutete auf das zweite Studio.

»Ja, aber es hat sich was verändert, finden Sie nicht?«

Er begegnete ihrem Bick: »Ich glaube, ja.«

»In gewisser Weise … mag ich Sie jetzt sogar.«

»Ja, dito.« Er wirkte fast schon verzweifelt, als er sagte: »Sie müssen eine verwöhnte Millennial-Göre für mich auftreiben.«

»Und Sie einen arroganten Scheißkerl von Babyboomer für mich«, antwortete sie. Sie drehten sich um und ließen den Blick über die Nachrichtenredaktion schweifen. »Aber wo?«

Dan und Tara kamen nach den Spätnachrichten endlich aus dem Studio. Es war ein sehr langer Tag gewesen und beide waren erschöpft. Nur wenige Minuten später waren sie aus der Tür und in den Dienstwagen, die auf sie warteten. Das gesamte Nachrichtenteam war inzwischen nach Hause gegangen.

Dan hatte in den Pausen ein paar Mal auf sein Smartphone geschaut. Keine Videos mehr von der *Pacific Seabird Rescue*, aber Jacinda sagte, dass Maddie weiterhin Fortschritte machte. Und dass sie erst nach Hause wollte, wenn auch die letzte Möwe sauber war. Es gab eine ganze Gruppe von Freiwilligen, die ähnlich engagiert waren. Es würde eine lange Nacht werden.

Er musste auf dem Heimweg eingenickt sein, denn als Nächstes wusste er nur noch, dass sie durch das Tor und die kurze, gepflasterte Auffahrt hinauffuhren. Drinnen wartete Tammy auf ihn. Sie war zwar schon im Nachthemd, aber sie brachte es fertig, hellwach und fröhlich zu wirken. Gepflegt bis in die Haarspitzen.

»Das war so ein Tag, was?«, murmelte sie nach dem Begrüßungskuss.

»Ich habe Baileys auf Eis. Whisky gefällig?«

»Und wie.«

Es war zu ihrem Ritual geworden, wenn Dan Spätschicht hatte. Dann wartete Tammy auf ihn – sie war eine Nachteule, und es gab immer etwas zu tun. Sie genehmigten sich einen Drink, und wenn das Wetter gut war, saßen sie draußen, mit Blick auf die funkelnden Lichter von Beverly Hills und darüber hinaus. Es war ihre besondere gemeinsame Zeit, in der sie den Tag Revue passieren ließen, Pläne schmiedeten oder einfach die Nacht genossen, um vor dem Schlafengehen zur Ruhe zu kommen.

Trotz allem, was in der Welt um sie herum passiert war, gab es an diesem Abend nur ein Gesprächsthema. Sie waren außer sich vor Freude über Maddies Fortschritte. Sie hatte Dinge getan, von denen es eigentlich hieß, dass es bis dahin noch viele Monate dauern würde, ja, dass sie das vielleicht nie wieder könnte. Mal um Mal schauten sie sich das Video an. Sie konnten es kaum erwarten, Maddie zu sehen und ihren lebensverändernden Durchbruch mitzuerleben.

Dan erklärte, wie er auf die Suche nach ehrenamtlichen Helferinnen und Helfern aufmerksam geworden war – während eines Erdbebens unter dem Tisch in der Nachrichtenredaktion. Wie er die Sache mit seiner Maskenbildnerin Alice durchgesprochen hatte, immer noch unsicher in diesen ersten Stunden von Instant Karma, ob es überhaupt klappen würde.

»Du siehst müde aus«, sagte Tammy mitfühlend. »Das muss heute ein echt heftiger Tag für dich gewesen sein.«

»Kann man wohl sagen.« Dan schleuderte seine Schuhe von sich, lockerte seine Krawatte und knöpfte den obersten Knopf seines Hemdes auf. »Aber morgen ist Samstag. Freier Tag. Es ist mir egal, wie lange ich aufbleiben muss, ich will mein Mädchen sehen.«

Tammy ging es genauso. »Immer, wenn ich anrufe, sagt Jacinda mir: Nur noch ein Vogel.«

Sie mussten eingenickt sein, denn als Nächstes wussten sie nur noch, dass sie vom Geräusch von Schlüsseln in der Eingangstür geweckt wurden, vom Echo von Jacindas Schritten in der Diele.

»Jacinda?«, rief Tammy von der Terrasse.

»Sie sind noch wach?« Sie war überrascht.

Sie tauchte am anderen Ende des Wohnzimmers auf. Hinter ihr das vertraute Geräusch der Rollstuhlreifen, da Maddie ihr folgte.

»Liebes!«, Tammy sprang auf, Dan gleich danach, und beide gingen hinein.

Auch sie sah erschöpft aus, ihr Langarm-Shirt und ihr Gesicht waren ölverschmiert, ihr Haar zu einem Pferdeschwanz zurückgebunden.

»Wir haben auch noch den allerletzten sauber gemacht!«, sagte sie triumphierend. Dann hob sie die Hand, bevor ihre Eltern noch näher herankommen konnten: »Stopp!«

Sie warf Jacinda, die ein kleines Stückchen weiter weg stand, einen vielsagenden Blick zu.

»Möchtest du …«, begann Jacinda.

»Nein!«, fiel sie ihr entschlossen ins Wort.

Sie legte ihre Hände unter ihren rechten Oberschenkel und hob ihn an, bewegte dabei ihren rechten Fuß und stellte ihn auf den Boden. Dann tat sie das Gleiche mit dem linken. Alles Bewegungen, die laut den Ärzten angeblich nie wieder möglich wären. Dann stützte sie sich mit den Händen auf den Armlehnen ab und schob sich mit zitternden Muskeln nach oben in den Stand. Vorsichtig balancierend lächelte sie ihre ungläubig staunenden Eltern an und atmete bewusst. Bis sie bereit war, erst einen unsicheren Schritt zu tun, dann den nächsten – auf die beiden zu, die ihr unter Tränen zusahen.

Der nächste Tag

Glaube nicht einfach an alles, nur, weil du es gehört hast. Glaube nicht einfach an alles, nur, weil man darüber spricht und redet. Glaube nicht einfach an alles, nur, weil es in deinen religiösen Büchern geschrieben steht. Glaube nicht einfach an alles, nur, weil die Autorität deiner Lehrer und Eltern es fordert. Glaube nicht einfach an alles, nur, weil die Tradition es seit Generationen gebietet. Falls du aber nach genauer Beobachtung und Analyse erkennst, dass es vernünftig ist und dem Guten sowie dem Wohlergehen des Einzelnen und aller dient, dann akzeptiere es und lebe strikt danach.*

Der Buddha (5. Jh.)

* Das Zitat in dieser populären Form geht zurück auf das Kalama Sutta (oder Sutra) aus dem Pali-Kanon, die Rede an die Kalamer. Dort heißt es:
»Aus diesem Grunde eben, Kālāmer, haben wir es gesagt: Geht, Kālāmer, nicht nach Hörensa-gen, nicht nach Überlieferungen, nicht nach Tagesmeinungen, nicht nach der Autorität heiliger Schriften, nicht nach bloßen Vernunftgründen und logischen Schlüssen, nicht nach erdachten Theorien und bevorzugten Meinungen, nicht nach dem Eindruck persönlicher Vorzüge, nicht nach der Autorität eines Meisters! Wenn ihr aber, Kālāmer, selber erkennt: ‚Diese Dinge sind heilsam, sind untadelig, werden von Verständigen gepriesen, und, wenn ausgeführt und unter-nommen, führen sie zu Segen und Wohl‘, dann, o Kālāmer, möget ihr sie euch zu eigen machen.«
Quelle: https://www.palikanon.com/angutt/a03_062-066.html

63

Freudige Staaten von Amerika

A AN EINEM SCHÖNEN FRÜHLINGSSAMSTAG ERWACHTEN DIE GUTEN – und auch die weniger guten – Menschen in den Vereinigten Staaten und erinnerten sich an die folgenschweren Ereignisse des Vortages. Einige schalteten den Fernseher ein oder surften im Internet, um zu erfahren, ob Instant Karma immer noch galt. Andere brauchten eine derartige Bestätigung nicht, denn kaum, dass sie die Augen aufgeschlagen hatten, erlebten sie selbst, wie real es war.

Vor allem ein Gedanke stand bald im Vordergrund. Eine einzigartige Motivation, die überzeugender war als jede andere bisher: Wie konnten sie das, was sie sich selbst am meisten wünschten, anderen am besten zukommen lassen?

24 Stunden Instant Karma, mehr hatte es für diesen äußerst bemerkenswerten Paradigmenwechsel nicht gebraucht. Mehr war nicht erforderlich, damit die Menschen andere ins Zentrum ihrer wohlwollenden Absichten stellten, weil sie wussten, dass sie selbst als Erste davon profitieren würden. Damit sie in einem gewissen Maß die Dualität zwischen sich selbst und den anderen losließen und sich darin übten, aus Überzeugung in kluger Weise egoistisch zu sein.

Die gewissenhaftesten Bürgerinnen und Bürger hatten sich die Motivation, die man laut Lama Tashi zu Beginn eines jeden Tages sprechen sollte, bereits aufgeschrieben: »Möge jede meiner körperlichen, sprachlichen und geistigen Handlungen heute eine Ursache dafür sein, dass ich erleuchtet werde, damit ich allen anderen Wesen helfen kann, denselben Zustand zu erlangen.«Andere wurden an diese Worte erinnert, wenn sie ins Internet gingen – die digitale Welt wurde schnell zu einer Fundgrube für alle Aspekte von Karma. Es war schließlich *das* Thema des Tages. Warum sollte man seine Wirkungsweise auch nicht in allen ihren Elementen verstehen wollen, wenn das eigene Glück davon abhing?

Die Menschen wurden schnell zu Experten, nicht nur für die allgemeinen Aspekte von Karma, sondern auch für das Verständnis, welche Ursachen welche konkreten Wirkungen hervorriefen. Wenn man gesund, wohlhabend und weise sein wollte, gab es klare Regeln. Ebenso, wenn man gutaussehend, berühmt und einflussreich sein wollte. Eine verkürzte Lebenserwartung, körperliche Schwächen, Hässlichkeit und Elend hatten ihre Ursachen. Diese möchte man natürlich vermeiden: Also mach mit!

Da alle wussten, wie stark die Absicht das Gewicht des Karmas beeinflusst, dauerte es nicht lange, bis alle Bodhichitta praktizierten – den stärksten Anreiz überhaupt. Besonders sorgfältig gingen dabei diejenigen vor, die über alle Ursachen für negative Erfahrungen nachdachten, die sie in der Vergangenheit geschaffen hatten, Ursachen, die sich in Gestalt viel stärkerer Wirkungen manifestieren könnten, wenn die Umstände es zuließen. Sie sprachen die Worte nicht nur, sondern nahmen sich auch die Zeit, ihre Bedeutung zu verstehen. Und nicht nur das, sondern sie wollten sie auch *erleben*.

Was als konstruierte Übung begonnen hatte, gewann dabei an Tiefe, genau wie von Lama Tashi vorhergesagt. Es kam zu Aha-Erlebnissen, und das Verständnis der Menschen vertiefte sich derart, dass sich in der Folge ihr Verhalten änderte: Mit dem gleichen Einsatz, der gleichen Ausdauer und dem gleichen Einfallsreichtum, mit denen sie bisher nach ihrem eigenen Glück gestrebt hatten, strebten sie nun nach dem Glück anderer. Selbstentfaltung galt inzwischen als engstirnig und ineffektiv, als auf einem grundlegenden Irrtum beruhend. Die Entfaltung *anderer* war in!

Der Wunsch, materielle Dinge zu verschenken, war universell. Man konnte nirgendwo hingehen, ohne mit Geschenken überhäuft zu werden, und es erforderte aufrichtige Entschlossenheit, per saldo mehr zu geben als zu nehmen. Das Resultat war weniger ein Trickle-down-Effekt als vielmehr ein Flood-down-Effekt. Der Wohlstand der Reichen sickerte also nicht nur tröpfchenweise zur Mittelschicht und den ärmeren Bevölkerungsgruppen durch, sondern floss in kräftigen Strömen, weil das reichste eine Prozent der Welt über 45 Prozent seines Vermögens mit den anderen 99 Prozent teilte. Aber nicht, dass die Wohlhabenden lange hätten darauf verzichten müssen. Wie Philanthropen bereits früher festgestellt hatten, schuf man damit nur die Ursachen dafür, dass man noch reicher wurde, egal wie enthusiastisch man sein Geld verschenkte.

In der Wirtschaft taten ehemalige Konkurrenten alles, um ihre geschäftlichen Rivalen zu fördern, und freuten sich aufrichtig, wenn diese dann lukrative Geschäfte abschließen konnten. Prominente duldeten kein schlechtes Gerede über ihre Kolleginnen und Kollegen und wollten nur deren Erfolge feiern. Allen Menschen wurde viel Raum gegeben, erfolgreich zu sein. Nur ein miesepetriger Dummkopf würde anderen den Erfolg missgönnen.

Freundlichkeit und Mitgefühl waren an der Tagesordnung. Nicht nur Menschen mit Liebeskummer, Verlassene und Betrogene wollten sich wieder als ganzer Mensch fühlen. Das wollten doch alle! Deshalb lächelten Fremde einander an, wenn sich ihre Blicke trafen. Und wenn Freunde einander begegneten, umarmten sie sich herzlich. In dem neuen emotionalen Klima tauten erkaltete Herzen auf, Unsichere krochen aus ihrem Schneckenhaus, und Aufmerksamkeitssüchtige legten ihr Gehabe zugunsten eines bescheideneren, authentischeren Auftretens ab. Erleuchteter Eigennutz wurde von einer bewusst auferlegten Angewohnheit zum spontan empfundenen Antrieb.

Der Wunsch, das Leben aller fühlenden Wesen zu erhalten, wurde mit Begeisterung aufgegriffen. Noch nie hatte es so große Ehrfurcht vor Lebewesen gegeben, insbesondere vor den kleinen und verletzlichen. Die Vorstellung, dass nur der Mensch ein Monopol auf den hohen Wert hat, den er seinem Leben beimisst, oder dass allein *Homo sapiens* glücklich sein und Schmerz vermeiden will, wurde als grausamer und offenkundiger Irrtum betrachtet, von derselben Art wie historische Vorurteile, wonach Sklaverei in Ordnung sei oder Frauen nicht wählen dürften. Es wurden aufwendige Maßnahmen ergriffen, damit man auf Gehwegen keine Insekten zertritt. Auf den Balkonen wuchsen bienenfreundliche Pflanzen. Die Vogelfutterstellen im Garten wurden mit Leckerbissen für die gefiederten Freunde bestückt. Jede Chance, Leben zu erhalten, wurde als besondere Gelegenheit begrüßt – sogar Kakerlaken wurden in großen Streichholzschachteln gefangen und umgesiedelt, wobei die Rettenden ihre Bodhichitta-Motivation vor sich hinmurmelten.

Die Menschen waren so geduldig wie noch nie. Aggressives Verhalten im Straßenverkehr war wie weggeblasen. Welcher Verlierer würde es schon zulassen, dass die schlampige Fahrweise eines anderen ihn hässlich macht? Stattdessen gab es an diesem Samstag eine Flut von Nachrichten, in denen ein Treffen mit den Schwiegereltern vorgeschlagen wurde – je unangenehmer sie waren, desto besser. Nervtötende, langweilige Personen, denen man normalerweise aus dem Weg ging, waren plötzlich sehr beliebt, denn jeder wollte eine Chance, sich in Geduld zu üben. Nur wenige Menschen ließen sich die seltene Gelegenheit entgehen, Zeit mit jemandem vom anderen Ende des politischen Spektrums zu verbringen und sich dessen ignorantes Geschwafel und unverschämte Provokationen anzuhören, auf das man nur hier und da mit einer behutsam formulierten Frage reagierte. Religiöse Eiferer erklärten ihre harsche Kritik an Ungläubigen eben jenen Menschen, die sie so bezeichneten, und diese betrachteten sie mit nachsichtigem Lächeln. Die allgemeine Attraktivität des Menschen stieg auf ein nie da gewesenes Niveau.

Auch die Medien, sowohl die klassischen als auch die sozialen, bekamen einen völlig anderen Anstrich. Angesichts des hohen Preises, der für Lügen, polarisierende Kommentare, harsche Worte und unnötiges Geschwätz zu zahlen war, gab es keine Klickfang-Schlagzeilen mehr, keine gezielten versteckten Andeutungen, keine langatmigen, nichtssagenden Spekulationen darüber, was Prominente gedacht, gesagt oder getan haben könnten, und das auf der Grundlage dürftigster Beweise. Stattdessen lag der Schwerpunkt ganz klar auf dem Positiven, dem Aufmunternden, dem Nützlichen, sodass das, was die Menschen aufnahmen, sie aufmunterte und froher machte.

Selbstverständlich gab es keine Kriminalität. Wenn die Planung von Mord, Diebstahl oder Gewalt nur zu unsäglichem Elend für einen selbst führte, warum sollte man dann so etwas tun? Vor allem, wenn die wahren Ursachen für Reichtum und Glück so leicht zu schaffen waren?

Diejenigen, die bereits straffällig geworden waren und den ersten Tag von Instant Karma irgendwie überlebt hatten, hatten verständlicherweise Angst bekommen. Wie konnte man dem Tsunami des Schreckens entgehen, der zuschlagen würde, sobald die Umstände es zuließen? *Bodhichitta* war die Methode der Wahl zur Läuterung. Aus tiefstem Herzen und freiwillig wurde Wiedergutmachung angeboten. Schadensersatz wurde geleistet. Hatte Lama Tashi nicht gesagt, dass Tugend zehnmal so stark wirkt wie Nicht-Tugend?

Überall in den Entwicklungsländern wurden Kriegstreiber zu Friedensstiftern und transferierten ihre durch Ausplünderung erlangten Profite von Bankkonten in Übersee, um damit Lebensmittel, Schulen und Krankenhäuser zu finanzieren. Afrikanische Diktatoren, die am Vortag Hagel, Feuer und Flut noch irgendwie entkommen waren, stießen ihre Luxushotel-Portfolios ab, liquidierten ihr Auslandsvermögen und verzichteten sogar auf ihre Mercedes Benz Maybachs zugunsten von Chemikalien, die sie für die Versorgung ihrer Bürger mit sauberem Wasser benötigten.

Im Nahen Osten änderte sich die Politik über Nacht. Bei bisher unlösbaren Konflikten wurden dramatische Durchbrüche erzielt. In Jerusalem verzichtete die israelische Regierung auf alle Ansprüche auf die Stadt, da sie erkannte, wie bedeutsam sie für Palästinenser und Christen ist. Die Palästinenser wollten davon nichts hören – nein, sie erklärten, jüdische und christliche Gruppen sollten die Verantwortung für die Stadt übernehmen, da sie für ihre Religionen so wichtig sei. Die Christen bestanden ebenso sehr darauf, kein Mitspracherecht zu haben. Mit verschränkten Armen saß man am Konferenztisch, und erst als ein Unterhändler der Vereinten Nationen ein gemeinsames Regierungssystem vorschlug, lächelten alle wieder. Überall brachen Kompromissbereitschaft und guter Wille aus.

Neben den massiven karmischen Nachwirkungen, die sich weltweit verbreiteten, jahrhundertealte Feindschaften auflösten, Hass durch Liebe, Verzweiflung durch Hoffnung und Traurigkeit durch Freude ersetzten, stellte sich zugleich eine kollektive Erleichterung über das Geschehen ein. Ein Gefühl größerer Umsicht und Ruhe. Ein allmähliches Erwachen zu der Erkenntnis, dass Erscheinungen Illusionen ähneln. In nichts und niemandem ist Substanz zu finden, denn alles ist ein Zustand des Fließens, des Wandels. Solange wir an diesem sich ständig verändernden Tanz in wohlwollender Absicht teilnehmen, ist alles gut. Es gibt nichts, woran wir allzu sehr festhalten müssen, denn die Realität ist einzig und allein unsere Projektion.

Und für eine sehr ausgewählte Personengruppe, Schülerinnen und Schüler des *Lone Pine Meditation Centers*, wirkte die Weisheit, die ihr Lehrer vor Kurzem ausgesprochen hatte, so offenkundig wie nie. Vor zehn Tagen hatte Lama Tashi eine Frage gestellt, und jetzt fühlte es sich an, als sei das eine Ewigkeit her. Im Lichte der Ereignisse der letzten 24 Stunden wirkte die Antwort darauf, die damals hoffnungslos idealistisch erschien, sehr viel pragmatischer.

»Wenn ihr je testen wollt, ob ihr *wirklich* an Karma glaubt, ist das ganz einfach«, hatte Lama Tashi gesagt und seine Präsenz war so ätherisch gewesen wie die Duftwolke eines Räucherstäbchens. »Fragt euch einfach Folgendes: Stellt ihr die Bedürfnisse anderer Wesen über eure eigenen?«

64

Boulder, Colorado

EINE DIESER SCHÜLERINNEN, MEGAN MITCHELL, WACHTE FRÜH AUF, schlüpfte in ihren Jogginganzug und ging, während ihre Kinder und ihr Mann noch schliefen, vom Haus hinüber ins Studio. Rusty wollte unbedingt raus und den Wald erkunden. Während er durch das Unterholz schnüffelte und emsig die krautigen Düfte der Morgendämmerung erforschte, machte sich Megan einen Kaffee und setzte sich auf die Studiotreppe, den Laptop auf den Knien.

Seit ihrem ersten Interview mit Lama Tashi gestern waren bei *Flourish* Zehntausende E-Mails eingegangen, und erst einen Bruchteil davon hatte sie durchgesehen. Oft handelte es sich um Fragen von ganz normalen Menschen, die außergewöhnliche Erlebnisse hatten. Noch häufiger waren Einladungen von der Art, wie sie seit dem Vortag auf Rinpoche einprasselten und in denen er gebeten wurde, als Direktor, Schirmherr oder Fachberater zu fungieren.

Gewieftere Beobachter, die erkannten, dass sie bei Lama Tashi kaum Chancen hatten, hielten sich an sie. Es gab Einladungen zu Konferenzen, Interviews und Vortragsreisen.

In ihrer gebückten Haltung auf der Treppe fühlte sich bereits das Scrollen durch die erste Seite ihrer E-Mails erdrückend an. Sie würde jemanden einstellen müssen, der ihre Post durchsieht, dachte sie. Dann fragte sie sich, was Lama Tashi in so einer Situation tun würde. Daraufhin ließ sie entspannt die Schultern sinken, stellte den Laptop auf dem Boden ab und schaute zwischen den Bäumen hindurch ins ferne Tal.

»Rusty!«, rief sie mit sanfter Stimme. Ihr Golden Retriever kam und ließ sich umarmen.

Lama Tashi würde lachen. Das war die reine Wahrheit. Sie konnte ihn vor sich sehen, als wäre er jetzt hier. Mit einem Gesicht voller Lachfalten und zurückgeworfenem Kopf würde er beim Gedanken daran, wie verrückt das alles sei, in sich hineinlachen. Er hatte sich nicht verpflichtet gefühlt, jede Nachricht zu beantworten, die er gestern erhalten hatte. Warum sollte sie das dann?

Er hatte jede Gelegenheit genutzt, sich mit der Natur und anderen Wesen zu verbinden. Wenn es darum ging, Weisheit weiterzugeben, war er äußerst effektiv gewesen. Er gab selbst die Richtung vor und ging nicht auf die zahllosen Anfragen und Nachrichten ein, die ihn in diese oder jene Richtung drängen wollten.

Nach einer Weile griff Megan wieder zu ihrem Laptop, schloss ihre E-Mails und öffnete die Botschaft, die Lama Tashi am Vortag aufgezeichnet hatte, damit sie sie zu einem Zeitpunkt ihrer Wahl veröffentlichen konnte. Das war das Einzige, was heute wirklich wichtig war, beschloss sie. Die eine Sache, um die ihr Lehrer sie gebeten hatte.

Seine Botschaft war nur wenige Minuten lang, und sie saugte sie mit voller Aufmerksamkeit auf. Er nahm die Frage vorweg, die die mächtigsten Führungspersönlichkeiten des Landes, von Präsident Grey abwärts, am Abend zuvor mit so großem Nachdruck gestellt hatten. Lama Tashis Antwort wäre nicht unbedingt eine Beruhigung für sie, dachte Megan. Aber wie immer bei Rinpoche enthielt sie eine zusätzliche Erkenntnis, ein unerwartetes Angebot einer besonderen Weisheit. Etwas, worüber die Menschen das ganze Wochenende nachdenken konnten.

Als sie die Aufzeichnung zu Ende angesehen hatte, war ihr sofort klar, was sie damit anfangen sollte.

Am Nachmittag schickte Megan die Datei mit Rinpoches Botschaft direkt an die Führungspersönlichkeiten, die 24 Stunden zuvor mit so großem Aufwand versucht hatten, ihn zu kontaktieren. Sie war als streng vertraulich gekennzeichnet – nicht zur Weitergabe an die Medien bestimmt.

Eine Stunde vor den Hauptnachrichten am Abend kontaktierte sie die wichtigsten Medien und teilte ihnen mit, dass Lama Tashi eine besondere Botschaft aufgenommen hatte, die jetzt auf der Website von *Flourish* verfügbar war.

Am Abend saß sie mit ihrer Familie am Küchentisch und zappte durch die Fernsehkanäle. Alle brachten die Botschaft als Aufmacher.

»Ich hoffe, dass Sie alle die außergewöhnlichen Chancen nutzen, die sich uns jetzt bieten.« Megan konnte sich vorstellen, wie sich eine kollektive Ruhe über das Land legte, als Rinpoche vor der vertrauten Kulisse erschien.

»Manche werden sich fragen, wie lange das so weitergeht? Haben sich die Verhältnisse für immer verändert oder nur für ein oder zwei Tage? Wird alles wieder so wie vorher? Wenn ja, bleibt es dann auf Dauer so, oder bedeutet der Karma-Klimawandel, dass wir in Zukunft weitere Instant-Karma-Wellen zu erwarten haben?«

Das waren genau die Fragen, auf die die führenden Köpfe des Landes am Vortag eine Antwort verlangt hatten. Wie konnte man in einer derart unbeständigen Welt eine Strategie definieren?

Das beschäftigte allerdings nicht nur die führenden Köpfe. Nach den wilden Ereignissen des Vortages wieder etwas zur Ruhe kommend, fragten sich viele unzufriedene Arbeitnehmer, ob sie wohl am Montagmorgen die Ketten des Arbeiterdaseins abwerfen und stattdessen einfach Großzügigkeit praktizieren könnten. Bezieher mittlerer Einkommen diskutierten darüber, ob sie ihre Krankenversicherungsbeiträge durch Daueraufträge zugunsten der *Arlingham Foundation* ersetzen sollten. Und so mancher Fleischesser, der am Mittag ein fades Käse-Tomaten-Sandwich in sich hineinstopfte, fragte sich insgeheim, ob Fleisch wohl dauerhaft von der Speisekarte gestrichen wäre.

Wie immer nahm die Gelassenheit von Rinpoches Präsenz diesen Sorgen ihre Schwere. Ja, seine Mimik hatte sogar etwas Verspieltes, als er diese Fragen aufwarf.

»Es tut mir leid«, sagte er. »Ich habe darauf keine Antwort. Ich habe zwar mit einer großen Veränderung in der Art und Weise gerechnet, wie sich Karma manifestiert, aber wie sich diese Dynamik entwickeln wird, lässt sich unmöglich vorhersagen.«

Er legte eine rhetorische Pause ein, und die Kamera fuhr näher an sein Gesicht heran. »Unter einem wichtigeren Aspekt«, sagte er in entschiedenem Ton, »sollte das auch keine Rolle spielen. Das Gesetz der Kausalität bleibt unverändert. Es besteht seit jeher und wird immer bestehen. Das Einzige, was sich ändert, ist der zeitliche Ablauf.

Wenn Sie die positive Wirkung einer Ursache, die Sie geschaffen haben, erst nach sechs Wochen anstatt nach sechs Minuten erfahren, lohnt es sich dann nicht mehr, die Ursache zu schaffen? Was ist mit sechs Jahren oder sogar 60 Jahren, wenn Ihre kleine Eichel der Güte vielleicht zu einer Eiche herangewachsen ist – wie steht es damit? Oder was ist mit einem künftigen Realitätserleben, das völlig anders ist als dieses Leben? Wenn Sie eine Haltung der Warmherzigkeit und der Tugendhaftigkeit kultiviert haben, warum sollten Sie dann nicht auch die Resultate dieser Haltung erleben?

Das Gleiche gilt natürlich auch für negative Ursachen und Wirkungen. Wie wir denken, so werden wir. Die Realität, die wir erleben, entsteht aus früheren Ursachen. Kein anderes Wesen zwingt uns, diese Realität zu erleben. Es liegt allein an uns.

Sehen Sie das große Ganze. Entwickeln Sie den Panoramablick. Karma ist ewig. Machen Sie sich nicht zu viele Gedanken über das Tempo, in dem Ursachen heranreifen. Ein Menschenleben ist so.« Damit hob er die rechte Hand auf Höhe seines Gesichts und schnippte mit den Fingern. »Wie ein Blitz am Nachthimmel. Ein Wasserfall, der den Berghang hinunterrauscht. Natürlich dauert es in der Regel seine Zeit, bis Ursachen auf Umstände treffen, unter denen sie reifen können. Es gibt einen Zeitraum zwischen Saat und Ernte.

Betrachten wir also das, was wir jetzt erleben, als einen Aufruf zum Handeln. Als einen kostbaren und noch nie da gewesenen Wink, wie Realität geschaffen wird. Wie glücklich können wir uns schätzen, dass wir hier und jetzt am Leben sind!«

Lama Tashi nickte mit heiterem Lächeln. Dann wechselte er das Thema. »Ich möchte Ihnen noch etwas mitteilen. Seit gestern Morgen erhalte ich viele freundliche Anfragen von Menschen, die mich bitten, ihr Repräsentant, ihr Schirmherr zu sein. Eine Gruppe möchte sogar eine Statue von mir aufstellen!« Er hob die Hände vors Herz, die Handflächen aneinandergelegt, und lächelte wie Eltern über die großzügige Geste eines kleinen Kindes lächeln. »Ich weiß das alles aufrichtig zu schätzen. Wirklich. Aber ich fürchte, diese Bitten sind nicht die bestmöglichen. Wenn man eine hilfreiche Antwort bekommen möchte, ist es wichtig, eine hilfreiche Frage zu stellen, oder etwa nicht?«

Er machte eine Pause, damit die Leute diesen Punkt verinnerlichen konnten. Dann fuhr er fort. »Wie ich meinen Schülerinnen und Schülern immer wieder sage, wenn es jemanden gibt, den Sie vielleicht mögen oder respektieren, jemanden, von dem Sie glauben, dass er wertvolle Eigenschaften hat, dann lautet die richtige Frage nicht: ›Wie kann ich diese Person haben oder besitzen?‹ ›Wie kann ich sie in mein Leben holen?‹ Oder: ›Wie kann ich sie auf einen Sockel heben und sie verehren?‹«

Er schüttelte energisch den Kopf und seine nachdenkliche Miene wandelte sich zu erstaunlicher Entschlossenheit. Seine Augen strahlten und sein Gesichtsausdruck war bezwingender, als man es im Fernsehen bisher je bei ihm gesehen hatte. Dies war ein ganz anderer Lama Tashi, einer von außergewöhnlicher Kraft.

»Die richtige Frage lautet: ›Wie kann ich so sein wie sie?‹ Wir alle besitzen dieselbe Natur, dieselben grundlegenden Eigenschaften«, sein Blick war absolut gebieterisch. »Wir haben alle das gleiche, kurze Menschenleben. Wie Sie es nutzen – das ist *Ihre* Entscheidung. Deshalb machen Sie das Beste aus sich! Streben Sie nicht bloß nach Reichtum, Schönheit oder Macht – das sind kümmerliche Ambitionen. Sie können mehr! Sie haben die Fähigkeit, ein vollständig erleuchtetes Wesen zu werden, das sowohl für sich selbst als auch für andere von unschätzbarem Nutzen ist. Warum sollten Sie sich mit weniger zufriedengeben?«

Am selben Abend

65

Vulture Peak Drive
Omni, Colorado

DIE HAUSTÜR STAND OFFEN, OBWOHL ES SCHON DUNKEL WAR, ALS ER eintraf, in der Hand eine Taschenlampe. Das kurze Stück auf dem Vulture Peak Drive war er zu Fuß gegangen. Die Diele war hell erleuchtet, denn Tina hatte gerade erst letzte Hand an ein großes, extravagantes Arrangement aus Frühlingsblumen gelegt. Ummantelt von Grünkohlblättern leuchteten Tulpen, Narzissen, Hyazinthen und Löwenmäulchen in strahlenden Farben um die Wette. Sogar vor der Haustür duftete es unbändig nach neuem Leben. Aus dem Inneren des Hauses ertönte der Klang voller Akkorde.

Er hatte gerade die Hand gehoben, um an die Tür zu klopfen, da tauchte Tina mit einer Gießkanne in der Hand wieder im Flur auf.

»Oh!«, rief sie erfreut, als sie ihn entdeckte. Sie stellte die Gießkanne auf den Tisch und eilte zu ihm.

»Hören Sie das?«, fragte sie mit strahlenden Augen.

»Das Klavier.«

»Ja!« Mit beiden Händen ergriff sie seine rechte Hand und führte ihn ins Haus. »Das haben wir nur Ihnen zu verdanken, ist Ihnen das klar?«

Lama Tashi schmunzelte.

»Ich weiß nicht, was Sie zu ihm gesagt haben. Aber seit er vom Veteranenbüro wieder zurück ist, ist er ein anderer Mann.«

Und du bist eine andere Frau, dachte Lama Tashi, behielt es aber für sich. Stattdessen sagte er: »Ich wollte euch Bescheid geben, dass ich wieder zu Hause bin. Und ich wollte dir und Tom dafür danken, dass ihr Shanti gefüttert habt.«

»Ach, wir haben ihren Besuch sehr genossen.«

»Sie ist hierhergekommen?« Rinpoche war überrascht.

»Aus freien Stücken. Hat sich hier sofort zu Hause gefühlt«, gluckste Tina. »Das ist vielleicht eine …«

Sie standen im Wohnzimmer neben dem Sofa. Tom, mit dem Rücken zu ihnen und völlig vertieft in eine Chopin-Nocturne, merkte nicht, dass sie da waren.

Schon innerhalb dieses einen Tages, seit er wieder auf dem Klavierhocker saß, hatte sich sein Spiel unglaublich verbessert. Alles floss ihm wieder zu. Er wurde in das längst vergessene Land seiner Kindheit zurückversetzt und entdeckte wohlvertraute, aber lange nicht mehr gegangene Pfade wieder. Er blätterte in den Noten auf dem Ständer und entdeckte, dass er bei jedem Stück nur den Anfang finden musste, und schon war er wieder drin, völlig vertieft in ein Fest alter Erinnerungen und unaussprechlicher Gefühle, entführt in eine Zeit und an einen Ort, der viel größer war als er selbst, in einen Zustand des Transzendenten und Numinosen.

Am Ende der Nocturne klatschten beide.

Tom wandte sich zu ihnen um und sein Gesicht strahlte.

»Lama Tashi!« Er löste sich vom Klavier und umarmte seinen Nachbarn in einer Geste bisher nicht gekannter Zuneigung. »Ich weiß nicht, wie ich Ihnen jemals danken soll«, sagte er. »Sie haben mir mein Leben zurückgegeben!«

»Ach bitte, das ist doch nicht nötig«, sagte Rinpoche. »Ich bin froh, dass du deine Musik wiederentdeckt hast. Du bist ein hochbegabter Künstler.«

Sie gingen auf den Balkon, auf dem Pflanzkörbe mit üppig blühendem Ziersalbei hingen. »Die *hängenden Gärten der Semiramis* sind wieder da«, bemerkte Lama Tashi.

»Sie haben mir gefehlt«, sagte Tina.

»Uns beiden«, ergänzte Tom und sah ihr in die Augen. Was diese Blüten wie auch die des Gestecks in der Diele zu bedeuten hatten, bedurfte keiner Erklärung.

Tina bot an, Tee zu kochen, und als Lama Tashi dankend annahm, ging sie zurück ins Haus und ließ die beiden Männer allein. Seite an Seite schauten sie hinaus in die Dunkelheit, die über ihnen durch die Sterne und unter ihnen durch die funkelnden Lichter im Tal erhellt wurde.

»Ich dachte, Sie wären wochenlang weg.« Anscheinend will Sie ja jeder haben. Sogar mein alter Kumpel General Hickman.«

Lama Tashi trat unruhig von einem Fuß auf den anderen.

»Seien Sie versichert, wenn Ihnen die Leute Probleme machen, errichten wir direkt vor meinem Tor eine Absperrung über die Straße. Ich werde nicht zulassen, dass Sie von unerwünschten Besuchern gestört werden. Die kriegen es mit mir zu tun.«

»Das ist beruhigend«, sagte Rinpoche. »Die U.S. Army beschützt mich!«

»Das ist das Mindeste, was ich tun kann.« Unwillkürlich sah Tom zu dem Balkonsessel hinüber, auf dem er jeden Abend gesessen hatte.

Seinem Blick folgend bemerkte Lama Tashi: »Auf dem Klavierhocker ist es besser, oder?«

»Viel besser«, stimmte Tom nachdrücklich zu und wandte sich dann zu ihm um. »Ich habe heute Ihre Botschaft gehört. Darüber, dass man Menschen nicht anbeten soll, sondern versuchen soll, so zu werden wie sie.«

»Sie haben sie gebracht?«

»Auf allen Kanälen.« Stolzer könnte Tom auf seinen berühmten Nachbarn nicht sein. »Wie vermutlich alle anderen wäre ich, wenig überraschend, gerne mehr wie Sie. Das Problem ist nur, dass ich nicht so meditieren kann wie Sie. Und selbst wenn ich anfangen würde, wie weit würde ich in meinem Alter denn noch kommen?«

Lama Tashi begegnete dem intensiven Ausdruck in Toms sehr klaren blauen Augen mit einem spielerischen Augenzwinkern. »Was genau möchtest du dir denn gerne abgucken?«, fragte er.

Tom sah ihm in die Augen: »Genau das.« Er deutete in seine Richtung. »Die Art und Weise, wie Ihnen nie etwas auf die Nerven geht. Es ist, als

411

hätten Sie das Bedürfnis losgelassen, etwas oder jemand zu sein. Als ob Sie jedes Ich abgelegt hätten.«

»Das möchtest du loslassen?«, hakte Rinpoche nach, eher um Toms als um seiner selbst willen. »Dieses Gefühl eines Ich?«

Tom nickte und seine Augen glänzten.

»Sag mir, Tom, wo geht dieses Gefühl hin, wenn du Klavier spielst?«

Tom war verblüfft. »Ich spüre kein … ich meine, … wenn ich ein Stück spiele, wenn ich wirklich im Fluss bin, dann habe ich nicht das Gefühl, ich zu sein.« Noch im Sprechen begann er zu verstehen, was Lama Tashi meinte.

»Die Zeit fällt weg?«

»Ja.«

»Das Ich fällt weg?«

Er nickte.

»Kein Subjekt. Kein Objekt. Nur eine einzige Erfahrung?«

»Das stimmt.« Er lächelte.

»Es gibt viele Wege zur Nicht-Dualität, Tom. Deiner ist das Klavier. Du brauchst nicht von vorne anzufangen. Du kennst deinen Weg dorthin bereits.«

Später, vor dem Zubettgehen, stand Lama Tashi auf seiner Terrasse. Über ihm tanzten der Mond und die Sterne durch ein Universum der Möglichkeiten. Der Bach in der Nähe plätscherte emsig vor sich hin und erfüllte weiter seine lebensspendende Aufgabe. Er kontemplierte darüber, dass es in den vergangenen beiden Tagen darum gegangen war, das offenkundig zu machen, was vorher nicht wahrnehmbar gewesen war. Die Aufmerksamkeit auf das zu lenken, was schon immer da gewesen war, vor aller Augen, und was doch niemand sah.

Wenn unsere äußere Erscheinung unser Bewusstsein widerspiegelt, wenn die Welt so ist, wie wir sie machen, und der Geist der Vorläufer des Handelns, was könnte dann entstehen, wenn wir entdecken, dass wir im Besitz eines Geistes sind, der keinen Anfang und kein Ende hat? Eines

Herzens, das ein Quell von mehr ungekünstelter Güte ist, als wir je für möglich gehalten hätten?

Shanti sprang aus dem Hüttenfenster und kam auf ihn zu. Sie rieb sich an seinen Fesseln und strich ihm mit einem kehligen Schnurren um die Beine. Er nahm sie auf den Arm, damit die beiden die Nacht, die alle reich beschenkte, gemeinsam erleben konnten.

»Ich freue mich auch riesig, dich zu sehen.«

Sie verweilten beieinander in hellwacher Kontemplation, da ertönte etwas von den Bergen her. Eine abendliche Brise trug an- und abschwellende Klavierklänge herüber: Auf schwelgerisch triumphierende Arpeggios folgten Wellen von ergreifender Zartheit, das Hochfliegende und das Tiefgründige in Passagen von fesselnder Dramatik, die ständig nach Auflösung suchten.

»Und das, meine Liebe«, sagte Lama Tashi, »ist der Klang eines Mannes, der nach Hause findet.«

Widmung

Durch Lesen, Denken und Meditieren
Und das daraus folgende Handeln
Mögen alle, die diesem Buch begegnen,
Alles negative Karma bereinigen und unendliche Tugend anhäufen.
Mögen sie erblühen unter der Führung kostbarer Lehrerinnen und Lehrer.
Mögen wir alle langes Leben, gute Gesundheit
Und tiefstes Wohlbefinden erfahren.
Mögen wir, indem wir unser Ich loslassen,
Die erhabene Freude der Erleuchtung schmecken.

Mögen wir dann als Buddhas
Alle fühlenden Wesen im gesamten universellen Raum unterstützen.
Mögen wir, indem wir uns spontan
Und mühelos in unzähligen Formen manifestieren,
Jenen helfen, die ihr Ich als getrennt und leidend erleben,
Rasch ihre eigene Buddha-Natur zu erkennen,
Damit alle verweilen können in dem erhabenen Zustand
Strahlenden Mitgefühls und grenzenloser Weisheit,
Nicht dualer, großer Glückseligkeit und Shunyata.

Anmerkung des Autors

Instant Karma ist eine fiktive Geschichte. Gewissermaßen. Ich habe mir alle Mühe gegeben, traditionelle tibetisch-buddhistische Lehren über Karma so genau wie möglich darzustellen. Dazu gehören Elemente wie die allgemeinen Aspekte von Karma, die konkreten Ursachen bestimmter Wirkungen, die Faktoren, die Karma seine Kraft verleihen, sowie Vorstellungen wie *Bodhichitta* und die bedingte Natur der Wirklichkeit.

Die Szenarien, die zur Veranschaulichung dieser Prinzipien entwickelt wurden, sind selbstverständlich meine Erfindung. Manche Leserinnen und Leser finden vielleicht, dass ich zu weit gegangen bin. Anderen bin ich womöglich nicht annähernd weit genug gegangen. Manche meinen vielleicht, es wäre sinnvoll gewesen, andere Fälle von Negativität hervorzuheben, in denen wir Menschen, auf individueller oder kollektiver Ebene, eigentümlich selbstgefällig sind.

Mit diesem Buch habe ich versucht, zum Nachdenken anzuregen, Gespräche in Gang zu bringen sowie Geist und Herz der Menschen für die Vorstellung zu öffnen, dass Karma in der Tat eine glaubwürdige Erklärung dafür sein könnte, warum wir die Realität jeweils so erleben, wie wir sie erleben.

Denn wenn es stimmt, dass sich alles in einem fortwährenden Zustand des Fließens, der Veränderung, des Werdens befindet, und wenn die Ursachen, die wir in jedem Augenblick schaffen, tatsächlich zu späteren Wirkungen führen, dann lautet die große Frage, die wir uns alle stellen müssen: Wie können wir unser mächtiges, aber endliches Menschenleben am besten nutzen, um für uns selbst und andere die bestmöglichen Ergebnisse zu erzielen?

Über den Autor

David Michie ist der Autor der internationalen Bestseller-Serie »Die Katze des Dalai Lama« sowie zahlreicher Sachbücher über Buddhismus. 2015 gründete er *Mindful Safaries to Africa*. Auf den von ihm organisierten Reisen nach Afrika verbindet er Safaris mit Meditationsübungen, um unerschlossene Plätze im Inneren und Äußeren zu erkunden.

Weitere Informationen dazu finden sich unter:
www.davidmichie.com

Weitere Bücher von David Michie:

Der Magier von Lhasa
ISBN 978-3-89427-906-6

Das geheime Mantra
ISBN 978-3-89427-923-3